读懂投资　先知未来

舵手汇

www.duoshou108.com

在苍茫中传灯

一个投资者20年的知与行

姚斌（一只花蛤）◎著

传灯

黑暗中的一个人
谁来燃起一盏灯
洗我前尘，快我平生
永不见黄昏
点起千灯万灯
点灯的人
要把灯火传给人
……

山西出版传媒集团
山西人民出版社

图书在版编目（CIP）数据

在苍茫中传灯：一个投资者20年的知与行 / 姚斌著. -- 太原：山西人民出版社，2017.8
ISBN 978-7-203-09918-5

Ⅰ. ①在… Ⅱ. ①姚… Ⅲ. ①股票投资－基本知识 Ⅳ. ①F830.91

中国版本图书馆CIP数据核字(2017)第130231号

在苍茫中传灯：一个投资者20年的知与行

著　　者：	姚　斌
责任编辑：	贺　权
复　　审：	梁小红
终　　审：	员荣亮

出 版 者：山西出版传媒集团·山西人民出版社
地　　址：太原市建设南路21号
邮　　编：030012
发行营销：0351-4922220　4955996　4956039　4922127（传真）
天猫官网：http://sxrmcbs.tmall.com　　电话：0351-4922159
E-mail：sxskcb@163.com　发行部
　　　　sxskcb@126.com　总编室
网　　址：www.sxskcb.com

经 销 者：山西出版传媒集团·山西人民出版社
承 印 厂：大厂回族自治县德诚印务有限公司

开　　本：710mm×1000mm　1/16
印　　张：27
字　　数：425千字
印　　数：15001-20000册
版　　次：2017年8月第1版
印　　次：2021年4月第4次印刷
书　　号：ISBN 978-7-203-09918-5
定　　价：58.00元

如有印装质量问题请与本社联系调换

目录 CONTENTS

序1 思想永流传（但斌）……………………………001
序2 和而不同的投资之道（杨天南）………………003
序3 江湖与灯（邹志峰）……………………………005
自序……………………………………………………009

第一章 CHAPTER ONE | 投资策略

智是谋之本 有智才有谋

重读《什么是价值投资》……………………………002
为价值投资"谱曲"……………………………………005
"理论"的力量…………………………………………010
价值投资仍然是"真知"………………………………013
获得格雷厄姆—多德的优势足矣……………………016
穿越牛熊的投资策略…………………………………019
价值投资没有止损的策略……………………………021
只要不是永久性资本损失就好………………………024
不要指望超额回报……………………………………027

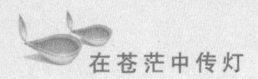
在苍茫中传灯

价值投资无需参与短期业绩比赛……………………030
真正的价值投资者不必怀疑自己……………………033
价值投资：坚持还是放弃……………………………036
为什么价值投资不易为多数人接受…………………039
要创造财富，还是要创造收入………………………042
学会运用最优增长策略投资…………………………045
反向投资确实不简单…………………………………047
"选时"到底有效吗？…………………………………050
卖出策略：荔枝红了再采摘…………………………053
什么时候卖出股票……………………………………056
投资、投机与赌博……………………………………059
投机太多　投资却太少………………………………062
最大的危险是养成了投机习惯………………………065

第二章 CHAPTER TWO | 投资实践

知是行之始　行是知之成

保守主义这盏智慧之灯永不熄灭……………………070
价值投资：我的指路明灯……………………………073
我的十二条投资策略…………………………………076
应用价值投资策略的三大问题………………………078
长期投资才能致胜……………………………………081
构建稳定而有效的投资组合…………………………084
管理投资组合的六大要素……………………………087
"少就是多"：从凯恩斯到林奇………………………090
如何在寒冬中不冻伤…………………………………094

目录

抵御熊市的投资组合························ 098
只在"大象"出现时才射击···················· 102
我喜欢"大道至简"的方法···················· 106
不要参与"输家的游戏"······················ 110
做"肥胖而愚蠢"的农夫······················ 113
"坐在那里等着就足够了"···················· 115
　指数型基金："像一颗恒星，持久发光"········ 120
在已持有的股票中寻找机会···················· 123
公司的"三个代表"：卓越、良好与糟糕········ 125
不买牛股买狗股　跑赢市场不是梦·············· 129
沃尔特·施洛斯会在 A 股市场买什么股票········ 134
寻找出色的"经营家族企业的面包师"············ 138
寻找长寿型企业　警惕多元化公司·············· 141
买进非卓越公司是一种逆向思维················ 144
负面情绪是一件好事·························· 147
像企业家一样去投资·························· 150
低市盈率的陷阱······························ 153
不要在收入高峰期投资周期股·················· 155
成长股投资：硬币的另一面···················· 158
成长股投资：玫瑰的刺························ 162
成长型股票不等于成长型公司·················· 165
在泥石流上求生的科技股······················ 171
白橡树基金在科技股上的教训·················· 173

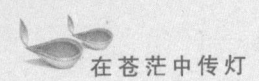

第三章 CHAPTER THREE | 企业思考

寻找超级明星企业

我的投资清单	178
从实业并购谈公司估值	180
在水足够温暖的时候下水	183
投资的"圣杯":持有超级明星企业	186
超级明星企业与长期持有	189
冠军企业的要素与标准	192
伟大难在洞悉	196
大公司的难处	199
问道小公司	201
完胜小公司	205
基业难长青 衰落更具普遍性	208
不容易寻找的 10 倍速公司	212
高增长实际上是一个陷阱	216
"高增长"是一种幻象	218
稳定增长是一个神话	221
企业失败的头号杀手:劣等的战略	224
失败在于卓越	228
对企业常见的三种错误假设不可不察	230
小心家族式经营中的陷阱	233
学会"杀死企业"并"殡葬"之	237
经济危机中哪些产品和服务会受影响?	240

零售服务业：在合适的地方长大 ……………… 243

能够复制成功的连锁魅力 …………………… 246

医疗服务公司奎克的商业模式：破坏性创新 …… 249

可口可乐在一九九九：一个经典的运营错误的

    实例 ……………………………………… 253

强生公司在一九八二：危机处理的正面案例 …… 256

百事可乐：一个缺乏经营聚焦的实例 …………… 259

维珍成功的另一种解释 ………………………… 262

约翰迪尔的故事：追求伟大不如追求长寿 ……… 265

魏格曼超市：巍然屹立八十年 ………………… 268

与众不同的投资公司爱德华·琼斯 …………… 272

"管理的根本是创造自由的氛围" ……………… 276

企业经营还是原来的CEO好 ………………… 279

比尔·蔡德的经营之道 ………………………… 283

第四章 CHAPTER FOUR | 投资修行

成长比成功更重要

投资的艰难使命 ………………………………… 288

真正的元凶是大脑 ……………………………… 290

把大脑想象成蜘蛛网 …………………………… 292

我们可以成为成功的投资者 …………………… 295

如何成长为价值投资者 ………………………… 298

价值投资是一种人格特质 ……………………… 300

真正的价值投资者不知道什么叫恐惧 ………… 302

"别人悟出的道理最精彩" ……………………… 304

从芒格的角度解读巴菲特的成功之道……………… 307

他们都以独特的方式获得成功………………………… 310

每年只赢一点点……………………………………… 313

不能成为"伟大的投资者"又何妨？………………… 315

学意不泥迹　成为独特的自己……………………… 319

学谁都不易…………………………………………… 322

投资观点无所适从的时候想林奇…………………… 325

塑造杰出投资者的基本要素………………………… 328

真正的投资者需要三个性情………………………… 331

投资需要钝感力……………………………………… 334

"这一次与过去不同？"……………………………… 337

一个保持开放心态的投资实例……………………… 339

你和杰里米·西格尔笔下的大卫有多像？………… 341

中学生炒股水平也不差——圣阿格尼斯学校的

　　投资课……………………………………………… 348

附录一　我的投资实践总结（2008—2015）…… 351

附录二　我的投资实战案例………………………… 385

附录三　雪球专访…………………………………… 403

后　记………………………………………………… 409

序 1

思想永流传

但斌（深圳东方港湾投资管理公司董事长）

6年前的2010年3月1日，我第一次读到姚斌先生的新浪博客——"在苍茫中传灯"中的文章《投资通讯的故事》，之后几乎每篇文章都看。其渊博的知识，对价值投资的深入思考常常引起我的共鸣，也因此转载了不少文章到自己的博客上学习、思考。

6年过去了，才华横溢的姚斌辛勤耕耘，笔耕不辍，既思考也实践。很欣慰他在取得好的投资业绩的同时，将有关价值投资的佳酿——辑录为数百篇文章，擎着思考的芳香，奉献给读者。只有思想才能永流传，相信《在苍茫中传灯》这本书，会成为经典的阐释价值投资最好的著作之一，传承久远！

"虽然证券市场波云诡谲，但并不意味着投资者就可以随波逐流而无所适从。一个成熟的投资者依然需要确立自己的投资体系。"投资是一项低门槛但高难度的事业，姚斌先生站在无数投资巨匠的肩上，保持着自我的思考，从实践中凝练出12条投资策略，为迷茫的投资者亮起了引路的明灯。在《无所适从的时候想林奇》一文中，姚斌先生认为，一名出色的价值投资者在纵览群书的同时，必须藉由独立的思考，去还原"看山还是山"的境界。这是他走过的困惑，也是他认为的林奇给出了所有投资建议中最好的一条。

投资的智慧是知易行难，在苍茫股海中行船，放眼长期投资才能制胜。许多投资大师的年复合收益率在国内投资人眼中可能会不以为然，"约翰·坦普顿的坦普顿基金50年中平均收益为14%，约翰·奈夫的温莎基金31年中平均收益

为13.8%，查尔士·布兰帝的全球权益基金23年中平均收益为16.16%，乔治·索罗斯可以算得上最好了，然而他的基金收益也才28.6%。"但却很少有人能够在20多年的中国股市里，获得超过40倍的收益。这就是长期投资复利的力量，被爱因斯坦称为"世界第八大奇迹"。

姚斌先生将自身多年的投资实践辑录成文，向投资者传递了自己在长期价值投资中如何甄别卓越的企业，如何避免陷入价值投资的陷阱，如何构建一个穿越牛熊的投资组合，如何在熙熙攘攘的市场里学会逆向思考，以及如何伴随优秀企业共同成长。投资不止是技巧和知识，更是一门艺术。掌握了基本原理之后，只有通过亲身体悟方能渐臻佳境，姚斌先生很好地做到了这一点。

"一个成熟的投资者应该拥有自己独特的投资体系。这个体系至少由投资策略与投资清单两个部分组成。"在投资分析的工具盒里，每个投资人都有属于自己的投资原则。姚斌先生的投资体系专注于那些轻资产、高壁垒的成功的商业模式和优秀的管理层，更容易发现伟大的企业，在长期投资中取胜。姚斌先生用生动的案例，在投资实务中对自己的投资原则反复斟酌打磨，值得每位投资者学习。

姚斌先生在投资思想的涉猎着实令人敬佩，他对历史长河里闪耀的思想结晶信手拈来，携手古今的投资伟人——"对话"，生动、精辟、引人入胜。这些穿越了时空的思想精华，是每一位立志于能有所成就的价值投资者所需要耐心学习和静静聆听的。

萧伯纳说："你我是朋友，各拿一个苹果来交换，交换后仍然是各有一个苹果；倘若你有一种思想，我也有一种思想，把各自思想相互交流，那么每个人就有两种思想了。"股海苍茫，唯有思想永流传。你我在航行中都需要明灯的指引，姚斌先生作为智慧的传灯人，用本书点亮了我们迷茫的前路。

序2

和而不同的投资之道

杨天南(北京金石致远资产管理有限公司 CEO)

四月,丁香花盛开的季节,终于有机会在日出的清晨,做一件不负春光的事——阅读姚斌先生发来的书稿——《在苍茫中传灯》。

姚斌先生是中国价值投资界响当当的人物,如果你不熟悉这个名字,也不奇怪,因为他广为人知的网名是"一只花蛤"。

我与花蛤先生的交往,始于数年前他在文中引用了我的《秋凉中寻桂花香》一文的片段。再后来,我在专栏中提及他的《柚子树下》。恨晚相惜之情由此展开。

2015年春天,他和我不约而同,各自写下"七年坚守、只待花开"和"八载忍耐、终有回响"两篇文章,辉映成趣。就连美国同行也在电话中感叹:"你们俩的文风真的很像啊。"

一只花蛤是投资界忠厚勤笃的表率,为探索投资的大道,多年来耕读不辍,读书数以千计,七八年来写了七八百篇文章,平均下来大约一周两篇。考虑到写作并非其主业,这样的速度实在令人惊叹。

这次他将精选的百余篇文字集结成书,实在是渴望学习投资的人们的佳音。因为这是一个认真的读书人兼成功的投资者将其阅读所思与实践所得相结合的精华。我一贯主张"向成功者学习如何成功",但遇见一个能够且乐于分享的成功者,并非易事。

在这里,人们可以穿越历史,读到精彩非凡的真实故事,而这些故事可能正在人们身边重演,例如克拉默的故事。

克拉默是畅销书《克拉默投资真经》的作者,美国金牌财经节目主持人,还

担任一个对冲基金的经理。在20世纪90年代网络股大行其道时，他宣称，互联网公司"是现在唯一值得拥有的"，因为它们"无论在牛市还是熊市期间，都会一路上涨。"他甚至将矛头指向格雷厄姆："你必须抛弃互联网出现之前的所有教条、公式和教科书。如果遵照格雷厄姆和多德的指教——哪怕是一星半点——将不会赚到任何钱。"

令人叹息的是，到2002年底，其投资的1/10的股票已经破产。如果将10000美元平均投入克拉默所选择的股票，最后只能剩下597.44美元，损失高达94%以上。

"自下而上"的投资策略而引发的对于企业本身的研究，使得这本书更是一本值得企业家认真阅读的书。其中《不起眼的产品也能做到极致》中，提到将订书机这种普通产品如何不普通化的商业成功。《奎可的商业模式》讲的是处于医疗服务行业的奎可公司进行的极具破坏性的创新。《有趣的竞争优势》提到一家从事瓶装水和鲜花速递的公司，如何名列美国最大的200家非上市公司。

读这本书，另一个显著的感受是，可以省下大量的时间，以最快的速度汲取业界精华。我的确是爱读书的，但当今时代，相对于与三十年前阅读对象的普遍匮乏，是信息的绝对泛滥，如何有质量的筛选成为难题。有了"一只花蛤"在前面带路，从《证券分析》到《光环效应》，从《伯格投资》到《安全边际》，都为认真的读者提供了一张投资阅读地图。

读这本书，还令我想起"君子和而不同"这句话。在我翻译的《巴菲特之道》一书中，专门一节提到，即便是身处同时代的伟大投资家，诸如芒格、辛普森、鲁安等，他们的持股并不相同，但这并不阻碍他们的成功。同样，姚斌在书中提到的股票，我几乎从来都没有买过。由此推想，他可能也从来没有买过我投资过的股票，但这并不阻碍我们在各自的投资道路上最终都达到了财务自由的境界。

穿越历史的繁华，透过股市的迷雾，阅览不同的起伏，得到各自的感悟，这本书果然不负其名 ——《在苍茫中传灯》。

序 3

江湖与灯

邹志峰（历史学博士，资深媒体人，现为独立投资人）

"桃李春风一杯酒，江湖夜雨十年灯。"如果把中国的股市比做一个江湖，那在这个江湖中行走的，无论是传说中神龙见首不见尾的主力机构，还是处于食物链底层被比喻为一茬茬韭菜的小散，都正在遭受着一轮又一轮的凄风苦雨。股灾1.0、2.0、3.0之后，还有加强版，千股跌停之后复跌停，熔断之后再熔断，中国股市已到了一个神经系统高度紊乱的时期，这正是一个暗黑时代！

中国改革开放后重启股市二十多年来，没有什么时候比现在更混乱无序，更矛盾重重，更牵动上亿人们的痛苦神经。因为，现在的股市，已不是当年小平同志所说的办不好就关掉的一个实验场，而是关系着万亿财富，关系着中国能否顺利走出中等收入陷阱的重要战场。而在这江湖夜雨的战场上，我们是否还能看到微弱的灯光？也许有，那就是历代的投资大师，他们的成功实践与投资心得，可以成为我们在黑暗中前行的指路明灯。

当姚斌先生将他的书稿《在苍茫中传灯》发给我时，我首先被书名所吸引。传灯多为禅宗用语，宋道原做《景德传灯录》，辑录历代佛法，传之后人，因灯能照暗，故名传灯。而欲传灯者，必得发大愿，证人须先证己，度人亦必度己，刻苦精进，砥砺修为，方得不二法门。《礼记·中庸》说："博学之，审问之，慎思之，明辨之，笃行之。……人一能之，己百之，人十能之，己千之。果能此道矣，虽愚必明，虽柔必强。"不如是，不足以言传灯。

在本书"自序"中，作者讲到了书名的由来：这盏灯就是智慧之灯，是保守主义投资哲学之灯，希望能用绵薄之力，传承这盏由格雷厄姆点燃的价值投资的

在苍茫中传灯

明灯。此书正是作者刻苦学习、躬行实践价值投资的思想汇总。

博学之

作者在"自序"中说,"我搜寻价值投资书籍和资料研读。十几年来,我阅读了几千本书,就是因为大量的阅读,才让我总算跨入了投资的这个门槛,知道了什么叫投资以及怎么投资"。的确,作者的阅读面非常广博,书中旁征博引,各种投资名著信手拈来,而且还有许多并不多见的投资著作,也在涉猎范围之内。

这不由得让我想起芒格的名言:"我这辈子遇到的聪明人没有不每天阅读的——没有,一个都没有。沃伦读书之多,我读书之多,可能会让你感到吃惊。我的孩子们都笑话我。他们觉得我是一本长了两条腿的书。"借用一下这个有趣的比喻,本书作者就是"一本长了两条腿的价值投资书籍"。正是这样刻苦地博览群书,才打下了"传灯"的基础。

在博学的基础上,作者不断审问、慎思、明辨,试图为投资者理清一条价值投资的可行之道。作者在书中提到了自己的投资策略,也谈到了如何构建稳定而有效的投资组合,同时多次提出对于中外股市来说,都是投机太多而投资太少。

他说:"对于投资,我并没有新思想,这是因为其中的一些话可能已经被重复一万遍以上了。"的确,价值投资的道理非常简单易懂,这就是格雷厄姆在其名著《证券分析》和《聪明的投资者》两书中多次提到的,股票代表企业所有权的一部分,要用买入整个企业的思维方式买入股票,在这个思维方式下,用定量与定性分析相结合的办法,寻找有足够安全边际的好公司,买入后长期持有,直到它的价值充分回归之后才卖出。

巴菲特正是在格雷厄姆的启发下,走上了价值投资的道路。他甚至不认可价值投资的提法,他说:"我们认为所谓的'价值投资'根本就是废话。若是投入的资金不是为了换取追求相对应的价值的话,那还算是投资吗?明明知道所付出的成本已经高出所应有的价值,而只是寄望在短期之内可以用更高的价格卖出,这根本就是投机行为。当然,这种行为一点都不会违法,也不违反道德。只是就我们的观点来说,只是玩吹气球的游戏而已。"这种游戏当然是很危险的,气球随时都有吹爆的可能。比气球更可悲的是中国股市，因为气球只能爆一次，它却是一爆再爆。在这样的市场环境中，价值投资还有意义吗？

笃行之

投资是一件实践性极强的工作，再好的理论如果没有实战的检验也是苍白无力的。而价值投资又是一件知易行难的道路，面对种种诱惑，面对种种恐慌，面对飞涨的各类消息股，面对飞流直下的千股跌停，如何保持定力，殊为不易。

格雷厄姆和多德在《证券分析》第一版"前言"中警告我们："在面对其他证券投资方式时，我们一直努力告诫学生，切记不可以蠡测海，只看表面和眼前的现象。笔者以自己闯荡华尔街二十年的沉浮经验告诫读者，表面和眼前的现象是金融世界的梦幻泡影与无底深渊。"正是勘破了这样的泡影和深渊之后，格雷厄姆才写出了划时代的名著《证券分析》，才提炼出价值投资的系统理论。

在极度动荡的市场中，坚守价值投资，相信价格一定会向价值回归这样的经济规律，才让我们有了坚守长期投资的信心，有了敢于逆向投资的勇气，有了管理好自己负面情绪的心态。这些正是作者在"投资实践"中保持的投资行为，也让他"规避了前所未有的股灾，避免了市值的大幅回撤"。作者相信，"只要我们一如既往地像磐石一般坚守住这些准则，做正确的事情，应该可以达成自己的目标"。这样笃行的结果，也证明了价值投资同样适用于中国，这正是巴菲特和芒格在2015年股东大会上的说法。

这就是本书作者希望传承的智慧之灯。江湖上这样的灯当然越多越好。价值投资的理念如果深入人心，中国的股市会更加稳定、更加健康，波动率不会如此之大。但是，灯也离不开江湖。如果没有一个良好的市场环境，没有规矩，就连赌场都不如，诚如吴敬琏先生所言，中国股市是一个可以偷看别人底牌的赌场。电影《老炮儿》中有一句话说得好："打架斗殴也是江湖，都讲理。"关键就是这么一个理字。如果连理都不讲了，这个市场就太可怕了，那就是全输的市场，什么样的理论都不好使。

所以要我说，投机不可怕，可怕的是操纵；机构不可怕，可怕的是坐庄；大

鳄不可怕，可怕的是权贵。如果股市沦为了权贵们的提款机，那在这样的江湖夜雨中将看不到希望。好在，管理层似乎正在走上一条正确的道路，更多积极的因素也在出现，严打操纵，加强监管，还市场公正清明，这是所有价值投资者的希望所在。

狄更斯《双城记》中广为人传唱的名句，用来形容今日的中国以及中国资本市场所面临的发展境况也许再恰当不过了："这是最好的时代，这是最坏的时代；这是智慧的时代，这是愚蠢的时代；这是信仰的时期，这是怀疑的时期；这是光明的季节，这是黑暗的季节；这是希望之春，这是失望之冬；人们面前有着各样事物，人们面前一无所有；人们正在直登天堂，人们正在直下地狱。"

无论如何，我们正在经历着一个大时代。我们仍然抱持信心，相信能走进光明的季节，希望价值投资的智慧之灯早日在中国股市大放异彩。

自序

春暖花开的时候，我在整理并编排以前所写的文章。我将这本未来可能出版的小书暂时定名为《在苍茫中传灯》。回想我从写第一篇博客文章开始，迄今整整九年了。

二十年投资人生路

我最早的投资始自1997年。彼时，价值投资的理念尚未传入中国，我也从未听说有"价值投资"这个名词。所以，那时的我与刚入市的人没什么两样，只是盲目地投机。

在我所接触的所有投资者中，没有一个人能够告诉我什么才是正确的投资，怎样对待市场的波动。被告知最多的就是，股票涨了就应该买，而跌了就应该卖。其后果也显而易见，涨的时候赚得不多，而跌的时候却输得不少。

2002年，有一本书改变了我的投资轨迹，这本书就是《投资策略——沃伦·巴菲特的成功奥秘》，作者是丹尼尔·希尔，由新疆大学出版社出版。这本书让我大开眼界，顿感光明普照。难以想象世间居然还有如此精妙的"圣经"，让我来到了一片"新天新地"。

从那以后，我四处搜寻价值投资书籍和资料进行研读。十几年来，我阅读了几千本书，就是因为大量的阅读，才让我总算跨入了投资的这个门槛，知道了什么叫做投资以及怎样投资。巴菲特曾说，没有大量广泛的阅读，你根本不可能成为一个真正的投资者。对此我深信不疑。

但是，在学习实践价值投资的头几年中，因为无法领会其中的精髓，我也曾遭遇过挫折。当然，估计今后挫折仍然会发生。不过总体来看，投资水平明显提高，成效显著，因此我看到了价值投资的有效性。

尤其是从2015年年中到2016年开年不久，投资者大都经历了三个股灾，有人将其称为股灾3.0。幸运的是，我规避了前所未有的股灾，避免了市值的大幅回撤。这是因为我深刻认识到，应该只关注价值。价值，价值，还是价值，不论如何强调价值的重要性都不过分。

比如，进行购买的时候需要寻找一个安全边际，要以便宜或合理的价格买好公司，只求适度的回报，知道复利的神奇力量，逆向思考，独立特行，远离市场，不参与投机，控制好自己的情绪、不为其左右，固守自己的能力范围，一年只作出几个有限的决策，在一个小范围之内专注某些公司，在极端的情形下尽量做正确的事情等。

投资要有一套理论

管理学大师克莱顿·克里斯坦森说，我有一套理论。我一直认为，投资者也应该有一套理论。但是，很多人不喜欢也不重视理论，甚至认为毫无必要。

实际上，在许多情形下，不是我们谈了太多的理论，而是谈得太少。由于太少，我们无法正确理解什么事情导致什么结果，为什么会这样等问题。"识不足，则多虑"。理论之所以有价值，是因为它能解释将要发生什么，甚至在你亲身经历之前，就能告诉你将要发生的情况。并且，它也能够解释在各个层面已经发生的事情。这些层面包括：各个行业、在这些行业里的公司、业务部门里的团队等。

强大的理论一定来源于客观实际，然后又在客观实际中得到了有力的证明。因此，理论本身就是由实践概括出来的关于自然界和社会知识的有系统的"结论"。

在投资领域，重要的理论体现在风险与收益、股票和市场价格、估值方法、资产配置、投资策略等研究中。在投资这个特殊的领域，当我们在研究"理论"的时候，其实也研究"实践"，两者之间并无显著的区别：理论之中有实践，实践之中有理论。

自 序

　　有人说理论是灰色的，那是因为和理论中那些晦涩的概念有关。但是，价值投资的理论并不复杂难懂，以至于连许多商学院也不愿意去教授，因此它就不是灰色的。纯粹的理论自然是很脆弱的，但当它与实践结合后上升为实用技能时，又是反脆弱的，这时"理论"的力量就是无穷的。

　　克里斯坦森说，"要对一个理论有很深刻的体验，你有没有按照这样的一套的理论去坚持，就是你的行动跟思想能不能做到真正的统一，我觉得这才是最主要的。"构建一个理论相当重要，一旦我们拥有一套理论，才有可能确立一个投资体系。

价值投资同样适用于中国

　　段永平曾经指出，认为价值投资不适合中国的人，其实是"不懂得投资"。价值投资适合任何地区。道理很简单，全世界的人进行投资其实都是出于同一个理由，那就是在一定的时间内，其投资的标的终将体现自身的价值，而没有价值的东西，是不可能永远卖出价钱的。

　　当然，短期内，价值投资也有"无效"的时候。而正是价值投资时而有效，时而无效，这才使得价值投资变得有效。实际上，无论一个投资者什么时候运用价值投资策略，只要时间期限超过5年，他所获得的投资收益率才会高于其他类型的投资策略。这就意味着，价值投资策略绝非能够立竿见影，需要充分的时间进行酝酿和发酵。如果没有极大的耐心，结果将一无所获。

　　研究也表明，更进一步，尽管在市场下跌周期，价值投资的作用比较明显，但在上涨周期，价值投资的表现也并没有比其他投资策略差很多。许多价值投资者长期以来的投资收益可以直接验证这一点。在一部投资史中，也只有价值投资者能够长期占据财富榜的前列。到目前为止，还没有哪一位投机者在财富榜上能够出现过（有人问我，索罗斯算是投资者吗？在我看来，索罗斯是！因为他同样建立在"详尽分析"基础之上，同样讲究具有"安全性"的保障，同样要求结果必须能够得到"满意的回报"）。为什么？因为投机不能持久。你今年有可能赚了3倍，也有可能忽然之间就会失去3倍。

市场其实是很聪明的，它总是奖赏那些投资者，而惩罚那些投机者。你永远不可能看清市场，但是市场却能够看清你。想要把市场当做儿戏的人，最终反而被市场儿戏。

市场总是具有一眼洞穿投资者弱点或缺陷，并且迅速将其击败，让其陷入万劫不复的境地的本领。所以，投资者必须收敛并弥补自己的弱点或缺陷。幸运的是，从长期来看，价值投资很少让投资者直接暴露在更大的风险状态之中，这才使得他们能够以神奇的复利蜿蜒前行，最终在投资的舞台上熠熠生辉。

过去八年来，我总共写了七八百篇文章。但是编入本书时只选取了一两百篇，其中有一些尚未公开发表过。这些文章涵盖了我所知道的许多方面的问题，但是对于市场问题却极少涉及，这是因为评论市场并非我的长项。我只知道把握好价格与价值的关系，就可以大致看清当前的市场了。

我之所以将本书定名为《在苍茫中传灯》，主要有两个用意，一是《在苍茫中传灯》是我新浪博客的用名，许多读者早已熟悉如故了；二是这盏"灯"就是智慧之灯，是保守主义投资哲学之灯。这盏灯从华尔街教父本杰明·格雷厄姆开始点燃，到达他最得意的门生巴菲特手中大放光彩，传承至今已经超过八十年了。

许多人相信，投资者是不可教育的，对此我表示赞同。塞思·卡拉曼也说过类似的话。价值投资需要的是"基因"，并非只是简单的教化即可达成。将一个没有价值投资基因的人教化成具有价值投资基因的人，不是我可以胜任的事。但是，我仍然期待有更多的人学习价值投资，奉行保守主义的投资策略。因为毕竟有许多人需要投资，需要实现财务自由，需要正确的价值观和投资观。

因此，我所做的不过只是以绵薄之力传承这盏明灯而已。而在投资领域，从来都是迷雾重重，风云变幻，这就是所谓的"苍茫"。将这两个连结起来，就是《在苍茫中传灯》的含义。

由于我水平有限，时间仓促，思考不周，有的文章自然是良莠不齐，谬误不少，难免贻笑大方，所以我热忱希望读者的批评指正。

第一章

CHAPTER ONE

投资策略

智是谋之本

有智才有谋

在苍茫中传灯

▶ 重读《什么是价值投资》

> 无论称呼如何,所有的价值投资者的共同点应当都是承认股票价格与商业价值间的差异以及遵从安全利润率的原则,否则,就不应该被称为价值投资者。

虽然《什么是价值投资》只是一本薄薄的小册子,译成中文后也就是十万余字,但是其作者波士顿大学教授劳伦斯·柯明汉姆却用这本小册子告诉了我们价值投资的精准定义,为我们提供了应用价值投资的金融战略来获利的一系列知识和投资工具,因此可以作为价值投资的导航。

在这本小册子的开头,柯明汉姆从五种投资模式入手分析。价值投资者依靠对公司财务表现的基础分析找出那些市场价格低于其内在价值的股票,这种战略由本杰明·格雷厄姆提出;成长投资者则致力于寻找那些经营收益能够保证公司内在价值迅速增长的公司,这是价值投资的变种,由菲利普·费雪提出;指数投资者通过购买股票来复制一个大的市场细分,格雷厄姆认为这种战略对于防守型投资者很有效,约翰·博格曾大力推广;技术投资者采用各种图表收集市场行为,预测市场趋势;还有组合投资者通过建立一个多元化的投资组合,承担投资风险。

所有的投资哲学和中心问题都是价格与价值之间的关系。价值投资者和成长投资者都认为价值与价格是不同的;指数投资者不能确定自己是否能找出这两者的关系;技术投资者只关心价格却不关心价值;组合投资者则认为价格即是价值。

由此便产生了不同的投资策略：价值投资者寻找的是那些价值被低估的股票；成长投资者寻找那些近期的增长显示其价值与目前的市场价格相符合的公司；指数投资者购买那些能够代表整个市场状况的股票；技术投资者只购买能够迅速以更高价格脱手的股票；组合投资者则选择一个证券组合来承担所需要的风险。

很显然，在这五种投资模式中，只有价值投资和成长投资是重叠在一起的，因为它们对于价格与价值的关系表达了相同的看法，这一点非常重要。不过，它们各自的侧重点有所不同。价值投资者强调确定股票价值并与之价格相比较，而成长投资者则强调由增长带来的价值，并将这个价值与价格相比较。从这个意义上说，这两者是一种"堂兄弟"的关系，因为它们都认为投资分析可以确定股票价值并与价格相比较。

在价值投资者或成长投资者眼中，指数投资并不需要特殊的技能或幕后分析的努力，它是那些缺乏技能或时间来进行价值分析的投资者的首选。而技术投资者实际上就是在投机，根本不是投资，对于理性的投资者来说没有什么吸引力，但是在市场持续繁荣时却能够甚嚣尘上。至于组合投资，如果所谓的"效率市场假设"真的能够成立的话，那么价值投资者将毫无用武之地。

价值投资可以部分地认为是一种思维方式，其特征是习惯性地将股票价格与背后的公司业务的价值联系起来。它的产生有三个来源，一是本杰明·格雷厄姆的安全边际原则，这个原则要求所购买的股票价格必须充分地低于其估计的价值，这种检测需要进行全面的商业分析。二是约翰·威廉姆斯价值评估方法，即保守估计的公司未来现金流折成现值，以此作为公司的内在价值。这个原则隐含的道理是：现在手中的1美元比未来的1美元更值钱。三是菲利普·费雪提出的选择超级成长股，这类公司拥有独特的经济特许权，比如无与伦比的品牌认同度和强大的市场影响力等。而沃伦·巴菲特则将这三种方法融于一体，灵活运用，并使之登峰造极，形成了综合性的价值投资方法。不过，他仅把这种做法简单地称为"投资"，并且同时认为修饰语"价值"纯属多余。

价值投资有许多变种，一些重要的价值投资者已经创造出一系列的模式，费雪就是一个很好的例子。实际上，在巴菲特那篇著名的演讲《格雷厄姆和多德村的超级投资者》中，他已经向我们展示了价值投资的某种变化模式。

　　那些价值投资者的投资风格确实"大不相同"。有的分散其投资对象,有的则相对集中。大部分人都强调对投资对象的业务有充分的了解,但也有一部分人则认为只需有合理水平的了解。塞思·卡拉曼在《〈证券分析〉(第六版)阅读指南》前言"格雷厄姆和多德的永恒智慧"中也指出,有必要注意的是,并非所有的价值投资者都是相同的。

　　在前面的《格雷厄姆和多德村的超级投资者》文中,巴菲特描述了许多成功的价值投资者,他们很少有相同的投资组合。有的投资者持有令人费解的"粉单股票";有的投资者专注于大市值股票;有的投资者进行全球投资;有的投资者集中精力于某一市场比如房地产或能源;有些人运用计算机筛选程序,去发掘从统计学角度来说便宜的公司;有些人则评估"私募市场价值"——业界愿意支付的整体公司的购买价;有些人是激进的股东维权者,积极活动要改变公司;而有些人则寻找已具备价格催化因素,并能部分或全部实现的低价股票——例如公司分立、资产出售、重要的股份回购计划,或者新的管理团队。

　　但是,无论称呼如何,所有的价值投资者的共同点应当是都承认股票价格与商业价值间的差异以及遵从安全利润率的原则,否则,就不应该被称为价值投资者。

为价值投资"谱曲"

> 正确的态度、安全边际和内在价值,构成了价值投资的三大基石。

随想曲(capriccio),音乐体裁的一种。其曲式结构较自由,带有随意性并富于生气。本文即是取其义而隐其喻。

似乎好久没有用"价值投资"这个词语了,因为我更喜欢用"聪明的投资者"这个词语。不使用,并不是说我对这个词语有什么看法,而是因为这个词语已被一些"价值投资的江湖骗子"所盗用、滥用。如果经常使用,则可能引起不必要的误解。但是,因为今天需要对真正的价值投资进行"谱曲",因此还是使用了这个词语。

"内在价值"这个名词并非本杰明·格雷厄姆发明。早在1848年,内在价值这个名词就在市场中流传。当时有一位叫威廉·阿姆斯特朗的财经作家就曾指出,价值投资是决定证券市场价格的主要因素之一。到20世纪初期,大名鼎鼎的查尔斯·道确定了内在价值的概念。道告诉投资者,股价涨跌源于投资者对企业未来盈利的认知,换言之,就是在于股票的内在价值。"长期而言,股票的价值会主导股票的价格走势。"道这样说。

价值投资的实质就是在一家公司的市场价格相对于它的内在价值大打折扣时买入其股份,也就是拿5角或4角去购买价值1元的东西。这样刚好符合商业之精神:任何一位聪明的生意人都不会以高价进货而以低价卖出,他们总是绞尽脑汁地压低进货价格,最大幅度地提高卖出价格,以获取最大的利润。

价值投资者与这位聪明的生意人并无不同之处。这也就是"因为我是商人，因此我是更优秀的投资者；因为我是投资者，因此我是更优秀的商人"的意思。

在5角或4角与1元钱之间，也就是价格和潜在价值之间的差别，就是所谓的"安全空间"或"安全边际"。一位真正的价值投资者，对仅仅是"稍低于"价值的价格，比如9角或8角，通常是不会感兴趣的。他们要的是"明显低于"价值的价格，比如5角或4角甚至3角。因为安全空间的幅度越大，长期投资的潜在收益也就越大，这项投资就越安全。所以，安全空间的另一含义就是永不亏损或永不输钱。

但是，如果想要取得优异的投资业绩，就应该对投资抱持正确的态度，特别不能存有投机的想法。真正的投资应该是：在股票有适当价值支撑时买进，在市场严重高估时卖出或减少手中持股。凡是忽视内在价值，仅根据大盘未来波动方向来做出投资决定，并且希望短期内从中赚取差价的操作，都不是价值投资。凡是不能以买下整个公司的角度买入股票，并且同时不具备3—5年长期视角的，也不能算是真正的价值投资。

正确的态度、安全边际和内在价值，构成了价值投资的三大基石。

价值投资实际上比较像一种原理或法则。因为它体现的是具有普遍意义的基本规律，比如只买价格低于实际价值的股票，至于低到什么程度，那就要看每个人的理解力和实际情形了。

价值投资并不是定律，因为如果是定律，那么它就可以反映出事物在一定条件下发展变化的客观规律，比如牛顿运动定律、能量守恒定律等；因为如果是定律，那么它就可以是一种理论模型，可以描述出在特定情况、特定尺度下的现实世界，而在其他尺度下则可能会失效或者不准确。但是，实际上这些它都无法做到，试图用一个简单的公式或者检查表来一笔带过肯定是无效的，这也就是为什么没有一个公式能够计算出内在价值的原因。所以，价值投资更多的是体现了一种哲学精神。

价值投资的本质是做与众不同的事情。因为假定投资者做了与众相同的事，他就赚不到钱。但问题是，坚持价值投资的原则从来就不容易，因为它需要顽强的信念，尤其在买入的股票价格出现下跌的时候。真正的价值投资者并不会担心股价的下跌，下跌对于他们而言倒是机会。他们担心的是企业内在价值的下降，因此，他们需要紧密关注企业的价值与股价之间的关系，并且同时忽略市场预测、股市状况、政治气氛，以及其他诸如利率、GDP、消费指数等的经济因素。因此，巴菲特说，即使格林斯潘悄悄告诉他明天准备升息，他却能够无动于衷。

这是一种大多数价值投资者经常使用的"自下而上"的方略。"自上而下"则与此相反，他们大多以市场预测、股市状况、政治气氛以及其他的经济因素作为买卖的依据，并不会从企业内在价值的层面开始，也不会去关注企业的前景和基本特征。

价值投资并不需要进行"趋势投资"。所谓的趋势投资，是指在股价上涨时买入股票的投资手法。其基础表现为两类：一是看经济、产业和企业的趋势，就是说，当投资者能够察觉经济趋势逆转迹象时，应该就是投资买卖的时机了；二是看股票市场的趋势。对趋势投资的简单理解就是"顺势而为"，在市场趋势出现明显转机的时候介入，一直到市场趋势出现逆转的时候出局。

不管是哪一类，这些策略的共同点都在于同样无视企业基本业务的价值，只在意价格，并且以短期收益为衡量标准，"成者为王败者寇"，最终的结果是，导致盲目跟风的投机者损失惨重。因此，如果有人总是试图将价值投资与趋势投资合而为一，在我看来，其本质仍然是"趋势投资"，并不是真正意义上的价值投资。

耐心是价值投资的核心准则。不要指望一夜之间就能暴富，"你就是让9个女人同时怀孕，也不能让她们在一个月内生出小孩"。股票也有表现不好的时候，此时耐心极其关键，不要慌张，不要烦躁，更不要贸然退出。耐心可以将劣势转为优势。股票下跌时投资者并没有失去什么，只有决定卖出股票时才会亏损。要避开群体思维的影响，坚决抵御各种噪音，不追逐市场流行的观点。通过频繁交易和价格查询的唯一结果就是，交易成本肯定会直线上升，那么"牛顿的第四大定律"将完美产生：运动越多，收益越少。

投资者的决策必须由长期目标而非短期目标决定。在《隔壁的百万富翁》一书中，作者采访了许多百万富翁，大约有42%的百万富翁在采访前一年没有对其投资组合进行过任何交易，大概10%的百万富翁可以称作"积极"的投资者。

因此，报刊媒体着力刻画的一些"积极"的百万富翁投资形象可以休矣。

真正的价值投资者也不会预测市场，因为市场的短期走势和波动是无法正确预测的。 但是，总是有人试图从过去的股价中寻求股价的模式和趋势，以预测未来股价的变动，从而获取短期的收益。这种预测的本质是，以预测时间周期或神奇数字之说，作为投资策略的参考依据。他们也同样无视企业的基本价值，与价值投资者眼里的预测有着根本的区别。

一个真正的价值投资者也会进行"预测"，但是他们预测的内容通常可能是：股票的价值中枢在哪个位置？某个板块或者行业的整体市盈率水平和市净率水平以及价格中枢相对于其他行业或者板块如何？公司在未来1—2年或者更长时间的业绩表现如何？等等。对于这些问题，通过深入研究，则可以大致计算出来。

请注意，对于预测的理解，将直接决定一个人的投资风格。因此，投资者必须区分清楚，什么样的预测可以做到，什么样的预测做不到。即使预测也只是一个大概而已，准确率并不高，虽然有一定自然法则上的道理，但是并不能单独运用它们来制定投资策略。

市场大幅下跌的时候，就是股票越来越便宜的时候，反之亦然。使用未来现金流量贴现法是估算企业内在价值的最好方法，但是当需要对盈利作出合理的预测并选择一个贴现率时，有可能就是一种猜测的游戏。因为它非常容易出错，并且实际情况可能改变，即使是管理层也无从得知。所以，在估算企业内在价值的时候，并没有一个正确的贴现率，也没有一个精确的选择方法。这就是说，贴现率有可能是10%，也有可能是12%。但是，只要差之毫厘，可能就会失之千里。不过，我们只需一个大致的范围，比如21.50—26.70元之间就可以了，这就是"模糊的正确"，这就如同我们能一眼看出一个人胖，但是并不需要去称一下来决定一样。这种"正确"的好处在于，它至少不会让你在28元或32元买进。

如果投资者只选择在大熊市中买，而在大牛市中卖，那又简单得多，连估值大概都可以免去——"所有的问题都将得到解决"，这也解释了为什么许多价值投资者喜爱熊市的原因。因为大熊市中所有的股票都便宜得不能再便宜，而大牛市中所有的股票又都贵得不能再贵，因此聪明的投资者只在熊市中买，然后在牛市中卖，并且持有的年限不少于4年，这样不仅基本符合经济周期，而且也符合

A股市场涨时齐涨而跌时齐跌的特征。

总之，要达到超出市场平均水平的收益，就要有不同于市场一般参与者的思维和行为。真正的价值投资绝非易事，其间可能要经历很长时间的磨炼。无论如何，价值投资确实是一种"聪明的"投资，因为它能给我们提供一种发现投资机会并积累财富的有效方法。

价值投资者从开始到最后必须始终以购买企业为目的，而不仅仅在于股票。价值投资之所以有效的原因，一是始终关注价值与价格之间的关系，二是它利用了人性的弱点。从这一点看，它确实颠覆了"传统"的投资理念。因此许多人认为，价值投资并不适合A股市场。

其实，适合或不适合并不重要，重要的是价值投资的成效如何。套用电视剧《人间正道是沧桑》中杨立青的话说，价值投资只是一种理论，不是我们选择了价值投资，而是价值投资选择了我们。一套理论总得要去实践，它的最终目的就是指导实践，从而帮助我们建立自己的投资体系，不断累积财富，并回报社会。

在苍茫中传灯

▶ "理论"的力量

　　要对一个理论有很深刻的体验，你有没有按照这样的一套理论去坚持，就是你的行动跟思想能不能做到真正的统一，我觉得这才是最主要的。

　　　　　　　　　　　　　　　　　　——克莱顿·克里斯坦森

　　有人不喜欢我谈"理论"，但我一直认为，理论的重要性毋庸置疑。实际上在许多情形下，不是我们谈得太多，而是谈得太少。由于太少，我们无法正确理解什么事情导致什么结果，为什么会这样等问题。

　　"理论"一词在现代汉语中是指人们关于事物知识的理解和论述，它是由若干人在长期内所形成的具有一定专业知识的智力成果。一个强大的理论是具有普遍适用性的，它是一种规律。理论之所以有价值，是因为它能解释将要发生什么，甚至在你亲身经历之前就能告诉你将要发生的情况。并且，它也能够解释在各个层面已经发生的事情，这些层面包括：各个行业、在这些行业里的公司、业务部门里的团队等。

　　强大的理论一定来源于客观实际，然后又在客观实际中得到了有力的证明，因此理论本身就是由实践概括出来的、关于自然界和社会知识的、有系统的"结论"。在投资领域，重要的理论体现在风险与收益、股票和市场价格、估值方法、资产配置、投资策略等研究中。

　　举例说，为什么会得出"从长期来看价值股能够战胜成长股"的结论？其实这是"若干人"在长期的实践和观察后得到的智力成果。比如罗伯特·哈根教授曾经以其整整一本书——《新金融学:有效市场的反例》——解释了价值股的效应。

哈根的实证研究显示，1993年中期，市盈率最高的前20%股票（成长股）的平均市盈率是42.4倍，它们的利润回报率是2.36%（市盈率的倒数）。市盈率最低的前20%的股票（价值股）的平均市盈率是11.93倍，它们的利润回报率是8.38%。也就是说，如果你在1993年中期买了光芒四射的成长股，你每100美元的投资可以获得2.36美元的利润。但是如果你买了惹人厌烦的价值股，你每100美元的利润则是8.38美元。如果你希望在长期中靠成长股来出人头地，你的股票利润的增长幅度必须至少比价值股高3倍。

哈根又发现，成长股的确有过利润高增长的时期，但是这种高增长又会随着时间在不断衰减，而且它们的利润从未超越过价值股。哈根估算，投资于成长股的每一块钱所带来的长期收益尚不及价值股的一半。罗伯特·哈根的研究不过是"若干人"中的一个，但是，如果能够仔细研究这样的"理"，我们将很清楚如何去做。

再举一个例子。为什么会得出"好公司可能是坏股票，而坏公司则可能是好股票"的结论？其实这也是"若干人"在长期的实践和观察后得到的智力成果。"好公司"可能就是成长股，而成长股通常都很昂贵，其市盈率往往比整个市场要高2—3倍，甚至更高。而"坏公司"可能就是价值股，它们可能因为某些原因被整个市场抛弃而无人问津，所以它们很便宜。但是，"好公司"的增长速度比其他公司仅仅高5%并且市盈率为市场的2倍，需要以该速度持续增长14年才能使股东收回成本。考虑到利润增长的"随机游走"过程，今年利润取得高增长的公司很可能下一年业绩平平，这就将给一些投资者带来巨大的损失。而"坏公司"即使表现越发糟糕，在市场里也不值得大惊小怪，因为其股价可能不会跌得太多。而当其管理层很可能扭亏为盈时，"坏公司"可能重新被定义为"好公司"。

"若干人"中的戴维·德瑞曼在他的一本《逆向投资策略》中完美地记载了这一现象。"好公司可能是坏股票"最生动的例子可以在吉姆·科林斯、汤姆·彼得斯等一些"企业成功学"的著作中找到。以彼得斯的《追求卓越》为例，彼得斯曾用其几种客观的标准找到了"卓越"公司。可是在这本书仅仅出版的5年时间里，不卓越公司股票的年平均收益率比"卓越"公司高出惊人的11%。同样的，

我们如果能够仔细研究这样的"理论",我们将很清楚如何去做。

正因为有了这样的"价值股效应",这就解释为什么像塞思·卡拉曼、马丁·惠特曼、施洛斯·沃尔特、约翰·邓普顿、霍华德·马克斯等等一大批著名的投资者会采用这种策略而不采用别的策略的原因。这也刚好说明,本杰明·格雷厄姆的投资理论原本已该过时,但却至今依然有效的问题。

自然,任何"理论"都不可能是完美无缺的。因此,不鼓励所有的人都买入"坏公司",即可能是"价值股",因为价值股并非是免费的午餐。买入价值股需要极大的耐心,而很多人却缺乏耐心。并且,就算你极具耐心,持有三四年后还不一定拥有良好的回报,甚至有的公司可能以破产而告终。价值股也并非都能够完胜成长股,它们有"好年景"的时光,但也有"坏年景"的时段。如果投资者不能够在"坏年景"中顽强地坚持下来,最终也会前功尽弃。这些都是从"若干人"在长期的实践和观察中得出的结论。同样的,我们如果能够深入研究领会这样的"理论",用今天很流行的一句话说,"你懂的"。

理论可以指导实践,但理论更是来源于实践。通常我们会记住前面一句话,但往往忘记了后面一句话。在我看来,在投资这个特殊的领域,当我们在研究"理论"的时候,其实也研究"实践",两者之间并无显著的区别:理论之中有实践,实践之中有理论。因此像塞思·卡拉曼、霍华德·马克斯,包括巴菲特、查理·芒格等等这些著名的投资者,他们既是杰出的实践者,又是出色的理论家,是集两者为一体的投资家。

有人说理论是灰色的,那是因为在很大程度上和理论中那些晦涩的概念有关。但是,价值投资的理论并不复杂难懂,以至于连许多商学院也不愿意去教授,因此它就不是灰色的。纯粹的理论自然是很脆弱的,但当它与实践结合后上升为实用技能时,又是反脆弱的,这时"理论"的力量就是无穷的。

光有理论并不能成事,还要进一步"体验"。哈佛商学院教授克莱顿·克里斯坦森就十分注重对于"理论"的体验。他曾这样说,"要对一个理论有很深刻的体验,你有没有按照这样的一套理论去坚持,就是你的行动跟思想能不能做到真正的统一,我觉得这才是最主要的。"

▶ 价值投资仍然是"真知"

> 过了这么多年,我们经历了市场中一次次最具迷惑性的时期,然而价值投资仍旧是有成果、有作用、有创意的"真知"。
>
> ——罗杰·莫雷

如果没有阅读珍妮特·洛的《让价值投资更容易》,我就可能不知道罗杰·莫雷。莫雷是专业的价值投资者,在八九十岁以后依然还很成功的四位"巨头"之一,他是《证券分析》修订版第十五版的合著者。

20世纪30年代初,莫雷大学毕业后不久,便被聘为哥伦比亚商学院副院长。在那里,他聆听到本·格雷厄姆的研修班课程。当格雷厄姆退休时,班级就由莫雷任教。莫雷回忆当年格雷厄姆和戴维·多德的风采,说格雷厄姆是一个勤奋读书并取得成就的人,是一名优秀的传统学者,一个思维活跃、有无穷无尽好主意的人,思想极为敏锐,喜欢聊天,并且喜欢自言自语。他所采用的教材是一个有趣的综合产品,因为他不喜欢正统严肃的文章。而戴维·多德则是一个有趣的绅士,他是莫雷见过的"最完美"的一个人。他可以整天听格雷厄姆的讲话,不厌其烦地做大量的笔记,保持着善意的怀疑,然后到处查找资料,以验证格雷厄姆所采用的范例。当格雷厄姆为一个好主意放声大笑时,多德会平静地说,本,那个观点很有趣——《证券分析》就是这样编写出来的。

莫雷对格雷厄姆—多德的"内在价值"有着充分的理解。莫雷常常记起格雷厄姆对他说过的一些话,他说,如果你给我一个公司获利能力的可靠估计数,我

在苍茫中传灯

会在一个信封的背面迅速计算出它的价值。内在价值指的是企业的价值，而不是一张股票证书的价值。它是基于盈利能力的公司价值。所谓的盈利能力，指的是我们用以预计企业规模与利润的可靠依据。如果我们能够辨别这些基本特征，我们就能够就企业的增长、持续性和盈利能力做出可靠的结论。如果我们能够做到这些，我们在价值评估方面就没有困难，因为评估所需的一切因素都具备了。价值评估不需要精确到小数点后的3位数。我们所要寻找的东西是评估偏低和评估偏高，因为我们的预期不可避免地会产生误差，这是由于我们是在谈论未来，对于它们只有一些模棱两可的认识和指导原则。

投资者需要具备识别公司变化的能力，但是业余投资者不可能有足够的时间和技能，根据所获得的信息做出选择。莫雷认为，财务报表是一幅发表的写真画像，财务人员对它进行润色，除去污点，消除脸上的皱纹，给我们一张可爱的光滑圆润的照片。这就是首席财务经理希望我们看到的东西。在确定公司的内在价值时，我们必须设法了解公司真实的盈利能力，这不是公司报表中的盈利能力，而是公司实际的经济价值。市场有时能正确地反映这个经济价值，有时则不能。如果我们发现一些价值评估偏低的迹象，应该立即进行研究。彼得·林奇曾说，稍稍进行一点儿研究，睁大你的眼睛，就能发现一个超乎寻常的公司。莫雷赞同林奇的说法。投资者考察公司时，一般是通过竞争力、成本以及其他因素，但这不是事情的全部。

首先，应当坐下来想想如何确定你的投资范围。巴菲特多次说，我不在我不熟悉的领域进行选择。这是很好的建议。远离那些你不熟悉，以后仍然陌生的业务。这是第一个建议。

第二个建议是，在一个公司的知名度和受欢迎程度达到最高时，可以肯定市场定价已经大大超过了该公司的内在价值。你必须发掘人们尚未发现的公司。首先考察一个业务与经济发展前景良好的领域，然后仔细研究该领域内各公司的各方面信息，哪些公司已经在一定程度上站稳了脚跟，下一步就要进行老式的列表对比分析。这时需考察该领域内的所有公司，并把研究范围缩小到6个已确立了本行业地位的公司。再下一步是逐个进行比率分析。

如果所利用的数据充分而真实并有可比性，你的比较分析就有一定的借鉴意义。继续考察这些公司的销售额和收益变化,以及潜在的盈利能力的稳定水平,然后把6个公司的范围缩小到2个。如果把范围缩小到2个之后,你可能断定它们势均力敌,不分上下,那么就把钱在2个公司间平均分配。只有对某些公司进行深入的分析后,才能真正了解公司正在制定哪些决策,以及公司正在经营什么业务。这也是莫雷从来不在他的投资组合中拥有多种股票的原因。

莫雷说他宁愿拥有一打他真正了解的公司,从中取得更好的结果,对于这些公司他足够了解,所以他能够在他是否应该继续拥有这些公司的问题上做出明智的决定。这也能够使得他判断公司管理层在各种情况下做出重大决策的质量如何。

这真是一个充满艰辛的过程。但是市场不存在免费的午餐,米尔顿·弗里德曼总是这样提醒人们。正如古老的谚语所说的,如果你以传统的方式积累财富,你是能够致富的。1994年,莫雷在哥伦比亚大学的价值投资研讨会上对一个学生说,过了这么多年,我们经历了市场中一次次最具迷惑性的时期,然而价值投资仍旧是有成果、有作用、有创意的"真知"。

在苍茫中传灯

▶ 获得格雷厄姆—多德的优势足矣

这个优势就是辛勤地工作以及找到便宜货。

2008年10月2日，传奇的价值投资者、Baupost（包普斯特）公司的塞思·卡拉曼出席了在纽约曼哈顿举行的格雷厄姆—多德投资圈第18届格雷厄姆—多德年度早餐会，以及"庆祝《证券分析》面世75周年"酒会。在这两个活动上，卡拉曼做出了精彩的评论。我觉得学习他的谈话在今天意义特别重大，极具借鉴作用。

卡拉曼认为，当市场极端混乱的时候，大部分投资者会变得无能，无法走出泥淖——公司绩效下滑，经济灾难不断，亏损持续攀升。这是价值投资者最容易迷失自我的时候，这时应该重温格雷厄姆—多德的智慧。因为格雷厄姆—多德早已给我们提供了一幅出色的路线图，这个路线图已经被世界上最成功的投资者坚持使用了75年，它能够一往无前地引领我们走出困难的、甚至没有标记的领地。

对于那些想暂时退出市场、等待市场危险信号全部解除之后重新进场的投资者，卡拉曼强烈建议回顾格雷厄姆—多德在1934年写的忠告，"就在我们写作这本书的时候，我们不得不与一个广为流传的偏执做斗争，该偏执深信目前的金融崩溃将是一个永恒的状态。"

那些能够保持专注并且有能力抵抗内在压力——也就是短期绩效——的价值投资者都具有一个多面的、适应性的工具箱。带着这个思维工具箱，这些价值投资者通过保持纪律性以及波澜不惊的耐心持有便宜货——也就是买入价低于潜在价值的具有安全边际的证券。这并不意味着这些证券的价格买入之后永远不会下跌，这意味着如果它们下跌后，将是更好的便宜货，投资者此时应该增加持仓。而坚持不懈的纪律性，将使他们避开高杠杆的股票、麻烦不断的金融股、利润率永远不高的公司股票，以及高风险的垃圾股。当市场下跌的时候，这些投机性股票的持有者很快将为他们的选择感到后悔。

价值投资的核心是逆向投资和严谨计算的结合。 买入流行证券是蠢货才会做的事情，这种策略注定将带来长期的过低表现。随着时间的进展，投资者只有通过有选择地、坚决地逆流而动才能获得成功。不过一般情况下，价值投资者要经历一段表现不佳的时期。价值投资者要做的是控制流程和路径，他们无法预测市场的波动，无论如何，这对价值投资者而言是机会，而不是问题。如此，价值投资者在投资的时候才会感到安心，因为他们在做正确的事情。价值投资者应该有信心，当尘埃落定、危机过去的时候，与其他方式相比，价值投资者的坚守和纪律性将增加更多价值。

价值投资并不是一门完美的科学，记住这一点很重要。价值投资更是一门艺术，需要不断地进行调整、精炼、耐心以及思考。 它要求投资者保有无尽的好奇心、不懈地追求额外信息、不断地提出问题并探询问题的答案。它使得投资者与不完美信息打交道成为必要，然而却要明白永远都不可能掌握所有的信息。但是，一定不要让这种状况阻止我们采取行动。当面临不利状况时，要求在深信自己和怀疑之间做出小心翼翼的平衡，脑子里永远想着错的这个可能性。格雷厄姆—多德智慧的核心并不是要求我们盲目地遵守机械的教条。机械的教条是危险的。它要求我们生活的世界比实际情况更加恒定、更加可测，并且更加易于分析。

当有人开始以低得荒唐的价格抛售的时候，是一个很好的买入时机。 我们每个人在每天、每周、每月都必须应对前所未见的事情，因此需要对这种情况做好足够准备，必须预先考虑以前从来没有发生过的事情。历史表明，大多数情况下，当你发现证券的价格符合绝对的价值标准时，应该买入。而当买入的时候，心理要非常清楚经济很可能放缓，银行将会破产，并且房地产价格将跌得更低。如果能够预料今天面临的危机发生的可能性为1%的话，那么应该改变投资方式。不过不要使用杠杆，不要让自己处于不能抓住机会的境地。找到便宜货就应该立即出手，但是最好一次只买一只证券，因为你不知道明天是否会有人以50美分或

70美分或90美分的价格卖给你。

在公开资本市场上，聪明的竞争对手非常多。因此在投资的时候，每个投资者都应该具有他们自己独特的优势，并能够在发挥这些优势的领域进行投资。如果没有独特的优势，那么或许不应该从事投资。不过幸运的是，在今天的市场上，你不必做到非常聪明。因为你不是从经验丰富的卖家手中购买股票，而是从惊慌失措的人、需要追加保证金的人以及绝望的人手中购买股票。你可以一直使用相同的方法利用危机。在其他大多数情况下，100只股票中可以投资的或许只有一两只，现在只要考察10只就能找到三四只。所以此时不必像以前那样聪明。作为投资者，你只需处在游戏中，有资金可投，并且没有麻烦就行了。

当市场非同寻常的程度超出正常的范围，投资者在此时的行为应该是特殊的。Baupost公司的做法是不断调整持仓，卖出一些股票并买入另外一些，因为市场正不断吐出越来越好的便宜货。Baupost公司就是想持有能找到的最好的股票，这样的话，三五年之后将比现在更加有钱。当一个仓位变成一个更好的便宜货，或者出现了实现潜在价值的催化剂时，Baupost就加大持仓。催化剂的出现，不仅意味着仓位的持有期将缩短，而且意味着还能提高赚钱的可预测性，最后还意味着在很长一段时间之内受市场波动、经济和企业的影响不会那么大。Baupost并不想获得不公平的优势，对于Baupost而言，获得格雷厄姆—多德的优势足矣，这个优势就是辛勤地工作以及找到便宜货。

▶ 穿越牛熊的投资策略

> 较低的市场预期、较高的增长率和股利率这三者为高收益率的形成创造了完美的条件。
>
> ——杰里米·西格尔

如果你读过杰里米·西格尔的《投资者的未来》，你应该知道，西格尔发现，投资者对于增长的不懈追求，如寻找激动人心的高新技术、购买热门股票、追逐扩张产业、投资于快速发展的国家，却常常带来了糟糕的投资回报。

实际上，股票的长期收益并不依赖于实际的利润增长情况，而是取决于实际的利润增长与投资者预期的利润增长之间的差。而投资者却常常为创新和美好前景付出过高的价格，从而掉进增长率陷阱。在他看来，"较低的市场预期、较高的增长率和股利率这三者为高收益率的形成创造了完美的条件"。

西格尔还发现，长期投资回报表现最好的公司大部分来自拥有知名品牌的日常消费品行业、制药行业以及能源行业。西格尔列示了1957—2003年近50年时间美国股市回报率最高的20只股票。在这20家公司里，有11家来自消费行业，有6家来自医药行业，这两个行业在这20家公司中占比达85%。这20家公司有它们的共性：股息率都比较高；市盈率较低，最高的只有27倍；公司业务简单；投资回报率适度，即使排在第一位的菲利普莫里斯50年的回报率也只有19.75%。

西格尔的这本书我很早就读过。多年前我就深信，大概消费和医药两个行业能够穿越熊市，它们是价值投资的温床。不过，仅仅拥有这种投资方法并不能有

效地穿越，它还需要其他关键的投资策略。

第一，延长时间跨度能够使投资更有优势。不要去纠结于当前媒体信息在未来的一年或两年如何影响该公司的发展，而要去想像三年后公司会是什么样。实际上，巴菲特考虑得更远一些：在他买任何股票之前，他会闭上眼睛，想像该公司在10年后的发展状况。包括专业人士在内的一般投资者不会考虑得这么长远，只有很少一部分投资者这样做。长远来看，只有这些少数投资者最终能够击败市场中的大多数参与者。

第二，关注那些大家都不关心或被抛售的标的。不受欢迎或被抛售的股票可能被低估，但深受欢迎或遭到哄抢的股票几乎永远不会被低估。价值不太可能出现在正被人群哄抢的股票当中，塞思·卡拉曼说，"当遭到抛售、无人察觉或者被人忽视的时候，价值就会出现。"我们只是努力寻找好公司，但不一定是非常优秀或异常卓越的公司，这样的公司从来都是凤毛麟角。但是，好公司也需要好价格，不值得为好公司支付过高的价格。

第三，价值投资就是逆向投资。逆向投资意味着买入后承受阵痛，有可能在相当长一段时间内蒙受账面亏损。而随大流几乎总在开始的一段时期内是正确的，因为市场趋势总是能够让价格脱离价值持续很长时间。但是当主流意见一致时，逆向投资的时机就来了。查理·芒格指出，逆向思维总是有益的，但你成功的关键，不在于你逆着大众思考，也不在于其他人是否赞同你的观点，而在于你的推理是否正确，推理所依据的事实是否真实。

第四，寻找小公司，投资小公司。浓缩的都是精华，体量小的公司可能蕴含着光明的发展前景，但必须是能以消费者为导向，基于不断增长的消费者的需求。许多规模较小的公司往往处于企业生命周期的早中期阶段，因此更有可能快速增长。许多小公司能够通过强大的生产制造、营销和管理系统主宰本地的消费市场，但是在全球范围之内依然很小。实际上，国内在医药和消费领域的一些小公司，已经逐步演进为大市值公司。

▶ 价值投资没有止损的策略

> 我们的优势更大程度上在于我们的态度：我们从本杰明·格雷厄姆那里学到，投资成功的关键是在一家好公司的市场价格相对于其内在商业价值大打折扣时买入其股票。
>
> ——沃伦·巴菲特

有人以为价值投资需要止损的策略，我却以为价值投资只有买进的策略，而没有止损的策略。

以巴菲特买进华盛顿邮报为例。1972年，美国"漂亮50"股票以天文般的80倍市盈率在市场上疯狂交易，理由是这些股票成长性极好，将永远成长下去，因此在任何价位买入都是安全的。但是到了1973年，牛市开始"呻吟"，"漂亮50"纷纷破灭。华盛顿邮报也不例外，股价也下跌50%以上。沃伦·巴菲特认为大赚特赚的时机已到，2月，他在27美元的价位买入18600股。不料到了5月，股价继续下跌，跌到23美元，他又买入4万股。到了9月，股价已跌到21美元以下，他在20.75美元的价位再次买入181000股，成为华盛顿邮报公司最大的公众股股东。但是其股价还是跌势未尽，到1974年末，巴菲特的投资总额由原先的1062万美元缩水为800万美元。此后一直到1976年的两年时间里，华盛顿邮报公司的股票价格从未高于巴菲特买入的平均价格。

如果以今天的眼光来看待巴菲特的这笔股票交易，巴菲特无论如何也算不上高明。因为按照K线技术理论，买入一只股票后，如果下跌5%或7%，最多不能超过10%，必须止损，"截断亏损"。而巴菲特的股票交易完全违反"常理"，

不但不止损,反而从 27 美元一直买到 20.75 美元,跨度达 30%,而且越买越多,最后的结果是被套 2 年,市值缩水 30% 以上。

是什么原因使得巴菲特采取这种与众不同的买进不止损策略?

1. 巴菲特对媒体类公司,尤其是华盛顿邮报公司心仪已久,非常熟悉它的商业运作,有着无比的兴趣。这个兴趣不仅体现在对公司的现金流量关注上,还体现在他的社会交往上,他与许多高级记者过往甚密。他说过,如果他没有选择商业的话,他可能会成为一名记者。而事实上,他的确具备一名记者在编辑和制作方面的天赋。

2. 华盛顿邮报公司的核心业务是《华盛顿邮报》、《新闻周刊》杂志、三家电视台及一家广播电台。其中,《华盛顿邮报》和《新闻周刊》杂志是全球最有影响力的媒体之一,其品牌效应显著。当时《华盛顿邮报》拥有华盛顿所有报刊发行量的 66%,在市场中起主导作用,处于绝对的垄断地位,完全可以通过提价来提高收益,而不用担心失去忠诚的客户。

3. 1973 年,华盛顿邮报公司的权益资本收益率是 15.7%,与当时大多数的报纸平均收益相当,但是巴菲特发现华盛顿邮报公司的平均利润率为 15%,因此他深信该公司未来盈利能力将会大幅提高。果然,到 1988 年,华盛顿邮报公司的权益资本收益率大幅提升,高达 36.3%。1974 年,公司每 1 美元销售收入的营业利润为 10 美分,到 1985 年则增长为 19 美分。

4. 经过市场的连续暴跌,华盛顿邮报公司的股票已被严重低估,其投资价值已经显现。巴菲特经过估算,大约 8000 万的账面价值具有 4 亿的内在价值,而这 4 亿的内在价值则是巴菲特出价的 4 倍。也就是说,巴菲特认为自己是以低于华盛顿邮报股票内在价值的 1/4 的价格买进的,具有很高的安全边际。

基于以上的深入思考,巴菲特自然不理会所谓的"止损",只要价格越下跌,他就越可能买到越多的好股票。而且,他也不在乎所谓的"套牢"。因为他认为赚钱不是一朝一夕的事情,只要一个公司的内在价值能让人以满意的速度增长,那么股价上涨就是早晚的事。

巴菲特在 1985 年回顾成功投资华盛顿邮报公司这一案例时说:"1973 年中期,我们以不到企业每股商业价值 1/4 的价格,买入了我们现在所持有的华盛顿邮报的全部股份。其实,计算股价/价值比并不需要非同寻常的洞察力。大多数证券分析师、经纪人、媒体行政人员可能都和我们一样,估计到华盛顿邮报的内在商业价值为4—5亿美元,而且每个人每天都能在报纸上看到它的股票市值只有1亿美元。我们的优势更大程度上在于我们的态度:我们从本杰明·格雷厄姆那里学到,投资成功的关键是在一家好公司的市场价格相对于其内在商业价值大打折扣时买入其股票。"

巴菲特买入华盛顿邮报,可以说是他一生中最有意义的投资。因为这是他持有时间最长的股票,至今已有36年,其投资收益率也高达120倍以上。

巴菲特投资华盛顿邮报这一案例说明,价值投资者只要认为当好股票价格出现巨大折价时就应当买进,如果在买进后折价继续扩大,对于他们而言,那是福音,而不是灾难,应该越跌越买,还有什么比好东西越来越便宜而让人更开心的事呢?

在苍茫中传灯

▶ 只要不是永久性资本损失就好

> 应该区分临时性资本损失和永久性资本损失。如果你采取的是正确的投资方法，那么发生永久性资本损失的可能性并不大。而如果发生了临时性资本损失，必须愿意接受短期的痛苦，坚信随着时间的推移，回报会到来，财富会不断累积。
>
> ——马丁·惠特曼

吉恩—迈瑞·埃韦亚尔的投资业绩堪比彼得·林奇。到 1996 年，他执掌的 SoGen 基金在 18 年中只有 1990 年的一次亏损，且只亏损了 1.7%。在 1979 年到 2009 年的 30 年时间里，他管理的基金年均回报率为 13.8%。

2008 年金融危机后，他写了一篇《价值投资：随着时间的推移，它是有意义的也是有用的》的文章。在这篇文章中，埃韦亚尔提出这样一个问题，2008 年对于价值投资者是悲伤的一年，这是否说明了一些问题，他们应该做些什么呢？

第一，必须说明价值投资是很有意义的。 任何人读本杰明·格雷厄姆的《聪明的投资者》可以明白，价值投资不是复杂的数学模型，它只是关于常识的理解。此外，沃伦·巴菲特致股东的信也只是对常识的理解。因此，对于价值投资者，必须要愿意忍受短期的疼痛，坚信随着时间的推移会获得相应的回报。

第二，价值投资随着时间的推移必定会有用的。 早在 1984 年，巴菲特在哥伦比亚商学院以自己的纪录，连同另外 9 个价值投资者的纪录为例，表明他们 10 个人随着时间的推移做得比平均水平好很多。20 年后的 2004 年，哥伦比亚大学教授路易斯·温斯坦选取了包括 First Eagle 全球基金在内的 10 个基金，再次表明着他们随着时间的流逝，做得比大部分同行要好很多。

关于第一点，"必须要愿意忍受短期的疼痛"。根据巴菲特在哥伦比亚商学院演讲时十个价值投资者的纪录显示，其中有三个典型的例子，这三个人不约而同地在1973—1974年大熊市中发生过严重的亏损。比尔·鲁安的红杉基金当时分别亏损了24.0%和15.7%；查理·芒格的合伙人公司分别亏损31.9%和31.5%；里克·古瑞恩的太平洋合伙人公司则更严重，分别亏损了41.1%和34.4%。

关于第二点，"随着时间的推移必定会有用的"。审视上述三位杰出的投资者在1975年市场恢复性上涨后的表现，可以发现，比尔·鲁安获得60.5%的回报；查理·芒格获得73.2%的回报；里克·古瑞恩在1975年似乎一般，只获得23.4%的回报，然而在1976年却获得惊人的127.8%的回报。将他们置于长期的视野下，比尔·鲁安在14个财年中取得775.3%的投资回报，累计复利收益17.2%；查理·芒格在14个财年中取得1156.7%的投资回报，累计复利收益19.3%；里克·古瑞恩在19个财年中则取得22200%的投资回报，累计复利收益32.9%。

即使巴菲特本人在买进伯克希尔—哈撒韦的股票后，他曾经自述有3次下跌的幅度在50%，分别发生在1974年、1987年和1998年，股价都遭到腰斩。不过他担心的是永久性资本损失，担心是否是正确的投资，担心管理者是否满意。"每一个投资者的目标"，巴菲特最终得出这样的结论，"都应当创造一个投资组合，这个投资组合在未来10年左右的时间里，能带来最高的经审视的收入。"

不造成永久性资本损失永远是最重要的原则。 永久性资本损失是可预见的、较近的，将来的资本损失，与之相对应的则是临时性资本损失。永久性资本损失可以回避，其最好的办法就是买入具有高资本回报率、强大的净现金流、一流的资产负债表，并以较低的价格买进，或者以较高红利率的价格买进。但临时性资本损失则难以避免，究其原因，是投资中有许多不可控的因素。

著名的价值投资者、第三大道价值基金（TAVFX）的创始人马丁·惠特曼认为，应该区分临时性资本损失和永久性资本损失。如果你采取的是正确的投

 在苍茫中传灯

资方法，那么发生永久性资本损失的可能性并不大。而如果发生了临时性资本损失，必须愿意接受短期的痛苦，坚信随着时间的推移，回报会到来，财富会不断累积。毕竟我们不应该期望在所有的时间里都感觉良好。一切有价值的东西都来之不易。

◆ 不要指望超额回报

> 执迷于不切实际的高额回报并不只是一种没有害处的童话。它让很多人持有现金太少，以为市场会让他们翻身；让另一些人追逐不能够持续的热门股。
>
> ——贾森·茨威格

曾经读过《证券市场周刊》编写的《鹏华杰出投资者文摘》，这本书精选了国外 10 多位顶级的价值投资者。这些能够进入"杰出投资者"行列的基金经理，他们当中最高的年均收益率是格伦·格林伯格创造的，20 年中为 22.5%，最低的是约翰·赫尔曼，10 年中为 8.19%。其他的如塞思·卡拉曼、布鲁斯·伯克维茨、戴维·德瑞曼、马丁·惠德曼等均在 13%—18% 之间，10 多位顶级的价值投资者年均收益率总体平均在 10% 左右。

或许有人会说，这种收益率算什么？一年里我只要两个涨停，同样也可以进入"杰出投资者"行列。但是许多事情往往看似简单，实则不易。

杰里米·西格尔教授曾实证过，从长期来看，美国股市的收益率在扣除通货膨胀以后为 5%—6%。以道琼斯工业平均指数为例，在 1978 年到 1982 年的四年时间里，道琼斯工业平均指数一共上涨 28.6%，平均每年涨幅 7.15%。从长期的角度来看，股票的平均涨幅一般应该是每年 9%—10%。因此，如果投资者将他们的投资组合管理得不错，应该可以获得每年 12%—15% 的复合投资回报率。

过于追求股票高回报可能得不偿失，因为这将把自己置于错误的思维框架中。不少人就是这样，往往过于注重短期内的相对收益，却忽略了长期视野下的绝对

收益。财经作家贾森·茨威格指出，执迷于不切实际的高额回报并不只是一种没有害处的童话。它让很多人持有现金太少，以为市场会让他们翻身；让另一些人追逐不能够持续的热门股。带着这种童话般的期盼，不管是你自己投资还是在投资顾问的帮助下投资，到头来将是晚年生活捉襟见肘，并且还要多发挥几年"余热"，而不是早早退休颐养天年。

投资需要正确的态度，它不仅表现在买卖证券的过程中，也表现在对投资回报率的期待上。 投资如同做生意，赚钱的方式是不均衡的，有些年度会赚得很多，有些年度却没有。关键在于保存资本，而不是勇猛出击。表面上"高回报"似乎是一个相当简单的事情，而事实上试图达到这个目标而失败的人的比例相当大。

因此，格雷厄姆提醒我们不要指望超额回报，除非你完全知道你所拥有的私营企业证券的具体价值是多少。他警告那些企图打败市场的投资者，"无论是在华尔街或其他任何地方，都没有可靠的迅速发家致富的秘诀"。

"不管资本的多或少，如果人们看待股票交易时，只期待他们的资金能有每年12%的回报率，而不是每周50%，他们应该会有较好的长期表现，"查尔斯·道很早的时候就这样写道，"每个人都知道在打理个人的事业应该是这样的。但是一个人平时能谨慎而仔细地经营店铺、工厂或是房地产公司，却似乎总是认为投资股票时就应该采取另一套完全不同的方法。这真是太离谱了。"

甚至连巴菲特也把资产回报率的目标定在了每年15%以下。对于他而言，超过这个数字的部分就像蛋糕上的奶油。当然，巴菲特蛋糕上的奶油多得像山一样。那是因为他在工作上花了许多努力的结果。即使在累积多年经验和成功之后，巴菲特仍然把购买股票的目标定在获得实实在在的安全边际上。

有人问查理·芒格先生期望在许多年后获得7%—10%的年回报吗？可否接受回报率低于以往的成绩？芒格回答说，如果能够得到税前10%的利润包括分红，他会很开心，因为并不是所有的投资都有利润回报的。但是他需要的是获得合理的回报，而不是获得暴利。

芒格假设了一个场景：有人知道有一个铁板钉钉的机会可以带来12%的复合年回报。现在，假如这个机会放在这个人面前，但要求这个人从此不再接受别的赚快钱的机会，那么，这个人包括其他的大部分人肯定是不愿意干的。

第一章 投资策略

　　芒格先生认为,从理智的角度来思考,一旦一个投资者找到了一件运行良好的机制能致富,却还非要在意别人赚钱比你快,这简直就是疯了。既然如此,为什么我们还总是幻想着超额回报呢?

在苍茫中传灯

▶ 价值投资无需参与短期业绩比赛

> 如果你想践行价值投资,就无需参与短期业绩的比赛,就必须打破短期业绩判断的习惯。因为这种习惯不利于获取利润,同时还必须忍受几年的艰苦孤独时光,凤凰只有经过烈火的涅槃,才能达到永生的境界。

在不少人的眼里,价值投资似乎就是神话,似乎就可以战无不胜,短期业绩不好就别奢谈价值投资,免得贻笑大方。但是且慢,请看下面一份统计表,它显示的是践行格雷厄姆—多德价值投资思想的投资者过去年数的投资业绩:

	业绩良好的年数	业绩不佳的年数	业绩连续不佳的年数	业绩不佳年数占所有年数比例%
凯恩斯	18	6	3	33
芒格	14	5	3	36
瑞尼	29	11	4	37
辛普森	17	4	1	24

这份统计表表明,这些优秀的投资者都历经过几个艰难而痛苦的岁月,但最终都取得了辉煌的业绩。

约翰·梅内德·凯恩斯,一位伟大经济学家,又是一位杰出的投资家,他曾独立掌管切斯特基金直至去世。他虽比格雷厄姆年长一些,但非常赞赏格雷厄姆的投资思想,他坚持集中投资,采取长期稳定地持有的策略。在他掌管的切斯特基金 18 年中，有 1／3 的时间业绩比市场低。虽然业绩不佳的年数有 6 年，其中连续不佳的有 3 年，最差的收益是 1938 年为 –40.1%，输给不列颠市场的 –16.1%，但是切斯特基金最终取得年平均收益率 13.2% 的优秀成绩，而同时期的不列颠市场的收益为负数。考虑到凯恩斯所处的时代经历了 1929 年的经济大崩溃及第二次世界大战，凯恩斯的投资表现非同寻常。

查理·芒格，在没有成为巴菲特的搭档前，就掌管着查理·芒格合伙公司。他遵循格雷厄姆的投资原则。巴菲特说"他的投资组合集中在很少的几种证券上，因此，他的记录变动非常之大"，"但是，它同样是以价值折扣这种方法为基础的。"然而 14 年的投资经历中，他有 36% 的时间业绩比市场整体差，尤其是 1973—1974 连续两年落后市场 37 个百分点。但是最后，他仍以高出 18 个百分点的平均收益击败市场。查理·芒格合伙公司的风险极高，因为它的标准方差几乎是市场的 2 倍，但是这个成绩决非是一个冒险家的成绩，而是一个聪明的投资者的成绩。

比尔·瑞尼，巴菲特的同班同学，一同受教于格雷厄姆的门下，美洲杉基金的管理人。这个基金以投资集中、换手率极低而著称。29 年中，该基金有 11 年的业绩不佳，占整个时间段的 37%。最差的也是 1973—1974 两年，分别以 –24% 与 –15.7% 告终。但是瑞尼的平均年收益率最后也达到 18.9%，而标准普尔 500 指数同期仅为 15.2%。

娄·辛普森，执掌盖可（GEICO）保险公司。他从不理会华尔街的分析报告，只购买高收益公司的股票，并且以合理的价格买下。他的表现和投资风格完全符合巴菲特的思考方式。17 年中，辛普森有 4 年的业绩跑输市场，占整个时间段的 24%，最差的一年落后市场 15 个百分点。但是最后他也取得年平均收益率 24.7% 的优异成绩。

这四位投资家都有着与巴菲特相同的投资理念：只有当股票的安全边际高的时候才考虑买入，一旦买入便把投资集中在有限的几只高利润的股票上，不理会短期市场的波动，坚持长期持有，加上神奇的复利效应，最终全部胜出。

如果我们以一年或两年的短期眼光来评判他们的业绩，那么他们很可能会因为其客户遭到巨亏而被抛弃。价值投资开始时的业绩一般都不太好，但是结果往

往非常令人高兴。所以如果你想践行价值投资,就无需参与短期业绩的比赛,就必须打破短期业绩判断的习惯。因为这种习惯不利于获取利润,同时还必须忍受几年的艰苦孤独时光,凤凰只有经过烈火的涅槃,才能达到永生的境界。

▶ 真正的价值投资者不必怀疑自己

> 你的对错并不能由多少人反对来决定。你之所以对，是因为你的数据和逻辑推理是正确的。
>
> ——本杰明·格雷厄姆

当市场进入到熊市的时候，一些原本追随价值投资理论的人，包括一些机构投资者往往会从信奉转向怀疑，接着我们可能马上看到他们将从怀疑转向抛弃，然后又回到原来的投机老路上。

难道仅仅一个熊市就使得一个人的思想前后发生如此重大的变化？不少人在解释这种现象时，只将之归结为迫于压力，也就是面对净值的缩水严重。但我以为不单单只是迫于压力，根本在于一些人在开始接受价值投资理论时就发生了严重的误解。

价值投资的本质确实在于长期持有，但是长期持有并非没有条件，这个条件甚至还非常苛刻。菲利普·费雪曾说过："最优秀的股票是极为难寻的，如果容易，那岂不是每个人都可以拥有它们了？我知道我想购买最好的股票，不然我宁愿不买。"

沃伦·巴菲特也买过许多股票，但最终被列入长期持有的只有4只。比如华盛顿邮报、可口可乐都是能够创造出高资产报酬率的最优秀的企业，并且具备消费独占的特质，同时其管理层能够以照顾股东的权益为主要考量，所以只要它们的经营本质没有发生剧烈改变，巴菲特就会长期持有。而现在，我们的一些投资者在无法确认买入的股票就是最优秀的企业时，就毅然决定并实施长期持有的策

略,本来买入的成本就已经很高了,又不理会已经严重高估的股价,在这种情况下,焉有不败之理?

巴菲特自己在解释卖出中国石油的原因时说,当他开始买入中国石油时,其市值为370亿美元,而那时这个公司的价值应该为1000亿美元。"2007年,两个因素增加了它的价值:国际原油期货价格的急剧攀升;与此同时,中国石油管理层在建立石油和天然气储备方面又做了大量工作。这些举措使中国石油的市值一下子飞升到2750亿美元。我们认为,这个估值水平和其他大型石油公司相当,所以我们将手中的股票以40亿美元全部卖出。"话虽这样说,但我认为应该是中国石油的高资产报酬率已经发生了变化,这必将引起经营本质的连锁反应,因此中国石油就不再是一个具备长期持有价值的股票了。

以上是从对价值投资理论理解的角度来解释,下面我试图从投资心态的角度来解释。

当价值投资者遭遇熊市时,尤其是基金管理人,确实要面对极大的压力。从这个角度考虑,基金管理人还不如一个"自由"的价值投资者。价值投资者,特别是坚持价值投资理念的基金管理人的净值大幅缩水时,一般都会招来各种各样严厉的批评,只是因为他要坚持"价值投资"。因此很多投资人最终迫于压力放弃了价值投资。但是,请记住本杰明·格雷厄姆对他学生的忠告:"你的对错并不能由多少人反对来决定。你之所以对,是因为你的数据和逻辑推理是正确的。"

对冲基金Sellers Capital Fund创始人马克·塞勒尔在解释为什么不能成为巴菲特时说:"伟大的投资家都对于他们自己的想法怀有绝对的信心,即使是在面对批评的时候。巴菲特坚持不投身疯狂的网络热潮,尽管人们公开批评他忽略科技股。当其他人都放弃了价值投资的时候,巴菲特依然岿然不动。《巴伦周刊》为此把他做成了封面人物,标题是'沃伦,你哪儿出错了?'当然,事后这进一步证明了巴菲特的智慧,《巴伦周刊》则变成了完美的反面教材。就个人而言,我很惊讶于大多数投资者对他们所买股票的信心之微弱。"

如果你还是价值投资者,请对照一下,是否对于自己的想法怀有绝对的信心,是否在其他人都放弃价值投资的时候,依然岿然不动。我们说过,价值投资的原理并不难学,但是良好的心态却不是人人都可以学的。只有达到沉静自如,洞若观火的境界,才能永远立于不败之地,最后成为大赢家。

因此,价值投资者在任何时候意志都要比别人更坚强,信念都要比别人更坚定,不必随意怀疑自己。

▶ 价值投资：坚持还是放弃

> 价值投资是最为持久而经得起考验的投资方法，然而却不是唯一的方法。
>
> ——约翰·坦普顿

詹姆斯·奥肖内西是投资名著《华尔街股市投资经典》的作者。这本书的内容是关于投资公式的，它采用金融统计数据探讨到底哪种投资策略最有效。奥肖内西在书中回溯测试了 40 个公式，最终他找出表现最好的一个。他在 1996 年成立了自己的基金。当然，奥肖内西成立基金的时机很不对。因为 1995 年 8 月到 2000 年 2 月对于价值投资者来说是非常艰难的年代。因此他的基金第一年表现不好，第二年跑输了大盘 25%，第三年就更差了，竟然跑输所有同行。1999 年，奥肖内西在市场底部时只好把基金卖给别人，然后改行了。不过，没过多久美国股市泡沫就破灭了，可惜他却未能坚持到胜利的这一天。

更具讽刺意味的是，买奥肖内西公司的人也使用他的那个投资公式，却十分成功。另外还有两个基金 HFCGX 基金和 HFCVX 基金，都以奥肖内西最优的基础成长理论为向导进行投资，表现也都很突出。在 5 年的时段中，一个获得年均 13.44% 的回报率，一个获得年均 6.47% 的回报率，比同期大名鼎鼎的先锋 500 指数基金还要出色。对此奥肖内西可能怎么也想不明白。

奥肖内西的研究不可不谓精深，他的这本书现在确实已成为"经典"之作了。哥伦比亚大学商学院教授乔尔·格林布莱特高度称赞这本书。他认为，在这本书出版7年之后，如果有投资者从一开始就采用书中给出的第一大投资策略，那么同那些扎堆投资泡沫股的投资者相比，他会富有得多。但是对于奥肖内西而言，虽然他知道他的投资公式有效，然而他还是选择退出，其结局与老虎基金的罗伯特·朱利安大同小异——都倒在黑暗的黎明前，其主要原因在于没有或无法继续"坚持"下来。

而理查德·普泽纳（Richard Pzena）就不同了。普泽纳在2005年曾荣膺最优秀的基金经理，并位居前列，掌管着50亿美元的资产，拥有许多投资者，有100位机构投资者跟随着他。与奥肖内西相似，他也在1996年成立了基金，可是运气并未比奥肖内西好多少。在以后足足4年的时间里，他从未跑赢过市场，以至于许多投资者纷纷离他而去，最后只剩下4位投资者。这是因为理查德只使用一个公式，并且根据这个公式挑选股票。这种方法曾经有效过许多年，但是在其中的一段时间内就是没有效果。然而，普泽纳仍然顽强地坚持认为他的做法是正确的，因为他只买进市场中价格与正常盈利比最低的股票。很显然，普泽纳的词典里从未出现"放弃"这个词。

格林布莱特既是哥伦比亚大学的教授，又是戈坦资本管理公司（Gotham Capital）的创始人。戈坦资本自1985年成立以来，获得了高达40%的年回报率。格林布莱特写过一本《股市稳赚》的小书，他在其中提出了一个"神奇公式"。运用这个公式，使得戈坦公司的投资屡试不爽。可以这么说，长期以来戈坦公司的资产就是依靠这个公式"神奇"地堆积起来的。但是即使这样的神奇公式也并非总是有效，确切地说，它可能只在60%的月份里有效。比如在2002年，他的公司产品净值下跌了22.5%，跑输市场0.7%。最有意思的是，其中有一年，格林布莱特的儿子在3月份开始投资，做得不错，而他的女儿在8月份开始投资，则大赔特赔。他的一个编辑采用他的方法，最终完美地宣告失败。然而，与普泽纳一样，格林布莱特的词典里也从未出现"放弃"这个词。

看起来掌握一种公式并不意味着就战无不胜，因为投资没有这么简单，公式并不可能每次都有效。推及到价值投资，道理是一样的。假如一个公式一直都很有效，那么它就一点效果也没有，因为一直很有效的话，大家都会采用它。而当方法并不总是有效的时候，如果连续几年跑输市场对投资者而言很难接受，这也

是一些价值投资者半途而废的原因。

一个人长期坚持自己的选择并不容易。虽然投资者长时间地研究，其结论也不一定就是正确的，短时间内仍有失败的可能。加上大多数人十分短视，只注重一个月或一季度，最多看一年的收益情况，一直坚持就更不容易了。而实际上评估业绩应该至少放长到3年。

格林布莱特曾说，在3年的滚动时间段里，他的投资方法从未输过钱，尽管有时候它的表现不及大盘。短短的一年绝非最佳的持有期，如果短于一年则要考虑交易成本。不如意的事经常会发生，但是却需要坚持走自己的路，"因为你总能笑到最后"。

格林布莱特指出，如果一种投资策略确实有道理，那么你的投资周期越长，你取得成功的概率就越大。"理想的投资周期是5年、10年或者20年"。所以，问题的关键取决于我们是否相信它会成功，并进行长线投资。否则当短期业绩不佳的时候，将无法坚持下来。

价值投资之所以有效，是因为它并不总是有效。约翰·坦普顿说得好，价值投资是最为持久而经得起考验的投资方法，然而却不是唯一的方法。长期来看，没有一种投资方法注定是最好的。然而纵观50年的投资历史，没有比"按基本价值买入"这种方法更为持久——购买那些相对于真实价值，价格被低估的公司。现在，我们思考一下：是继续坚持，还是准备放弃？

为什么价值投资不易为多数人接受

> 当我们观察周围许多人的交易时,却鲜见他们运用价值投资的方法和策略。对此巴菲特也深感不解,只是把这种现象归之于"人性"使然。

自从本杰明·格雷厄姆在 1934 年发表划时代的巨著《证券分析》,奠定了价值投资的科学地位以来,经他最出色的学生沃伦·巴菲特发扬光大,并在实践中取得令人瞩目的成就,价值投资这个词语在投资界可谓无人不知、无人不晓。虽然如此,但是当我们观察周围许多人的交易时,却鲜见他们运用价值投资的方法和策略。对此巴菲特也深感不解,只是把这种现象归之于"人性"使然。本文试图从以下观点解释这种现象。

首先,价值投资理论是一种极具革命性的理论,它直接反对几乎所有技术分析的传统思想,是对传统思想的彻底反动。许多人从股票交易的第一天起就被灌输技术理论思想的教育,一打开交易软件便看到 K 线图及各种指标。因此,他们认定技术分析中的各种指标及图形可以解决交易中的所有难题,一旦交易失败就马上归咎于市场,从不深思技术理论中可能出现的问题。而格雷厄姆—多德学派理论则认为,由于价值投资买入的是企业,并非仅仅股票,所以他们就势必要寻找最优秀的企业,以最大的折扣买入,然后长期持有。这对于技术分析者认为要赚钱必须靠交易,交易必须看指标是不可理喻的,如同伽利略时代的哥白尼学说一样,在世人眼中是荒谬的"异端"。

其次，由于价值投资在实践中不追求短期效益，专注于长期表现，也由此带来了新的问题。正如许多人所说的，"长期"？"长期"我们都死了。因为"长期"我们都会死，所以必须赶在短期内追求最大效益，而要在短期内获得最大效益，必须依赖于技术指标。这些人短期内如果获得巨大成功，价值投资将立即成为被其否定的对象。而一旦他们投机失败，价值投资则将被彻底扬弃。因此，真正的价值投资需要巨大的、超乎想像的忍受力，它远远超过格雷厄姆提出的价值投资的吸引力和想象力，这不是一般投资者所能做到的。

再次，券商、机构及有关媒体需要技术分析，因为他们需要所有买卖股票的人频繁交易，从中赚取高额的费用。因此，当我们打开电视、电脑、报刊杂志，铺天盖地都是技术分析的宣传，这种舆论导向使得几乎所有的人都认定只有技术分析才是最正确的、最有效的。而价值投资由于自身的理论使然，专注于企业的深入研究，他们决不会参与这种"热火朝天"的生活，所以他们往往是最寂寞的、最孤独的一群人。从人性的角度出发，大多数人往往不喜欢这种"死水一潭"的寂寞孤独，那么"热火朝天"便是唯一的选择。因此从这点看，价值投资也不易为他们所接受。

第四，不少人肤浅地理解价值投资，致使伪价值投资充斥市场，把价值投资解读为买了就不卖，以为长期持有股票赚了钱就是巴菲特的信徒，而且用股票投资获得暴利的故事来证明自己是"巴菲特"。不幸的是，他们又把这些伪价值投资当成"真"价值投资，认为价值投资不过尔尔，以此证明中国没有"巴菲特"。既然没有"巴菲特"，哪来的"价值投资"？于是价值投资被彻底庸俗化，从而沦为笑柄，于是只要一谈论价值投资就让人汗颜。

最后，许多大学商学院不愿讲授价值投资理论，一方面可能是价值投资理论太"简单"、太"明了"，以至于教授们不愿意讲；另一方面，如果讲授价值投资理论，可能就意味着要重修全部的教科书，不仅是经济学的，而且还包括投资学、证券学教科书；如果接受了价值投资理论，就可能意味必须忘掉过去七十年中的全部知识并且一切从头开始。这些商学院的学生在学习了有效市场理论、技术分析理论毕业之后，往往占据了券商、机构、基金的重要位置，他们主导股票市场，使得技术分析始终如日中天。

在科学史上，对新理论的提出者往往怀有偏见的指责或冷落，试图将之扼杀在萌芽状态。很不幸，这是一种普遍的现象。但幸运的是，巴菲特以其自身的辉煌成就避开了"不幸"。

早先许多人将巴菲特及其格雷厄姆—多德学派的成功归之于运气，但自从巴菲特在1984年发表那次著名的演讲后，运气之说便寂然了。虽然如今巴菲特已被"广泛认可"，但实际上依然"很少有人追随"。表面上看，如今的巴菲特只要发表片言只语，全世界的投资界、金融界似乎都在"用心倾听"，生怕漏掉其中的一词一句。但实际上，他们当中许多人并非意在学习巴菲特，也并非意在学习价值投资，而是在寻求更大投机的机会，把"巴菲特"当成炒作的题材，"人性"使然。

在苍茫中传灯

◗ 要创造财富，还是要创造收入

> 创造收入与创造财富的区别就在于，创造收入是临时的，他们将永不停歇地工作，其代价是巨大而沉重的，因为如果不工作，便没有收入；而创造财富是长久的，他们的心灵将是宁静的，精神将是富足的，他们可以自由决定如何运用自己的时间，因此他们不会被工作所困，所以他们往往快乐健康。

在我看来，通过频繁交易在更多的情况下只是"创造收入"而已。之所以说是创造收入，是因为那些人必须通过频繁交易创造收入来维持他们的"投资"方式，如同他们必须通过工作创造收入来维持他们的生活方式一样。因此无论他们赚了多少钱，都只是创造收入，并非创造财富。因为创造收入好比是一辆永不终止的风车，所以当风车停止了，收入也随之停止了。

虽然许多人也知道频繁交易对财富有害，而且大部分尝试它的人也赔了本，那么，为什么他们还在积极地"投注"呢？原因是人们通常高估自己的能力去选择打赢市场的股票。另外还有一个因素在起作用，就是企图从市场中，榨取比市场能够提供的更多财富，但其实这并不容易。无论如何，用新的技术武装起来的专业投资者显然要比个人投资者具有压倒性的优势。

说到专业投资者"创造收入"的最典型的莫过于詹姆斯·西蒙斯，这位世界级的数学家，同时也是最伟大的对冲基金经理之一。仅仅2008年一年，西蒙斯旗下的对冲基金就实现了80%的净收益率，他也因自己的投资使身家比上年增加了 25 亿美元，高达 80 亿美元，排名福布斯亿万富豪榜第 9 位。他也是 20 年来"最赚钱的基金经理"，从 1989 年到 2008 年，平均年收益率达到了惊人的 38.5%，而股神巴菲特也不过才 20%。因此西蒙斯为人们所津津乐道。

西蒙斯之所以能在萧条的金融环境中脱颖而出，主要得益于依据电脑分析数据快速换手的交易策略。西蒙斯的文艺复兴公司主要由 3 个群体组成，即电脑和系统专家、研究人员以及交易人员。西蒙斯用了超过 15 年的时间研发计算机模型，大量筛选数以十亿计单个数据资料，从中挑选出中意的证券买进、卖出。

他同时雇用了 200 多人共同参与，并且为他服务，其中拥有数学、物理学或统计学博士头衔的超过 70 位。当买入或卖出的指令下达后，20 名交易员会通过数千次快速的日内短线交易来捕捉稍纵即逝的机会，交易量之大甚至有时能占到整个纳斯达克市场交易量的 10%。

很显然，西蒙斯的这种模式，以复杂的数学、统计学为基础，通过组合投资寻找市场的套利空间，并不是一般投资者所能理解的，也不是一般投资者所能做到的。因此像西蒙斯这样"创造收入"的人绝对寥若晨星。

其实，更多的富人之所以成为富人，或者富人变得更富，都是因为他们通过长期投资，年复一年，便积累了财富。这就是富人获得和保持富有的方式：让金钱为他们服务。那些真正富有的人平时都做什么呢？其实他们什么也不做。

最近看了一篇关于超级富豪的交易秘诀的文章，觉得很有意思。这篇文章告诉我们，所谓的超级富豪的交易秘诀，就是尽可能少交易。大多数富有的人都只是买入并且持有着，通常他们都持有数十年以上。

这位作者曾看到，有一个富有家庭的股票投资组合完整地包含了几个蓝筹股：辉瑞、摩根大通银行、菲利普·莫里斯、埃克森·美孚以及其他几只股票。而且其中的大部分股票均继承自祖上，其先祖只是简单地购买了他很钦佩的公司股票，和那些他在几十年前与其做过生意的公司股票。由于这些公司股票的分红为他的后代提供了巨大的、源源不断的收入，因此他的后代根本没有动力卖出股票。这就是他们全部的股票投资策略。看起来保存财富并且产生收入流，坐在爷爷的分红股票组合上享受红利，是一种很不错的生活方式。

与此相似，如果我们想要积累财富，特别是在市场波动使我们感到紧张的情况下，就不要把股票红利作为收入，而要进行再投资，用它们来买更多股票。把分红再投资的实践，绝对能够把糟糕的表现变成跑赢市场的回报，这是因为能够分红的公司一般都趋向稳定和成熟。这种公司的股票一方面在市场的剧变中不易贬值，当然另一方面它也不太可能涨势像坐火箭一样取得10倍水平的回报。然而随着时间的推移，它们不断显示出稳定的增长，结合红利再投资的优势，从长远来看，就有很大的机会跑赢市场，财富就是这样被创造出来的，这一点对大多数人而言并非难以做到。

创造收入与创造财富的区别就在于，创造收入是临时的，他们将永不停歇地工作，其代价是巨大而沉重的，因为如果不工作，便没有收入；而创造财富是长久的，他们的心灵将是宁静的，精神将是富足的，他们可以自由决定如何运用自己的时间，因此他们不会被工作所困，所以他们往往快乐健康。就像《富爸爸》里面所说的，一般说来，美国的百万富翁都是自由职业者，生活节俭，长期进行投资。

▶ 学会运用最优增长策略投资

> 聪明的人会在世界提供给他这一机遇时下大赌注。当成功概率很高时他们下了大赌注,而其余的时间他们按兵不动,事情就这么简单。
>
> ——查理·芒格

1948年,电脑理论发明者克劳德·香浓公布了他的研究成果,即用数学公式计算出有多少电子信息能够同时成功地通过铜线,并使信息不会在传播时受到金属分子噪音的干扰。8年后,数学家凯利发现,香浓计算出信息传达的可能速率和概率与赌博在本质上是相同的,其数学公式运用到赌博过程中可以使赌博效果达到最佳化,因为赌博中人们是靠预测概率来提高获利的,这就是凯利最优模型,现在被称为最优增长策略。

最优增长策略认为,如果我们知道各种可能的成功概率,就可以将大部分资金押在成功概率最大的可能性上,使增长的效应最大化。用数学公式来表达:

X=2P–1,(X表示投入比率,2P表示2倍赢概率),即投入比率=2倍赢概率–1,就是说,应下注的资金百分比等于2乘以成功的概率减1。

例如,如果你下注20%的资金,表示你战胜庄家的成功概率为60%(20%=2×60%–1);如果你下注60%的资金,表示你战胜庄家的成功概率为80%;当然,如果你知道赌赢的概率在100%,最优增长策略就告诉你可以押上所有的资金大赌一把。

看到这里,你可能会觉得我是在教你赌博,非也。我想说的是,我们可以把最优增长策略运用到投资过程中。最优增长策略是一个合理的推理过程,符合价

值投资的思路。巴菲特就建议人们要在市场出现最佳机会时才大举入场，而且他自己也是运用概率来投资的，他说："我的职责是分析这些事件实际发生的概率，并计算损益的比率。"

正确运用最优增长策略投资至少可以解决两个问题。

第一，可以解决如何才能"胜算"这个难题。《孙子兵法》云："夫未战而庙算胜者，得算多也，未战而庙算不胜者，得算少也。多算胜，少算不胜，而况于无算乎！"意思是说，战前"庙算"能够胜过敌人的有十之八九，取胜的机会就多；战前"庙算"不能胜过敌人的有十之四五，取胜的机会就少；取胜的机会多，就能胜敌，取胜的机会少，就不能胜敌，而何况没有算呢！当大家疯狂买入，迅速将股指推高到5500点、6000点，这时你有多少"胜算"？当大家不计成本，恐慌抛出，股指迅速跌到3000点、2000点，现在你又有多少"胜算"？如果我们在每次的投资决策过程中都能这样思考，就能保持清醒的头脑，就不会那么茫然了。

第二，可以科学地解决资金分配的问题。能够学会运用概率计算，就会控制投资比例，就不会一次性的大笔投入，而其实这是非常危险的。巴菲特告诫我们，慎重总是有好处的，因为没有谁能一下子就看清楚股市的真正走向。5分钟前还大幅上扬的股票，5分钟后立即狂跌的情况时有发生，你根本无法准确地判断出这个变化的转折点。所以，在进行大规模投资之前，必须先试探一下，心里有底后再逐渐加大投资。

运用最优增长策略特别要注意：由于概率本身就是主观的，你认为有80%的"胜算"，但实际上只有50%的时候，就可能陷入危险之中。所以，你在准备投入60%的资金时，只需投入30%就可以了（凯利建议的一半），以确保资金的安全，从而形成一个安全边际。

芒格说："聪明的人会在世界提供给他这一机遇时下大赌注。当成功概率很高时他们下了大赌注，而其余的时间他们按兵不动，事情就这么简单。"

▶ 反向投资确实不简单

> 反向投资的策略有多种，但主要有两种：一种是购买"输家"，一种是期望值博弈。

投资不简单，反向投资更不简单，因此本文并不想鼓励你成为一个反向投资者。但是我愿意思考。

这是因为从长期看，市场确实对好消息或坏消息都反应过度，一个阶段表现特别好或特别差的股票，在下一个阶段一般会出现相反的情况。当然，这个所谓的阶段不能以月来计算，而应该用年。如果我们认识到这一点，就能够理解反向投资的策略。

反向投资的策略有多种，但主要有两种：一种是购买"输家"，一种是期望值博弈。

一、购买"输家"。所谓的"输家"是指公司或项目效益差，或增长率下降，或管理不善，或三者同时兼而有之，或出自其他原因，致使股价剧烈下跌，被市场无情地惩罚并抛弃，成为典型的"输家"。反之，则可以称为"赢家"。

不过，金融市场经常会出现神奇的"均值回归"效应。比如，在过去5年里上涨幅度最大的股票比其他股票在下一个5年更有可能下降，而过去5年下降幅度最大的股票比其他股票上涨的可能性要大。这就是那些愿意购买"输家"的股票、出售或避免购买上涨幅度最大"赢家"股票的原因。

纽约大学商学院金融学教授阿斯沃斯·达摩达兰在他的一本著作中举证说，有两位叫DeBondt和Thaler的研究者，曾建立了从1933—1978年每年一个由35

种股票组成的"赢家"投资组合——这些股票是前一年上涨幅度最大的股票；他们还建立了一组由35种股票组成的"输家"投资组合——这些股票是前一年下跌幅度最大的股票。

他们观察到，购买了上一年35种输家股票，并把股票持有5年的投资者得到高出市场收益率大约30%的累积超额收益率，比购买赢家股票的投资者收益率高40%。

当然，我们要慎重使用统计样本及其数据，因为他们或许夸大了输家投资组合的潜在收益率。比如，12月创建的输家投资组合可能要比6月创建的输家投资组合赚得的收益率要高得多；又比如，超额收益来自几个收益率特别好的股票，而不是投资组合普遍的业绩情况等等。

无论如何，如果我们想购买输家股票，一定要做好思想上的准备。因为DeBondt和Thale的研究也显示，在1941—1964年，输家股票用了28个月才超过赢家股票；在1965—1989年，输家股票甚至用了36个月还没有超过赢家股票。

我们能等三年吗？如果我们缺乏耐心，持有的时间较短，不但颗粒无收，还可能以亏损出局而告终。所以，购买输家股票的关键在于，是否具备长期持有这种股票的能力。

二、期望值博弈。市场对于赢家股票的期望值往往高之又高，而对输家股票的期望值总是低之又低。如果我们能够看出其中的玄机，那么就有可能购买后者而出售前者。

好公司也可能成为坏投资，差公司也可能成为好投资。购买经营良好的公司，期望这些公司收益的增长会使其价格上涨的任何投资策略都是危险的，因为它忽略了公司目前的价格已经反映了公司的管理和资产质量这一可能性。如果当前的价格是正确的，最大的危险是随着时间的推移，公司的光环将褪去，市场给予的奖励将耗尽。当市场夸大公司价值的时候，就算公司在增长，也只能导致较差的收益率。只有在市场低估了公司质量的时候，才有可能赚得超额收益。

克莱曼（Clayman）公司的一项研究表明，1981年对业绩不突出的公司投资的100美元到1986年增长到298美元；对业绩卓越的公司投资的100美元到1986年仅增长到182美元。虽然这项研究没有考虑风险因素，但是它的确提供了好公司不一定是好投资，差公司也可能成为好投资的证据。

期望值博弈并不比购买输家来得容易。与购买输家的策略相同，期望值博弈回报的期限也可能会很长，并且还可能冒着很大的风险：1.绩效不好的公司不一定都是管理不善的公司。它们中的一些公司由于长期处于不景气、见不到转机的行业，完全有可能在将来仍然绩效不佳。但是如果它们的经营状况良好的话，那么成功几率可能会很高。换言之，只有公司有改进的潜力，才有可能看到股价的上涨。2.绩效不好的公司可能就是管理不善。如果公司的管理层地位很牢固，那么未来基本上不会有什么大的绩效改进。除非你有能力改换现行的管理层，否则你几乎没有什么办法。并且还可能不得不接受这样的事实，在管理没有得到改善之前，你的投资组合可能变得越来越差，从而给这个投资组合造成了很大的伤害。当然还有其他的风险。

因此，购买输家股票或期望值博弈并不能保证我们会成功，这种策略也可能被证明是不切实际的。除非我们具备以下的条件，正如阿斯沃斯·达摩达兰教授所建议的：1.由于这种股票需要很长时间才可能恢复，所以必须具备多年持有该股票的能力；2.输家中的一些公司很有可能被淘汰出局，因此应该采用多元化投资策略，这样的话，你的总收入不会因为有些股票失去价值而变得极其不稳定；3.输家股票的坏消息可能特别多，比如资不抵债或管理混乱或决策失败，加上其他投资者抛售的力度加大，股价势必进一步深跌，持有意味着倍受煎熬。到后来，随着负面意见的不断升级，变得更难以坚持保留这些股票。这时候，就必须坚持自己的立场，并需要极大的勇气，以取得该策略的成功。

当然，建议只是建议，要做到却不易，因此投资确实不简单，特别是反向投资。

在苍茫中传灯

"选时"到底有效吗?

> 在我从事金融业这30年中,从未遇过常胜将军。实际上,我的个人感觉是,竭尽全力地去把握市场时机,不仅不会使你的投资账户增值,相反还会带来负面影响。
>
> ——约翰·伯格

首先明确"选时"的含义。所谓的选时,实际上是指投资者力图对市场的波动加以利用,并由此实现超额收益,战胜市场的一种方法。

关于选时的重要论著莫过于《在股市赢得高额回报的解决方案》,其作者是大卫·罗杰。罗杰是一位著名的股市走势分析专家,以其建立的总体股市走向概率而闻名世界,并且还是选时高手。

在这本论著中,罗杰向陈旧的"买入并持有"的投资模式挑战,提出了一种全新的"解决方案",认为只要能够准确把握市场整体走势,通过市场预测把握市场投资时机,以及掌握投资时机的最佳途径,那么不管你是基金经理还是个人投资者,最终都能追求到高额的利润。

不过遗憾的是,这个"解决方案"却依然存在无法解决的矛盾。因为作者一方面承认"预测市场走势是荒谬的企图。从始至终地预测市场走势是不可能实现的",一方面又企图通过较高的预测"准确率"来战胜市场。最后作者只能把问题还给投资者:"每一个投资人都要结合自己的市场理解程度、风险承受能力和所拥有的资源这三者来找到自己的投资个性。"

看起来即便选时出色，也需自身综合能力和经验基础的综合判断，否则一定无效。因为即使是华尔街历史上备受推崇的约瑟夫·格兰维尔在20世纪80年代成功预测的深达35%的下跌，但在罗杰看来，这样的下跌如果放在华尔街其后18年的牛市进程中看，也不过是"茶壶中的暴风雨"而已。

聪明的投资者早已看出了选时的无效性。有趣的是，这些投资者中不少人竟然来自共同基金或对冲基金的代表人物，他们对待选时的观点可谓针尖对麦芒。

先锋基金的创始人约翰·伯格很有感触地说："在我从事金融业这30年中，从未遇过常胜将军。实际上，我的个人感觉是，竭尽全力地去把握市场时机，不仅不会使你的投资账户增值，相反还会带来负面影响。"

老虎基金的创始人朱利安·罗伯森从未相信有人真正靠选时交易赚钱，他相信赚钱的唯一方法是买下便宜的股票，看着它们成长。因为他深知，虽然市场会确定无疑地向上或向下运动，但是不可能确定它何时发生。与其浪费时间，不如去寻找价值来得容易。

麦哲伦基金的著名经理人彼得·林奇的态度更明确。他认为，根据市场波动来买卖股票的行为实质就是选时者。选时者试图预测短期市场波动和股价变动，并据此获得盈利而退场。但是却没有多少人可以用这种傻瓜都懂的方法真正赚到钱。因为如果真是这样，那个人早就成了亿万富翁，而不是比尔·盖茨和沃伦·巴菲特了。

林奇指出，当一个人试图选时时，其结果往往是追涨杀跌。人们觉得自己运气不够好，但这其实是因为他们追求的是不现实的结果，没有人可以长期战胜市场。人们认为在市场调整时投资股票是非常危险的，但他们忘了，踏空同样也是有风险的。

波顿·麦基尔的《漫步华尔街》是讲述有效市场理论的，但就是在这本书中，他却以图表的方式佐证了伯格、罗伯森和林奇的观点。

麦基尔发现在1970—2002年间，每逢市场周期出现重大转折，共同基金经理们的资产现金配置都让人失望不已。值得注意的是，共同基金经理们的审慎行为——表现为比例非常高的现金配置，几乎与市场的低迷谷底完全同时出现。在1970年、1974年、1982年以及1987年末，市场均出现了罕见的大底，然而恰恰

就在这些时候，基金手中的现金比例却达到创纪录的顶峰。此外还有两个现金比率高点，一个出现在 20 世纪 90 年代末，恰逢 1991 年股市大反弹前夕，另一个出现在 1994 年历史上难得一见的 6 年大牛市之前。相反，共同基金经理们分配的现金比例，低点又几无例外地出现在市场"头部"。显而易见，共同基金经理们的市场时机选择能力实在糟糕得很。

凯尔格里大学的两位教授理查德·伍德沃德（Richard Woodward）和杰斯·乔（Jess Chua）的一项学术研究也表明，长期持有手中的股票，要比掌握市场时机的策略为好，因为你在牛市中赢得的收益要远远大于在熊市中遭受的损失。这与彼得·林奇"长期投资分享股市盛宴"的观点不谋而合。

两位教授最终的结论是，一个追寻市场节奏的投资者做出的决策必须达到 70% 的正确率，才有可能战胜采取买入持有策略的投资者。麦基尔则补充说，"反正我从未遇到过任何人在判断市场转折时达到 70% 的精确度。"本杰明·格雷厄姆明确指出："我们的观点是股票市场的时机选择通常都不可能成功，除非买入的时机和一个具有吸引力的、由分析性标准衡量的价格水平相关。"

因此，与其徒劳地寻找利用"选时"超越市场平均收益的机会，不如干脆放弃对时机的选择。

▶ 卖出策略：荔枝红了再采摘

> 散户唯一的弱势，就是可能被迫在不适当的时机出售手中的股票，究其原因就是因为在财务上和心理上没有充分的准备，无法应付市场的变化。因此，投资者必须建立起自己的投资方略，最终上升至哲学的层次。
>
> ——沃伦·巴菲特

关于股票交易，有时候卖要比买更难。

虽然有段时间市场在不断上涨，我的一位朋友却很失落，因为他年初购买的股票早就被抛售一空了，而这位朋友卖出股票仅仅因为手中的股票上涨了。

我告诉他，上涨肯定不是卖出的理由。他之所以采取这种方式，主要是没有确立自己行之有效的投资方略的缘故。面对汹涌起伏、波谲云诡的市场，其实如果转换一个角度来看待这个问题，可能就没有那么复杂了。

让我们把目光投向投资家们，看看他们的"退出"，也就是卖出策略。

本杰明·格雷厄姆坚持的一条原则是：每当牛市开始的时候暂时离开股市，等到股市回落到重新具有投资价值时再买进。他认为，投资者的喜怒哀乐根本无法改变市场，只有充分利用市场波动才能实现盈利目标，这是他著名的"市场先生"的理论。

菲利普·费雪教导我们说，只有在三种情况下才需要抛售股票：第一，你发现你犯了一个错误，那家公司根本就不符合你的标准；第二，那家公司不再符合你的标准，比如一个能力较差的管理班子接管了公司，或者公司已经成长太过庞

大，以至于发展速度已经不像以前那样快于整个行业；第三，你发现了一个绝好的投资机会，而你抓住这个机会的唯一办法就是首先卖掉一些其他股票。

虽然巴菲特最推崇的持有期是"永远"，甚至没有"退出"策略，但如果一只股票不再符合他的某个投资标准，比如企业的经济特征发生了变化，管理层迷失了主方向，或者公司失去了它的"护城河"，他就会把它卖掉。其次，当巴菲特需要为更好的投资机会筹资时，他也会卖掉手头的一些股票。这是由于早期的他因为职业生涯的缘故必须这样做，那时候他的主意比钱多。而现在他已经不必这么做了，因为现在他的钱比主意多。其三，如果巴菲特认识到他犯了一个错误，认识到他最初完全不该做这样的投资，他会毫不犹豫地退出。

许多投资者既不清楚股票的本质——其实股票就是企业的股权凭证，购买股票就是购买企业，也不明白市场的属性——其实那是一个有着精神分裂症患者在心理上所具有的全部典型症状，只乐于频繁地抢进抢出，换来换去，根本没有确立起自己的投资哲学，因此就出现了诸多问题。

巴菲特曾说，散户唯一的弱势，就是可能被迫在不适当的时机出售手中的股票，究其原因就是因为在财务上和心理上没有充分的准备，无法应付市场的变化。因此，投资者必须建立起自己的投资方略，最终上升至哲学的层次。

美国投资家理查德·德里豪斯说："有一套核心哲学是长期交易成功的根本要素。没有核心哲学，你就无法在真正的困难时期坚守你的立场或坚持你的交易计划。你必须彻底理解、坚决信奉并完全忠实于你的交易哲学。为了达到这样的精神状态，你必须要做大量的独立研究。一种交易哲学不可能从一个人的身上传递到另一个人的身上，你只能用自己的时间和心血去得到它。"

我的一位朋友在保险公司工作。他告诉我，保险公司在签下一张人寿保单的时候，根本不知道它是否要赔付投保人。也许在第二天就要赔，也许要等到100年以后才会赔。但是，这对保险公司来说是无所谓的。保险公司并不会去预测投保人什么时候会死亡，更不会去预测投保人的房子什么时候被烧成平地或者被洗劫一空。保险公司对于风险控制的方法是签下大量保单，因为这样它就可以以相当高的准确程度预测它的年均赔付金额。

同样的道理，面对反复无常的市场，我们既没有必要去预测手中的股票是涨还是跌，也没有必要因为今天涨了5%或10%就急急忙忙地卖出，而要在乎未来3至5年，甚至10年后的收益，因为那个时候或许手中股票的涨幅可能早已是3倍、5倍或10倍了。

杰里米·西格尔就曾指出，自1926年开始，股票市场的平均年收益率超过10%，而自1982年以来，股票市场的平均年收益率则超过14%。如果10年中每年都按14%的收益率连续复利，那么10万元到期时就是37多万元，这还不包括股利，以及股利再投资所带来的收益。因此，如果我能够获得这样的收益，我就非常满足了，根本不会去关心今天股票涨了5%或跌了2%，这对我毫无意义，因为我只着眼于未来的收益。

戈坦资本创始人乔尔·格林布拉特写了一本《股市稳赚》的书，在这本书中，他认为所有的股票都要把持整一年。计算结果表明，无论股价下跌还是上涨，如果你买进了依据神奇选股模式列出的股票，就在一年内都不要卖掉。神奇选股模式提供的股票基本上都是深度价值股，它们大都属于经过了"狮吼"，股价已经跌落的股票。

神奇选股模式的有效之处在于其大部分股票的恐慌都会在一年内停止，且理智地重新回归，最后这些股票回报率的表现普遍比市场好得多。一年是较好的持股时限，但如果在购股之前就很了解那只股票，那么持股时间再长一些也完全可以保证收益。应用持股两三年的原则，我们就不会在"狮吼"时逃跑，也能避免在极度悲观之际抛售。

在我的家乡，每年的七八月份时鲜红的荔枝就会挂满枝头，满山遍野。如果要果农说出他们预计采摘荔枝的日子，任何一位果农都会觉得这个问题很愚蠢。对"你准备哪天摘荔枝？"这一问题的唯一的聪明的回答就是"当荔枝红了的时候"。因为确定荔枝是否已经熟了，比事前预测荔枝什么时候成熟容易得多。

不管怎样，荔枝只有红了才能采摘。做股票的道理也是一样，时机未到就不要去动，但是时机一到就一定非动不可了。

在苍茫中传灯

▶ 什么时候卖出股票

> 90%的情况下,我卖出股票是因为找到了那些发展前景更好的公司股票,尤其是我手中持有的公司原来预计的发展情景看起来不太可能实现时。
>
> ——彼得·林奇

什么时候卖出股票?这是一个很重要的问题。

每当市场到了一定的高位,大盘指数震荡不已时,总有追寻趋势的投资人反复提到这个问题。

其实,对于理性投资者而言,当以下几种情况出现时,才考虑卖出股票。一是股票价格严重高估,远远超出了其实际价值,像类似A股2007年的行情;二是公司的经营出现严重问题。比如负债水平、库存和应收账款持续上升,这是判断公司的效率开始恶化的3个常用预警信号。加上股东权益回报率降低、利润率下降、市场份额收缩,或者公司进行不明智的并购、管理层意想不到地变更,这些都意味着公司已出现质的变化;三是错误买入的股票。在股票市场中犯错是正常的,即使像沃伦·巴菲特和彼得·林奇这样杰出的投资者也犯过投资错误。因为在买入一只股票后,有可能碰到一些意想不到的状况,比如说有问题的关联交易、变更的会计方法和下降的竞争优势等。

还有一种卖出,是因为发现了更好或更具有确定性的机会。彼得·林奇常常将此作为其卖出的重要依据:"90%的情况下,我卖出股票是因为找到了那些发展前景更好的公司股票，尤其是我手中持有的公司原来预计的发展情景看起来不太可能实现时。"

"20世纪全球十大顶尖基金经理人"，具有"全球投资之父"美称的约翰·邓普顿曾经花了好几年思考何时卖出的问题，最终他也找到了大致相同的答案："当你找到了一只可以取代它的更好股票的时候。"

他认为，因为与孤立看待股票和公司相比，这种比较极富成效，能让我们更容易地决定应该在什么时候卖出股票。如果一只股票的价格正在接近我们对它的估计价值，那么搜寻替代股票的最佳时机也就到了。在常规搜寻过程中，我们可能会发现某只股票的价格远远低于我们对其公司的评估价值，这时，就可以选它来取代当前持有的股票。

这种方法很独特，不明就里的人还以为邓普顿是波段操作。因此邓普顿特别指出，这样做应该遵循一定的原则，而且不应该成为反复无常或毫无必要地变换投资组合的借口。当然，在不断搜寻的过程中，如果能够搜寻到的价值低估的股票越来越少，则可以表明股市已经到达峰值，那么就应该是撤离的时候了。

邓普顿建议，只有当我们已经找到一只比原来股票好50%的股票时，才可以替换掉原来的股票。换句话说，如果我们正持有一只股票，这只股票一直表现出色，它现在的交易价格是100美元，而且我们认为它的价值也就是100美元，那么这时我们就需要买一只价值被低估50%的新股票了。例如，我们可能已经找到了交易价格是25美元的股票，但是我们认为它的价值是37.5美元。在这种情况下，就应该用交易价格25美元的新股票去替换交易价格100美元的原有股票。

邓普顿的做法来源于他的投资思想。他的主要目标就是以远远低于其真正价值的价格买东西。这其中有两点应该注意：如果买的东西增长潜力有限，没有关系；如果未来10年公司能以两位数的速度增长，那就更好。关键在于公司的发展。如果能够在发展中的公司里找到理想的低价股，那么它们就可以持续数年为我们带来丰厚的回报。因此，应该注意的是股票价格和价值之间极端错位的情况，而不是纠缠于一些简单的琐碎细节。

成功地运用这一原则的意义在于，不断搜寻比我们当前所持股票更好的低价股，不仅可以教会我们运用必要的方法，还能让我们具备必要的心理素质，避免

使自己陷入过度的兴奋和陶醉,因为这种兴奋和陶醉会让我们所持股票的价格涨得更高。

为了在竞赛中保持实力,必须将注意力放在下一个机会上。关注未来比关注过去更重要,邓普顿的这一观点就体现了这一思想。低价股往往就是冷门股,而冷门股之所以成为冷门股,不一定就是来自公司层面或行业层面的问题,而是来自人们错误的观念。因此,最好的良机往往隐藏于平淡无奇的观点之中。

▶ 投资、投机与赌博

> 投机是种用钱滚钱的努力，可能不会成功；投资则是防止钱变薄的努力，通常应该奏效。
>
> ——弗雷德·许维德

用 GMO 资产配置团队的爱德华·钱德勒的话说，投机的问题，从来没有像今天这样引人注意。当钱德勒说这句话时是在网络股狂飙的 20 世纪 90 年代，而今即使市场深陷泥沼，但投机仍然是一个永远的话题：只要有市场，必定有投机。

投机是一个中性词，它与投资及赌博的界限似乎总是模糊不清，于是引发了无穷无尽的讨论。

什么是投机？亚当·斯密把投机者定义为，随时准备追求短期利益的人，这种人的资金不时流动，不像规矩的生意人。约翰·梅纳德·凯恩斯赞同亚当·斯密的观点，认为投机是"预测市场心理的活动"。奥地利经济学家约瑟夫·熊彼得则一针见血地指出，投机和投资不同，从见到股票价格变动的利润有无交易意图即可分辨。华尔街的一位幽默人士弗雷德·许维德（Fred Schwed）说，分辨投资和投机确实不易，但两者可以分开。投资的第一目标是保存资本，投机的原始目的是增加财富。"投机是种用钱滚钱的努力，可能不会成功；投资则是防止钱变薄的努力，通常应该奏效。"

由定义带来的困扰也发生在投机和赌博上。一个坏的投资很可能被认为是投机，而一个坏的投机则常常被说成是赌博。大名鼎鼎的伯纳德·巴鲁克说"没有任何投资不含风险或赌博成分"，而钱德勒则认为投机心理和赌博几乎是一体两

在苍茫中传灯

面，两者都有危险的使人沉湎其中的惯性，都梦想发财，经常会有欺骗行为。不过，两者之间还是有所区别。赌博刻意制造新的风险，目的在于娱乐刺激；投机则设法在资本运用过程中不可避免的风险中寻求获利机会。也就是说，赌博在一匹马身上下注时，他替自己也替庄家制造了风险；而投机者买进某种股票时，只是把现存的风险转手而已，不过投机的风险要比投资高得多。

可以说，投资者面临的选择，一端是谨慎投资的风险，另一端是大胆的赌博，而投机介于两者之间。

格雷厄姆认为，1929 年美国股票市场大崩溃的一个重要原因，就在于投资者不能正确区分投资与投机的概念，将这两个截然不同的概念加以混淆。因此他在《聪明的投资者》第一章就给投资定义："投资是指经过详尽分析后，本金安全且有满意回报的操作。"与之相反的就是投机。

投资与投机最基本的区别或核心，就在于能否获得"安全空间"，这样即使遇上事先无法预见的不利情况，也能够保住本钱。信息不全或冲动的投资，都较花时间分析获利潜力的投资来得投机，借钱买股通常是投机。

投机产生的结果往往都"非同寻常"。查尔斯·麦凯的《非同寻常的大众幻想与群众性癫狂》是描述投机最好的书。钱德勒曾经认为，查尔斯·麦凯对投机狂潮的叙述，是迄今唯一看得到的记载。它生动地再现了发生在中世纪和近代欧洲的一些无比荒谬却又绝对真实的故事，其中包括了著名的密西西比计划、荷兰郁金香狂潮和南海泡沫事件。当这些金融泡沫发生时，投机者不断被上涨的价格所诱惑，最终形成了抢购狂潮。麦凯认为，投机是社会偶尔向大众幻想及群众疯狂屈服的证明，"前人说得好，我们不妨把人想成牲口，会成群发疯，恢复理智的时候，却又清醒如常。"

一本《鲁滨逊漂流记》让丹尼尔·笛福名扬四海，不过你可能绝对想不到，笛福那时就对股票的"内在价值"有着非凡的见解。笛福曾提醒世人，不要购买高于内在价值的股票。在南海事件前，他写过《解剖交易所胡同》一书，警告如果投机"将遭到天谴"。1690 年，笛福又指出，许多股票价格已经远远超过它们的价值。

尽管如此，笛福自己却对投机乐此不疲。有意思的是，笛福竟然与后来的马克·吐温相似，经常轮回在富翁与穷人之间。笛福于1694年宣告破产，负债超过17000英镑。但他却怪罪交易所胡同内股票经纪人："两家东印度公司造成的混战及斗争，任何人都可能预见到严重的后果。大肆炒作股价，任由股价飙升到远远超过内在价值的水平，势必会引发致命的危机，最后必定会以失败而告终……"

当时一本匿名的小册子非常睿智地写道："股价会脱离真正价值无限飙涨，这纯属想象。只要运用单纯的算术就知道，1+1永远不会等于3.5，因此所有虚构的价值一定是某些人的损失。唯一让自己全身而退的方法就是及时卖出股票，让别人成为最后一只老鼠。"

有人说，投机狂潮永远不会改变，原因是人性始终如一。爱德华·钱德勒相信，唯有放进社会脉络里，才能真正看清投机的面目。重要的是，应该经常保持查尔斯·麦凯那样的热情，这样才会赞同他的观察。

"想想看，整群人摆脱理性的束缚，疯狂地追逐发财梦，拒不承认美梦不会成真，直到被鬼火诱入迷途陷入泥沼，无法脱身为止。这样的情景会乏味或无意义吗？"——答案是显而易见的，这也是本文重温这个问题的原因所在。

在苍茫中传灯

▶ 投机太多 投资却太少

> 投资不像其他许多领域,因为不确定性是根深蒂固的,大多数的胜利都会属于乌龟,而不属于兔子。
>
> ——彼得·伯恩斯坦

最早知道"乌龟"精神是在但斌先生的《时间的玫瑰》里——真正的投资者更像"孤独的乌龟与时间竞赛"。后来又知道,原来德高望重的金融史学家彼得·伯恩斯坦先生曾在2001年发表过一篇题为《60/40解决方案》的随笔。那时,伯恩斯坦就为投资者提出这样的建议,要做投资的"乌龟",而不是投机的"兔子"的投资战略。

之所以提出这样的投资建议,是因为伯恩斯坦早已清楚地看到,在投资中,随着市场周期的变化,"乌龟往往会比兔子赢得多得多"。因为对一个未知的未来投下巨额赌注,其结果将会比赌博还要糟糕,因为在赌博中,你至少知道自己的赔率是多少。在生活中大多数由于贪婪的诱导而做出的决定,都不会拥有好结果,所以最好的投资组合,应该是60%的股票和40%的债券。"投资不像其他许多领域,因为不确定性是根深蒂固的,大多数的胜利都会属于乌龟,而不属于兔子。"

与菲利普·费雪、罗伊·纽伯格相似,伯恩斯坦也见证了过去一个多世纪里每一场金融危机,他也是极少数亲身经历过1929年大萧条、又在2008年的金融风暴里依然还活跃在市场上的人。

伯恩斯坦撰写了许多文章和著作。我读过他的《与上帝抗争：不同寻常的风险故事》，那是一本十分出色的风险教材。伯恩斯坦有许多真知灼见。比如他曾提醒投资者说，20世纪末以及21世纪的投资策略有一种健康的风险观，那就是，如果没有回报，就不要轻易冒险。损失厌恶、心理账户，以及过去二十多年来行为金融学产生的其他概念，都为价值投资赢得了投资大众的信任。"价值型投资正是这些概念的直接应用"，伯恩斯坦说，"人们在理解市场走向时，往往抱有一种单纯的思想，他们只喜欢那些感觉舒服的股票，对那些感觉不舒服的股票根本不正眼相看，于是在价值估计上经常会犯大错误。因此，如果你对这些有了解的话，就可以成为赚钱的价值投资者了。"

"龟兔赛跑"要学乌龟的道理，影响深远，甚至被不少基金公司奉为圭臬。例如美国 Ariel Investments 公司的标志就是一只乌龟捧着奖杯，公司主页上的宣传语为"慢而持久赢得比赛"，背景为小鸟为获胜的乌龟衔来桂冠，兔子还远远落在后头。

不过，仅仅两年之后，伯恩斯坦却改变了自己的观点。2003年，他在《经济学及投资组合策略》杂志上发表了一篇具有强大影响力的文章。在那篇文章里，他又这样说，因为我们对未来不够了解，无法保证历史经验会以任何形状、形式或顺序出现，预期股票溢价不仅低，而且也没有考虑到今天的投资环境所潜藏的异常情况——我们正生活在一个"前所未有"的历史时代。因此，要摆脱长期投资优化的额外负担，并让短期力量发挥主导作用。依靠相反的投资组合，考虑其中一部分可能会带来好运而另一部分则是厄运，就可以利用最动荡的资产类别来获得回报。同时，要为股票打造一层"保护墙"，如黄金期货、风险资本、房地产、外汇主导的金融产品、财政部通胀保值证券以及长期债券。最后他得出的结论是，不要永久这样去做，机会和风险总是来来去去，要频繁改变你的资产分配，要灵活。"买进并持有"的投资方式已经过时，选时交易才是未来的投资策略。

"指数基金教父"约翰·伯格先生赞赏伯恩斯坦的勇气，说他不断前进，披着红斗篷，全然不顾地冲进满是公牛还有熊的角斗场。他评论道，从前伯恩斯坦确定乌龟会赢，而今他却确定兔子会赢，但是，这怎么可能？他正在做"试图要调和不可调和的事"。

根据伯格的判断，伯恩斯坦真正建议投资者去做的是——投机。只是，那注定是一场输家的博弈。伯格说他根本不相信选时交易的有效性。"你"不断在正确的时间做出的投资举动所取得的令人难以置信的成功，恰是"我"在错误的时间做出的投资举动所导致的惨痛的失败。每一次交易，投资者中总有人必然处于相对面。

依据伯格从事金融业的毕生经验，他说，"我深刻怀疑一切形式的投机活动，包括选时交易。我从未听说现在谁能够投机成功，过去也没有听说过。"当然，市场需要投机者，但同样也需要投资者，因为市场必须达到一种平衡。不过，"今天强烈的、摧毁性的动荡是因为我们没有控制好这一平衡而付出的一大代价。"

这就意味着，在牺牲本来就远远做得不够的长期投资的直接成本基础上，每个人都非常关心金融市场做得太多的短期投机的暂时胜利，也就是说——投机太多，投资却太少。

▶ 最大的危险是养成了投机习惯

> 投资者面临最大的危险是已经养成了投机习惯，而自己却没有意识到这一点。
>
> ——本杰明·格雷厄姆

大多数基金经理往往拥有优秀的教育背景、多年的从业经历、娴熟的操作技巧甚至投资花招，为普通投资者所望尘莫及。按理说，他们经营的业绩即使不是上游的，至少也应该是中游的，绝不至于下游。但是，现实情况就是如此：他们常常进行着失败的投资，确确实实处于下游。不仅国内的如此，国外也同样如此；过去如此，现在也如此，估计将来也差不多。

夜读《博格投资——聪明投资者的最初 50 年》，我才知道，约翰·博格一生都与那些采取复杂的投资策略并进行高成本投资的共同基金做永不妥协的斗争。成功的投资一般都采取类似于沃伦·巴菲特所遵循的简单原则：购买少数公司的股份并长期持有，却不去理会"市场先生"所制造的噪音。但是许多狡猾的基金经理则刚好相反：他们以每年 50%—200% 的周转率，迅速地交易其投资组合中不同公司的股票。他们很少关注一个公司的内在价值，却对"市场先生"每一瞬间设定的价格作出快速的回应。正如哥伦比亚大学教授路易斯·洛文斯坦所说的，基金经理们"表现出对瞬间股价的持续关注，却使值得关注的商业的细微精妙之处错过了他们的视线。"

因此，我们确实有必要重温本杰明·格雷厄姆的最后一次演讲。1976 年 3 月，82 岁的格雷厄姆应邀出席一个研讨会，这大概是格雷厄姆最后一次出席的会议，

因为6个月后他就去世了。当时股市刚从熊市的阴影中走出来,基金经理与股票经纪人迫切需要从他的身上学习将来如何避免类似的错误。

这个研讨会使用问答的形式。格雷厄姆与主持人查理·埃利斯谈了许多话题,但留给听众印象最深刻的是格雷厄姆对市场的看法。格雷厄姆指出,1973—1974年股灾的部分原因是:证券交易所成了"精神病院",大多数投资专家尽管拥有过人的智慧,但却缺乏"对于普通股的整体认识"。格雷厄姆坚持认为,投资行业出现的问题不是因为它本身的投机性;投机现在是,而且永远将是市场的一部分。作为专业人员的最大失败在于他们无法区分投机和投资。如果连专家都不能区分,那么个人投资者又怎么能做到呢?格雷厄姆警告大家,投资者面临最大的危险是已经养成了投机习惯,而自己却没有意识到这一点。

其实在《证券分析》中,格雷厄姆就已经十分清楚地指出了两者之间的区别:"投资行为建立在透彻分析的基础上,以安全性为主,并能得到令人满意的回报。不满足这些条件的行为就是投机行为。"这就是说,如果你是投资者,那么你是依据持有股票的潜在经济价值来做出买卖决定的。如果你是投机者,那么你是依据自己对短期价格走向的判断来做出买卖决定的。这与约翰·梅纳德·凯恩斯的说法是一致的。凯恩斯说,"投资是预测资产长期收益的行为……投机是预测市场心理的行为。"

格雷厄姆是很有预见性的。在《聪明的投资者》中,他早就这样说,"我们常说华尔街应该将投资和投机区分清楚,并且利用所有的机会向公众表明这种区别。否则,总有一天,证券交易所会因巨额投机损失而被指责,因为那些遭受损失的人没有得到适当的提醒。"果然,在1973—1974年就发生了这样的事情。格雷厄姆批评那些基金经理和股票经纪人,就是因为他们一直无视他的教导,现在却要问他怎样走出混乱的困境。

格雷厄姆一直致力于让人明白投资和投机的区别。他说,普通股有投资性质,也有投机性质。这就是说,股价的走势最终是由潜在经济价值决定的,但也要认识到"大多数情况下,普通股面临着非理性的、过度的价格双向波动,因为绝大多数人根深蒂固的投机,或者说赌博行为让位于希望、恐惧和贪婪。"

为了使叙述更生动,格雷厄姆创造了耳熟能详的"市场先生",作为一个讽

东方图书

大咖导读 · 课表规划 · 成长陪跑
—— 给孩子的寒假学习规划方案

- 我的寒假计划 -

20年间，我们从课堂辗转到家庭，开启了亲子共读图书陪伴，再次凝聚各种内外部资源，为妈妈们的家庭教育赋能。

20余年来，我们出版了上千册亲子共读图书，我们已从实体门店发展为线上店铺，开设公众号，以更多元的方式陪伴妈妈们。这一切的改变，却始终离不开我们的初心，即，为每个家庭分忧。新时代，新作为，我们将以更严谨的服务态度对待每一个家庭，做家长和孩子们能够信赖的，实实在在产生价值的教育服务商。

- 学习路径 -

大咖导读
从"大咖导读 + 课表规划 + 成长陪跑"三个阶段帮孩子培养学习力，为家长和孩子提供能实实在在执行的方案。

大咖导读
围绕大咖名著 + 国内大咖分享书中精华，名家体验，推荐方法

课表规划
直播授课 + 线下特训提升小初高，应答解疑，课内外拓展

成长陪跑
为孩子量身 + 陪跑计划打造陪伴方式，包括内外，劳体并举

我手把手陪你一起学习

北京有好的精品周边接
激励你前进一起成长

揽手招募,渠道提成说明

-DUO SHOU ZHAO MU KE CHENG TI YAN GAUN-

- 押金 500-5000 元学习周期多,学习先手绵花糖教程, 有故事 / 案例文 / 各视视频有分享,分享兼职赚,有额外视频奖励;
- 免费看手书模板;
- 免费参加所有手书书社群活动;
- 各培训图书零售批工 9.5 折;
- 推荐好朋友购买零售多 9 折;
- 作为区域优先接各项活动;
- 招手更为大客优先接名通报;
- 优秀者可提升为社区名化人,城市名化人。

扫码即可加入!

喻的角色，市场先生象征着所有投资者某些时候的非理性行为。格雷厄姆解释道，市场先生是你的商业伙伴。每天市场先生都会按照某个价格购买你的股票或者向你出售他的股票。但是他的报价范围很大，因为他的感情不稳定。如果心情好，他愿意出高价；但如果心情不好，则出价可能很低。投资者的主要任务是注意他的钱包，而不是他的行为。如果市场先生来一个愚蠢的报价，你有权不去理他或利用他，但是如果你受到这个报价的影响就会酿成灾难。

查理·芒格对格雷厄姆提出的"市场先生"系统赞不绝口，他说：将市场剥离出来，作为一个每天都可能给你机会的人，这一点对巴菲特建立自己的体系太重要了。

当格雷厄姆坚持认为投资者没有理解投资和投机的区别时，实际上他是在谈论投资者认知上的一个重大错误。而他给我们描述的"市场先生"，其实是在提醒我们远离由于情绪化而做出错误投资决策的危险。

如果不能清楚地认识到这一点，我们就会参与到像某些基金经理那样进行着狐狸——貌似机灵、狡猾、精明却常常被猎人捕获的动物——一样的行动：一切都只是为了疯狂的交易，由这个"赌场"到那个"赌场"，那么其前景就令人堪忧了。约翰·梅纳德·凯恩斯勋爵说得对："当一个国家的资本发展变成赌场的副产品时，工作很可能会病态地进行。"

第二章

CHAPTER TWO

投资实践

知是行之始
行是知之成

在苍茫中传灯

▶ 保守主义这盏智慧之灯永不熄灭

　　投资不可能没有风险，正如我们无法抵御暴风雨，但我们可以建造一只坚固的方舟来保护自己。这只方舟就是安全边际。

　　我的朋友总是说我的投资风格太保守。是的，我确实很保守。然而，这与我所奉行的投资策略紧密相关。事实上，一旦投资者认可并实施了价值投资的策略，大都趋于保守，因为价值投资的策略本身就是保守主义的策略。

　　具有保守主义特征的价值投资策略所追求的，首先是守住本金，其次才是股票增值，而不是本末倒置。通常只有"激进"的投资策略才会采取先增值的方法。

　　没错，投资于股票市场自然是为了赚钱，使自己的资产不断增值。然而，大多数人往往过于追求"增值"，而忘记了风险，非但没有增值，反而损失了本金，最终自然是欲速而不达。而一旦损失了本金，体现在数学上却是异常的残酷：如果你损失了50%，下次需要上涨100%才能实现账户的平衡。如果你损失了70%，下次需要上涨233%才能实现账户的平衡。如果你损失了80%，下次则需要上涨400%才能实现账户的平衡。而如果你一旦损失了90%，下次则需要上涨900%才能使账户平衡，基本上回本无望。这就叫做"永久性亏损"。

　　或许你认为自己可能不会损失那么多，那就换个角度吧。如果你每次亏5%，只要13.5次，资产腰斩。如果你每次亏8%，只要8.5次，资产腰斩。如果你每次亏10%，只要6.5次，资产腰斩。如果你2次亏损50%，资产仅是原来的0.25倍。这就是非常残忍的"复亏"。

使用频繁交易的方法即使能够做到不亏损，也很难赚到钱，颗粒无收，至多平衡而已。这刚好解释了"七输二平"的现象。因此，巴菲特才会说，投资第一不要亏损，第二记住第一。这个"不要亏损"指的就是不要亏损本金。

投资不可能没有风险，正如我们无法抵御暴风雨，但我们可以建造一只坚固的方舟来保护自己。这只方舟就是安全边际。安全边际就是股票的内在价值远远低于其价格的那个预留的空间。当暴风雨袭击时，这个空间就可能起到保护的作用。

一个缺乏安全边际的股票注定会让价值投资者彻夜不眠。五十多年前，投资大师菲利普·费雪就写过一篇《保守型投资人夜夜安枕》的文章。在那篇文章里，保守型投资者被定义为：1.在最低的风险下保持购买力；2.了解内涵，按特定程序衡量，以确定特定的投资是不是保守型投资。为达成真正的"保守"，投资者就必须专注于企业的层面，而非股票市场。因此，他提出15条企业研究的方法。事实上，是股票造就了市场，而不是市场造就了股票。只有着眼于企业层面，才有可能拥有股票的安全边际：只有在物有所值的情况下才买进股票，其余时间则在耐心等待。

保守主义原来是哲学上的一个术语。保守主义一般是相对激进而言的，而不是相对进步而言的。保守主义并不反对进步，只是反对激进的进步，宁愿采取比较稳妥的方式，这是保守主义者自身的一种人生处世哲学。

之所以提倡保守主义哲学，是因为人性并非都是完美的，而且是不完善的，甚至存在着种种缺陷——人本身就是情绪的动物。为了克服这些缺陷，必须倡导保守主义。刘军宁先生是国内一位保守主义政治哲学的研究者，他首次将保守主义哲学置于投资领域，写成了一本书《投资哲学：保守主义的智慧之灯》。刘军宁先生认为，价值投资就是保守主义在投资领域的直接应用。一部投资史一再证明，只有价值投资才能够帮助投资者获得财务自由，从而使人身自由有了坚实的物质保障。而那些投机一而再、再而三失败的人，就是因为其在投资哲学、价值观和人性方面出了问题。

表面上看，采取了保守的价值投资策略似乎赚不到钱，因为那些著名的价值投资者年均收益确实不过10%—20%。有人说，我只要两个涨停就可以搞定。但是，

看似容易,却是很难。要做到长期连续盈利不是一件容易的事,他们往往忽略了复利的巨大威力。

"复利"被爱因斯坦视为世界第八大奇迹,它是那样的生机勃勃:如果你每次赚5%,只要14.5次,资产翻倍。如果你每次赚8%,只要9次,资产翻倍。如果你每次赚10%,只要7.2次,资产翻倍。最后,如果你2次盈利50%,资产则是原来的2.25倍。这就是保守的价值投资者最喜欢做的事。

既然如此,我宁愿让自己再保守一些。刘军宁先生将保守主义比喻为"智慧之灯",我深信这盏智慧之灯永不熄灭。

价值投资：我的指路明灯

> 我的指路明灯只适合我自己，并不意味着在任何时候都有效。不过，正因为有了这样一盏明灯，才会照亮世界，指引迷途，投资的目光才会随之向前延伸。

我没有什么新思想，尤其在投资领域，这是因为其中一些话可能已经被重复一千遍以上了，但是我仍然愿意将之归纳起来，作为一盏指路明灯。

我不敢宣称我就是价值投资，因为实施严格意义上的价值投资甚为不易，但是我仍然愿意严格按照价值投资的方法行事。之所以采取价值投资的方法，很重要的原因是因为这种方法能够在一定程度上回避风险。

价值投资并非是最好的投资方法。 通向罗马的道路有无数条，价值投资可能在这个时段表现良好，但它却不能保证在下一个时段也表现良好。价值投资绝不是教你如何赢钱的策略，但它却是教你如何不输钱的策略。

价值投资在长期保护资本方面有着它的优势，不过采取这种方法需要自律与耐心。 自律要求买进价格相对于价值大打折扣的东西，在价格体现价值之后或坚决卖出，或减少持有量，绝不参与"输家的游戏"，卷入"非同寻常的大众幻想与全民疯狂"的投机中。耐心则要求能够无限期地等待危机的出现，只有在深重的危机中，才能在大象出现时从容出击。一旦投资后则耐心持有，使投资有足够的时间生根、发芽、开花、结果。

一张股票所代表的意义就是拥有该企业的部分经营权，因此应该像企业家一样地投资，把投资当成经营企业。 只有真正把投资当成经营企业，就能够停止思

考股市本身的问题，而开始思考当自己拥有这些上市公司时所需要面临的问题，就能够从原先认定买了股票后就期待未来6个月会有25%获利的看法，改变成参与企业部分投资的心理，期待未来5到10年，每年维持12%或15%或更好的复利报酬率。

采取自下而上的策略，而不是采取自上而下的策略。不需要寻求追赶任何市场指数或参照别的参照基准，要将全部注意力放在通过成功地执行价值投资哲学，获取良好的、经过风险调整的长期投资业绩。价值投资哲学永远不会过时，当大多数投资者对某个价值被低估的领域的厌恶程度达到顶点之时，就是大力买进之日。并不是不理会市场先生，而是要努力利用市场先生，从长期来看将会取得成功。

构建一个稳定而有效的投资组合，如同"建立一个巩固的根据地"。这个投资组合应该简洁明了、稳定且具连续性，还要大致分散于个人能力圈之内的诸行业，以确保在坏年景中也能取得较好的投资回报。学习鳄鱼的方法，持有一定的现金，耐心地等待猎物的出现。鳄鱼可以两年不吃东西也不会饿死。它的腿很短，移动很慢，只能在河床上等待。一旦猎物靠近它，它就咬住它，吃掉它，这就是"鳄鱼方法"。

寻找我的沙漠之花，不去强手如林的地方，分析有自己优势且关注的人不多的股票，关注竞争程度低的领域。我选的股票肯定不是热门行业的热门股，但应该占据着一定的市场份额，最好是拥有一条宽且深的护城河。财务一定要健康。长期以来利润只是适度地增长，净资产收益率较高，很少负债或不负债，现金流量充沛，高毛利率等等。并且其股票价格相对较低廉，没有或很少被高估。因为如果严重高估，则有被迫出售的可能。

只买适度成长、价格适中的股票。选择那些收益增长速度高于股票市盈率的公司才是理想的投资，购买低价的适度成长股同样可以积聚巨额财富，秘诀在于依赖戴维斯双杀来提高回报率。因为如果投资能以每年10%的速度增长，那么就会得到丰厚的收益；而如果能以15%或更快的速度增长，将会获得巨额的回报，那么哪怕近期出现亏损也微不足道。永远不要忘记，增长率本身并不决定收益率的高低，只有价格才能决定收益率的高低。

不理会价值股与成长股之争。因为价值投资的基本原理就是投资于价值被低估的股票，只有这样才有安全边际。假以时日，通过一次又一次避免损失，就可以朝着获得健康的回报这个目标迈出一小步，而只有每一小步才能汇集成一大步。真正的挑战在于进行基本面分析，要理解下跌的空间和上涨的空间。即使缺乏信息也不是什么大不了的事，因为永远无法得到充分的信息。分析基本面的难度越高，投资回报就越大。

绝不试图预测，也绝不理会预测，因为没有人可以预测未来。根据市场未来走向来做投资绝对是无效的，甚至是事与愿违的，因为这样做就意味着高买低卖，但是如果运用常识判断法就不会出现这样的结果。记住瓦萨尔学院经济学教授斯蒂芬·卢梭总爱说的一句话："经济学家都擅长预言过去的事情。"尽量不要感情用事，保持良好的心态，尊重可知的过去。

不在市场疯狂、整体高估时买入；也不在市场低迷、整体低估时卖出。不应当宣称自己找到了最佳的时机，因为没有人可以一贯正确地预测到市场的高点和低点。目标只在于赚取或多或少的利润，为实现这个目标，并不需要复杂或高速的交易能力。事实上，采用这种方法根本就不需要频繁进行交易。实证表明，长期持有手中的股票，要比掌握市场时机的策略为好，因为在牛市中赢得的收益要远远大于在熊市中遭受的损失。

应该不断地、有效地学习。只有通过学习，才能构建一个相对完整的思维格栅。财经作家贾森·茨威格认为成功投资需要依赖的四个支柱：对金融理论的掌握、有关金融史的实用知识、对金融心理学的领悟，以及对金融业运作方式的理解，这是"小格栅"。查理·芒格基于包含一些看起来毫无关系的学科，如物理学、生物学、社会科学、心理学、哲学和文学的原理，则是"大格栅"。只有掌握更多的知识，才能形成投资的全新思维方式。

我的指路明灯只适合我自己，并不意味着在任何时候都有效。不过，正因为有了这样一盏明灯，才会照亮世界，指引迷途，投资的目光才会随之向前延伸。每个人都应该寻找并选择适合自己的投资思路以及方法，因此无需对此生疑，更无需邯郸学步或东施效颦。

▶ 我的十二条投资策略

> 价值投资知易行难，只要一如既往地能够像磐石般坚守住这些准则，做正确的事情，然后将正确的事情反复做，应该可以达到自己的目标。

虽然证券市场波谲云诡，但并不意味着投资者就可以随波逐流而无所适从。一个成熟的投资者依然需要确立自己的投资体系。这个体系由投资策略和投资清单构成。体系与清单不是各自孤立存在的，而是相互联系密切相关的。所谓的策略，就是谋略，是为了实现未来目标而决策未来的一个计划，是投资行动的指南针。

我的投资策略可以简要表述如下。

1. 一切以价值投资行事，极度关注企业的内在价值，视股票为企业。因为每只股票的背后都是一家公司，没有研究就不要投资，亏损往往来自企业不良的财务状况。

2. 精心构建一个投资组合。在这个组合里拥有四至十只股票，以消费类公司为主，分散于各不同的行业，集中投资。

3. 时间是优秀企业的朋友，却是糟糕企业的敌人。以时间来证明价值投资的有效性，选择能够确定在长期中战胜通胀的企业，与公司共成长。

4. 正确对待市场的波动。波动不是风险，风险既与市场指数无关，也与股票价格无关。企业未来赚钱的可能性越大，风险就越低，反之就越高。

5. 采取自下而上的策略。忽略宏观经济形势，因为经济的判断无助于投资。

忽略证券市场走向，因为市场的走向无法预测。只注重于企业的研究，努力使自己成为企业分析师。

6. 计算企业的内在价值，以求得内在价值的区间。虽然这个区间可能很模糊，但是宁要模糊的清晰，也不要精确的错误。追求最大的安全边际是投资的首要任务。

7. 以逆向思维的方式投资。做与众相同的事，通常只会得到与众相同的结果。只有做与众不同的事，才有可能得到与众不同的结果。

8. 坚守自己的能力圈。投资于自己熟悉的、或者其产品和服务能够理解的公司，投资于管理层值得信赖的公司，时刻保持警觉和质疑，防止因为判断错误而招致致命的打击。

9. 当市场风声鹤唳股票剧跌时，就是一个好机会；当优秀公司出现问题时，也是一个好机会。此时其价值向下远离价格，呈现出巨大缺口时，就是逐步买进的时刻。

10. 永远不要参与市场的投机。当市场弹冠相庆股票猛涨时，此时价值的洼地迅速被填平，价值向上远离价格，就是逐步卖出的时刻。

11. 追求合理的投资回报。这种回报不是相对表现，而是绝对表现。关心自己是否实现了自己的投资目标，而不是自己的回报与市场或其他投资者相比如何。

12. 运用概率论来思考投资的问题。当胜算大的时候，增加投资筹码，反之则减少筹码。目的在于以大概率的成功对冲小概率的失败。

我的投资策略几乎来自投资大师们的经验与总结，并不是什么新思想。好在投资也不需要新的思想。价值投资知易行难，只要一如既往地能够像磐石般坚守住这些准则，做正确的事情，然后将正确的事情反复做，应该可以达到自己的目标。

在苍茫中传灯

应用价值投资策略的三大问题

> 价值投资需要足够的耐心等待很多年，才能等到其投资策略发挥作用，只是许多投资者可能没有这份耐心。

普雷姆·杰恩教授在他的《巴菲特超越价值》一书中提出了价值投资策略的三大问题，我很感兴趣，觉得很有必要予以解读。

第一个问题：价值投资带来超额的收益需要多长时间？

杰恩教授认为，在投资组合构建后的第一年里，尽管收益率不很突出，但也不会令人失望。价值投资并不是在第一年就发挥作用，4%—6%的差别并不算很明显。但是在接下来的时间里，差别开始加大。到第五年，差别大概为每年8%。杰恩教授得出结论说，价值投资策略要想获得丰厚的回报，需要等待几年时间。因此，买进股票要有足够的耐心。

我对这一点深有体会。确实，心态浮躁且没有耐心，价值投资往往失败。就我本人的投资实践而言，组合里的股票几年不涨是常有的事。只是我坚信我的分析结果，并深信其内在价值未得到表现，所以不会因此而调整。杰恩教授建议说，一旦投资组合完全构建好，就不需要根据日常的基础对它进行监管，"少努力比多努力强"，可以将更多的时间做其他的事。这一点我完全表示赞同。但他又说，理想的状态是可以好几年都不用对此进行再评估。这一点我无法完全苟同。我认为每年进行一两次评估还是必要的，因为公司经营毕竟处于持续性的运动中。

第二个问题：市盈率和其他的价值投资策略在未来仍然有效吗？

这个问题与"价值投资真的有用吗？"相似。杰恩教授认为，仍然有效。就市盈率这个指标而言，逆向投资研究者大卫·德瑞曼在 1977 年和 1998 年的两次实证研究都表明，市盈率在具体操作中的确可以做得不错。

有关价值投资最为著名的研究是由伊利诺伊州大学的几位教授共同主持完成的。他们根据市盈率和其他比率指标构建相应的投资组合，考察了 1963—1990 年间股票的收益情况，最终的结果验证了本杰明·格雷厄姆价值投资策略的正确性，说明价值投资是非常成功的投资策略。依据这个策略，完全可以击败那些专注于短期投资收益的基金经理人。

当然，也必须承认，市盈率或其他价值投资策略会有一段时间不起作用。这说明任何一种投资策略都不会在任何时间都放之四海而皆准，因此，价值投资策略确实就是约翰·博格先生所说的，只是"次优"的策略。

我初学价值投资的时候，有一段时间曾经认为价值投资是"战无不胜"的。确实，如果置于长期视野下，它可能就是"战无不胜"的，但在某一个时期它显然未必如此。如果我们处于那样的时期，更需要有足够的耐心，并且维持投资组合不变。

第三个问题：价值投资策略的风险会更高吗？

杰恩教授仍然以伊利诺伊州大学的那个著名研究为证。他们通过考查 5 年期投资组合的收益率情况对风险进行了分析发现，无论一个投资者什么时候运用价值投资策略，只要时间期限超过 5 年，他所获得的投资收益率才会高于其他类型的投资策略。这就意味着，价值投资策略绝非能够立竿见影，需要充分的时间进行酝酿和发酵。如果没有极大的耐心，结果将一无所获。

他们的研究也进一步表明，尽管在市场下跌周期价值投资的作用比较明显，但在上涨周期，价值投资的表现也并没有比其他投资策略差很多。许多价值投资者长期以来的投资收益可以直接验证这点。他们最后的结论是，从长期来看，价值投资并没有让投资者暴露在更大的风险状态之中。这些研究结论都让我欢欣鼓舞，更加坚定了我坚守价值投资的理念。

杰恩教授指出，价值投资背后隐含的最基本的思想，是在比较低的价格水平

上购买股票。一系列的科学研究表明，即使只运用比较简单的财务指标，也会获得不错的投资回报。价值投资需要足够的耐心等待很多年，才能等到其投资策略发挥作用，只是许多投资者可能没有这份耐心。还有重要的一点，价值投资的收益率之所以很高，是因为这种投资策略对投资者的行为要求比较严格。所以问题的关键是，你真的能够确定自己与众不同吗？

长期投资才能致胜

> 股市财富积累的铁律往往是,为了贪求快反而会变得很慢,而那些似乎很慢的却反而很快,正是所谓的"快则慢,慢则快"。

一

长期投资并不是一个受欢迎的话题。大概是约翰·梅纳德·凯恩斯曾经说过,长期?大家都死了。所以有无数的人似乎在此找到了依据,从而进行着短期的"投资"。因为不受欢迎,所以宣扬长期投资的人要非常小心。

埃德加·劳伦斯·史密斯曾写了一本书《普通股长期投资》而备受抨击,原因是这本书发表的时机不对,刚好是在1929年股市大崩溃的前夜。据说它有诱导投资者在股价高位买入并长期持有之嫌。其实,这本书现在看起来可以列入经典之作了。

我们究竟为什么要长期投资?这是因为财富的成功积累依靠的是复合增长。100万元只要每年平均增长10%,10年后就是259万元。这还只是按照股市平均水平来计算的。数学的计算很简单,但真正的财富积累置于长期的视野下却很难。

当然,许多人可能认为这样的财富增值太慢了。只是他们不知道,股市财富积累的铁律往往是,为了贪求快反而会变得很慢,而那些似乎很慢的却反而很快,正是所谓的"快则慢,慢则快"。

财富的生成需要着眼于长期的回报,但是却需要避免受到短期情绪的干扰。投资者面临的最大挑战是"短视损失厌恶"。许多人无法忍受暂时的损失,于是倾向于短期的表现。历史的教训告诉我们,投资需要经历时间的考验。一个投资组合的配置需要时间来实现增长,而投资者更需要经受住市场的折磨和检验,才

能获取良好的投资回报。

价值投资的目的在于以合理的价格持有公司的股份。只要公司健康发展，持续盈利，获得优异的投资回报，价值投资者就不会随意出售股票。所以，短期的股价波动并不会给他带来损失。波动不构成风险，风险来自于公司的长期价值。总体看，股价与公司价值长期呈正相关关系。

《巴菲特之道》一书的作者罗伯特·哈格斯特朗的研究显示，持股3年，相关性为0.131—0.360；持股5年，相关性为0.374—0.599；持股10年，相关性为0.563—0.695；当持股18年时，相关性为0.688。很显然，持股时间越长，股价由收益决定的比重越大，受市场因素影响就越小。

所以说，股价波动短期与公司收益无关，但是与长期正相关。对于股价与公司价值的关系，巴菲特指出，从长期看，市场价值与企业价值是同步的，但在某个年度，两者的关系可能是变幻莫测的。既然股价与公司价值长期正相关，那么只有公司价值下降，才能使价值投资者的本金发生损失。因此，价值投资者极其关注公司价值的长期发展，而不是股价的短期波动。

对于价值投资者来说，还有一个风险就是买价过高的风险。这里的"买价过高"是指相对于公司内在价值而言的。好公司还必须要有好价格，不值得为好公司出价太高。因为支付价格的高低，直接关系到最终的投资收益率。买入价越低，其潜在的收益率也越高，这是最基本的投资常识。

如果我们准备长期投资，那么选取什么样的投资标的就非常重要了。根据杰里米·西格尔的研究表明，过去100年来，能够给投资者带来超额回报的是消费类和医药类的股票。这些公司往往是长期稳健增长、具有宽阔的经济护城河的垄断性企业。

在我自己的投资实践中，长期投资确实给我带来了丰厚的回报。以伟星股份为例，2015年10月20日，伟星股份触及历史最高价位，复权以后是104元。如果有人在它2004年刚上市的时候，以7元的价格买进，一直持有到现在，那么就是1500%的收益了。即使我在2009年开始买进伟星股份一直持有至今，也有260%以上的投资收益，长期持有的优势尽显，7年投资收益复合增长将近22%。

伟星股份为何能给它的投资者带来那样的丰厚回报？查看伟星股份自2004

年上市以来截止 2014 年的财务报告,其营业收入从 3.56 亿元增长到 18.49 亿元,复合增长 16.15%,其净利润从 0.24 亿元增长到 2.36 亿元,复合增长 23.09%。公司强劲的业绩增长支持了丰厚的投资回报,这就是投资的逻辑。

伟星股份可能不是一家极其优秀的公司,因为它只从事纽扣拉链的简单业务,但是我们如果能够进行长期投资,其回报也是十分惊人的,而这是其他短期投资者几乎难以完成的任务。

长期投资伟星股份以后,我们可以看到,其波动性和关联性的负面影响已经直线下降到最小,短期波动对伟星股份的回报是无足轻重的。只有长期投资才能致胜,因为复利收益率越高,其后期创造的财富所占的比例就越大。所以,坚持长期投资就显得相当重要了。

在苍茫中传灯

▶ 构建稳定而有效的投资组合

> 我现在比以往更深刻地认识到，取得高于平均的收益绝非仅仅是选股的问题，也是你如何构建你的投资组合的问题。
>
> ——罗伯特·汉格斯特龙

我从前并不重视投资组合的管理，只是近年才开始重视起来。实际上，稳定而有效的投资组合管理非常重要，但是往往被人忽略。从长期的角度看，风险最高的股票未来的期望收益率是最低的，风险最低的股票未来的期望收益率反而是最高的。而价值投资恰恰只能在一个较长的时期才能呈现出它的优势。所以，问题的关键在于如何构建一个稳定而有效的投资组合。按照《沃伦·巴菲特的投资组合》一书的作者罗伯特·汉格斯特龙的话说，"我现在比以往更深刻地认识到，取得高于平均的收益绝非仅仅是选股的问题，也是你如何构建你的投资组合的问题。"

以沃伦·巴菲特的投资组合为例。2009年底，巴菲特私人股票投资组合共有10只股票：富国银行、强生、宝洁、卡夫、沃尔玛、美国银行、通用电气、UPS、埃克森美孚、英格索兰。很显然，这个组合具有强大的品牌吸引力，并且几乎都是路人皆知的"百年老店"。在行业分布上涵盖了银行、制药、日化、食品、商业连锁以及石油、空调等。

其持股市值比例分别是：富国银行22%，强生17%，宝洁14%，卡夫12%，沃尔玛12%，美国银行10%，通用电气7%，UPS 4%，埃克森美孚2%，英格索兰 1%。总计其市值近 19 亿美元,但却只有 10 只股票,其中前 2 只股票接近四成,前 3 只股票占 53%。虽然富国银行与美国银行属于行业重叠,但在组合上也仅仅占 32%。

而且巴菲特投资组合的变化很小,其中 7 只股票持股始终没有变化,同时又分布于许多行业,既集中又简单,一年中更没有进行任何的波段操作。采取的策略前后一致:谨慎买入与谨慎卖出。"稳定"是其投资组合管理的一个最大特点。

依据巴菲特投资组合路线图,2008 年下半年我就开始谋划构建一个稳定而有效的投资组合,这个投资组合应该保持简洁明了,稳定且具有连续性。主导思想正如《不战而胜:价值投资法》一书的作者提摩西·维克所说,过去 10 年来,许多投资俱乐部仅以 12 只至 15 只股票即获得突出的报酬率,那些大多是有品牌的消费产品的股票。

经过两年时间调整,2011 年时的投资组合为:银行、商业连锁、服装辅助、医疗服务以及机械工具。其中银行 19%、商业连锁 17%、服装辅助 21%、医疗服务 10%、机械工具 9%、现金 20%。5 只股票中,银行、商业连锁于 2008 年 12 月买入,服装辅助于 2009 年 2 月买入,只有医疗服务以及机械工具于 2010 年第三季度买入。其重心倾向于日常消费品、社会服务等传统产业上,并没有太多的"科技含量"。对于有色金属以及新材料、新能源、低碳等一些新兴行业则几乎没有涉猎。我不敢断言这就是一个最优的投资组合,但应该是一个稳定而有效的投资组合——大致能确保在坏年景中取得较好的投资回报。(注:这个组合在构建完成后几乎没有太大变动,只是到了 2015 年上半年由于大盘疯狂上涨,最终卖出而瓦解。)

关于现金问题,应该将其视为投资组合的组成部分。一个没有大量现金的投资组合绝不是一个好组合,大量现金的重要性对于一个投资组合不言而喻。成功的投资者往往持有大量现金,传奇价值投资者塞思·卡拉曼就经常保持 45%—50% 的现金。还有一个叫琳达·格林布莱特(Linda Greenblatt)的投资者,她掌管着一个基金,曾被邀至哥伦比亚大学商学院讲课。她在对学生讲课时说,她总是在手里积累大量现金,并且一点也不担心。她的投资比例从来没有超过 50%。也就是说,她一直都是一半资产为现金,并且她认为这个比例还是太低了,需要

增加。为什么呢？因为要耐心等待恰当的机会出现。鳄鱼可以两年不吃东西也不会饿死。它的腿很短，移动很慢，只能在河床上等待。假如猎物不出现，那么就睡觉。但是一旦猎物靠近它，它就咬住它、吃掉它，这就是"鳄鱼方法"。我们应该牢记鳄鱼的捕猎风格。这就是现金管理的意义。

投资专家查理·埃利斯(Charley Ellis)注意到，投资者通常不会投入大多数的时间与资源在最重要的投资决策上，相反，常常因为证券交易的诱惑与市场买卖时机的变动，使他们浪费时间与资源去搅动投资组合，这样既糟蹋金钱又毫无效率。

实际上，维持长期不变的投资组合，被证明对长期投资是否成功更加重要。巴菲特曾说，"我们的投资组合持续保持集中、简单的风格，真正重要的投资概念通常可以用简单的话语来作说明。我们偏爱具有持续竞争力并且由才能兼具、以股东利益为导向的经理人所经营的优良企业，只要它们确实拥有这些特质，而且我们能够以合理的价格买进，则出错的概率可以说是微乎其微。"如果投资者构建一个像巴菲特式稳定而有效的投资组合，就意味着在牛市中可以高歌猛进，在熊市中可以坐享其成。

管理投资组合的六大要素

> 相比于投资回报,我更关心我的本钱能否收回。
>
> ——威尔·罗杰斯

一个稳定而有效的投资组合同时也应该有一个如何管理的问题。管理非常重要,按照彼得·林奇先生的经验法则,管理一个投资组合的要素可以大致如下展开。

1. 作为个人投资者,可以跟踪 10 只左右的股票,但是在任何时候都不要使自己的投资组合超过 10 只股票。"拥有 3—10 只股票会令人感到合适。"对于这些股票,必须进行严格的考察,足够了解,因此需要足够的时间。如果投资者不肯花费一些时间,就可能不适合投资。拥有股票就像是教育孩子——不要介入超出能力范围的事情。由于个人投资者往往时间有限,其分析的优势并不会超过证券分析师,因此不宜多样化,"为了多样化而分散投资多家不了解的公司毫无意义"。但也不要只投资一只股票,因为有时很有可能尽了最大的努力,却成为难以预计的受害者。

2. 必须持续跟踪投资组合中的每一只股票。采取"买进即忘"的策略有可能是灾难性的。必须回答两个基本问题:"(1)相比每股收益,股票价格是否仍然具有吸引力?(2)正在发生的何种事情促使公司的盈利增长?"经常思考这些问题,可以避免出现过早卖出的决策错误。如果公司的盈利持续改善,基本面并没有改变,竞争能力和管理水平不断增强,那么就应当继续持有。市场整体衰退或过分渲染短期负面因素很正常。不过因为非常了解投资组合中公司的经济状况,

那么在股价下跌时，将会是一个极好的廉价增仓机会。"最好的股票收购是你已经持有的股票。"

3. 由于投资活动并非严格的科学，因此应当容忍暂时的损失，并接受意外事件的发生。"如果我的10只股票中有7只达到了预期，那么我很高兴。如果有6只达到了预期，那么我也很感激。"为什么林奇先生会"感激"？因为这就"足以在华尔街创造一个令人羡慕的业绩记录"。应当坚决按照自己最佳的习惯投资。获得一个30%的回报可能需要几年，而损失10%却只要几天，因此，不要为了追求虚幻的回报而承担不必要的风险。不要指望购买到"第二个苏宁"，因为"未来的东西永远不可能是过去东西的复制"。陷入糟糕的境地是常有的事，但"不管市场是好是坏，只有坚持一个策略，你才有可能使长期收益最大化。"

4. 必须把精力集中于公司的业务问题上，而不是在不可能实现的事情上浪费时间。基于市场走势的预测进行买入或卖出可能导致糟糕的业绩。短期市场的跌宕起伏与正确的投资无关，但却能给聪明的投资者提供廉价建仓的机会。要避免最热门行业中的热门股，那些"耳语股票"通常没有什么实质性的内容。卖出上涨的股票而死守亏损的股票，这是一种"铲除鲜花，浇灌杂草"的行为。在股票价格持续下跌时低价卖出，绝对是一个悲剧，如果是这样的话，"永远不会在股市投资中获得满意的利润。"止损委托没有道理，卖出意味着抛弃了一些优秀的利基公司股票，浪费了股票分析的成果。

5. 只要公司的基本面保持良好，那么就应当继续持有，甚至加仓。因为"所有证据告诉你它会上涨，而且一切都在按你的预期发展，那么你卖出它将很可惜。"当然，有时也要咬紧牙关，等待其他人认识到公司良好的基本面，因为市场可能在很长的时间里没有看到公司的优点。而当股票价格运动方向不明时，要习惯于耐心持有。林奇赚到的大部分钱是买入并持有股票的第三或第四个年头。因此，如果投资的基本标准持续有效的话，应该持有3年、4年甚至5年。但如果基本面恶化，同时价格上涨，难以支持股价的时候，就应该考虑卖出，并把资金投入到另一个具有更美好前景的公司。

6. 对于偏离内在价值的股票和市场应该保持清醒的认识，不要尝试参与输家的游戏，否则最后可能就成为输家。应该与公众的情绪保持距离。股市本身就具有误导性,大部分投资者更容易被误导,因此采取逆向思维是必要的,但却不要总是乐于采取这种策略,因为市场并不总是错的。

有一点必须清楚,即使是公认的成长股或明星股也可能成为不好的投资对象,因为即使是伟大的公司也有价格上限。"树不会长到天上去",它们也有气力用尽的时候。在投资领域,几乎所有的事情都有可能做过头。当成长股或明星股被市场暂时的热情捧高的时候,就有可能形成巨大的漩涡,虚高的股价容易导致巨大的投资灾难。

那个戴着草帽、用牙签剔着牙的幽默作家威尔·罗杰斯曾说:"相比于投资回报,我更关心我的本钱能否收回。"这句话虽然很朴素,但却很实用。投资是高风险的活动,因此不要总是指望超额的回报,除非完全知道所拥有的企业的具体价值是多少。

与那些专业的投资者相比,我们可能身居劣势,但是只要秉承威尔·罗杰斯先生的建议"不要赌博,拿出所有的积蓄,买一些好股票,守住它,直到它上涨。如果它不涨,不要卖它",同样可以收到不错的效果。

管理一个投资组合的时间可能很漫长,其间必定会发生许多意想不到的事情,有时一个特定事件就可能导致最好的股票受到拖累。意志不坚定而飘浮的时候非常容易选择放弃,所以问题的关键在于,必须有足够的勇气相信自己的信念,必须有足够的勇气,去实施与流行观点不同的策略。

在苍茫中传灯

▶ "少就是多"：从凯恩斯到林奇

> 巴菲特将自己集中投资的股票限制在10只，对于一般投资者集中投资股票的家数建议最多为20只。事实上，他集中投资的股票只有5只左右。
>
> ——马克·赫伯特

我的一些朋友持有的股票数量一向很多，而我持有的股票却一向很少。即使过去还没有做价值投资的时候，持股也就是一两只，从未超过三只，更多的时候只有一只。那时可能是看了太多的富豪榜的缘故，因为上富豪榜的人很少持有许多股票，比如比尔·盖茨只有微软，拉里·佩奇只有谷歌，刘永好只有新希望，张宏伟只有东方集团，因此我深信持有一只股票可以成为富豪。

现在我知道这样的做法其实与我的朋友差不多，都蕴含着极大的风险。他们因为风险而分散，我却因为风险而集中。而且因为毕竟我不是实业家，仅仅是普通的投资者，在无法更深入了解企业的基础上，那样贸然地大量持有一只股票，风险还可能更大。彼得·林奇说得好，"把所有的资金都押在一只股票上是不安全的。因为尽管你已经尽了最大的努力进行研究分析，但你选择的这家公司有可能会遭受事先根本预料不到的严重打击"。

学习了价值投资后，才明白持有股票的多与少并不重要，重要的是对所持有的公司股票了解有多少。如果对所持有的股票都不了解或者不熟悉，或多或少都将蕴含着风险。

后来，我又知道，集中持有是价值投资的重要方略。不管是沃伦·巴菲特、查理·芒格，还是比尔·瑞尼、娄·辛普森，他们的投资组合只集中在有限的几只高利润的股票上。这不但会降低风险，而且有助于产生比市场的收益率高得多的收益。这正好与80：20原则相吻合：80%的投资利润来自20%的股票。

在这一方面最为典型的是巴菲特。《福布斯》专栏作家马克·赫伯特说："巴菲特将自己集中投资的股票限制在10只，对于一般投资者集中投资股票的家数建议最多为20只。事实上，他集中投资的股票只有5只左右。"

约翰·梅内德·凯恩斯很早就认识到集中投资的重要性。1934年，就是本杰明·格雷厄姆发表《证券分析》的那一年，凯恩斯致信他的一位同事，解释他把资金集中在几家公司身上的理由，"认为把资金分散到众多自己并不了解也不特别信任的公司中可以降低自己的风险，这种想法是错误的……一个人的知识和经历是有限的。我个人感觉，在一段时间之内，我完全信赖的公司很少超过两三个"。因此，他有意把股票限制在少数几只上。

菲利普·费雪也提倡集中投资。他总是说他宁愿投资于几家他非常了解的杰出公司，也不投资于众多他不了解的公司。费雪认为："许多投资者，包括那些为他们提供咨询的人，从未意识到，购买自己不了解的公司股票可能比你没有充分多元化还要危险得多。"因此，一般情况下，费雪将他的股票限制在10家公司以内，其中有25%的投资集中在3—4家公司身上。"我知道我对公司越了解，我的收益就越好。"费雪的儿子肯，一位出色的资金管理者，他是这样总结他父亲投资哲学的，"我父亲的投资方略是基于一个独特却又有远见的思想，即少意味着多"。

《巴菲特之路》的作者罗伯特·海格卓姆曾借助计算机，从普通股票收益数据库中挑出1200家公司，时间跨度从1979年到1986年，涵盖了公司的利润、收入和证券收益。然后进行随意组合，形成12000个不同规模的投资组合。

接下来，海格卓姆计算每种投资组合在两个不同时期的年平均收益率，以10年（1987—1996年）为期，让我们来看看这些有趣的发现：

1. 在包括250只股票的投资组合中，最高收益为16%，最低收益为11.4%。

2. 在包括100只股票的投资组合中，最高收益为18.3%，最低收益为10%。

3. 在包括 50 只股票的投资组合中，最高收益为 19.1%，最低收益为 8.6%。
4. 在包括 15 只股票的投资组合中，最高收益为 26.6%，最低收益为 6.7%。

再看一下 18 年期的投资组合，其趋势与 10 年期基本相同。

这就让海格卓姆得出两个必然的结论：

1. 运用集中投资组合，你就有更多的机会比市场做得更好。
2. 运用集中投资组合，你也有更多的机会比市场做得更糟。

得出第一个结论的理由是，因为采用由 15 只股票组成的投资组合，有 1/4 的机会战胜市场，而采用由 250 只股票组成的投资组合，机会仅 1/50。至于第二个结论，它强调了选择股票的重要性，因为如果没有选出正确的或深入了解的公司，那么它就会表现出惊人的低水平。当然，超级投资者一般都会把投资组合集中到他们认为最好的公司，以产生高额的投资收益。

或许有人说，彼得·林奇不是也曾持有上千只股票吗？因此分散投资是可行的。但是林奇已明确表示，尽管他总体上持有 1400 只股票，然而他却有一半的资金集中投资于 100 只股票，2/3 集中投资于 200 只股票，仅有 1% 分散于 500 只股票中，而这样做的目的是为了跟踪这些公司的变化。就林奇个人而言，他更倾向于集中持股。如果投资者刚好对某种类型的股票有着特别深入的了解，那么，他认为投资者就更应该集中投资于这只股票。林奇也一再告诫投资者，要把股票看做是你的孩子，但是养孩子不能太多，因此他建议业余投资者在任何时候都不要同时持有 5 只以上的股票。

从凯恩斯到费雪，再到林奇，他们都有意地将投资集中在产生高于平均业绩概率最高的几家公司上，这绝非偶然，因为集中投资确能产生高收益。与此相反的是，普通投资者则认为持有的股票越多越好，其结果是把很少的资金投资于十几只，甚至几十只股票，就如同巴菲特所说的"开了一家动物园"，以求得安全，实际上这是不可能的，因为"对于那些不知道他们正在做什么的人，多元化毫无意义"。不但没有意义，而且鲜有分散投资者能够带来辉煌的收益，这就是所谓的"多就是少"。而对于那些集中投资者，他们持有的股票可能很少，只有为数不多的几只，但是，正是这为数不多的几只，却给他们带来了源源不断的超额利润，这就是所谓的"少就是多"。

巴菲特将这种集中投资的精髓简要地概括为："选择少数几种可以在长期拉锯战中产生高于平均收益的股票，将你的大部分资本集中在这些股票上，不管股市短期跌升，坚持持股，稳中取胜。"

如今，我的投资组合也不会超过5只股票，所涵盖的行业大都集中在金融、消费等上面，如今我有这样的认识，我自己都觉得比当初进步多了。

在苍茫中传灯

如何在寒冬中不冻伤

> 每当股市大跌时，就会回忆过去历史上发生过 40 次股市大跌这一事实，来安抚自己那颗有些恐惧的心。我告诉自己，股市大跌其实是好事，让我们又有一次好机会，以很低的价格买入那些很优秀的公司股票。
>
> ——彼得·林奇

2016 年伊始，证券市场也经历了一次寒气逼人的恐怖暴跌，让所有的投资者都无法置身事外，有人将其称之为股灾 3.0。如何使自己能够安然度过证券市场的严冬，显然是一个重要的话题。

持有夜夜安枕的股票

要想让自己能够夜夜安枕，首先必须持有能够让自己夜夜安枕的股票。很久以前，"成长股之父"菲利普·费雪就写过一篇文章，这篇文章的标题就是《保守型投资人夜夜安枕》。在市场极端下跌时，如何让自己能够夜夜安枕？费雪认为，这需要你选择那些具备估值优势的优质公司的股票。

这样的公司有以下四个要素组成：

第一个要素：运营成本低，也即毛利率高；有强大的行销组织；杰出的研究和技术努力以及财务能力。

第二个因素：人的因素，要有一个杰出的管理层。

第三个要素：公司大致上能够无限期维持高于平均水准利润率的一些特质。

第四个因素：考虑市场对股票的评价，即给予公司股票适当的市盈率。

完全具备四个要素的公司肯定不会很多，但是只要具备其中的绝大部分，就有可能让股票在市场极端下挫时少跌一点。跌时跌得少，涨时涨得多，致胜自然来。

如果认为以上四个要素太过繁琐，那么也应该尽可能多地持有符合以下条件的股票：

（1）你个人工作或者生活的经验使你对这家公司有着特别深入的了解；

（2）通过一系列标的准进行检查，你发现这家公司有令人兴奋的远大发展前景。

当然，前提是你能以低于一家公司目前所值的钱买进它的股份，对它的管理深具信心，并且买进了一批类似于该企业的股份，那么赚钱就指日可待了。

不要太把市场当一回事

我喜欢阅读霍华德·马克斯的备忘录，他是大名鼎鼎的橡树资本的掌舵人。前不久，他在一篇《带投资者去看心理医生》的文章里写道，市场下跌得越猛烈，许多投资者越是要让市场替他们思考，越是要让市场告诉他们发生什么了，该怎么办。这是投资者最严重的错误之一。实际上，你就不能太把市场当回事，因为投资者只是被情绪控制而已。要是把最近的全球市场下跌解读为市场"知道"将来会怎样，那你就错了。

虽然人类的大脑今天已经进化得日臻完美，但是与生俱来的心理却依然没有长进，仍然停留在人类的原始阶段，仍然容易为贪婪和恐惧所控制，从而显得那么不理智。实际上，任何一次暴跌，即使是跌幅最大的股灾，股价最终也成功收复并涨了回来，而且涨得更高。当然，其中的关键在于你是否能够等得起。

彼得·林奇说，每当股市大跌时，就会回忆过去历史上发生过40次股市大跌这一事实，来安抚自己那颗有些恐惧的心。我告诉自己，股市大跌其实是好事，让我们又有一次好机会，以很低的价格买入那些很优秀的公司股票。

可是，市场上有太多的人总是在股价越低时，股票卖得越多，反之亦然。实际上，不能忍受暂时的亏损，也不能获得丰厚的回报。而且，在恐惧之下卖出的人很少能够重新再买回来。下一次，当他们如梦初醒重新再买回时，股价又会高出一大截。我的经验是，股价越低我会买得越多，反之则越来越少。当然，这必须做到充满信心，并且对股票的价值判断大体正确或接近正确。

构建一个稳定而有效的组合

有不少人认为，A股上市公司中的大部分传统产业在接下来的时间里可能会遇到天花板，进入到一个衰退的周期。但是在我的投资组合中，却依然还保持着相当比例的属于传统产业的股票。陷入衰退周期的股票，其股价也一定很低。但是，现在是低谷，并不意味着将来也是低谷。构建一个稳定而有效的投资组合很重要。稳定是指长期持有，不轻易变动；有效是指能够夜夜安枕。

过去的投资实践告诉我，买进这样的坏公司或差公司反而赚了很多钱。好公司往往只有坏价格，只有坏公司才有好价格。所以，买进好公司不会赚钱，而买入坏公司却反而赚钱。从长期的角度看，风险最高的股票未来的期望收益率是最低的，风险最低的股票未来的期望收益率反而是最高的。好生意好公司还要好价格。《巴菲特之道》的作者罗伯特·汉格斯特龙指出："我现在比以往更深刻地认识到，取得高于平均的收益绝非仅仅是选股的问题，也是你如何构建你的投资组合的问题。"

买进一只"坏"公司的股票，一旦其经营业绩发生逆转，其股价也将随之向上逆转，反之亦然。如果是这样，即使置身于熊市，其投资回报也不会太差。如果构建这样的一个投资组合，就有可能应对任何糟糕的场景而不至于失败，从而有效支持我们度过最困难的时光。但是，要构建这样的一个投资组合，需要一定的专业素养和水准，有时只要不冒进，有足够的保守就可以做到。

有一些公司所在的行业或者无关国计民生，或者不为大众所熟知，或者贴近生活，但依靠数十年在行业中竞争形成的领袖地位难以撼动，它们就是细分市场中的隐形冠军。由于其行业地位形成于市场竞争，它们盈利的城墙往往更为坚固。

这样的公司业绩虽然可能不会大起，但稳定增长可期。从长期投资的角度看，买进这样的公司股票，形成一个投资组合，假以时日，获得绝对收益的概率更大。

一个投资组合是否能够稳定而有效，关键在于能否确保在坏年景中取得较好的投资回报。若我们现在能够确认身处熊市，那么其持续的时间会相当长，不必在乎是初期或者中期，关键在于我们是否寻找到能够抗拒经济萧条的公司。只有能够抗拒经济萧条的公司，才有可能穿越漫漫的熊市周期。如果能再仔细思考以上三个问题，即使无法穿越，也要让自己安然度过证券市场的严寒，而不至于冻伤。

在苍茫中传灯

◈ 抵御熊市的投资组合

> 建立投资组合既是为了在市场平稳时挖掘更深的收益，也是为了很快度过市场危险期而生存得更长。
>
> ——罗伯特·梅纳德

有人询问如何构建一个能够抵御熊市的投资组合，对此我没有什么好建议。倒是以前读过著名的财经作家约翰·罗斯查尔德先生的著作，他写过抵御熊市的投资组合。

罗斯查尔德转述了来自明尼阿波利斯市莱瑟尔德投资集团、山姆·斯托弗以及伊博森联盟的研究建议。当然，即便你觉得这些建议非常不错，也只能引为参考。

莱瑟尔德给出了9个防御性行业选择，理由是它们在之前的11次市场下跌中表现较好。这9个防御性行业选择的是：

1. 软饮料行业。11次熊市中4次或者持平或者上涨，另外5次损失比平均水平要少得多，只有一次损失超过平均水平。

2. 制药业。11次熊市中3次上涨，另外4次损失远低于平均水平，只有2次损失超过平均水平。

3. 食品供给行业。11次熊市中3次上涨，另外4次损失远低于平均水平，还有3次损失较平均水平也要少。

4. 大型原油业。在一次熊市中上涨，另有5次损失远低于平均水平。

5. 家用品制造业。在4次熊市中上涨或者基本持平，另有3次损失远低于平均水平。

6. **电话业**。在 3 次熊市中上涨，另有 8 次损失远低于平均水平，在 11 次下跌中每一次表现都超越了平均水平。

7. **烟草业**。在 6 次熊市中上涨，排在第 7 次时仅损失了 1%，最差的表现在 1962 年，下跌了 43%，在 1987 年大崩盘中与标普 500 相符合。

8. **电力行业**。在 5 次熊市中上涨或者基本持平。

9. **黄金开采业**。在 4 次熊市中上涨。其中 1973—1974 年上涨了 174%，1976—1978 年上涨了 36%。在另外 3 次熊市中损失远低于平均水平。在 1980—1982 年和 1983—1984 年，它们损失的较多。莱瑟尔德说，稳定并上涨的金价使黄金业成为有效的防御性行业。

那些从卷烟、电力、原油、食品、医药、软饮料、电话和家用品中盈利的企业在衰退时或熊市中，都具有一个关键的保护性优势，是因为人们即使在缺少现金的时候，仍要继续抽烟、吃饭、开车、喝咖啡、使用工具和打电话。他们将推迟购买汽车、住房和耐用消费品，这是为什么汽车制造商、住房开发和一些零售商会在衰退中受害的原因。

意识到了这些事实，投资者就不会像卖出在衰退中容易受到伤害的股票那样卖出衰退抵御性股票。因为持有者预期盈利将持续增长，这些防御性股票的价格将保持得相当好。当然，莱瑟尔德也提醒说，防御性行业在华尔街的卖出潮中，仅能提供最少的保护，甚至不能提供保护。第一种情况是当崩盘带来快速且不分青红皂白地卖出时。第二种情况是防御型股票在进入熊市时被高估了。莱瑟尔德本人偏爱公用事业，因为它们的分红始终相当高，在衰退中，它们具有低风险的表现。

标普月度评论的编辑和《行业投资》的作者山姆·斯托弗对自 1946 年以来下跌市场中各种行业表现进行研究。与莱瑟尔德一样，斯托弗的结论认为，没有一个行业能够免除下跌，但是有些行业的下跌少于其他行业。

斯托弗列出的优异表现的行业基本上与莱瑟尔德相同，分别是：容器（金属和玻璃）、电力公用事业、家用品、烟草以及食品。其中有一个值得注意的例外，那就是容器。制造罐头盒和瓶子的公司在每次衰退中都击败了熊市。这是因为无

论吃的还是喝的，从罗宋汤到啤酒都是要装入罐头或瓶子来销售的。只要人们还在吃喝，容器制造公司就将在未来衰退中保持繁荣。

在斯托弗的研究中，电力公用事业在11次下跌中有10次战胜了市场，唯有一次下跌。在第二档次的熊市抵御行业中，斯托弗选择了银行、制药、石油、饮料公司、超市，以及黄金开采——它们在11次下跌中有7次损失比标普指数要小。黄金开采有两次令人吃惊的表现，分别在1973—1974年和1976—1978年，这两个阶段都是高通胀，否则，熊市中黄金开采是没有优势的。有两次，即使是在黄金价格上涨时，黄金开采业的股价也在下跌。

根据斯托弗的测算，表现最差的行业有化工、金融公司、零售商、机器工具、建筑材料生产、住宅建筑商、卡车、机械、航空公司和计算机公司。它们在衰退中盈利易于受到影响。

与典型的大盘股相比，典型的小盘股似乎在熊市中损失得更多。一个名叫伊博森联盟的研究机构研究了自1987年以来由后续下跌所造成的损失。平均来看，每一次下跌中大盘股下跌18.1%，小盘股下跌23.9%——显示小盘股在下跌的市场中是不值得投资的。

但是伊博森的进一步研究发现，这种差异适用于成长型股票，而不适用于价值型股票。实际上小盘价值股也相当稳定，在上面所说的下跌中平均仅损失4.8%。伊博森认为，这是一个应对熊市的新策略：买入小盘价值股或者专注于小盘价值的共同基金，它们能够获得两方面的好处：下跌时的保护，以及当市场变化上涨时的超额收益。

PERSI基金的首席投资官罗伯特·梅纳德说，建立投资组合既是为了在市场平稳时挖掘更深的收益，也是为了很快度过市场危险期而生存得更长。"华尔街教父"本杰明·格雷厄姆在他的巨著中教导我们，如果市场环境显示证券的卖出和经济的前景都不明朗，投资者可以持有防守型股票，而不必抛出所有的投资离开股票市场。这样的投资战略对于很长时间都不需要使用投资资金的投资者特别有益。

防守型股票可以平安度过各种经济风暴。如果它们不可避免地受到影响，通常会有更强劲的反弹。防守型股票存在于诸如公共事业服务、食品杂货、制药等重要行业。

在建立投资组合时,格雷厄姆提出两个简单可行的方法。第一,平衡组合中股票和固定收益证券的比例。第二,持有不同股票的数量要达到一定的数量和比例,在一两只股票表现异常时,不至于连累整个投资组合的收益。

当然,也不必对投资组合中各种资产的比例过于痴迷。如果把投资比作农业的话,那么就应该这样做:播种,好好培育,让它们自然地生长,在成熟的时候收割。这就是建立抵御熊市的投资组合的意义。

在苍茫中传灯

只在"大象"出现时才射击

> 如果长线投资的时间起点显示证券价值被低估，那么投资者完全可以获得更高的收益。
>
> ——本·斯坦

关于公司估值的问题，与许多新手一样，我在刚学习价值投资的时候，也曾受困于它。后来我读了相关的书籍资料后，才逐渐明白了一些道理。

按照沃伦·巴菲特的说法，他认为估值最好的方法就是约翰·威廉姆斯在其《投资价值理论》（1938年）一书中所阐述的，即企业的价值是由企业生命周期中预期产生的净现金流经过合适贴现率的贴现而得到的。这种估值的数学计算过程与债券估价过程基本相似。

如果我们把债券所有的利息加总，并以合适的贴现率进行贴现，就能够得出债券的贴现值。同样地，也可以把估算债券的方法运用于估算企业。从企业的某一时期到未来将产生的"利息"，也就是现金流，以合适的贴现率进行贴现，就能够得出企业大概的价值。至于这个数学计算的过程，在罗伯特·海格卓姆的《沃伦·巴菲特之路》、帕特·多尔西的《股市真规则》以及莫尼什·帕伯莱的《憨夺型投资者》等著作中都有一番演示。

但是，由于企业未来现金流毕竟不像利息那样容易估算，而且贴现率也不是那么容易选择，因此许多投资者并不采用这种方法。当然，巴菲特自有一套解决的办法，凡是价值能够被估算出来的公司，其前提应该就是它的未来现金流能够像债券的利息一样稳定，不符合这个前提的就应该被剔除出去。

因为企业未来现金流和贴现率在估算和选择过程中，的确会产生一些问题，比如罗纳德·莫伦卡就认为由于这种方法对通胀率考虑得不够，将导致对一家公司价值的高估。所以，就像上面所说的，即使是价值投资者也不都采用这种方法。

巴菲特的老师本杰明·格雷厄姆就没有采用这种方法，而是"经典型"价值投资法，这种方法基本上根据财务指标的比率来确定企业的实际价值。比如他的5项价值准则是这样的：1.要求股票的盈利回报率应不少于美国AAA级债券回报率的2倍；2.要求股票的市盈率应低于其过去5年最高市盈率的40%；3.要求股票派息率应不少于美国AAA级债券回报率的2/3；4.要求股票价格应低于每股有形资产净值的2/3；5.要求股票价格应低于每股流动资产净值的2/3。

许多著名的价值投资者采用的方法与格雷厄姆大致相同。像格雷厄姆的另一个学生"全球投资之父"约翰·邓普顿，基本上就是应用格雷厄姆原创的分析技巧，仔细研究企业的重要财务比率，然后找出股票的真正价值。"成长型投资之父"麦克·普莱斯要求股价低于资产价值，公司没有负债或很少负债。"市盈率鼻祖"约翰·内夫使用的是低市盈率投资法，而专业投资人罗纳德·莫伦卡则以净资产收益率来确定价值。但是不管他们使用什么方法，目的都在于寻找价值型投资品种，也就是邓普顿所说的"淘便宜货"。

可见，并非只有未来现金流贴现法才能解决估值难题，使用类似于格雷厄姆的方法一样可以解决这个难题。在这个意义上说，能够看得懂未来现金流贴现法及其数学计算过程固然很好，而看不懂也没有什么关系。

估值固然重要，确实大可不必过分地关注。理由是：当市场崩盘，陷入低谷，所有的股票都相当便宜的时候，此时自然不必估值。比如2005年下半年招商银行仅6元多，中国石化与宝钢股份仅3元多，中国联通仅2元多，这时估值并不重要，只管买进就是了；而当市场高涨，群情振奋，所有的股票都严重高估的时候，比如2007年年底招商银行46元，中国石化29元、宝钢股份22元，中国联通13元，这时如果还想去估值，则显得毫无意义。只有当市场在上升途中，因为可能还有些"漏网之鱼"，估值还会起一点作用。不过，这时许多股票已有了相当的涨幅，

自然也就没有什么值得投资的好标的。

过去我对格雷厄姆的方法很疑惑：哪里去寻找他所说的"便宜货"？比如他所说的股票价格应低于每股有形资产净值的三分之二才能买入。尤其重要的是，当他的追随者也采用类似的方法时，这就不得不让我倍加注意了。

经过了一场熊市后，我才知道，格雷厄姆的方法其实是在告诉我们，只有在熊市中我们才能遇见他所说的那种情形或类似情形。因此股票只能在熊市中购买，而其余的时间都不值得我们购买！我相信，这应该就是巴菲特所说的几年中才有一次遇到"大象"而扣动扳机的机会。

聪明的投资者只选择在大熊市中买，这是因为这时物有所值；也只选择在大牛市中卖，这又是因为物超所值。至于想长期持有的投资者，更应该在市场低迷时买，这是唯一的时机。

经济学家、价值投资者本·斯坦指出："如果长线投资的时间起点显示证券价值被低估，那么投资者完全可以获得更高的收益。"事实上，几乎所有的价值投资者都不约而同地采取这种策略，这也就是他们更喜欢熊市的原因。

巴菲特就这样说过："当人们对一些大环境事件的忧虑升到最高点时，事实上也就是我们做成交易的时机。恐惧是追赶潮流者的大敌，却是看重基本面的财经分析者的密友。"因为"当人们因贪婪或者受到惊吓的时候，他们时常会以愚蠢的价格买进或卖出股票"。

巴菲特又说，"当市场供应量不足的时候，我们加入大量的供应量；当市场供应量充裕的时候，我们便较少参与竞争。"这就是说，当市场供应量不足的时候，往往就是市场低迷之时，这时就是最好的买入时机；而当市场供应量充裕的时候，往往就是市场高涨之时，这时就绝对不是买入的时机。

大名鼎鼎的富兰克林·邓普顿基金集团旗下的基金经理们最擅长在熊市中买，然后在牛市中卖。因此他们对手中的股票持有的年限绝不会少于4年。现在我知道，这是很有道理的：因为差不多在这4年或5年中，市场刚好会完成一个从萧条到繁荣，再到萧条的轮回。

所以，我以为最好的投资策略就是，在大熊市中买，而在大牛市中卖。当然，如果我们手中的股票在持有的几年中，通过分红、送配，成本降为零或负数，而企业还依然优秀的话，长期持有也未尝不可。

说到这里，请务必记住巴菲特所说的，"某些股票的长期价格是取决于企业的经济发展，而不是每天的市场行情。当然，我们不是因为要做稳定剂而遵循这个策略，我们只是相信最有利的企业经营方法"。

在苍茫中传灯

▶ 我喜欢"大道至简"的方法

> 大致准确地预测是一种艺术,但满意地进行预测以满足投资决策却是一门科学。

因为我在《只在"大象"出现时才射击》一文中有"估值固然重要,确实大可不必过分地关注"的字样,于是有人就断章取义地认为我"对估值的重要性认识不够"。我觉得有必要说明一下我的思路。

其实在那篇文章里,通篇表达的主题只有一个:在熊市中买,而在牛市中卖。"估值固然重要,确实大可不必过分地关注",主要是基于内在价值的复杂性考虑的。

因为价值评估的最大困难是内在价值取决于公司未来的长期现金流,而未来的现金流又取决于公司未来的业务状况,而未来是动态的、不确定的。预测时间越长,其准确度就越低。要给出未来现金流量出现的时间和数量这两个变量的具体数值,是一个非常困难的任务。

一般情况下,对这两个变量的估计往往不得不在很大的区间范围内,以至于根本得不出什么有用的结论。所以,"估值并不是一件那么容易的事"。即使能够计算出来内在价值又怎么样?它也仍然只是一个近似值,并非精确值。而且随着利率变化,对未来现金流也必须做修正,这种主观认定的内在价值也因此会有所变动。

实际上,就是沃伦·巴菲特和他的老搭档查理·芒格在计算同一企业的内在价值时，也总是不可避免地得出略有不同的数值。比如他们对自己公司伯克希尔内在价值的估计就从未一致过，各自估计出的内在价值往往相差10%，这也是巴菲特不能向他的股东解释如何计算企业内在价值的原因，"就像我们不断告诉各位，内在价值才是重点所在，有一些事情是无法按照条例说明但却必须列入考虑的"。

价值评估确实是投资的最佳方式，然而事实上却没有谁能够精确地评估出一个企业的内在价值。就连巴菲特也坦承："我们只是对于估计一小部分的内在价值还有点自信，但这也只限于一个价值区间，而绝非那些貌似精确实为谬误的数字。"但是反过来，绝不应当因为估值由于种种因素的影响而导致实际应用时效果差，又去轻易地否定或漠视它。就是说，这种分析仍然是很有价值的。因为"如果你把自己的时间集中在某些行业上，你将会学到许多关于估值的方法（巴菲特）"。

本杰明·格雷厄姆认为，股票内在价值的概念非常灵活，这种灵活性在不同情况下会表现出不同的明确性。举一个例子，比如对于招商银行，如果我知道近三年来（2008、2007和2006）的营业收入分别为553亿元、409亿元和250亿元；净利润分别为209亿元、152亿元和71亿元；净资产收益率分别为28.58%、24.76%和16.74%；不良贷款率由2006年2.12%降到2008年的1.11%；资本充足率则一直维持11%以上。而2008年10月和2009年1月招商银行又发生了两个重要事件：一是纽约分行正式开业，这是继1991年美国颁布《外资银行监管加强法》以来第一个获得美联储准入的中资银行；一是收购永隆银行，使得永隆银行成为全资附属公司。毫无疑问，这两个重大的举措将提升公司的内在价值，对于公司进一步加快国际化进程，深入推进经营战略调整，具有深远的战略意义。因此，我估计招商银行的内在价值不会少于5100亿元。当然，如果由另一个人去估计，他得出的肯定又是另一个数据。

实际上，招商银行在2008年市场极端下跌后，其股票价格曾经一度跌破了11元，市盈率不足8倍，市净率在2倍以下，这种情形并不常见。要知道，2倍以下的市净率往往是银行并购的价格，招商银行自己全资收购永隆银行，出价就相当于市净率3.01倍。因此，在我看来，此时对"内在价值不会少于5100亿元"，

并且准备以多少折扣买入这个判断,不如"市盈率不足8倍,市净率在2倍以下"来得明确。但即便如此,也并不意味着我就不重视估值,因为毕竟"这种定性分析本身就非常有助于股票买卖决策"(格雷厄姆)。

菲利普·费雪在他另一本名著《股市投资致富之道》中说,"归根结底,即使最成功的股票投资在本质上都包括三个部分:

1. 选择一只或多只未来增长潜势超越市场大盘的股票;

2. 知道应该买入的适当时间;

3. 知道应该卖出的时间。"

在我看来,"知道应该买入的适当时间",要么就是大萧条或大崩溃的时候,要么就是在优秀企业遭遇严重困难的时候。特别在大萧条或大崩溃的情形下,几乎所有的股票都会出奇得便宜,所以此时不必过分关注估值——因为事实太明朗了。反之亦然。

确切地说,我喜欢这种"大道至简"的方法。因为这本身也符合费雪在他的《怎样选择成长股》第一部分《普通股和不普通的利润》第一章的开头所说的,"在萧条时买入,而在繁荣时卖出股票的做法包含了很浓厚的价值原理"。

而且我更深信,投资最根本的问题就是心态,并非精确地估值。无论多么重视估值、精确估值,假如不能抑制内心的冲动,控制好情绪,一样难以取得成功。

过去我对"价值评估既是艺术又是科学"深感不解。现在我才知道,大致准确地预测是一种艺术,但满意地进行预测以满足投资决策却是一门科学。关于这一点,我认为肯尼斯在他的父亲菲利普·费雪《怎样选择成长股》的序言"从父亲的著作中学到的"中的一段话,可以作为这句话的参考:"在本书出版的时候,父亲已经51岁了。他具有不拘一格的才华,已经获得了非常大的成功。这些年来,他慢慢地从直觉上将对技巧的理解转变为对艺术的理解,但是我认为,他不明白这一转变是新手需要花很长的时间才能学会的……我写这些文字的时候已经52岁了,和他当时写本书的年龄差不多;我很清楚地了解这一点,因为我也不得不花时间去学习,而不是创造这一过程。"

看起来,掌握一门技巧容易,但是上升至艺术则难得多。相对于肯尼斯,我绝对不会比他更聪明。他尚且还要"花时间去学习",以求得"从直觉上将对技巧的理解转变为对艺术的理解",何况我呢?因此,我肯定"也不得不花时间去学习,而不是创造这一过程"。

约翰·邓普顿指出:"正确的买入时间是悲观情绪最严重的时刻,那样的话,大部分的问题都可能被解决。"我想,这里面"大部分的问题"中应该也包含了估值的问题。

在苍茫中传灯

▶ 不要参与"输家的游戏"

> 要赢得"击败市场"的这一输家的游戏很容易,就是永远不参与这种游戏。

1975年,《投资艺术》的作者查尔斯·艾里斯在《金融分析家月刊》上发表了一篇重要的文章,题为《失败者的游戏》(the Loser's Game),第一次把投机称为"输家的游戏"。因为投机就是"七输二平一赢",所以被称为输家的游戏。

当时,艾里斯观察到,在整个投资领域,成千上万的人前赴后继地争抢摆在他们眼前的"未被发现"的股票,这些人都被训练用同一种方法看问题,不断地犯下"非强迫的错误"——这是一个网球运动的名词,最终变成了以动力为基础的"锦标赛"。

也就是说,基金管理者为了战胜市场,首先要打败竞争对手。为了达到这个目的,他们不得不增加短线交易,其最终的结果是"预订了悲惨的结局",有时候还造成了巨大的损失,于是对击败市场获得收益的追求,自然而然地演变成在基金管理者内部的回报。

究其原因,积极行动的投资者相信能够打败市场的信念基于以下两个假设:一、股票市场的流动性是一个优势;二、机构投资是一个胜利者的游戏。但是艾里斯并不赞同这个说法,"由于过去10年中的重大变化,这些假设已经不再适用。"相反,"市场的流动性是一种债务而不是资产,而且在经过一个很长的时期内,机构投资者在市场上的表现也会不佳,因为资金管理变成了输家的游戏。"

艾里斯总结说，大多数成功的投资者不一定就是非常聪明的人，也不一定就是有百万元研究预算的人，更不一定就是很幸运地在一只股票上获得1000美元收益的人。相反，他们是那些在他们的投资生涯中很少犯错误的人。

高尔夫球运动可以为我们提供一个很好的输家的游戏的例证。在职业高尔夫球手协会锦标赛中的获胜者，不一定就是那个击球最远的人，也不一定就是那个轻击棒最好的人，更不是那个最先完成游戏的人。胜利者是那个在4轮比赛中犯错误最少的人。这是高尔夫球运动与其他大多数接触性运动比如足球、曲棍球等的唯一区别。在接触性比赛中，包括网球在内，比赛的结果是由胜利者决定的，这个人必须借助他的技术和肌肉的力量，在综合实力上超过而获得大多数的得分。在高尔夫球运动中，却是由输家的行为决定了最后的结果。

比如，"老虎"伍兹获得了锦标赛的冠军，更主要的是由于他的对手犯了比他更多的错误。伍兹在正常水平下可以击中10个球，如果他的64个竞争对手中的一个恰好犯了比较少的错误，并且在正常水平下击中了11个球，那么伍兹就会失去锦标赛的冠军。最终的结果确实不是伍兹本人所能控制的，所以他必须依靠其他对手犯比他更多的失误。保龄球运动也与此相似，每一个选手都是以理想完美的300分开始，当更多的球瓶未被击中时，他也就丢失了分数。比赛的最终结果是由输家决定的，因为他没有击中更多的球瓶。

如果你理解了这种输家的游戏规则，你就已经在投资成功的道路上迈出了关键性的一步。沃伦·巴菲特之所以能够成功，就是因为他在40多年的职业生涯中犯了非常少的错误。

巴菲特就没有犯错误吗？有。巴菲特承认，他最经常犯的错误就是"拖拉的恶习"，这使得他错过了那些重整旗鼓的股票的机会，或者是不能及时地把股票卖出去。但是这两种类型的错误都没有使其损失本金，仅仅是失去良机而已。但是很少人会想到巴菲特的主要原则——不要损失本金。而不要损失本金，大概是长期投资获得成功的最重要的工具。

没有一个投资者，包括巴菲特在内，可以避免单一股票上的阶段性损失。即使让你只买那些确实可信的低价位的股票，偶然性的错误依然还会发生。肯定有人说，我可以使用投资多样性以确保安全。事实上，投资多样性也不能阻止损失

在苍茫中传灯

的发生。即使你持有100种股票,也将遭遇到市场风险的强烈攻击。这种风险如果体现在一个向下倾斜的市场中,将导致所有的股票一起下跌,"覆巢之下,焉有完卵"?

历史的记录已经清楚地表明,长期的回报是与你持股时间的长短以及你购买股票的价格紧密相关的,而频繁交易和漠视基本风险的存在,就像给投资者系上沉重的铁锚一样,使得以短线为主的投资者经常发生失误。最终的结论仍然就是,要赢得"击败市场"这一输家的游戏很容易,就是永远不参与这种游戏。

▶ 做"肥胖而愚蠢"的农夫

> 投资者必须明白，凡是对庄家有利的，一定对赌客不利，而过热的股市跟赌场没有什么两样。
>
> ——沃伦·巴菲特

我很少交易，因为我不相信频繁交易会增加收益；我的一些朋友喜欢交易，因为他们确信频繁交易可以增加收益。但是，实际上通过频繁交易而买低卖高，在理论上行得通，然而在实践中却很难做到。即使在牛市这样非常明确的波段中，这种操作方法也仍然是不明确的，所以经常会遭遇失败。

客户能够频繁地交易，谁最高兴？当然是那些证券公司。但是频繁交易只有一个结果，那就是，他们的钱在交易中不断地损耗，而券商、经纪人、交易员等却因为客户不断的成功交易而越来越富有。有人分析说，1万元每天交易两次，每次只要30元的手续费，一个交易日就要60元，一个月下来就要1,200元。因此券商、经纪人、交易员最终都买得起豪华的游艇，而客户却变得越来越买不起游艇。因为客户帮助他们买了豪华的游艇，因此他们必定喜欢这样的客户。对于他们而言，这样的人肯定都是"优秀"的客户。当然，像我这样的客户被他们厌倦，那几乎是肯定的。

《客户的游艇在哪里》的作者小弗雷德·斯韦德曾懊悔地说，在股票市场持续上涨了15年后，他竟然还是买不起一辆凯迪拉克。这是为什么？斯韦德把这不佳的战绩归咎于他年轻时的态度。因为他年轻时非常崇拜一位爱尔兰老人，而这位老人的信条就是："证券为什么而存在？不就是为了卖吗？所以，卖掉它。"

因此，斯韦德一有利润就欢欣鼓舞地卖掉，仿佛已经实现了人生的梦想一般。但是，事实证明不应该把它卖掉。最终，斯韦德悟出，正确的做法应该是："买好之后就应该像一个肥胖而愚蠢的美国农夫一样，把这些股票紧紧地抓在手中。那些农夫即使在他们最贪婪的美梦里，也绝对想象不到股票可以让他们如此富有。"

所以，频繁交易造成巨额财富的损失那是肯定的。沃伦·巴菲特曾在1983年的《致股东的信》中详细讨论了这一点。巴菲特说，"股票市场的讽刺之一是强调交易的活跃性，使用'交易性'和'流动性'这种名词的经纪商，对那些成交量很大的公司赞不绝口（这些不能填满你口袋的经纪商很有信心能够填满你的耳朵）。但是投资者必须明白，那就是，凡是对庄家有利的，一定对赌客不利，而过热的股市跟赌场没有什么两样。"

假设一家公司的净资产收益率为12%，而其股票年换手率为100%，每次都以公司账面价值进行交易，而且只需抽1%的手续费。这样算下来，光是每年股权移转的交易成本便占去资产净值的2%。

由于所有的这些交易形成了一场代价相当昂贵的"听音乐抢椅子"的游戏，所以投资者付出的交易成本，相当于他们对自己征收了重税。每天交易量1亿股，对投资者来说绝对是祸而不是福，因为那意味着相对于5000万股日交易量，投资者们为了"抢座椅"要付出两倍的手续费。

2007年牛市火爆之时，全年的证券交易印花税收入达2005亿元。平摊到股民头上，相当于每人贡献超过2800元。而在2009年，全球最赚钱的银行——工商银行净利润为1107.66亿元。换句话说，投资者只因为手痒而将手中股票换来换去的代价，就等于耗去了众多大企业辛苦一年的所得，相当于工商银行全年净利润的两倍多。

所以，投资人还是老老实实地做一个像小弗雷德·斯韦德所说的"肥胖而愚蠢的农夫"吧，因为试图通过频繁交易低买高卖而获利，最终必然亏损累累。

▶ "坐在那里等着就足够了"

> 如果投资者只是老老实实地躺在摇椅上休息的话，所有上市公司收益中一个创纪录的比例，本来会全部装进他们的口袋里，而如今却落入了队伍日益庞大的"帮客"的口袋。
>
> ——沃伦·巴菲特

在 2005 年伯克希尔公司年报中，沃伦·巴菲特为了说明高成本的费用，特意杜撰了一个非常精彩的戈特罗克 (Goutrecks) 家族的投资故事。这个故事后来经过世界第一大基金公司先锋集团董事长约翰·博格的改造，被称为"戈特罗克家族的投资血案"。为了使叙述更具连贯性，如今我又略作删减，并题为"坐在那里等着就足够了"。

这个故事是这样的。

很久以前，曾经有一个非常富有的戈特罗克家族。这个家族经过世世代代的生息繁衍，这个包括几千名成员的大家族成了所有美国股票的 100% 所有者。投资让他们的财产与日俱增：几千家公司创造的收益，再加上他们分配的红利，成为这个家族取之不尽的财源。所有家族成员的财富都在以相同的速度增长着，一切都十分协调，大家相安无事，和睦相处。这场永远不会有失败者的游戏，让戈特罗克家族的投资如滚雪球一般，几十年便会翻上一番。

但好景不长，几个伶牙俐齿的帮客（Helpers）出现了。他们劝说一些"头脑灵活"的戈特罗克家族堂兄妹：只要动动脑筋，就能比其他亲戚多挣一点。帮客说服这些堂兄妹把手里的一部分股票卖给其他亲戚，作为对价，再买回他们持有

的一些股票。这些帮客全权负责股票交易，作为中间人，他们的回报就是从中收取佣金。这些作为经纪人的帮客始终牢记的事实是：交易的活跃性是他们的朋友，因此他们总是想方设法提高客户交易的活跃性。于是，所有股票在家族成员之间的分配格局发生了变化。

让整个家族成员感到意外的是，家族财富的总体增长速度却降低了。原因何在呢？因为这些帮客们拿走了其中的部分收益。最开始的时候，美国产业界这块大馅饼全部属于戈特罗克家族，无论是分配的红利还是收入的再投资，无不如此。但是，现在帮客们却要拿走其中的一小块，于是，戈特罗克家族所能享受的份额开始不断下降。更糟糕的是，这个家族以前只需要为他们获得的股利而纳税，但现在，部分家庭成员还要为股票来回交易而产生的资本利得进行纳税，这就进一步削减了整个家族的财富。

这几个头脑灵活的堂兄妹很快就意识到，他们的计划正在侵蚀家族财富的增长率。在这种新的"打败我兄弟"（beat-my-brother）的游戏中，他们认为第一批帮客做得并不好，因为自己的选股策略是不成功的，因而有必要让更专业的人帮他们挑选更好的股票。

为了让自己在这场游戏中领先一步，他们开始雇用第二批帮客——所谓的选股专家。第二批帮客对几个"头脑灵活"的堂兄妹解释说，只靠他们自己的努力是很难胜过其他家庭成员的。他们给出的解决办法是："聘用一个经理人，就是我们，我们会做得非常专业。"这些帮客兼经理人继续使用第一批帮客兼经纪人进行交易，这些人甚至提高了交易的活跃性，以使那些经纪人业务更加兴隆。

总之，企业收益这张大饼的更大一块落入了这两批帮客的私囊。一年之后，当整个家族再度评价其财产的时候，他们发现：这块大蛋糕中属于自己的份额又少了一块。但噩梦还远未结束，新上任的帮客告诉他们，只有通过多做股票交易才能稳住阵脚，但这不仅增加了支付给第一批帮客的佣金，也让自己支付的税款直线上升。现在，家族最初所享有的整个收益大饼又再度缩水。

几个聪明的堂兄妹又开始想："最初，我们没有为自己选好股票，之后，我们又没能找到能帮我们选好股票的经理。到底该怎么办呢？"前两次的挫折并没有让他们就此罢休，他们决定雇用更多的帮手。

第二章 投资实践

他们找到第三批帮客——最好的投资顾问和财务规划师帮自己出谋划策。这些投资顾问告诉他们怎样挑选合适的经理，帮他们挑选合适的股票。已经晕头晕脑的堂兄妹们对他们的协助自然非常欢迎。当然，投资顾问们肯定会信誓旦旦地向这些戈特罗克家族的堂兄妹们保证："只要付给我们一点费用，一切问题都会迎刃而解。"结果，戈特罗克家族的蛋糕变得越来越小了。

这个大家庭现在要为这三批帮客支付昂贵的费用，但他们却发现情况更加不妙，他们陷入了绝望之中。但就是最后的希望即将破灭之时，第四批帮客——我们称其为"超级帮客"（the hyper-Helpers）出现了。他们态度十分友好地向这个大家庭解释，他们至今无法得到理想结果的原因，在于现有的三批帮客（经纪人、经理人、顾问）的积极性没有充分调动起来，他们只不过是走过场而已。

第四批人说："你们能指望这些行尸走肉做什么呢？"于是他们提出了一个惊人的简单解决之道——支付更多的报酬。超级帮客充满自信地断言：舍不得孩子套不着狼。为了真正做到超越其他家庭成员的投资业务，每个家庭成员必须付出更多的代价：在固定的佣金之外，因事而定支付巨额的临时性报酬。

这个家庭中比较敏锐的成员发现，第四超级帮客其实就是第二批帮客兼经理人，只不过是穿上新的工作服、上面绣着吸引人的对冲基金（hedge fund）或私人股权投资公司（private equity）而已。可是第四批帮客向这个大家庭信誓旦旦地说，工作服的变化非常重要，会赐予穿着者一种魔力，就像本来性格温和的克拉克·肯特（Clark Kent）换上超人（Superman）衣服之后，就威力无比一样。这个家庭听信了他们的解释，决定全部付清他们的报酬。

最后，戈特罗克家族的人们终于被眼前的局势所震惊。于是，大家坐在一起，严厉批评了那些试图卖弄小聪明的家庭成员。他们疑惑不解地问："以前，我们是这块大蛋糕的唯一主人，我们享有100%的股利和收益，但现在怎么会萎缩到只有60%了呢？"

家族中最聪明的成员——一位贤明的老叔和声细语地对大家说："你们付给那些帮客们的钱，还有你们本不必支付的那些税款，本来都是属于我们自己的红利和收益。回去解决这个问题，越快越好。赶走所有经纪人，赶走所有基金经理，再赶走所有顾问，这样，我们家族就可以重新占有美国企业整个大馅饼了。"

于是,大家听从了老叔的明智教诲,重新捡起最初保守但却有效的策略,持有美国企业的所有股票,自得其乐地享受着这块只属于自己的蛋糕。这也正是指数型基金的操作策略。

从此以后,戈特罗克家又可以逍遥度日了。

巴菲特说,戈特罗克家族当时的处境正是我们投资者今天的处境:如果投资者只是老老实实地躺在摇椅上休息的话,所有上市公司收益中一个创纪录的比例,本来会全部装进他们的口袋里,而如今却落入了队伍日益庞大的帮客的口袋。

最近广为流行的盈利分配机制使这个家庭付出的代价更加昂贵。根据这种分配机制,由于帮客的聪明或运气所取得的盈利,大部分归帮客所有。而由于帮客的无能或运气不好所发生的损失,则全部由家庭成员承担,同时还得支付大笔的固定佣金。

沃伦·巴菲特从中又诠释了这个故事:很久以前,牛顿(Isaac Newton)发现了三大运动定律,这的确是天才的伟大发现。但牛顿的天才却并没有延伸到投资中。牛顿在南海泡沫(the South Sea Bubble)中损失惨重,后来他对此解释说:"我能够计算星球的运动,却无法计算人类的疯狂。"如果不是这次投资损失造成的巨大创伤,也许牛顿就会发现"第四大运动定律"——对于投资者整体而言,运动的增加导致了收益的减少。

这个故事的主旨在于,成功的投资就是心平气和地拥有着企业,而美国乃至全世界企业收益和股利的增长,便是投资者取之不尽的财富之源。投资活动越频繁,财务中介成本和交税就越多,财产所有者的整体净资产就越少。而投资者的总体成本越低,他们所能实现的收益也就越高。因此,要在长期投资中成为胜者,就必须最大程度地限制财务中介成本,让这些成本仅仅局限于绝对必要的层次上。

通过这个耳熟能详的故事,可以让我们清晰地认识这个庞大而复杂的金融市场所固有的非理性和反效率性。1990年度的诺贝尔经济学奖得主威廉·夏普发现,要按短线择机策略进行买卖而赚钱的话,市场择机在判断时机的时候,就必须做到82%的准确率。因此,要想用快照的方式去捕捉整个市场的走向,显然不是一件容易的事。

当然,这个故事也反映了投资行业从业者与股票投资者之间在利益上的深刻冲突。对于这些投资从业者来说,赚取佣金的动力总会促使他们乐此不疲地去说服客户:"不要坐在那傻等,想办法做点什么。"但对于客户来说,总体财富的增长却源自截然相反的另一个座右铭:"什么也不要做,坐在那里等着就足够了。"因为试图击败市场是不可能的,而这是唯一可以让你避免陷入其中的办法。

当所有的交易都直接违背客户的整体利益时,那革命必将到来。伯格指出,大量的盈利分配安排与此类似,都是帮客拿大头,由这个家庭承担损失,而且还要为如此安排而享有的特权支付昂贵的费用。如今,事实上这个家庭的所有磨擦成本,大约要占到所有美国上市公司盈利的 20%。也就是说,支付给帮助者的负担,使美国股票投资者总体上只能得到所有上市公司收益的 80%,而如果他们静静地坐在家里休息而不听任何人的建议的话,就能稳稳得到 100%。

 在苍茫中传灯

▶ 指数型基金："像一颗恒星，持久发光"

> 我个人认为，个人投资者的最佳选择就是买入一只低成本的指数基金，并在一段时间里保持持续定期买入。因为这样你将会买入一个非常好的投资品种。
>
> ——沃伦·巴菲特

经常有朋友要让我推荐基金品种，我总是会向他们推荐指数型基金。这是因为我知道沃伦·巴菲特经常向人们推荐指数型基金，于是我依样画葫芦。

所谓的指数型基金，就是指按照某种指数构成的标准购买该指数包含的证券市场中的全部或者部分证券的基金，其目的在于达到与该指数同样的收益水平。在美国，第一只指数型共同基金出现在1976年，那就是先锋500指数型基金。指数型基金的产生，造就了美国证券投资业的革命，迫使众多竞争者设计出低费用的产品迎接挑战，其意义十分重大。但是在此后的10年间，竟无人步其后尘。然而，在1985—1997年的13年里，指数型共同基金迅猛发展，增加了近140家，其资产额也飙升了19357%，高达1320亿美元，呈现其无限魅力。

从投资收益来看，指数型基金有两点关键的优越性：一是确定性，收益率始终与大盘收益率保持同步；一是低税金和交易费用。指数型基金因为只跟踪股票和债券市场业绩，所遵循的策略稳定，它在证券市场上的优势不仅包括有效规避非系统风险、交易费用低廉和延迟纳税——这两方面都会对基金的收益产生很大影响，而且还具有监控投入少和操作简便的特点。此外，简化的投资组合还会使

基金管理人不用频繁地接触经纪人，也不用选择股票或者确定市场时机。

因此，从长期来看其投资业绩优于其他基金。不过由于指数型基金与大盘指数保持同步，这也使得它无法取得惊人的高收益。但是对于那些满足于与大盘收益持平或什么都不懂的业余投资者来说，这种既节省费用又保证安全的方法很受他们的青睐。

在共同基金领域，地位与巴菲特一样、在股票投资领域名声显赫的先锋集团的创始人约翰·伯格，当初就是为了他刚起步的公司寻找一条生存之路而创建指数型基金的。那时他的想法就是，要为个人投资者建立一种低交易费用的投资途径。后来的事实证明，指数化投资法确实就"像一颗恒星，持久发光"，因为"成本负担过重的投资者都不可能战胜市场"，而只有这种无为而治的方法比那些深思熟虑的方法更有效。

在随后的岁月里，先锋集团成长为全球第二大共同基金公司，集团旗下管理的资产高达9500亿美元，相当于13亿中国人所持有的全部美元资产的50%。因此《财富》杂志评选他为"20世纪四位投资巨人之一"，《纽约时报》也将他誉为"20世纪全球十大顶尖基金经理人"。

约翰·伯格给予投资者如此忠告："我们必须牢记，自己处于一个不确定的金融环境中，我们应该依靠的是常识性的原则。"所谓的常识性原则就是：原则一：知识就是力量；原则二：设计一个适应当前财务目标的基金组合；原则三：投资不但要放眼长线，还得适时动态地调整资产配置比例。

投资就要"把你的命运和企业绑在一起"，约翰·伯格的推理很坚实——企业改善了我们的生活并提高了生活水准，在美国是如此，在全世界也都是一样。难道你不想伴随着这些企业改善我们生活的过程投资于它们的股票吗？

伯格在一次访谈时说，"经典的指数化投资就是拥有涵盖整个美国股票市场的指数。当我在1975年第一次创建指数基金时——这是很早之前的事情了，当时它被称作伯格蠢行，每个人都说它行不通。它怎么会行不通呢？ 我们过去使用的指数是标普500指数，这几乎和使用涵盖整个股票市场的指数一样好，几乎一样。标普500指数里大盘股很多，小盘股和中盘股很少，有时候小盘股和中盘股的表现会比大盘股好，但从长期看，它们的表现还是会糟一些，不过这不重要。

所以，我认为涵盖整个美国股票市场的指数是更好的选择。所以还是让我们专注于美国国内的指数化投资吧。假如你拥有美国每一家公司的股票，这很重要。我相信指数化投资的优势今天要比过去任何时候都大得多。"

伯格在他 1999 年出版的《共同基金必胜法则》一书中强烈推荐投资指数基金：要想获得最大可能的市场收益率，就必须降低买入和持有基金的成本。而基民要做的，就是购买运行成本低、没有或很少有佣金的基金，尤其是低成本的指数基金，然后持有尽可能长的一段时间。

对此，巴菲特非常赞赏，他认为这本书的观点："令人信服，非常中肯而切中时弊，这是每个投资者必读的书籍。通过持续不断的改革，伯格为美国的投资者提供了更好的服务。"因此，"我个人认为，个人投资者的最佳选择就是买入一只低成本的指数基金，并在一段时间里保持持续定期买入。因为这样你将会买入一个非常好的投资品种。事实上，你买入一只指数基金，就相当于同时买入了美国所有的行业。""如果你坚持长期持续定期买入指数基金，你可能不会买在最低点，但你同样也不会买在最高点。"

这也就是我"依样画葫芦"的原因。

在已持有的股票中寻找机会

> 人的本性不是努力去扩大收益,而是努力去扩大获得收益的机会。
>
> ——比尔·埃克哈特

巴菲特在 1994 年《致股东的信》中这样告诉我们,在寻找新的投资标的之前,他会选择先增加旧有的投资。如果一家企业曾经好到让他愿意买进,他会再重复一次这样的程序,应该也是相当不错的选择。

以美国运通为例,1994 年,巴菲特以伯克希尔公司的名义大笔增持美国运通。而在此之前的 1964 年,因为美国运通受色拉油事件影响,股价从每股 60 美元猛烈下跌至每股 35 美元。当时巴菲特动用了巴菲特合伙人公司 40% 的资产(约 1300 万美元)买进美国运通 5% 的股票。然后在接下来的 2 年时间里,美国运通的股价上涨了 3 倍,在 5 年的时间里股价上涨了 5 倍,从 35 美元上涨到 189 美元。

在 1994 年以前的 10 年里,美国运通仅仅是一只上下波动的股票,对观察走势的投资者而言没有任何吸引力。1993 年,美国运通的每股收益为 2.30 美元,11.8 倍的市盈率,巴菲特买进美国运通的时间是 1994 年春天以及 1995 年年初,买进的价格为 26.08 美元。1994 年,美国运通的每股收益为 2.68 美元,11 倍的市盈率。当巴菲特在 1995 年年初以每股 28.16 美元再次买进的时候,这一年美国运通的每股收益为 3.11 美元,13.3 倍市盈率。两次增持的投资额几乎相同,持股比例接近 10%,投资成本高达 13.6 亿美元。

什么原因使得巴菲特在整整 30 年后继续大幅增持美国运通?在 1997 年的《致

股东的信》中，巴菲特指出，他之所以大规模增持美国运通，是因为他认识到美国运通发行的运通卡所具有的非凡的经济特许权。

比如，全球500家大公司与组织中有七成以上使用运通卡，虽然其发卡量在整个银行卡市场中只占近10%，但其客户的刷卡消费总额却占据全球银行卡消费市场的20.27%，超级持续竞争优势显著。并且，在新任总裁哈维·格鲁伯的领导下，剥离了与其主业无关的证券事业部，其主业旅游相关业务得到明显改变，重组成本与坏账率大幅降低，盈利能力大幅回升。以1994年为例，当年公司的净利润约为14亿美元，而其经营成本却降低了16亿美元，营业额高达156亿美元，利润增长了18%，公司股票也从每股25美元上涨至44美元。

在2001年的《致股东的信》中，巴菲特透露了他管理投资组合的基本步骤。虽然那几年整个投资组合乏善可陈，但是他和查理·芒格先生对所投资的企业还是很满意。从投资组合整体上看，还不能说有哪一个品种被低估了。

巴菲特的意思显然不止这些。从这些信中我们知道，第一，巴菲特总是掌握着所投资企业的基本动向；第二，巴菲特对所持有股票的内在价值心中有数。如果企业的相对优势有增强的倾向就增持，反之则出售。

与一般人相似，过去我也常把眼睛盯在新的投资品种上，而对于原来已经持有的股票，往往因为其成本远在现有的股价之下而不愿意继续增持之，这显然是不完全正确的。在《海龟交易法则》中，比尔·埃克哈特说人的本性不是努力去扩大收益，而是努力去扩大获得收益的机会，就是这个意思。应该记住，"在已持有的股票中寻找机会"，也是巴菲特投资体系的内容之一。

公司的"三个代表":卓越、良好与糟糕

> 伟大的公司支付非常可观的利息,而且会随着时间不断增长;优秀的公司如果不断增加存款的话,利息也会很具吸引力;而糟糕的公司不但利息令人失望,还要不断掏钱来维持这种少得可怜的回报。

在2007年的《致股东的信》中,巴菲特介绍了他怎样根据公司的资本配置方案来评估公司。

他依据公司的增长成本,将公司分为三类:卓越、良好与糟糕。其测试的标准是:1.能够理解的领域;2.有持久的竞争优势;3.有能力并值得信赖的管理层;4.合适的价格。其中第二个标准最重要,它涉及资本投入的问题。根据这些标准,有三家公司可以作为卓越、良好与糟糕的代表,它们分别是:喜斯、飞安与航空公司。

卓越公司的代表是喜斯糖果。喜斯所在的盒装巧克力行业很令人扫兴:美国人均消费量极低而且上升缓慢。并且,2007年以前的40年中有很多曾经重要的品牌都消失了,最后只有三家公司赚得了比象征性利润稍多点的钱。实际上到2007年,喜斯糖果的销售量为3100万磅,年增长率仅2%。这样的增长数据恐怕不会引起多少人的兴趣。

那么,为什么巴菲特认为喜斯是卓越公司的代表?因为它符合巴菲特的四个标准。1.这是一个巴菲特能够理解的领域;2.喜斯拥有持久的竞争优势,其优质的巧克力受到众多忠实顾客的青睐,并且只需少量的资本就可以持续增长,摆脱了对现金的依赖;3.其经理人非常优秀;4.价格合理。喜斯的成长性似乎一般,

但是在巴菲特看来，只要能产生可观的自由现金流，也是非常值得的。

巴菲特在信中解释道：1972年布鲁奇普公司买下喜斯时，它的糖果年销售量为1600万磅。到2007年，它销售了3100万磅，年增长率为2%。然而，喜斯家族经过50年经营，其中又由查克·胡金斯和布莱德·金斯特不断巩固持续竞争优势，为伯克希尔创造了非凡的价值。1972年伯克希尔出价2500万美元收购喜斯时，它当时的销售额仅为3000万美元，税前收入还不到500万美元，尚需投入800万美元的运营资金。但结果，公司的税前资本收益率达到了60%。

这里面有两个因素有助于把运营所需资金控制在最低的水平上：首先，产品出售可以带来现金流，第二，生产和配送周期短，最大限度地缩减了库存。到2007年喜斯的销售额为3.83亿美元，税前收入为8200万美元，而公司的运营成本是400万美元。这意味着从1972年到2007年，喜斯只花了3200万美元进行再投资，就完成了平稳的规模增长和某种意义上平稳的财务增长。这就叫持久。

持久将保护公司的高投资回报。持久对于成功至关重要，否则都是过眼云烟。商业的历史充满了"罗马蜡烛"（Roman Candles），那些不能持久的公司将很快在剧烈的竞争中败下阵来。巴菲特的持久标准，不仅划去了那些在某个行业中一味追求快和变的公司，而且也把那种仅仅依靠一个伟大管理者成功的企业排除在外。

"一个公司要依靠一位超级明星来寻求伟大成就，它就不被认为是个伟大的公司。"真正伟大的公司，可以从有形资产中获得巨大收益，但永远不会把大部分的利润进行内部再投资而获得高额回报。伯克希尔要寻找的，是在一个稳定行业中的长期竞争优势。如果业绩的增长是整个经济大环境的景气带来的，那么很好。但即使没有整个经济结构性的增长，一个企业仍然能够保持竞争优势，它就是有价值的企业。那种需要大量的资本投入来维持其增长的公司表面上看令人满意，但是它们却要永远需要不断地重建城墙，而最后它们根本不可能成为"城墙"。

良好公司的代表是飞安国际公司。巴菲特认为它可以被称为优秀，但绝不是伟大。飞安分发的红利也不少，它同样也拥有其持续竞争优势：不去最好的飞行培训公司就像做手术也要找价钱最低的一样。然而，飞安需要把大量的收入拿来进行再投资，以维持其增长。1996年伯克希尔收购飞安国际公司的时候，它的税前年收为1.11亿美元，在固定资产上的净投资为5.70亿美元。从伯克希尔收购那天开始到2007年，其资产折旧已经达到9.23亿美元，资本支出则达到16.35亿美元，其中的绝大部分是配备仍在不断更新型号的飞机模拟器的。其固定资产折旧后的总价值为10.9亿美元。2007年的税前收入为2.70亿美元，同1996年相比增加了1.59亿美元。虽然取得这样的成绩已经很好了，但显然远逊于喜斯。从利润产出的大小，可以衡量一个公司是否优秀，但不能判断其是否卓越。巴菲特从未忘记，只有当成本合理时，增长才是好事。

糟糕公司的典型代表则是航空公司。这样的公司可能发展很快，但却需要大量资本投入来维持其发展，而利润却少得可怜，甚至根本赚不到钱。巴菲特说，从第一架飞机诞生那天开始，航空业对资本的贪得无厌就已经注定了。投资者把大量的钱投入到这个无底洞，吸引他们的利润却有可能永远拿不到。这是难以找到任何竞争优势的公司。

巴菲特把"三个代表"比作储蓄账户：伟大的公司支付非常可观的利息，而且会随着时间不断增长；优秀的公司如果不断增加存款的话，利息也会很具吸引力；而糟糕的公司不但利息令人失望，还要不断掏钱来维持这种少得可怜的回报。

好公司就是好的储蓄帐户，这样就解释了喜斯糖果如此吸引巴菲特的原因，因为喜斯糖果就是一台以巧克力为动力的赚钱机器。

综观以上三类公司，卓越或伟大的公司本来就如同皇冠上的明珠，尤其像喜斯那样缓慢增长的公司，即使在美国也不多见。因为大多数增长中的公司"既需要运营资本，以便成比例地增大销售额，同时还需要进行巨额的固定资产投资"。在我看来，伟大的公司可遇不可求，因为它往往可能只有在事后才知道它是伟大的。

彼得·林奇就这样说："伟大的股票永远是意外。这是毫无疑问的。如果有谁在买入沃尔玛的时候就知道他可以赚500倍，那么我觉得他是外星人。你永远不可能在事前知道谁是伟大的公司。"雅芳过去就很伟大，但后来却很悲惨，15年里股价从160美元跌到35美元。即然这样，那么就退而求其次吧。

寻找优秀的公司相对比较容易，只是这种高投入高产出的公司确实让人心烦，

 在苍茫中传灯

但这种情形却是大多数优秀公司面临的情况。巴菲特指出,公共事业公司也是如此。不过,最近几年伯克希尔却在公共事业公司上进行了大量的投资。我猜想他也只能如此,因为毕竟像喜斯那样的伟大公司少之又少。实际上,对于优秀的公司如果出价合理,也是一个不错的选择。至于糟糕的公司,就不必说了,那正是投资者所极力回避的。

不买牛股买狗股　跑赢市场不是梦

> 当股价低迷时，只要能获得高于银行定期存款的股息，就相当于为资金构建了一个熊市保护伞；而当股价上扬时，不但能继续享受股息收入，还能让股票资产升值，这又是收益加速器。
>
> ——杰里米·西格尔

我有一位朋友很喜欢买入高股利公司的股票，他只希望每年得到的股息高于5年期存款利率，比如6%或7%就很满足了。我告诉他这种做法不错，相当于"狗股策略"。

何谓"狗股策略"？

所谓的"狗股策略"，这个很奇怪的名称来源于英文 Dogs of the Dow Theory，直译就是"道琼斯指数内的狗股理论"，或者"道琼斯10"（Dow 10）。

"狗股策略"被认为是最简单和最成功的投资策略之一。20世纪80年代克利夫兰投资顾问兼作家约翰·斯拉特发明了"道琼斯10"体系。能够入选"道琼斯10"的个股都必须从道指成份股中选取，这是因为蓝筹公司的市场竞争力强，经营状况稳定，现金流充裕，有稳健的分红能力，而且派息政策相对稳定，不会因为股价升跌而改变派息政策。

在苍茫中传灯

"狗股策略"应用实证：平均回报 14.08%

1992年，哈维·诺尔斯和达蒙·佩蒂在他们写的《股利胜利者》一书里大力推荐这种策略，同样表示赞同的还有迈克尔·奥希金斯和约翰·道恩斯。他们又把这种策略称为"跑赢道琼斯指数"的投资策略。这个策略号召投资者每年年底从道琼斯工业平均指数成分股中找出10只股息率最高的股票，新年伊始买入，一年后再找出10只股息率最高的成分股，卖出手中不在名单中的股票，买入新上榜单的股票。只要每年年初年底都重复这一投资动作，便可获取超过大盘的回报。这些高收益的股票通常是那些持续下跌并且不受其他投资者青睐的股票，出于这种原因，"道琼斯10"策略又被叫做"道琼斯指数内的狗股"。

根据有关数据统计，过去半个世纪以来，运用"狗股理论"的投资者，其投资的平均回报率为14.08%，远高于道琼斯指数3%的平均水平。"道琼斯10"只有两次表现逊于市场，第一次表现较差的一年是1999年，那时资本额巨大的科技股泡沫达到高点，10只"狗股"跑输道指16%。第二次是2008年，在百年一遇的金融危机中，10只"狗股"平均跌幅超过41%，跑输了道指34%。

使用"狗股策略"往往就会这样：在牛市后期，当投机者的注意力集中于成长型股票时，使用这种策略就较差。但是在接下来的熊市中，这种策略就大放异彩了，比如在1973—1974年的两年熊市中，"狗股"的回报率要比道琼斯指数和标准普尔指数的回报率增长2.9%。

暗合价值投资理论

在我看来，"狗股策略"注重股利的做法暗合本杰明·格雷厄姆的投资理论。理由是，既然一些投资者愿意抓住股票的本质视股票为企业，既然他们不愿意频繁地通过股票短期差价来盈利，那么股利就是他们获取回报的一种直接表现，因此股利对投资者的作用非常重要。如果有太多的上市公司不肯派发股利，就会导致投资价值的扭曲，因此不向投资者分配股利的公司算不上好公司，除非它能用这部分留在账面上的股利，创造出比投资者自己投资于其他领域所能得到更高的获利回报。

  投资者购买股票得到股利回报是天经地义的，因为上市公司存在的目的，本来就是为了向它的投资者支付股利，否则它还有什么存在的必要呢？在格雷厄姆看来，股利支付能够真正反映一家上市公司的投资价值。股利与公司的经营业绩之间有着密切的关系，能够稳定分配股利的公司，实际上表明其经营状况稳定，并且可能还很不错，这也是投资者看好这只股票的基本原因之一。

  事实证明，那些一贯坚持给投资者派发稳定的股利的公司，其盈利能力和股价水平反而能不断上升，投资者更能从中获取更多的回报。

股利再投资：熊市保护伞

  沃顿商学院的教授杰里米·西格尔不仅看重股利，更看重股利再投资的妙用。西格尔认为股利再投资是熊市保护伞和收益加速器。在过去十年，股利被轻视，因为投资者更注重资本利得，以为放弃股利让公司再投资能带来更高的回报。但是股票收益的历史揭示了现金股利的重要性。

  在熊市中，通过再投资股利积累更多的股份，能够缓和投资组合价值的下降，所以是熊市保护伞；当股价上涨时，这些额外的股份能够大幅度提高未来收益，所以再投资股利还是收益加速器。

  此外，一般来讲，股东目标和管理层目标大不同，除非把股利交给像沃伦·巴菲特这样能够合理分配资本的管理者，否则把利润以股利的形式交给投资者，会降低管理层浪费股东财富的可能性。

  西格尔说，"股利在发放股票高收益中的重要性主要依赖其可信性。股利是令投资者确信公司利润货真价实的一种方式。如果管理层说公司获得了利润，股东将有合理的理由说：'把钱交给我！'如果公司确实拥有高收益就会这样做。"

  何谓高股利？我国银行目前一年期存款利息2.25%（编者注：这是2009年的数据。2016年一年期存款利息已降至为1.5%），分发股利时扣除现金红利10%的红利税，如果股息率能达到5%以上，派息政策比较稳定，就可以叫做高股利了。

在苍茫中传灯

我们A股市场没有"狗股"之说,但确实有一些股票类似于"狗股"。我以为那些分红能力较强,公司负债率较低,现金流充沛以及分红政策较稳定的公司股票,都可以列入中国版的"狗股"之内,比如钢铁、石化、医药、公用事业、高速公路等行业的一些股票。这些股票有着高股息率的优势,而且盈利稳健,现金流相对强劲,分红政策较为稳定。

在我自己的投资组合中,也持有不少"狗股"。"狗股"的收益确实不怎么样,一般人可能会小看6%或7%的收益。其实如果按这种收益率连续复合增长,则差不多10年就可以翻番。而且更重要的是,像西格尔所说的,当股价低迷时,只要能获得高于银行定期存款的股息,就相当于为资金构建了一个熊市保护伞;而当股价上扬时,不但能继续享受股息收入,还能让股票资产升值,这又是收益加速器。

如果把股息率的高低作为投资的重要参考,那么就完全可以不为短期波动所诱惑,从而做到长期坚守,最终跑赢市场,因此这是一种很有效的投资策略。

附:40只低估值高股息股

证券代码	证券简称	市盈率(PE, TTM)	三年平均股息率(%)	2016年累计涨跌幅(%)
601006.SH	大秦铁路	8.32	7.37	-23.43
000651.SZ	格力电器	8.25	7.05	-14
601398.SH	工商银行	5.52	5.78	-1.16
601939.SH	建设银行	5.52	5.76	-7.47
601288.SH	农业银行	5.58	5.64	1.55
600011.SH	华能国际	8.74	5.62	-11
600104.SH	上汽集团	8.46	5.54	16.97
601988.SH	中国银行	5.73	5.46	-12.28
601818.SH	光大银行	6.05	4.76	-4.8
601328.SH	交通银行	6.26	4.74	-8.53
600027.SH	华电国际	6.85	4.5	-19.3
601088.SH	中国神华	19.58	4.48	0.19

证券代码	证券简称	市盈率(PE，TTM)	三年平均股息率(%)	2016年累计涨跌幅(%)
000895.SZ	双汇发展	18.38	4.3	27.49
600377.SH	宁沪高速	17.3	4.29	7.98
600023.SH	浙能电力	9.79	4.22	−27.42
600795.SH	国电电力	13.09	4.17	−21.04
000726.SZ	鲁泰A	15.27	4.06	−12.29
600660.SH	福耀玻璃	15.8	4.06	13.95
600028.SH	中国石化	15.8	4	−2.18
600036.SH	招商银行	7.36	3.85	−0.75
600548.SH	深高速	11.87	3.76	−10.37
000550.SZ	江铃汽车	10.44	3.73	−13.56
600177.SH	雅戈尔	7.15	3.67	−1.64
600015.SH	华夏银行	5.53	3.66	−15.24
000539.SZ	粤电力A	10.44	3.65	−26.73
600000.SH	浦发银行	6.36	3.59	−2.7
600066.SH	宇通客车	14.37	3.56	9.73
601166.SH	兴业银行	5.76	3.54	−5.88
601877.SH	正泰电器	15.75	3.44	−17.42
600886.SH	国投电力	8.82	3.37	−11.66
600642.SH	申能股份	13.36	3.36	−18.5
002419.SZ	天虹商场	8.05	3.34	−4.29
600741.SH	华域汽车	10.64	3.32	1.93
601515.SH	东风股份	17.79	3.24	−27.93
000002.SZ	万科A	10.34	3.17	−26.9
000600.SZ	建投能源	7.81	3.12	−7.72
600350.SH	山东高速	9.5	3.04	−16.47
600033.SH	福建高速	16.09	3.02	−19.9
600585.SH	海螺水泥	12.06	3.01	−4.57
601668.SH	中国建筑	6.38	3.01	−6.62

据东方财富 Choice 数据统计，截至 2016.8.8

 在苍茫中传灯

▶ 沃尔特·施洛斯会在A股市场买什么股票

依据施洛斯的投资策略，施洛斯并不会在A股市场买股票，因为适合他投资的标的凤毛麟角。

有人问，被巴菲特称为"超级投资者"的沃尔特·施洛斯如果到A股市场会买什么股票？这显然是一个有趣的问题。要知道施洛斯会在A股市场买什么股票，一要知道他挑选股票的方法，二要知道他不会买什么股票，三要知道他会买什么股票。

施洛斯挑选股票的10个原则

根据施洛斯的投资风格，他挑选股票会遵循以下10个原则：

1. 下跌的风险有限，而上涨无限，比如谷物加工公司CPC国际。
2. 严格地说不算便宜，但是很有价值。
3. 整体来说还是好公司，而且还有别的交易机会，比如西北工业、孤星钢铁。
4. 它确实问题很多，问题真是太大了，比如西北钢线材。
5. 木材的价值比股票的价值高得多，比如波特拉奇林业。
6. 股权分散使其成为收购的对象，比如施多福化学。
7. 不可能以现在的市值重建一个，比如德士古石油。
8. 很有价值，但却出现了一场灾难，比如联合碳化物公司。
9. 没什么卖出理由，也不会因为已经赚了不少而卖出，比如西太平洋工业。

10. 拥有大量的现金流。

施洛斯不会买的股票

哪些股票是施洛斯不会买的呢？

1. 施洛斯不会买高科技公司的股票，因为他"不懂"，这就排除了所有的科技股，包括制药股。

2. 不会买服务业的股票。

3. 不会买入食品股，因为食品股明显贵了。

4. 不会买银行股，因为他觉得银行股从数字上看很便宜，其实很贵，这个行业要么监管太严，要么太松。这就排除了所有的金融股，包括保险、信托和投资公司。他更不会买入券商股，因为券商的故事一个比一个荒唐。

5. 他不会买大量小市值的股票，不会买太多有价无市的股票，因为很多人套在里面，行情不好的时候根本卖不出去。

6. 他不会买有大量负债的公司，并且对这样的公司特别痛恨。他相信杠杆小的公司更容易存活下来。

7. 他不会买烟草公司的股票，其中因为有道德方面的原因。同样的理由，他当然也不会买入酿酒或博彩的公司股票。

8. 他更不会买外国公司的股票，因为标准不一样。他的一个投资准则是，不做不懂的生意，但是他又总是说不必对生意很精通。

什么是施洛斯会买的股票

从施洛斯过去 45 年的投资实践来看，他会买入钢铁、矿山、铁路、水泥、造纸、百货商店、加油站等等陷入困境的公司股票。他不会在意所买的公司是小公司、中型公司或大公司，但是若有二线公司更好，二线公司就是中型公司。这样的公司股票只要是被低估了，他都乐意买进。

这样的公司往往没有成长性，但是他并不需要成长性。他甚至也不需要公司盈利，因为他只是买资产。这样的公司往往麻烦缠身，买下来可能就是自找麻烦，

但是股价很便宜。有时因为太便宜了，还可能打水漂。

他的投资一般偏重于资本货物公司。他也喜欢实打实地制造产品的公司。他认为他买的是资产，而不是盈利，因为盈利太难预测。以低于净资产的价格买入，就与公司是否盈利无关了。他喜欢有大量资产的股票。不过，他不会买入质地太差的、低于净资产的股票，以免随着公司一起崩溃。他按净资产买入时要求有相当的折价，这个折价至少要求 1/3 以上。总之，他追求的是"下跌保护"，他认为这样买可以回避下跌风险。

施洛斯不会买入 A 股

清楚了施洛斯以上的策略，我们就知道他是不会在 A 股市场上进行投资的，因为 A 股市场上的股票几乎没有符合他的标准。如果他一定要买，估计依然将会局限于钢铁、矿山、铁路、水泥、造纸、百货商店等等困境股中。

A 股市场上的破净股确实不少，问题是有些股票虽然"破净"了，但是其负债率又往往过高，在扣除了那些负债以后，仍然不便宜，恐怕难入他的法眼。

让我随机举例。铜陵有色 (SZ.000630)，一家从事铜、铁采选和硫铁矿、金矿采选的业务的公司。铜陵有色股本 96.61 亿股，2016 年 4 月时市值 272 亿元，属于中型公司。根据公司季报显示，截至 2015 年第三季度，铜陵有色的每股净资产是 1.54 元，资产负债率 65.88%。公司的货币资金 85.51 亿元，长期股权投资 3.84 亿元，两者相加共 89.35 亿元。其资产 457.72 亿元，负债 301.56 亿元，其中经营性负债 236.22 亿元，有息负债 65.34 亿元。在扣除了所有负债以后，公司的净资产总值是 148.78 亿元。而铜陵有色 2016 年一季度的最低价是每股 2.39 元，相当于市值 230.89 亿元，净资产总之较股价整整溢价了 55% 以上。可是，铜陵有色的股价虽然表面上看似乎很便宜，但是施洛斯真的会认为它是便宜货而买入吗？

让我再随机举例。河钢股份 (SZ.000709)，这是一家由原唐钢股份、邯郸钢铁和承德钒钛三家上市公司强强联合，通过证券市场吸收合并组建的钢铁公司。河钢股份股本 106.19 亿股，2016 年 4 月时市值 321 亿元，也属于中型公司。根据公司季报显示，截至 2015 年第三季度，河钢股份的每股净资产是 4.10 元，资产负债率 73.12%。公司的货币资金 136.46 亿元，长期股权投资 26.61 亿元，两者相加共 163.07 亿元。其资产 1695.77 亿元，负债 1239.95 亿元，其中经营性负债 1095.39 亿元，有息负债 144.56 亿元。在扣除了所有负债以后，公司的净资产总值是 432.38 亿元。河钢股份 2016 年一季度的最低价是每股 2.62 元，相当于市值 278.21 亿元，净资产总值高于股价超过 36% 以上，折价超过 1/3，符合施洛斯低估的最低要求。看起来河钢股份的价值比铜陵有色的价值显然低估了许多，但问题是其超过了 1200 亿元的经营性负债和有息负债，施洛斯真的能够接受并且会认为它是便宜货而买入吗？

我的答案是，依据施洛斯的投资策略，施洛斯并不会买入铜陵有色，买入河钢股份的可能性也不大。这就是说，施洛斯并不会在 A 股市场买股票，因为适合他投资的标的凤毛麟角。

当然，这不是说 A 股市场上股票有什么不好之处。若我们确认 A 股市场是新兴市场，而美股市场是成熟市场，那么这就是两个市场之间的差异性。当然，或许你认为我随机举例不适当，那么你也可以再举其他的例子。但是我认为，在 A 股市场上，真正符合施洛斯选股标准的股票一定不会很多。

在苍茫中传灯

▶寻找出色的"经营家族企业的面包师"

如果你有一个非常好的家族企业,就应该守护住它。你能做的最好的事情就是自己拥有它。

——沃伦·巴菲特

所谓的家族企业,顾名思义就是家庭+企业。家族企业是全球最普遍的一种企业形式。在世界500强中,家族企业约占40%。近年来,家族企业在全球性排名不断增加,其业绩十分优秀。有人通过对美国家族企业进行研究得出结论,家族企业是美国经济的支柱,如果没有家族企业,美国经济将倒退50年。德国的家族企业欣欣向荣,最近10年,其家族企业发展指数飙升200%以上,而非家族企业仅上升47%。

目前我国的家族企业主体仍然是中小企业,还谈不上"长盛不衰",但不少企业的生命力确如沙漠之花,十分顽强。随着A股中小板、创业板的日益扩大,加深认识这些家族企业很有必要。

家族企业通常有4种常见类型,或以父子关系为核心,或以夫妻关系为核心,或以兄弟(姊妹)关系为核心,最后一种以朋友关系为核心。按照家族企业的研究者周锡冰等人的说法,最后一种关系严格地说不能算家族,只能说是"准家族",但其成员却保持着标准家族成员之间的情感关系密切这一特征,其成员之间经常称兄道弟。

通常,家族企业更注重企业的长远发展,因为这不仅是企业的生命线,更是生存和永续发展的命脉。他们不会为追求短期业绩而不惜牺牲中长期发展。一年或两年的业绩不能说明什么，但置于一个较长的时间视野下就比较清楚了。家族企业因为注重长远发展，所以其业绩也相对稳定。因为注重长期利益，所以也需要反复不断地投资。实际上在美国的家族企业中，反复投资是很普遍的。当然，注重长远发展，则可能使得企业错过某些短期业绩的最大化，但却能增加家族企业在危机时期的生存概率，以及长期获得稳定回报的概率。

细分市场是家族企业的首选，这是因为这些市场的缺口被大企业忽略的缘故。长尾理论的提出者克里斯·安德森发现，小众的产品也能同主流的产品一样，能散发出辉煌业绩的经济魅力。家族企业就是这样，他们的目标高度集中，产品线窄，消耗费用少，生产成本低，商品定价为大企业所不能容忍。他们利用知识资产进行赶超，因此取得了非凡的成功。

家族企业细分市场原则的核心，是结合企业本身的资源和优势，有针对性地选择目标市场，围绕该目标市场设计相应的营销策略，占据行业领先的优势。

家族企业投资多元化，这是企业发展的规律，也是普遍的模式。成功的大型家族企业往往经营多种业务，并且它会不时地对业务组合进行更新。尽管它可能建立了互不相关的业务，但大多数只重点关注 2—4 个主要行业或业务。投资多元化的作用在于分散风险，提高经营的安全性，这样既有利于向前景好的新兴行业转移，又有利于促进原业务的发展。但因为市场环境的不断变化，没有一个单一的特定盈利项目能够保证在各种条件下都产生优异的财务结果。不过，盈利项目是保障家族企业永续发展的前提条件。

只有家族绝对控制家族企业，家族企业才能更长远地发展，其未来才能得到保证，这也是家族企业能够永续经营的原因。如果控制权旁落，其未来才令人担忧。方太集团董事长茅理翔就认为，在中国的家族企业中，家族必须绝对控股。当然，家族企业稀释股权应该是一个方向，但不是无限稀释。如果不是世界 500 强企业，就不要相对控股，而要保持 51% 的绝对控股权。这样就可以避免那些更为多元化的投资机构为追求更高短期回报而产生的利益冲突。一个目光远大的家族企业并不会轻易减持股份而丧失控制权。

沃伦·巴菲特一直对家族企业青睐有加。在伯克希尔的控股公司中，绝大部

分是家族企业，比如大名鼎鼎的喜斯糖果、内布拉斯加家具、波仙珠宝、萧氏地毯以及以色列的公司伊斯卡等等。过去我并不明白这些企业优秀出色的原因，现在我明白了一点点，只因它们是家族企业。实际上，在巴菲特过去几十年中，他并购的那些家族企业，绝大多数都是非常成功的。当然也有极少数的失败案例，但为数不多。

2008年，巴菲特曾做客瑞士洛桑国际管理学院谈家族企业，他以伊斯卡（Iscar）为例，对家族企业的经营理念和发展方向做了独特的解读。

与其他出色的家族企业相似，伊斯卡公司的管理者也是一些对事业充满热情的人。他们具有"跨越下一座高山的潜质"。他们的管理者并不是为了钱而工作，四分之三都是非常富有的。他们爱他们的企业，想确保企业能正常地运作。他们有一个共同之处，那就是他们是企业的真正主人，可以摆脱任何一个银行家提出的要求。他们是没有竞争者的，他们是经营企业的"面包师"。

这就是巴菲特从伊斯卡这个案例中学到的关于家族企业的重要一课。而大多数家族企业从中可以学习到的东西，是努力培养自己对家族事业的理解，从中能获取何种成效。

巴菲特告诫我们，如果你有一个非常好的家族企业，就应该守护住它。你能做的最好的事情就是自己拥有它。以合适的价格购买合适的企业，选择合适的合作伙伴很重要，但更最重要的事情是，生意在5年、10年甚至20年后将会发展成什么样。

我们可以从多年前的家族成员参与或者领导的家族企业开始关注，寻找出色的经营家族企业的"面包师"。

寻找长寿型企业　警惕多元化公司

> 试图多元化的企业往往最终会演进为"多元恶化"。
>
> ——彼得·林奇

寻找能够长久生存下去的企业是所有价值投资者的梦想。但是，哪一种类型的企业才能够长久坚韧地生存下去呢？

很久以前，赫尔曼·西蒙和特劳特—里斯就给出了答案。赫尔曼·西蒙发现了"隐形冠军"企业，特劳特—里斯发现了企业"定位"。而克里斯·祖克则以他的"三部曲"直接验证了赫尔曼·西蒙和特劳特—里斯理论的正确性。

克里斯·祖克的"三部曲"指的是《回归核心》《从核心到扩张》和《锐不可当》。《回归核心》和《锐不可当》目前皆有中译本。《回归核心》的主题是对有关一项核心业务战略性的集中关注。《从核心到扩张》我没有读过。不过，这两本书都与对可持续的、赢利增长的寻求相关。而《锐不可当》则讲述了如何发掘隐蔽资产，正是这些资产成为企业可持续增长的新基础。

克里斯·祖克认为，从他写《锐不可当》的2008年开始未来10年里，由于破产或并购，将有三分之一的企业不再独立；另外三分之一的企业，其核心会发生完全不同的改变，甚至可能拥有一个不同的核心；大概只有剩下的三分之一的企业还会与其今天看起来的样子相类似。这是因为对于大多数企业而言，对其核心的根本性威胁已经从那些罕见的事件转向到近乎平常的事件。

实际上，作者发现，1994年的153家"500强"企业甚至没能完好无缺地在下一个10年生存下去，它们要么破产，要么被并购。"500强"中幸存下来并保持独立性的 347 家企业中，大约有 130 家家曾经历了核心业务战略及其关键参数方面的根本性转变。也就是说，这些企业将近六成面临生存或独立性方面的威胁，而只有约一半企业能够通过重新界定各自战略的方式对抗这些威胁。

很显然，企业的平均寿命正在缩短，已经从过去的大约 14 年缩短到 10—12 年。而更具挑战性的是，这些失败者并非都是落伍者。作者的研究团队所做的一项分析也表明，在 20 世纪 70 年代，只有 15%—20% 的产业可以被定义为身处"动荡"或"湍流"，而今估计多达一半产业可以被认为是"动荡"或"湍流"的产业。核心危机实际上已经降临到电信、媒体、航空、汽车、半导体、电脑、软件以及能源等行业里的一些最大和最复杂的企业。

看起来，企业要做到"基业长青"实在不是一件容易的事。克里斯·祖克长达七年的赢利增长研究显示，随着时间的推移，可持续性增长的企业往往呈现出一种周期性的发展格局：从专注于加强核心，到探索位于核心边界或外围的邻接性扩张举动，再到对核心及其基本能力进行重新界定。这一过程就是"集中关注—扩张—重新界定"周期，简称"FER"周期。

当然，并非所有的企业都经历了"FER"周期的每个阶段，也不是所有的企业经历了整个周期后都能成功。事实上，有四分之三的企业没能做到，它们在企业早期就被打败了；或者由于扩张过度而土崩瓦解；或者成功实现扩张，但却始终无法重新自我界定。

所谓的"FER 周期"听起来很费解，我们举例说明。日本的金刚组是世界上最古老的企业。在近 1500 年里，金刚组没有远离集中关注期。金刚组的核心业务是兴建日本的佛教寺院、神道神殿和城堡。金刚组所阐明的原则就是：不要任由你的门敞开着。意思是，专注于你的核心，不要多元化。

但是，在进入 21 世纪后几年，金刚组进入房地产行业，兴建公寓和办公楼宇，向外围邻接性领域扩展。由于房地产投资导致了巨额债务，最终迫使金刚组进入破产清算程序。从那时起，"最古老"的头衔让位给法师旅馆。

法师旅馆创立于公元 717 年，现在由法师家族的第 46 代经营。其核心业务是餐宿款客，至今仍然从事这个业务，既没有在核心的边界或外围邻接性领域做任何扩张，也没有对核心及其基本能力进行重新界定。

第二章 投资实践

作者的结论是,最古老的企业,也就是最长寿的企业,所置身的都是狭窄的专属或称缝隙产业,诸如玻璃吹制、特殊甜味料(如甘草)、铸钟、炊具乃至钩子制造等等。在美国,最古老的企业是一家叫"淬得坚"的铙钹公司。这家公司的渊源可以追溯至14代前土耳其的君士坦丁堡。那时,一位炼金师发现了一种金属合金,其具有极其适宜于铙钹制造独特的音乐性能,于是创立了企业。

克里斯·祖克的结论与赫尔曼·西蒙和特劳特—里斯的研究结果不谋而合:能够长久生存的企业往往长期专注于狭窄的专属或缝隙产业。彼得·林奇慧眼独具,他从投资的角度很早就告诫说,试图多元化的企业往往最终会演进为"多元恶化"。因此,要十分警惕那些试图多元化或正在多元化的公司。

▶ 买进非卓越公司是一种逆向思维

> 任何投资策略,只要它是基于购买运营良好、业绩优秀的公司股票,并且期望这些公司的盈利成长带动股价上升,这样的策略都是相当危险的。
>
> ——阿斯瓦斯·达摩达兰

汤姆·彼得斯曾经在1982年出版了一本畅销书,这本书叫做《追求卓越》。几年前,我写过一篇《不容易寻找的十倍速公司》,评论了彼得斯的研究方法。

彼得斯在《追求卓越》一书中筛选出43家优良的样本公司,但是仅仅过了几年,43家卓越公司就有32家出现了严重的财务危机。这意味着如果我们投资了这43家卓越公司,估计结局是不会很完美的。

我当时由此得出的结论是,投资高增长型股票而获得成功是十分困难的,因为:1.高增长不具持续性;2.并不是所有的增长都会带来同样的效果。有的增长会创造价值,有的增长则是毁灭价值,更多的是毁灭价值;3.即使是最吸引人的高增长,也可能不值得投资者在它们身上花太多的钱。所以,十倍速公司不容易寻找。

但是,我当时的研究也只是到此为止。实际上,我还应该要往下进行深层次的逻辑推理。这个推理就是,既然不能投资高增长的公司,那么投资低增长或不增长的公司会如何?

我们都知道,低增长或不增长的公司从来都令人厌恶,非常容易成为市场的弃儿,所以没有人会去关注这样的公司,也没有人真的愿意去投资这样的公司。

那么,投资低增长或不增长的公司会得到良好的回报吗?

最近我看到一份资料,说的是一个名叫米歇尔·克莱曼的研究者,她在1987年对彼得斯的卓越公司进行研究。她发现36家卓越公司仅仅在彼得斯认定5年之后,只有29家仍然在公开市场挂牌交易,而这些公司都经历了成长速度、资本及股票回报率的下跌,仅4家公司在3个或3个以上的指标出现了增长。绝大多数公司不再"卓越",呈现出典型的均值回归的现象。

克莱曼继而发现,29家卓越公司有18家的股价表现不及标普500指数,只有11家公司胜过指数,有69%公司的股价与账面值比出现下跌。若将它们作为一个投资组合,在年收益率上,也仅仅比标普500指数高出1个百分点。克莱曼认为,大部分卓越公司之所以不及市场,是因为市场过度高估它们未来的成长和权益收益率,其结果是它们的比率指标被高估了。

克莱曼又使用与彼得斯相同的指标变量,构建了一个"非卓越"公司的股票投资组合。克莱曼所选取的39家非卓越公司中,有25家的表现超过标普500指数,有14家的表现弱于指数。然而,将它们作为一个投资组合,每年超过市场的幅度达到惊人的12.4%。

这不是因为这些非卓越公司的基本面有所改善,实际上,其经营业绩也在下降,而且彼得斯的卓越公司的基本面上比克莱曼的非卓越公司仍具吸引力。

根本的原因是,卓越公司之所以回报差劲,是因为市场过度估计了其未来成长和投资回报。而非卓越公司因为业务往往处于低谷,其估值也低,若其商业环境得到改善,随之而来的就是估值的均值回归,所以其投资回报也会很优异。

2013年,一个名叫巴班·班尼斯特的研究者继续验证彼得斯的卓越公司和克莱曼的非卓越公司的股票表现,时间截取从1972年6月到2013年6月。班尼斯特发现,非卓越公司股票组合年均收益率达到13.74%,超过了卓越公司股票组合的9.77%。卓越公司股票组合不仅输给了非卓越公司,甚至还输给了市场,因为市场的平均收益率在整个期间达到10.59%。

对此,班尼斯特的解释是,高回报率会刺激新的进入者加入,从而引起赢利能力的降低。而低回报率会让竞争者退出,或者改组为新的管理层,或者引起竞

争对手及金融买家出手收购。所以,投资者必须权衡一下,优异的财务指标是否已经在股价中反映出这些指标潜在的下行风险。对管理者来说指标很卓越,但在投资者看来常常不是那么一回事。而非卓越公司的经营业务一旦回归至行业均值时,其股票就会有不俗的表现。

在我看来,非卓越公司类似于陷入困境的公司。过去几年,我一直专注并买进这样的公司股票。当时通策医疗、宁波华翔、永新股份、伟星股份等等一大批非卓越公司都身处困境,其股价也多在七、八元之间,市值在二三十亿,与那时的一些卓越公司比如酒类公司相比,显然是最丑的股票。

买进这样的股票,非常乏味并且让人沮丧,更不会激动人心,还会被人嘲笑,回报率可能也差劲,股价不但不涨反而下跌,若没有耐心,最终可能颗粒无收。不过,投资者若坚持下去,其回报率并不亚于那些卓越公司,关于这一点,感兴趣的人可以去查阅那些卓越公司股票的市场表现。

采取买进非卓越公司股票的策略其实就是逆向思维,但这并非号召投资者舍弃卓越公司。假如卓越公司遭遇市场系统性下跌或黑天鹅事件,依然还是优秀的标的。

纽约大学斯特恩商学院的金融学教授阿斯瓦斯·达摩达兰指出,任何投资策略,只要它是基于购买运营良好、业绩优秀的公司股票,并且期望这些公司的盈利成长带动股价上升,这样的策略都是相当危险的。

因为它忽略了最重要的一点,那就是当前的股价很可能已经反映了公司的质量和管理水平。若当前股价是正确的,那么最大的危险又是随着时间的推移,公司丧失光泽,所支付的溢价也会消失。若市场过度反映了公司的价值,那么就算其增长达到预期,这样的策略还会带来低回报。只有公司价值被深度低估的时候,这一策略才有可能获得超额收益的机会。

▶ 负面情绪是一件好事

> 我们寻求令人震惊的价格错位,这一般是由紧急事件、人们惊慌失措、或盲目抛售引起的。
>
> ——塞思·卡拉曼

首先,我得声明一下,写这篇文章不是夸耀自己是如何聪明,或者吹嘘自己有多大能耐,我只是在表述一种投资思路罢了。这个思路很简单,是一种基于对常识的理解。实际上,我已经很久没有写这样的文章了,这是因为尽量避免对他人进行不必要的误导或诱导。因此,你完全可以将这篇文章作为雪球访谈《集中精力买入失宠的公司》(参见本书附录)的延伸。

塞思·卡拉曼说,"我们寻求令人震惊的价格错位,这一般是由紧急事件、人们惊慌失措、或盲目的抛售引起的。"我在2011年年中买入丽鹏股份,正是以这种思想作为指导的。我深信,一旦"令人震惊的价格错位"发生了,就是购买的好时机。当然,前提必须是公司的负面新闻只是暂时的,并不会阻碍公司的长期发展,而当时的丽鹏股份符合塞思·卡拉曼所说的这个条件。

丽鹏股份位于山东烟台一个偏僻乡村,2010年3月上市。公司的主营业务单一,容易理解,只生产防伪瓶盖,属于彼得·林奇式的投资标的,是全中国最大的瓶盖生产商。轻工行业里大多数公司的市场份额不到5%,但丽鹏占据了30%左右的市场份额。丽鹏的产品有铝防伪瓶盖和组合式防伪瓶盖两种,属于包装行业中金属包装细分领域,其进入门槛并不高。截至2010年,两种瓶盖的年生产能力达15亿只,在同行业始终处于领先地位。

不要小看一个小小的瓶盖，丽鹏上市初已获取的 76 项专利，当年又取得了 14 项专利授权，同时又申报专利 30 项。经过多年的积累，丽鹏的客户达到了 130 多家，张裕、青岛啤酒、泸州老窖、洋河、杏花村、剑南春、红星、牛栏山、伊力特、劲酒、古井贡酒……这些耳熟能详的品牌企业都已是丽鹏的客户。

2011 年 6 月 12 日，丽鹏股份的一个铝塑厂因设备故障短路着火，引发火灾，造成了约 3500 万元左右的账面经济损失。当丽鹏股份发布公告时，股价明显并未开始走低，真正的下跌是在公布了中期业绩大幅下降、特别是 1—9 月业绩剧烈预减以后。公司股价从 2011 年 8 月底的 15 元左右一直下跌到 2012 年初的 9 元附近，下跌的幅度在 45% 以上。一些人在评论丽鹏股份 2011 年中期业绩时，指责它上市一年即告亏损，然而对于它是如何造成亏损的，则轻描淡写。

这时我注意到《华夏酒报》一篇题为《丽鹏演绎现代版"烈火中永生"》的文章："火灾发生的第二天，丽鹏新厂区的机器就转动起来。半个月时间，我们不仅恢复了以往的生产水平，并且由于设备的更新，产能也得到了提高。举例说，我们在菲律宾有两个较大的客户马龙酒厂和丹杯酒厂，之前每个月的总需求量在二十多个货柜左右。事情发生后，马龙酒厂打来电话，担心地问会不会延误给他们供货的时间。我们详细了解了当前的情况，并告诉他们产能不仅没有降低反而提升了，之前每个月只能给马龙酒厂供应 16 个货柜的产品，从下个月开始可以达到 20 个货柜。菲律宾的客户听后既高兴，又感慨万千：'没想到，真是没想到。'……"这篇文章确实增强了我的买入信心。不过，你当然可以质疑文章的真实性。

再让我们再看看它的财务状况。上市前的三年 2007 年、2008 年和 2009 年，丽鹏主营业务收入分别为 26460.80 万元、29003.39 万元和 29894.44 万元，同比增长 22.88%、9.61% 和 3.07%；其净利润分别为 2280.78 万元、2602.89 万元和 2855.72 万元，同比增长 67.69%、14.27% 和 9.71%。上市后的 2010 年，丽鹏主营业务收入为 39828.46 万元，增长 30.18%，净利润 3019.27 万元，增长 5.72%。2011 年第一季度，丽鹏营业收入由 8931 万元增长至 13813 万元，净利润由 886 万元增长至 903 万元。丽鹏股份的生产旺季一般在一、三、四季度。如果它恢复生产，经营正常，不再发生类似 2011 年的损失，那么估计 2012 年的净利润可达 4000 万元，这应该是大概率的事件，也是基于常识的判断。毕竟丽鹏股份在除权后加上意外事件,已经下跌了 50% 左右,因此 11 元以下、最好 10 元以下应该是一个很好的介入买点,而且必须越跌越买,然后静待"戴维斯双击"(注:在低市盈率买入股票,待成长潜力显现后,以高市盈率卖出,这样可以获取每股收益和市盈率同时增长的倍乘效益。这种投资策略被称为"戴维斯双击",反之则为"戴维斯双杀")。

丽鹏股份未来的成长性将主要体现在老客户的增长、新客户的开发和出口等方面,而防伪瓶盖在葡萄酒、饮料、矿泉水等包装领域仍有潜在的巨大市场。彼得·林奇先生曾开玩笑说,偏僻的地方容易出大牛股,我却信以为真。对于投资,应该有一个粗略的图像,这幅图像就是,当其他人不得不卖的时候,就要非常关注。像丽鹏股份这样由紧急事件引起的事情,一生中并不会遇上几次。

戈坦资本管理公司创办人兼任哥伦比亚大学商学院教授乔尔·格林布莱特曾这样说,他认识的最聪明的家伙们都把注意力放在其他人想要卖出的动向上,在每个人都很失望时,如果你要买点什么,负面情绪确实是一件大好事。

◈ 像企业家一样去投资

一张股票所代表的意义就是拥有该企业的部分经营，这就是本杰明·格雷厄姆投资理论的精髓所在。

许多人通常都把股票的涨跌表现理解为投资报酬，实际上这并不正确。因为股票价格代表的是投资者对价值的看法，并不是股票的实际价值。因为如果是实际价值，投资者就不会看到当盈利提高时，股价却反跌，而当盈利下降时，股价却反涨的现象。

股价波动是随机的、无意义的，偶尔也能反映公司的实际价值，但是一般而言并非如此。因此，股票价格充其量只是投资者交换价值判断的论坛而已。

股票获利的衡量标准应该是净收益，这也是沃伦·巴菲特的观点。巴菲特对投资的看法是，等比例地拥有该公司。假如一家公司每股赚5美元，而巴菲特持有100股该公司的股票，他就赚了500美元（5美元乘以100股）。净收益是具体且固定的，是实际可见的，它不会像股价一样上下波动，它的基础是公司为股东所赚的实际金钱，可以增加公司净值。如果公司年盈利100万元，公司的净值即增加100万元。盈利将体现在资产负债表的"保留盈余"中，它可以增加股东权益与企业价值。当投资者买进股票时，就享有公司未来的盈余分配权，只要投资者一直持有公司股票，就可以享有1年或5年或10年的成就。假如将这100万元当做股利来发放，股东都有资格领取。假如投资者拥有1%的持股，就意味着可以享有1万元。这就是投资者在实际盈利上所能获得的唯一保证。

如何以净收益计算股票获利？以伟星股份为例。假如有一位投资者在2004年9月以8.5元的价格买进1000股，初始成本为8500元，一直持有到2009年。那么，这位投资者6年中的投资回报率是多少呢？让我们简单计算一下：

（单位：元）

年　份	2004	2005	2006	2007	2008	2009	总计
每股收益	0.33	0.47	0.43	0.64	0.8	0.86	3.53
股　数	1000	1000	1300	1690	1690	1690	1690
每股收益乘以股数	330	470	559	1082	1352	1453	5246

（注：2007年、2008年连续两次实施转增股本）

由上表可以看出，假如这位投资者以8.5元的价格买进1000股，6年来总获利为5336元或每股3.53元，投资报酬率为62.77%，也就是每年10.46%。

以净收益计算投资报酬率的意义在于，真正把投资当成经营企业。也只有真正把投资当成经营企业，就能够停止思考股市本身的问题，而开始思考当自己拥有这些上市公司时所需要面临的问题；就能够从原先认定买了股票后就期待未来6个月会有25%获利的看法，改变成参与企业部分投资的心理，期待未来5到10年，每年维持12%或15%或更好的复利报酬率。

一张股票所代表的意义就是拥有该企业的部分经营，这就是本杰明·格雷厄姆投资理论的精髓所在。它完全符合商业的意义。所谓的合乎商业意义就是，投资能够提供最高的年复利报酬率与担负最低的风险。

正如巴菲特所说的，假如投资者采取聪明的企业经营的想法投资股票，将发现全世界最愚蠢的事，就是拥有一只股票后，期待下个礼拜股价会上涨。因此，把股票涨跌表现理解为投资报酬，十分容易让人从短期的角度来观察企业，并且

只重视眼前的绩效。巴菲特的绩效之所以优于华尔街其他投资经理的根本原因就是,像企业家一般而不是像其他的投资专家偏重于短期获利。对他而言,希望保有好企业,长期持有好企业,比华尔街上的短期套利更有价值。

很显然,这是一种最靠近企业的形式进行投资的方式,也是财经作家罗伯特·海格卓姆最为称赞的最聪明的投资方式。

▶ 低市盈率的陷阱

> 一个较低市盈率通常可以预示出企业的增长前景已经到了尽头。因此，仅仅根据低市盈率而进行投资是很危险的。

对于大部分投资者而言，市盈率是首选的估值指标，因为其简单明了。但是我认为实际上市盈率只能衡量股票的市场价值，不能衡量公司的经济价值。即便如此，市盈率依然还是被认为能够帮助投资者评判股价是否合理的最好指标。

在证券市场上有许多低市盈率的股票，这些股票可能会被低市盈率投资者所青睐，他们会认为以较低市盈率成交的股票通常也是低价的。而实际上，以较低市盈率成交的股票不一定就是低价的，其长期回报可能真的需要很长时间才能等到，只是不知道低市盈率投资者是否具备一份特别的耐心。一只股票之所以成为低市盈率股，通常是因为其增长潜力不乐观，风险系数较大，因此很难说是一个真正值得购买的便宜货。

在美国证券市场上，像石油、电力、钢铁、房屋建造等板块的市盈率通常都在7倍左右，服装、家电、保险、储蓄银行等板块的市盈率通常都在11倍左右。许多低市盈率公司都是处于成熟行业的企业，其潜在增长的可能性很小。最低市盈率的行业板块通常产生的不仅仅是最低的预期，而且还有较低的股本回报率。投资者若投资低市盈率股票，其股票或许没有活力甚至是增长率为负值，因此必须考虑自己是否愿意以较低增长率换取较低的市盈率。

我还是认为应该以公司未来现金流折现来估算企业价值可能更准确一些。许多公司表面上看收益很不错，现金也不少，这其中有会计手法的问题。在扣除其

庞大的负债以后，其未来现金流可能就所剩无几了。表面上看，其可能值10倍市盈率比如股价10元，但以未来现金流来折现，可能只值3元或5元。对于这样所谓的低市盈率股票，我倾向于采用本杰明·格雷厄姆的投资方法，"价格低于有形资产账面价值的2/3"或更多。若从这点考虑，一个较低的市盈率其实并没有太大的意义。

低市盈率公司要么可能没有被低估，要么可能就是一个值得投资的标的，关键在于其收益质量。举例说，若公司通过外延性收购而不是依靠内生性增长，其收益质量就较低。因此，需要审视企业连续几年的会计报表，以剔除对那些收益质量有所怀疑的企业。

当然，从长远看，投资低市盈率股票的收益回报比高市盈率股票要高，关于这一点的证据是压倒性的。但是，短期内这种投资方法可能让你颗粒无收。在20世纪70年代，一位名叫詹姆斯·雷的投资者成立了一家名叫雷—格雷厄姆的基金，他照搬了格雷厄姆的甄别法进行投资，初期获得一些成功，但是在整个80年代和90年代初陷入困境，最终被列为表现等级最差的基金之一。

约翰·内夫是低市盈率投资者的典范。但是他显然与格雷厄姆不同，他考虑的是公司的根本性质，而这点正是格雷厄姆所忽略的。内夫需要的是股价低的好公司：健康的资产负债表、令人满意的现金流、高于平均水平的股票收益、优秀的管理者、持续增长的美好前景、颇具吸引力的产品或服务、一个具有经营余地的强劲市场。看起来，市盈率貌似简单，其实并不简单。

一个较低市盈率通常可以预示出企业的增长前景已经到了尽头。因此，仅仅根据低市盈率而进行投资是很危险的。结合合理的增长率因素进行低市盈率投资，可以为我们提供很多的保障，但是其前提是我们愿意进行长期的投资。

▶ 不要在收入高峰期投资周期股

> 投资周期性股票，不可过分贪恋上方的空间。
>
> ——约翰·内夫

对于周期性股票，似乎从来就不易把握，但是与彼得·林奇比肩的传奇投资大师约翰·内夫自有他的解决之道。内夫正是透过投资周期性股票，淋漓尽致地展示他的低市盈率的投资策略。

在内夫看来，周期性行业和公司可以分为两类：一类是基本工业品周期性公司，比如石油、铝生产商以及矿业公司；另一类是消费品生产商，比如汽车制造商、飞机制造商以及住房建筑公司。周期性股票通常要占温莎基金三分之一以上的仓位，其中的汽车制造商、化工公司和铝业公司一次又一次地给温莎基金带来丰厚的利润。

由于周期性股票间歇性地受到市场的冷落和热捧，它们的市盈率在图表上也显示为有规律的高低起伏。这种属性使得温莎基金无法放弃。成长股几乎每年收入都会稳步增长，但周期性股票却与此不同。因此，如果要投资周期性股票，需要一定的技巧并能够以最好的时机进入——也就是在前一个经济周期让股价滑落到深谷，又正好在大家都意识到公司收入开始回升之前。温莎基金就是坚持这样一条策略：除非能够从低市盈率得到补偿，否则不买周期性股票；如果要投资于它，那么就要在低谷买入，在高点坚决卖出。

在评价周期性公司价值的时候，必须看清在最好的经济环境下这些股票的收益波动。对于它们，温莎基金不采用5年平均增长率的指标，而是参考公司的正

常收益。

所谓的正常收益,是指公司在行业周期最景气时期的股价收益。其他的投资者当然也可以采取这一方法,但是通常他们都不愿意做出头椽子,于是往往让温莎基金获得了先机。当华尔街的证券经纪商建议他们的客户观望时,温莎基金便抢先建立仓位了。

周期行业的这种固有的属性不断诱导温莎基金屡次购买同一家公司而低买高卖。比如在内夫管理温莎基金期间,温莎总共在6个不同时期,分别6次购买了大西洋富田石油公司的股票。

投资周期性股票有一个关键点必须要强调:永远不要在收入高峰期投资,因为天花板市盈率很难继续推高。对于成长股而言,只要预期的收益有大幅增长,它们的市盈率就能够随着股价越涨越高。但是周期性股票则不然,随着行业高峰的到来,市场不会继续让市盈率继续上浮过多,因为大家都知道离衰退期已经不远了。没有人能够确凿地预言行业的高峰和低谷,一些周期也会比另外一些周期更持久。对此温莎基金采取的保护措施是,只购买那些预计市盈率就要跌到底部的周期性股票。如此,即使温莎没能把握好时机,那些错误的投资也能收回大部分成本。而一旦做对了,温莎就能获得最大上涨空间带来的超额利润。

采用低市盈率策略购买周期性股票,一般在公司报道收入增长的6—9个月之后获利最大。要很好地预测这个最高点,就需要投资者理解相关行业的内在运行机制,并能够结合宏观经济走势。比如,温莎基金曾于1997年投资一家房产公司。当时房产公司不被投资者看好,而住房需求却开始增长,利率水平也正在下调,然而许多投资者仍然缩手缩脚,非要等着看到业绩明显增长的确凿证据公诸天下。但是温莎早就下手了,等房产公司的股票价格翻了三番后便出手卖出了。

温莎基金一般在周期性公司业绩回升的6—9个月之前购买它们,然后随着人气的高涨逐步抛售。技巧之处是猜产品价格的增长。内夫首先研究的是行业的产能,然后对讯息和数据进行加工判断,得出需求增长的大致时间。

1981年,有一家名叫纽蒙特矿业公司进入温莎基金的视野,那时看好它是因为铜正在从萧条的低谷中走出。实际上,铜的回暖只需要需求正常化即可,或者说由极高利率导致的库存变现结束即可。纽蒙特公司在铜行业有着显著的地位,成本又相对较低,而且多亏了公司还有其他的黄金、石油、天然气以及煤炭业务,于是在铜价已经攀高的时候,温莎还有机会在低位买入。结果几乎一买入股价就飞涨。然后开始急速下滑了40%,跌到温莎初始买入价以下的15%。一年以后,温莎再次买入,1983年末,纽蒙特让温莎获得61%的收益。

市场通过"锻炼"之后获得了让人惊异的智能,至少在一个方面得到了反映:周期性股票的利润高峰从来不能赢得市盈率的高峰。也就是说,对于周期性股票,市盈率不会像普通成长股一样不断膨胀下去。因为随着产品价格的强化,虽然公司利润尚未得出明确的增长暗示,但投资者的热情已先行一步。而在利润高峰到来之前,经验丰富的投资者就已经提前意识到市盈率将降低。

内夫认为,投资周期性股票,不可过分贪恋上方的空间。温莎基金也会过早卖出,所以并非都是百发百中。但是如果延误脱手的时机,那么到时可能就是骑虎难下,因为股价将加速下滑。

当然,有些周期性公司的周期性似乎正在衰减。比如汽车制造行业,由于采取了更加严格的成本控制,整体经济的震荡也趋于缓和,汽车行业的波动将不那么明显。由于不断推出引人注目的新产品组合,价格也更加友好,每股收益比以前更加稳定。而对于建筑行业,银行低利率的延续一般能延长行业的周期。由于对周期性股票有着很大的把握性,因此这类公司的股票通常在温莎基金的比重是30%略多一点。内夫说,即使没有判断周期性股票将发生大行情,这也是一个合理的持仓水平。

在苍茫中传灯

▶ 成长股投资：硬币的另一面

> 成长股不确定性太高，风险太大，对于防御型投资者来说很难驾驭。当然，如果你选择了正确的股票，适时买进，等它大涨还未下调之前及时出手，奇迹就会发生。然而，普通投资者要想创造这样的奇迹，那是比等天上掉馅饼还难的事。
>
> ——本杰明·格雷厄姆

与价值投资相对的成长投资是指买入高市净率、高市盈率以及高红利率的股票。这种公司的规模可大可小，所属的行业不限，可以是服务公司，也可以是制造商。投资的手法也不一定是"短平快"，有些投资者也会持股达数年之久。

成长股很容易赢得股票分析师和投资者的青睐，但是在很长时间里，对成长股的定义却始终没有统一的认识，不同的说法甚多。

早先，彼得·伯恩斯坦（Petr L.Bernstein），一位作家、编辑和投资顾问，他在1956年的《哈佛商业评论》上是这样描述成长型股票的："成长股的出现是一种偶然，是人们喜欢的投资种类。说来也奇怪，成长型股票竟然和成长型公司没有多大的联系，甚至毫不相关。也许，这样的分析得出的最重要的结论就是，'成长股'这个词是毫无意义的，因为我们只能在事后才能分辨出哪一只是成长股——很简单，这种类型的股票价格应该是一路上扬。然而'成长型公司'的概念却截然不同，它是指那些最富创造力和想象力的管理团队，并且公司的股票价格能够合理地反映投资者对公司未来盈利能力的估计。"很显然，伯恩斯坦认为"成长股"

这个词毫无意义，因此不存在"成长股"，只有"成长型公司"，并且"成长型公司"由两个因素构成：管理团队与盈利能力。

后来，在杰罗姆·科恩、爱德华·津巴格和阿瑟·塞克尔共同所著的《投资分析与资产组合管理》这本教科书中，成长型股票则被明确定义为"该公司的销售、利润和市场份额的发展速度超过总体经济的发展速度，同时也超过本行业的平均发展速度。""成长型公司是具有爆发力、注重研发的公司，他们更愿意把赚来的利润进行再投资，而不是支付股利。尽管成长型公司的种类繁多，但是它们都有几个共同的重要特征。通常，在不断扩大的市场中，这类公司占有稳定的市场份额，它们的产品或服务独具特色，并且大多都是通过在市场某一方面抢占先机而获得高额利润的。"这个定义的内涵要比伯恩斯坦完整得多，基本上从公司的运营发展的角度来阐述。

沃伦·肖（Warren Shaw），一位资产管理公司的前任首席执行官，他又认为"成长型投资"比较难以下定义，但是它却可以分为几种截然不同的类型。"比如，有一种投资策略叫'咖啡罐'法，也就是所谓的长线投资，投资对象为那些杰出的、有特许经营权的企业，它们能够在相当长的一段时期内以超过平均水平的速度发展。这种投资方法要求投资者本身非常适合做长线投资，拥有足够的耐心，并且十分关注和喜爱长期的财富累积。"这是一种类似于沃伦·巴菲特价值投资的方法。

第二种叫在合理的价位上成长的投资方法，这种投资方法要求投资者寻找被低估的成长型股票，但是它需要投资者对股价近期走势异常敏感，并且能够辨别出相对于公司发展速度售价较低的股票，或是市盈率低于同行业平均水平的股票。

第三种则是动量策略，它要求投资者能够识别出那些收益增长速度更快，盈利不断上升，更能给投资者带来惊喜的公司。使用这种方法的关键在于果断介入短线。

这里面采用第一种投资方法做得最好的当属原始资本掌门人乔治·米凯利斯，而采用第三种投资方法做得最好的则当属福斯特·弗莱斯（Foster Friess）。

关于福斯特·弗莱斯，他是弗莱斯联合公司的创立者，由他管理的白兰地

基金（Brandywine Fund）曾创造了几乎令人疯狂的业绩。自1985年创立之日起到1997年11月30日，白兰地基金的投资回报率竟高达710.2％，年均回报率为19.2％，远远超过了标准普尔500指数所达到的544.3％，年均回报率为16.9％的水平。如果将10万美元投资到白兰地基金，12年后投资收益就能达到810200美元，然而相同的投资额度以标准普尔500指数的回报率水平计算，同期收益仅为644300美元。1997年2月，在美国《金钱》杂志评出的前11佳基金中，白兰地基金荣登榜首。白兰地基金在1993年、1994年以及1996年都被《卓越理财》（SmartMoney）杂志评为"超级明星共同基金"。

弗莱斯的过人之处在于他是一个独具慧眼的伯乐。他选出潜力股，在其他投资者发现它们之前抢先买进，等到大家趋之若鹜的时候再将其高抛。他的投资原则主要有3条：1. 不要投资于股票本身，而是要投资于某个公司。2. 一旦持有某只股票，不要在乎它过去的表现，而要注重其未来发展趋势。3. 如果另有一只股票比你现在手中的那些股票涨势更快、涨幅更大的话，就果断地卖掉手中的股票，买进更具潜力的那只。

当然，像弗莱斯这样成功的激进型的成长股投资者为数不多。成长股毕竟有它的两面性。如果投资者预期每股收益能够达到水平，那么及早买进并长期持有，投资者确实能够获得由于公司收益能力的提高以及本益比（市盈率）扩大而带来的双重收益，这是成长投资的魔力所在。但是杰里米·西格尔在《长线法宝》中提醒说，因为"投资者往往把近期的盈利误认为成长期趋势，他们没有意识到市场是瞬息万变的"。所以，如果"收益增长速度的减缓（这种事情经常发生）会导致本益比缩水，股价大跌"。

无独有偶，本杰明·格雷厄姆很早也提醒要注意这种风险，在应用成长型投资策略之前一定要小心谨慎。"成长股不确定性太高，风险太大，对于防御型投资者来说很难驾驭。当然，如果你选择了正确的股票，适时买进，等它大涨还未下调之前及时出手，奇迹就会发生。然而，普通投资者要想创造这样的奇迹，那是比等天上掉馅饼还难的事。"

成长股当然好，那是因为它不断"成长"。但是成长股投资这枚"硬币"的另一面是，如果买入的价格不合适，收益就会低于股市的平均水平。特别注意的是，如果其他的投资者纷纷看好时，聪明的投资者就不该投资它们。理由是，和投资者的愿望相反，成长股往往跑不赢大盘。

格雷厄姆指出，别说那些普通的投资者，就是那些资格最老、规模最大的公司，他们拥有众多金融分析家和专业机构研究人员，整天努力工作，最后的回报都很难令人信服。维森博格的权威著作《投资公司手册》中的研究数据可以说明这一点。维森博格以23种多样化增长基金、31种收入增长基金以及14种收入增长基金为三个组别，统计数据时间跨度为1954—1963十年，这三个组别无论是投资23种股票、31种股票，还是14种股票成长股的基金，其收益水平都没能达到标准普尔500指数的平均水平。

为什么会出现这种情况？格雷厄姆认为原因主要有以下两点：一是股价变化总是偶然的和随机的，甚至是不可预见的。而任何人试图去预见根本不可预见的东西，那么无论他多么聪明、多么周密，结果注定是没有效果的。二是许多股票分析师和投资者往往偏好成长股。他们通常认为，这样的股票最有发展前途，具有优秀的管理者、良好的经营业绩，所以即使股价高也照买不误。理论上这种做法合乎逻辑，因为无论是股票的价值还是价格都会无限增长，但是在实践中，即使最好的股票也不可能在相当长的一段时期内高增长。因此如果投资者买的时机不对，原来的美好设想就会落空。

格雷厄姆承认，这两种解释或许不能说明问题。但是他奉劝投资者在购买成长股时千万不要小看其他股票，否则这些投资者只能从过低的股价中获得投资收益了。

 在苍茫中传灯

▶ 成长股投资：玫瑰的刺

> 我最成功的投资都要归功于那些具有出众的智慧、聪明的策略和基本商业能力的管理者。有时人们的表现使人认为他们有那样的能力，但实际上他们没有。只有让时间来检验他们了。
>
> ——菲利普·费雪

在价值投资者眼里，成长股几乎没有好名声。GMO资产配置团队的成员詹姆斯·蒙蒂尔在《价值投资：通向理性投资之路》中指出，这是因为成长的诺言就像"女妖的歌声"，虽然其魅力让人无法拒绝，但却很少为投资者带来令人欢欣鼓舞的回报。按照蒙蒂尔的实证，它还不如一些垃圾股。一些垃圾股只有低下的历史增长率，每个人都对它们嗤之以鼻，理性的人也不会持有它，但是其年均收益率却要比光芒四射的明星成长股高了足足6%。

在《新金融学：有效市场的反例》中，罗伯特·哈根则以整整一本书的篇幅证明买入成长股的危险性。他的研究显示，高价格股票具有高风险和低收益，而低价格股票却具有低风险和高收益，之所以产生这样的结果，是因为市场是"极其不精确"的，当价格反应过度的时候，市场差不多是完全颠倒的：风险最高的股票的期望收益率是最低的，而风险最低的股票的期望收益率却是最高的。

谈及成长股，就不能不提到菲利普·费雪。费雪是成长股投资的先锋。费雪曾明确表示，他要的是那些真正高成长的股票——"这是唯一值得买的"，而且他会持有相当长的时间。按照《华尔街"梦之队"》的作者妮姬·罗斯的说法，

当费雪试图短期买卖时,他的盈利就会非常低,生活也变得拮据。于是费雪决定买入他认为有出色成长的公司。

"当然",费雪警告说,"当你打算买入真正高成长的公司时,你也许会发觉判断失误,或者在进一步了解该公司之后,觉得不应该买入。如果出现这两者中的任何一种情况,你应当卖掉这些股票,无论你盈利还是亏本。重要的是,即使你亏损了,与长期持有真正的好股票所带给你的财富相比,那只是很小的比例。"

来自日本的价值投资者荒井拓也先生认为成长股投资的问题在于,首先容易忽略公司的财务状况。当投资者把目光盯住成长的时候,公司财务上存在的很多问题都在突出的潜在成长性目前得到默许,这样本来可以发现它难以实现长期繁荣,但还是不由自主地买入。其次,一般的成长往往需要先行投资。有些公司表面上看就要实现惊人的增长了,最终却像流水一般白白浪费了投资者的资金。这种公司很可能就是巴菲特所说谓的"最糟糕的企业"。并且,通常情况下,有着成长力的公司往往以年轻公司居多。如果只观察其潜力的投资则可能和概念股相混淆。因此,对于成长股应该持十分谨慎的态度。

正因为成长股投资出现的问题也同样层出不穷,因此更需要宽阔的安全空间与审慎的投资策略,而最常见的错误就在于为追求未来的增长而在今天支付过高的价格。费雪的方法是,在全面调查的基础上,在确信一家公司具有出众的长期盈利潜力时,他才会买进。特别是,他能够在其他投资者认识到一只股票的价值前,或在大家都不看好时就已经买进了。他并不关心别人是否赞同他的做法,他关心的是全面的调查和自己的信心。他倾向于在股票市场整体修正期间买进,或者在由于公司临时的业务问题导致更加下跌时买进,因为只有在此时股价才会趋向合理或进一步的低估。所以从本质上看,费雪也是价值型投资者,与他的成长型投资风格并不矛盾。

以摩托罗拉为例。20世纪50年代中期,摩托罗拉并不为市场所看好。当费雪买进摩托罗拉并长期持有时,华尔街的许多分析家一直持否定的态度。不过,费雪认为是他们错了,因为他们不做认真的调查。他以每股42—43美元的价格为他和他的客户大量买进。他大多数的客户买进了1000股—2000股,并把每1000股的成本保持在43000美元以下,大约是净收益的21—22倍。——实际上,他购买德州仪器时差不多也是类似的价格。当然，费雪并不很看重市盈率，相反，他认为是投资者过于关注了这一数字。他最希望看到的是目前的股价与公司长期潜在的收益关系。

在一本巴顿·比格斯写的书中，其中提到一位名叫法耶兹·沙罗菲的投资者。他在成长股投资上，用比格斯的话说是"创造了奇迹"。沙罗菲喜欢购买并持有优秀的成长型股票。但是他也承认，唯一的困难在于这类公司往往很难寻觅，而且非常昂贵。

纽约伯恩斯坦研究公司曾就公司持续成长的可能性做了一份调查，令人心寒的结论显示，在过去半个世纪，如果要挑选出可以持有20年的增长型股票，成功概率只有4%，可以持有10年的也只有15%。即使是只想持有3年，挑对的概率也只略高于50%。

对于费雪而言，他坦承曾经有过三次投资失误——当然这些失误与他的成功投资相比简直不值一提：第一个失误是没有坚持彻底调查的程序，如果当时调查能更全面一些，就能避免犯那些错误。第二个失误是对管理者水平的不适当评价。费雪解释说："我最成功的投资都要归功于那些具有出众的智慧、聪明的策略和基本商业能力的管理者。有时人们的表现使人认为他们有那样的能力，但实际上他们没有。只有让时间来检验他们了。"第三个失误就是公司的管理者故意的隐瞒和欺骗，不过这种失误对于费雪来说很少发生。

费雪将失误比作"玫瑰的刺"，我则把它引用过来比作成长股投资。玫瑰花确实亮丽动人，但它身上的刺却能刺伤刺猬。

▶成长型股票不等于成长型公司

> 只有来自企业内部、自然而然的"内生性"增长才是真正的增长，这样的增长才是有机会的。非自然而然的"外延性"扩张的增长则不在此列。

我经常想，成长型股票就一定是成长型公司吗？或者说成长型公司就一定是成长型股票吗？在菲利普·费雪的《怎样选择成长股》的那本书中，他是将成长型股票等同于成长型公司的，两者之间并无区别。不过，这个问题仍然使我困惑。

前不久，我读了一本书，作者是彼得·伯恩斯坦。他在1956年写了一篇文章，题为《成长型公司和成长型股票》，这篇文章后来被收录在《华尔街上的经济学家》金融三部曲中的第二部。虽然这篇文章距今已经整整60年，许多情形已经发生了重大变化，但是今天阅读这篇文章，仍将会给我们以启迪。

伯恩斯坦的这篇文章算是解开了我多年的疑惑。伯恩斯坦独树一帜，他将成长型股票与成长型公司区别开来。在他看来，并非所有的成长型股票一定就是成长型公司；成长型公司就是成长型公司，并非所有的成长型公司一定就是成长型股票。这是因为真正的成长型公司凤毛麟角，它只包括一些少数精选的公司，并不是所有重要的企业都能够担当得起这个称号。而成长型股票在大多数情况下，只不过是投资者一种愉快或任意的分类而已。实际上，这个词与成长型公司并没有关系或关系不大。

但是许多公司虽然不符合成长型公司的标准，其股票却能够常常与成长型公司一样看涨，而另外一些公司虽然符合成长型公司的标准，但是其行情却气若游

丝。这是因为有许多偶然因素影响所致，其中较为重要的一项是投资者的错误判断。但问题是，从一个时间段来看，真正促使增长的因素更为重要，这是帮助我们判断未来的向导，其作用要比股价在过去的上涨或者对当前形势的评估更大。

一个成长型的公司一定有别于其他公司。根据伯恩斯坦的观点，有5种情况可以观察一家公司是否具备成长型的特点。需要审视其扩张是内因条件的结果，还是仅仅是对其完全无法控制的外部事件的反应而已。用今天的话说，只有来自企业内部、自然而然的"内生性"增长才是真正的增长，这样的增长才是有机会的。非自然而然的"外延性"扩张的增长则不在此列。

成长型公司的5个特点

以下是是否具备成长型公司的5个特点：

1. 通过收购其他企业达到扩张目的的公司不是成长型公司。

2. 由于市场扩大而增长业务的公司也不是成长型公司，因为它们不是造成市场扩大的原因，而只是对外部事件做出了相应的反应。比如石油公司，其业务增长主要来源于对石油的需求增长，石油公司本身通过这种需求的增加实现了资本化过程，它们本身绝非创造该需求的来源。

3. 大多数纸业公司可以算作成长型公司，因为它们多是开发新产品，或者为纸张开发新用途。它们得益于包装、报纸、纸巾、卫生纸以及餐巾纸等方面对于纸张日益增长的需求。这个需求的增加带来了更高的的工业劳动生产率、更高的收入，并在行业内吸收更多的就业人口。纸业公司利用了这些新的发展，但其本身并不是导致这些发展的驱动因素。

4. 钢铁行业不是成长型公司。虽然它们的收入与最成功的成长型公司相比会高出一筹，而且钢铁的人均消费量也在持续上升，除了少数例外，它们的销售对象仍然是那些旧市场，是市场的增长造成了对钢铁的需求的增加。人们也开发出钢铁的新用途，不过这些并非对首先由消费者提出的需求做出的反应，也没有对生产商的收益带来重大改观。此外，钢铁行业的收益对于高度膨胀的价格结构的依赖出奇得大。

5. 大多数原材料生产商都必须被排除在成长型公司之外，一是因为它们的增长依赖于其无法施加影响的最终产品需求，一是其收益的巨大增加基本上是由于飞涨的价格造成的。

真正的成长型公司具备开发自身新市场的能力，这是一家真正的成长型公司最具战略性、最重要、也最能够区别于其他公司的特点。之所以如此，这是因为不仅仅是新产品、新工艺的开发以及为旧产品开发新用途，带来了更高的销售收入和更高的利润。更重要的是，一家成长型公司的销售收入及收益的质量与其他公司有着根本的不同。

一种新产品或者一种与众不同的产品至少在短期内是独一无二的，因此获得了一种垄断，比如土霉素、涤纶、离心机和通用自动计算机。而那些比如钢铁或者铜，既可以在这家企业购买，也可以在那家企业购买，就应当被排除在成长型公司之外。

成长型公司的产品一般能够提供高于一般水平的利润率，并能够推迟甚至消除价格竞争。最重要的是，产品一般能够使公司免受整体经济形势中各种危险的侵害。这样的公司是自主性而非受人支配的公司。它们在经济社会中独创一派。它们通过创造之前不存在的某种产品或对某种产品的需求来适应外部世界，而不是改变自身去适应外部世界的种种变化。它们的增长不一定要比整个经济的增长速度更快，但是的确要比所售产品的市场的增长速度更快。

所以，伯恩斯坦认为，化学公司、电气设备公司和电子公司可以被归为真正的成长型公司，因为它们始终处于技术发展的前沿，持续为既有产品开发新的用途、开发新产品来替代旧产品，开发具有新功能的新产品，并研发新的工艺，以便更好地提供各类产品和服务。

当然，开拓新市场并不完全依赖于新产品的推出或为某一种旧产品开发出新的用途。相对冷门的行业也完全可以开拓新市场，只要使用动态的营销手段，创建强烈的品牌信赖感，使顾客相信该产品是独一无二、无法替代的，为了它可以放弃其他产品。也就是说，增长不一定要创造新的需求。只要一家公司在现有市场上占有较大份额，便自然而然地带来增长。

伯恩斯坦举例美国斯科特纸业公司，说这家公司拥有完全不同于其他纸业公

司的品牌声誉，其创收也比其他公司高得多。斯科特品牌的成功在于其产品已经成为人们日常生活的组成部分，成为顾客生活中甚为贴心的一部分，成为经济中的一股积极力量而非消极被动的商家。斯科特即使在大萧条时期还能不断增加收益就能证明这一点。在 50 年代，它的收益增长速度也明显高于业内其他公司。

类似的案例还有口香糖，其生产商利用美国步兵作为营销媒介，培养了人们对口香糖的爱好。汽车行业的领先公司接近于成长型公司。因为汽车市场的扩张大多归功于人口的增长以及个人收入的增加，从这个意义上说，汽车公司一直以来都在适应各种外部条件，而不是在开拓自己的市场。

1955 年，罗伯特·安德森发表了一篇文章，题为《成长型股票尚未实现的潜力》。在这篇文章里，安德森指出，成长型公司是指任何显示出扩张迹象的公司，无论其扩张动力来自组织内部还是组织外部。他认为，成长型公司可谓只存在于成长型行业中，这样的行业符合国家生活标准的基本要求，它拥有现成的产品和服务以满足公众日益增长的需求，但是其增长率不一定很明显。这个行业涵盖了建筑、食品、杀虫剂和印刷等行业。这些行业的增长在很大程度上是对增大的需求做出反应，而没有创造需求。对此伯恩斯坦认为，这些行业绝大数公司的财务成果很一般，根本不能避免经济周期带来的影响。

成长型公司财务成果的 4 个标准

真正成长型公司的销售收入和收益应该呈现上升趋势，该趋势的攀升坡度应该比一般水平更为陡峭，其财务成果应该符合以下四个标准：

1. 收益涨势相对平稳。收益不一定每年都要增加，但其呈现增势的年份应该多于呈现减势的年份，其增加的年份至少应该和一般公司收益的年份相当。

2. 在大多数情况下，适用于收益增长的标准同样适用于股息。购买一只收益率为 2% 或 3% 的股票几乎没有什么意义，除非在一段合理的时间过后，其回报能高于固定收益证券。

3. 还应该保持净值收益，若股息支付极低，那么净值收益实际上应该是增加的。也就是说，若股东的钱被用于再投资而没有用于支付股息，那么至少应该赚得和产生那些收益的旧有资本同样高的收益。

4. 收益或净值的增加应该反映在实际产出量的增加上,至少产品组合应该出现一个有利的转变,而不仅仅是因为价格水平上升导致的美元数目增加。

伯恩斯坦以安德森列出的 25 家成长型公司为例进行分析。他认为有些公司根据他的定性标准根本不属于成长型公司。有些公司不符合定性标准,却显示出非常好的财务成果,因此较好的财务成果显然不是成为成长型企业的偶然结果。相反,这些成果似乎能够反映公司在管理观念、政策和技巧方面的重大区别。

伯恩斯坦指出,任何通过统计对比得出的笼统数据都可能会产生误导,所以必须使用定性分析,以期探究当前的特殊形势,特别是确定公司在何种程度上显示出具有真正成长型公司的特点:即公司是否动态地创造出自己的市场,是否具备了准垄断的特征(具体表现是利润率较高),是否足够自主、相对不大受经济波动的影响,以及是否能够出具盈利能力、股息和净值收益连续增长的记录。

此外,在判断投资时机还必须考虑市场价格。市场的影响也是成长型公司管理层不可小觑的因素,因为投资者的决策影响了股本的供应。实际上,真正的增长所带来的财务回报并非投资者关心的主要问题。这表明,投资者更感兴趣的不是该股票是否增长,而是该股票是否热门。若投资者只根据该股票的市盈率来决定它是便宜还是贵,那他就有可能忽略了对成长股的发现。

在任何一个时间点的收益情况只是一个静态的概念,它们与公司的估值部分相关。投资者应该关注的是两个时间段之间盈利能力的变化。价格与收益增幅的比率可能要比传统的市盈率更有意义,因为它能让某些股票显得更便宜而某些股票显得更贵。若投资者使用这个比率,他对于问题的看法将截然不同。整体来看,根据这个比率得出的股价最便宜的公司,在业绩方面远远超过了那些股价最贵的公司。

在投资过程中,没有什么比发现一直被低估的股票更加重要了,但是只购买所谓的成长型股票往往导致人们选择被高估的股票。投资者无法完全忽略大多数成长型股票当前非常低的收入回报。

安德森所列的 25 只成长型股票的年收益在 12 年时间内没有赶上他所列的收

益型股票，在 14 年内没有赶上道琼斯指数。截至 1954 年底，从 1936 年初开始计算，所有成长型股票产生的全部收益低于收益型股票或道琼斯平均指数。某些所谓的成长型股票溢价非常高，并不值得购买。而某些价格/收益增幅比率相对较低的真正的成长型公司才可能是最好的选择。

成长型股票不等于成长型公司。为了使成长型公司这个词的使用真正有意义，就必须铭记以下三个因素：

1. 成长是一个动态的概念。成长型公司不是经济变化的被动受益者。相反，它必须对社会中的科技或地缘政治前沿主动出击。没有哪家公司是因为和某些公司或行业的某种关系而成为成长型公司的。

2. 认为只有成长型公司才有较高的盈利能力显然是错误的。

3. 某些成长型公司因为股市的魔力让它们的普通股拥有了溢价，但从某种统计学背景来看，这种溢价并不完全合理，而投资者可能在这类股票的投资中获得不错的收益。但是我们永远要强调以公平价格买入股票。

最后，伯恩斯坦最重要的结论是，"成长型股票"这个词本身是没有意义的，判断一只股票是不是成长型股票只能是后见之明——那多半是一只呈现涨势的股票而已。但是"成长型公司"的概念却可以判断那些最具创造力、最富想象力的管理团队。如果它们的股票价值在一段时间内与其盈利能力的增幅之间的比率合理的话，它们就很有可能在未来实现增值。

至此，我终于明白了，有些股票其实就是成长型股票，但绝不是成长型公司；而有些股票确实就是成长型公司，但却不是成长型股票。

❥ 在泥石流上求生的科技股

> （科技行业）是一个瞬息万变的行业，而对投资者来说，最大的敌人就是变化。
>
> ——莫尼什·帕伯莱

科学技术确实是生产力，然而一旦到了投资领域却未必如此。有位热衷于科技股的朋友问及科技股，我就以计算机行业为例解说之。

IBM曾经主导大型计算机市场，但却长时间地忽略了在技术上更为简单的微型计算机的崛起。事实上，也没有任何一家主要生产大型计算机的制造商成功地转变为在微型计算机市场具有举足轻重地位的生产商。当数字设备公司（DEC）创建了微型计算机市场的时候，其他一些管理积极的企业，像通用数据公司（DC）、Prime公司、王安电脑公司、惠普公司以及利多富公司也紧随其上，纷纷加入其中。不过，这些企业随后又错过了台式个人电脑市场，将开拓个人电脑市场的机会留给了苹果电脑公司、Commodore公司、Tandy公司以及IBM公司的独立个人电脑部门。特别是苹果公司还独创了用户友好型计算机的标准。但是在建立了工程工作站市场的企业，比如阿波罗公司、太阳微系统公司（SUN）以及硅谷图形公司开发出便携式计算机市场之后，苹果公司和IBM公司又落后了行业领先企业整整5年……

可见，这个行业的变革实在过于剧烈，有时甚至超出了我们的想像。看看那些曾经占据市场主导地位的管理良好的企业，就略知一二了。计算机行业是如此，生物制药业以及电子行业等莫不如此。真正的高科技尚且如此，更遑论那些虚假

的高科技。即使取得暂时的领先地位又怎么样？看看一些企业丧失领先地位的故事总是在周而复始地上演。因此，其中的许多企业的确难成为理想的投资标的。

莫尼什·帕伯莱曾和盖伊·斯皮尔以65万美元拍下与巴菲特共进午餐的机会。有意思的是，帕伯莱虽然出身于IT业，但却一直拒绝投资科技领域，因为他认为自己在科技领域已经花费了大量时间，而且亲身体会到科技产品的持久性很低。他说，"这是一个瞬息万变的行业，而对投资者来说，最大的敌人就是变化"。

查理·芒格曾指出，在摧毁股东财富方面IBM算得上是模范了。虽然IBM的管理人员非常出色，训练有素，但因为科学技术发生了很大的变化，导致它成功地冲浪60年之后被颠下了浪尖，这是一堂非常生动的课。即使抛开投资者的能力圈问题，高科技企业的经营也显得无比艰难，这也是巴菲特不很喜欢科技行业的原因之一。

高科技企业给人的印象是，在面对永无止境的科技变革的时候，它就像在泥石流上求生。它必须永远保持在泥石流的上面流动，稍微一停顿下来，就会遭遇灭顶之灾的命运，而事实上能够避免灭顶之灾、并保持"基业长青"的企业真可谓凤毛麟角。

因此，欲把科技股作为长期持有的标的，确实应该慎之又慎。有一首歌这样唱道，"不是我不明白，而是这世界变化快"，我想这正是这个行业的生动写照。

第二章 投资实践

▶ 白橡树基金在科技股上的教训

> 即使是"伟大"的公司，也有经营不佳的时候，要做到永远"伟大"难之又难。

曾经看到一份投资大师业绩的表格，其中列示着白橡树成长基金的投资业绩。该基金从1993年至2002年10年间复利为7.76%，累积报酬率为111%，其掌舵人为詹姆斯·欧斯拉格（James D.Oelschlager）。

欧斯拉格是谁？一位美国著名的成长型基金经理人，其投资经历长达30年以上。欧斯拉格早年毕业于西北大学。1969年至1985年为一个名叫火石橡胶轮胎的公司管理2.5亿美元的退休基金，至1984年累积获利达3亿美元。1985年欧斯拉格创立橡树联合公司，开始为投资者管理资产，火石轮胎即为其第一个客户。

橡树联合公司的旗舰基金——白橡树成长基金至2001年7月底，其资产净值达40亿美元，而橡树联合公司管理投资者的资产总额则近200亿美元。有一篇文章在2001年2月这样分析道，该基金在2000年10月底期间上涨的幅度超过25%——在纳斯达克宣布暴跌之前——随着投资者不断涌入，其资产基础翻了一番，达到60亿美元。晨星公司遂于这一年给予白橡树成长基金最高的5颗星评价，以表彰其优异的投资业绩。

白橡树成长基金成立于1992年8月。在整个20世纪90年代，白橡树大量投资于科技公司，据说其目标是追求长期资金的成长，并集中持股在市值逾50亿美元的公司，且采取长期持有的策略。白橡树基金持股一般在15至22只，很

少超过 24 只,而年周转率平均仅 6%—7%,每只股票平均持股达 3 年。思科是其最大的投资对象,自 1990 年 IPO 时即买进,至 1999 年 8 月底创造了超过 410 倍的投资回报。如果投资人在 1996 年底投资 1 万美元买入白橡树基金,至 2000 年 8 月 31 日基金份额便可以增长到 36890 美元,也就是复合年均收益为每年 42.7%。这样的投资业绩确实够辉煌的。

不过,接下来白橡树基金似乎就没有那么好的运气了。至 2002 年 9 月,白橡树基金竟然暴跌了 76.5%。观察白橡树基金的重仓股思科,可以看到,思科在 1990—1995 年间正好如日中天,不仅仅规模越来越大,而且发展得越来越好,其盈利能力呈持续稳定增长的态势,公司初期 1 万美元的股票市值一路上涨到 49 万美元。根据晨星公司统计,1999 年中期,思科股票的市盈率为 184 倍。2000 年思科仍然保持着比较强劲的增长,但其增长速度较前些年有些下滑。2001 年思科公布年报,当年每股亏损 0.14 美元,这一消息震惊了华尔街。随着网络经济的崩溃,思科积压了大量的网络服务器和路由器存货,公司不得不计提了 25 亿美元的存货减值,从而使存货的账面价值相应下降了 25 亿美元。公司股票价格也从最高点时的每股 80 美元下跌到了每股不足 10 美元,跌幅几乎达 90%,市值缩水了 4000 亿美元。尽管思科 2002 年又实现了每股 0.25 美元的收益,但是最风光的时期显然已经过去,公司股票交易价格已回落到 1998 年底的水平。

在这个不幸的故事里,我们可能会学到许多东西:

1. 白橡树基金算是很幸运,后来在市场复苏中有所恢复,从 2002 年 9 月至 2010 年 12 月期间,基金净值增长了 95.88%。而安然就不那么走运了,思科的金融火灾直接导致对它进行股权投资的安然公司损失了 660 亿美元。对于大多数公司而言,盈利质量都会逐年发生变化。其变化的因素包括新竞争对手的加入、市场饱和度、客户消费需求改变以及关键人员流失等等。因此,应当知道,即使是"伟大"的公司,也有经营不佳的时候,要做到永远"伟大"难之又难。

2. 许多人对成长股的投资总是有着无限的诱惑,但是极为美好的结果往往可能引来不理智的购买。早期购买思科股票当然可以从中大受其益,而从 2000 年对其未来发展的合理预测来看,思科股票已被大大高估了。一个明显高估的股票显然已经缩减了投资的安全边际,而对这种缩减之后的投资应当小心谨慎。想象一下，在2000年底本可以将思科股票售出的投资者，若不是在接下来的时间里继续购买思科股票，应当可以避免灾难性的结果。

3. 白橡树基金投资业绩的辉煌之日，也正是投资者大量涌入之时。在当时市场处于癫狂的状态下，白橡树基金管理人应当考虑关闭基金。朱利安·罗伯逊就在那时关闭了他的老虎基金。而事实上，即使像白橡树这样的投资者也很容易做出不好的决策。如果白橡树关闭基金或在基金价格升值时不投入新的资金的话，损失就会小得多。看起来，只有那些遵守安全边际的投资者能够阻止坏决策导致的灾难性后果，虽然他们可能会暂时失去一些东西。

第三章

CHAPTER THREE

企业思考

寻找超级明星企业

▶ 我的投资清单

> 有一点必须十分清楚，任何一家伟大或优秀的公司，都不值得让我以昂贵的代价买进，留有安全边际异常重要。

一个成熟的投资者应该拥有自己独特的投资体系。这个体系至少由投资策略与投资清单两个部分组成。不过，确立自己的投资策略与投资清单并不是一件容易的事，其间往往要经过多年的累积与验证，最终才可能使之有效。

关于我的投资清单可以简单地表述如下：

1. 寻找前景良好，其产品变化缓慢，通常无需剧烈变化的公司。这样的公司并不需要进行破坏性创新，至多只是维持性创新（即产品改良）而已。

2. 寻找产品定位明晰的公司。这样的公司通常只在自己熟悉的领域内深耕细作，并不需要盲目的多元化，因为多元化往往导致多元恶化。

3. 专注于细分市场的隐形冠军。这样的公司几乎不为外界所关注，却几乎主宰着各自所在的市场领域，他们占有很高的市场份额，有着独特的竞争策略。

4. 特别关注陷入困境型的公司。这种公司的股票通常都是冷门股，市场给予较低的定价，其价值会得到完全的呈现，安全边际很高。

5. 以家族型企业为主，要求管理层绝对控股或大量持股。尽量不碰国企股，因为国有企业往往结构复杂，体制僵化，并且容易导致腐败。

6. 寻找轻资产运营的公司。这样的公司会紧紧抓住自己的核心业务，而将非核心业务外包出去。以有限资产，获取最大收益，是所有企业追求的最高境界。

7. 寻找具有成功的商业模式的公司。这种商业模式通常由产品或服务的差异化的创意逐渐演变而成,其竞争对手难以复制,能提供独特的价值。

8. 寻找具有消费垄断性的公司。这样的公司能够获取丰厚利润,产品技术性含量通常不高,无需大量的固定资产投资,具有宽阔的经济护城河,竞争对手难以攻破。

9. 寻找优秀的公司管理层。这个管理层应该诚信经营,积极进取,明确可行的发展计划,为股东创造价值。具有企业家的使命感和社会责任感,透明及时负责任地披露信息。

10. 只要求适度增长的公司。这样的公司净资产收益率维持在15%左右,高毛利率,至少30%以上,不负债或者很少负债,现金流充沛。

依照这份投资清单,基本上排除了95%以上的公司。不过,同时具备以上十项的公司肯定少之又少。这不奇怪,伟大的公司本来就是凤毛麟角,能够同时符合其中六项以上当属优秀。

我的投资清单可能只适合于我,因为这是在长期实践中归纳出的投资原则。原则之所以会被称为原则,是因为在长期的视野下,它基本上是行之有效的。它可能不会让我的股票资产在一夜之间暴富,但可确保我的投资不断地稳健增长。有一点必须十分清楚,任何一家伟大或优秀的公司,都不值得让我以昂贵的代价买进,留有安全边际异常重要。

在苍茫中传灯

从实业并购谈公司估值

通过并购案例以及对市场比较详尽的调查,是能够比较清晰地获得对某一行业、某一企业的估值范围的。不过,虽然如此,也不能保证在证券市场投资就一定能够获胜。

估值的方法有很多,即使运用同一种方法,估算出来的结果也大相径庭。但是若因此而放弃估值,又难以识别被低估的公司。所以还是应当模糊地进行估算,但这需要用自己的方法。

当我为公司估算时,首先必须找到一家很少负债或者不负债的公司,资产负债表干净的公司观察起来相对容易。当估算出其经济价值后,再根据公司的实际负债和现金调整每股价值。

我最喜欢估值度量的方法。这是根据一家公司被现金收购时估算当前公司经济价值的方法。所谓的"经济价值",指的是商业价值,简而言之就是一家公司大概会值多少钱,如同有人准备对一家即将出售的店铺的出价。

如果在缺乏公司收购案例进行比较分析时,我会考虑采用其他行业与目标公司具有类似特征的企业被收购时的价格进行分析。目标是确定所有现金买家为拥有目标公司全部业务所支付的最高价格,并且在完成收购后仍然能够获得足够的投资回报。我一直关注我感兴趣的收购案。

前几年,我曾经买进安徽合力。这是一家著名的叉车制造企业,当时安徽合力的股价低迷,一直在八九元上下徘徊。安徽合力的经济价值那时大概可以值多少?我注意到了巨星科技收购杭州叉车的案例。2011 年 7 月,巨星科技收购与合力共占半壁江山的杭州叉车。当时预测杭州叉车 2011 年每股收益 1.095 元，巨星科技出资 2.49 亿元，以每股 13.98 元的价格控股 20%。这意味着巨星科技以杭州叉车每股收益的 12.76 倍买进。

安徽合力 2013 年的每股收益 0.98 元，当年安徽合力股价一直处于 10 元以下，6—8 月的时候甚至处于 7、8 元之间。当时如果以每股 8 元的价格买进，则意味着只有每股收益的 8.16 倍；就算以每股 9 元的价格买进，也只有 9.18 倍，比巨星科技的出价不知道要合算多少。所以巨星科技的收购案为我提供了一个很好的投资决策。

我一直对医疗服务行业里的公司兴趣盎然。我注意到其中有次收购，江河创建以 13.42 倍的市盈率要约收购 Vision 眼科医院。Vision 是澳大利亚最大的连锁眼科医院，拥有 14 家专业眼科医院，9 家先进的日间手术中心，6 家激光眼科手术中心。根据 Vision 不完全的财报显示，2013—2014 财年，其营业收入 1.1 亿澳元（折合人民币 5.04 亿元），净利润 1300 万澳元（折合人民币 5924 万元），每股收益 0.072 澳元（折合人民币 0.37 元），每股净资产 0.44 澳元（折合人民币 2 元）。

江河创建出价貌似便宜，其实可能也就是这个价，究其原因应该在 Vision 的增长率上。因为 2013—2014 财年其净利润增长率仅为 3.3%，虽然预计 2014—2015 年其净利润将增长 100% 以上，但只是预测，具有极大的不确定性。市场都是相似的，对于那些增长缓慢或增长停滞的公司，概莫能外地都给予较低的市盈率。

莆田系民营医院占据了全国民营医院的 80% 以上，多年来我一直关注其医院之间的并购行为。在他们一系列的并购案中，最切实可行的指标是评估被收购医院的隐形资产。因为他们收购的多是亏损的医院，无法运用盈利倍数或净值倍数来估算一家医院的经济价值。

莆田系注重的是一家医院的地理位置、固定资产、医院规模和品牌积淀。其中，地理位置很重要。对于固定资产则通常都予以打折。品牌积淀体现在运营时间的长度上，以业绩量为参考指标。若一家医院运营 10 年左右，其规模在 600—800 平方米之间，即使仍然处于亏损的状态，则其出价也不会低于 1 个亿。

这样收购进来的医院通常并不会迅速盈利，至少需要历经三年以上的培植期才有可能盈利。若其净利率能够达到 10% 以上，5 年以内收回投资成本，就是一

笔相当不错的生意。这样看来，收购医院的价格不菲。

投资医院的关键是，需要在医院的培植期中等待。而且，这种等待并不等于就会赚钱，投资失败的例子比比皆是。举例说，某一个医疗集团旗下有100家专科医院，投资10个亿，若30%—35%的医院盈利，40%的医院盈利持平，25%—30%的亏损，一年净收益可以产生1个亿左右，业绩就令人可喜了。投资失败多是出于运营成本之上。当医院依然处于亏损中，投资合伙人需要不断地投资，医院才能维持下去。若无法继续投入现金，失败则无法避免。其中的营销成本最大，人力资源次之，但是所有成本必须控制在25%以下，否则难以为继。

我曾征询过一位从事多年医院并购与管理的业内人士。当我谈到如何对上市公司爱尔眼科出价时，他认为爱尔眼科大概可以值50亿，但是估计公司不会卖给你。爱尔眼科2015年资产在25亿左右，没有长期负债，现金流充沛，2015年净利润预计将超过4亿。当我告诉他，爱尔眼科当前市值介于240—280亿之间、最高时达到400亿时，他认为这就是资本市场与实际市场的不同之处。因为资本市场掺和了投资者的情绪，所以有时定价甚高，但是也彰显了资本市场的无穷魅力。

我又征询他对绿景控股转型投资医院的问题的看法。绿景控股在2015年9月发布100.5亿元定增预案，计划募资百亿，与北京儿童医院集团建立四家医院、两个平台、一个中心，预计5年后将产生14亿左右的净利润。他认为5年产生效益可能过于乐观，因为通常需要基建3年，培植5年，所以没有8年可能难以盈利。关于北京儿童医院集团未出资入股一事，他认为，北京儿童医院集团可以不出资，因为其拥有庞大的隐形资产，并且难以估算，这就够了。至于对绿景控股旗下医院和医疗机构的估值出价问题，不会少于180亿（按：若增发成功，计入增发股数，刚好就是这个数），但是估计公司不会卖给你。因为绿景控股本身就是上市公司，所以预计未来将以40—50倍净收益的倍数定价。

总之，通过并购案例以及对市场比较详尽的调查，是能够比较清晰地获得对某一行业、某一企业的估值范围的。不过，虽然如此，也不能保证在证券市场投资就一定能够获胜。但是，有总聊胜于无，至少可以做到心中有数，这可能才是正确的投资之道。

在水足够温暖的时候下水

> 买入正在经历困难期的优质公司的股票正是巴菲特的所爱，因为只有在这时候公司的股价才最便宜，也正因为最便宜，然后才会有高收益。

沃伦·巴菲特是最善于在企业出现暂时麻烦或困难时买入的。但是买入这样的企业却是有条件的，那就是：多年来持续盈利，股本回报率、利润率以及每股账面价值增长，继而出现盈利的下滑。也就是公司在成长过程遇到困难的时候，巴菲特才会开始他的投资。如果一家公司前景不明，盈利不定而反复无常，则巴菲特是不会感兴趣的。

这种思路说明，如果在企业经营中出现业绩下滑反转，那么反转就是买入股票的催化剂。

下面让我们来看几个例子。

1. 澳拜客牛排连锁店，1988年3月在美国佛罗里达州坦帕市发起成立。这是一家经营美式牛排的西式正餐跨国连锁企业，在全球经营近千家连锁店。迄今为止，美国澳拜客牛排连锁店所分布的国家和地区有：美国、加拿大、南美洲、欧洲、澳大利亚、日本、韩国、香港、菲律宾、新加坡以及中国大陆等。澳拜客牛排连锁店已成为全球规模庞大的西餐正餐集团。2001年澳拜客牛排连锁店公司因为公布其盈利较上年有所下降，股价应声滑落，但是巴菲特随之买入。

澳拜客牛排连锁店净收入　　　单位：百万美元									
1994	1995	1996	1997	1998	1999	2000	2001	2002	2003
39.3	53.7	71.6	61.5	97.2	124.3	141.1	133.4	160.8	170.2

2. 耐克公司，全世界最多人认得的标志之一，最大的运动鞋和运动服销售商。由于拥有像迈克尔·乔丹和勒布朗·詹姆斯这样的超级明星作为形象代言人，使得它具有很强的品牌价值和身份感。过去30年，这家公司持续盈利，股本收益率不断增长，所以，当1998年公司业绩下滑时，巴菲特开始买入耐克公司的股票。因为巴菲特相信由坚实的股本收益率支撑的品牌力量将会使公司保持在顶级行列。

耐克公司净收入　　　单位：百万美元									
1994	1995	1996	1997	1998	1999	2000	2001	2002	2003
399.7	553.2	795.8	399.6	451.4	579.1	589.7	668.3	740.1	945.6

3. 多福公司是一家现代化的、从事幕后工作的联合企业，它生产的产品极其广泛，从汽车泵喷管到自动印刷线路板组装器都属于其产品范围。整个20世纪90年代，这家公司通过内部经营和收购活动创造了持续的收益和利润增长。2001年在公司公布净收益下降后，巴菲特开始不断增加头寸，直到2003年初股价见底。

多福公司净收入　　　单位：百万美元									
1994	1995	1996	1997	1998	1999	2000	2001	2002	2003
202.4	278.3	390.2	405.4	326.4	405.1	533.2	166.8	211.1	285.2

这些公司都经历过经济萧条最困难的时期，而买入正在经历困难期的优质公司的股票正是巴菲特的所爱，因为只有在这时候公司的股价才最便宜，也正因为最便宜，然后才会有高收益。

巴菲特喜欢这种反转收益操作。而许多人则在坏消息影响一只股票时,往往倾向于产生强烈的反应而大肆抛售股票,这样一来就常常形成了过度反应。像巴菲特在这时候会检视市场上的信息,并且自问:人们是在不合理地卖出股票吗?这些信息真的可靠吗?或许是增长太快了,也可能是竞争导致了利润的下降。因此,需要弄清究竟是什么导致了盈利的下降、以及下降是否还会再发生。

实际上,巴菲特或伯克希尔公司很少买入可以100%实现持续盈利的公司,因为没有一家公司可以永远实现持续盈利。巴菲特是这样,查理·芒格是这样,盖可保险(GEICO)副总经理娄·辛普森也是这样。他们通常都在等着盈利下降和典型的市场过度反应时,在经过严格评估后,才开始买入股票。巴菲特其实是很谨慎的,尽管有着持续的盈利和清晰的成长性,但是只有在水足够温暖的时候,巴菲特才会下水。

 在苍茫中传灯

▶ 投资的"圣杯":持有超级明星企业

具有长期竞争优势的企业是创造财富的巨大的原动力。

如果一家企业的寿命有足够长,一般都会得益于某种竞争优势,而超级明星般的企业就具备这种特征,这是因为这些竞争优势为它们带来的是类似垄断的经济地位。凭着它们产品价格的不断提升或销售额不断增加,它们就能够比它的竞争对手赚取更多的利润。而只要这家企业的竞争优势在很长的时间内保持不变,具有持续的稳定性,那么其内在价值也就会不断地增长。既然企业的内在价值不断增长,那么我们就应该理所当然地长期持有,在这种企业的竞争优势中赚取巨额财富。

但是很显然,如果按照本杰明·格雷厄姆的策略,一旦股票价格到了公司的实际价值,就应该卖出股票。特别是他的股票一旦上涨了50%就卖出,即"50%收益法",那么我们就有可能痛失巨额财富,因此这种投资方法确实存在一些问题。

沃伦·巴菲特很早就发现了这个问题。他在投资实践中注意到,他和格雷厄姆买入的股票按照"50%收益法"卖出后,其中很多股票随后还继续保持着上涨的势头,并且这些股票价格攀升到远远高于当时卖出的价位。所以,巴菲特不断探究这个问题,希望能在他的老师的投资报酬率上有所提高。这样,寻找这些企业的基本特征,特别是如何辨别它们的商业模式就显得至关重要了。

一般来说,超级明星般的企业具有三种基本的商业模式:

1. 提供某种特别的商品。比如像可口可乐、箭牌口香糖以及贵州茅台、云南

白药一类的企业。当我们想要满足自己的某种需求时，我们就自然联想到他们的产品。由于这一类型的企业已经形成品牌效应，在消费者的心目中占据重要的一席之地，因此他们根本不必改变自己的产品。他们可以持续地进行优势竞争，比如茅台，过去100年它一直销售这种产品，估计未来100年也是销售这种产品。由于市场的不断需求，他们一边可以自主提价，一边又可以销售更多的产品。

2. 提供某种特别的服务。比如像美国运通、穆迪公司以及中国平安、招商银行一类的企业。这种企业盈利模式简单易懂，他们既无需花费大量资金重新设计产品，也无需建造厂房和存储仓库。只要他们服务周到，深得人心，获得良好的口碑，就可以比销售一般产品的企业获得更多的利润。不过，这类企业是以整个机构来树立服务品牌的，它不是以单个服务人员为主。因此，如果企业的顶尖人物带着他的高端客户跳槽时，便要注意了。

3. 公众持续需求的商品或服务的卖方与低成本买方的统一。比如像沃尔玛、内布拉斯加家具超市、波仙珠宝店以及苏宁电器一类的企业。这类企业既是低成本的卖家，也是低成本的买家。他们的大宗交易可以创造丰厚的利润，薄利多销所增加的收益，远远高于单价折扣所承受的损失。因此他们的利润一边可以高于竞争对手，一边又可以为消费者提供价格公道的产品或服务需求。

超级明星般的企业一般利润稳定，没有负债或极少负债，又因为无需频繁更新产品，就不必在研发方面下大本钱，也不必更新厂房设备，所以企业的现金流充沛，可以用于企业业务发展或回购股票。由于这些企业具有令人难以置信的长期经济优势，因此它们几乎不可能濒临破产边缘。

如果过度积极型的投资者把这样的股票价格压得很低，那么买进这样的股票后亏损的风险就很小。股价越低，意味着潜在的上涨空间也越大。在低位持有的时间越久，从这些低估企业获利的时间也越长。一旦市场认可了这些企业即将到来的美好前景，随之而来的就是巨额财富。这就是巴菲特发现的投资"圣杯"，这是一种风险最小化而未来收益最大化的投资方法，更符合投资哲学与逻辑。

但是如果依据格雷厄姆的"50%收益法"，其结果如何呢？以贵州茅台为例。假如我们在茅台2001年刚上市时就以35元的价格买进，其中经过两次10送1股，到2004年4月其股价达到40.52元，包括分红，基本上接近"50%收益"。

如果我们这时把贵州茅台卖掉，后来的情形如何呢？后来的情形就是贵州茅台在 2008 年 1 月达到最高 230 元，其中不包括一次转增 3 股，一次转增 2 股以及丰厚的分红。即使遭遇了 2008 年大熊市，复权后其股价仍然在 500 元左右，累积收益率为 861%。

如果以巴菲特投资华盛顿邮报为例，其情形则更好。1973 年，巴菲特以 1100 万美元投资华盛顿邮报，假如到 1976 年他以 1600 万选择卖出，就可以获得了"50% 收益"，那么恐怕就没有了后来继续持有 35 年达到 14 亿美元的投资价值，累积收益率 12460% 的神话了。

因此，我们如果确实决定投资足够长的时间，我们就会为这些超级明星般企业的股票支付一个公平合理的价格而一路持有。而且只要我们不卖出，我们还可以有效地将所得税推延到遥远的未来，而只要我们一直持有，我们的投资就能够以复利速度增长，并且免税。持有的时间越长，就越富有。

格雷厄姆或许会认为这些超级明星般企业的股价都过高，但是巴菲特认为并没有必要等到股票大削价时才进场，只要支付的价格合理，同样可以大获其利，原因就是具有长期竞争优势的企业是创造财富的巨大的原动力。认识并理解到这些，我们就不会受制于市场的喧嚣和躁动，最终才有希望成为一个顶级的聪明的投资者。

▶ 超级明星企业与长期持有

> 这种投资方法——寻找超级明星股——给我们提供了走向真正成功的唯一机会。
>
> ——沃伦·巴菲特

简单的长期持有肯定不是价值投资,因为长期持有的前提必须是那些企业真正值得长期投资。没有投资这个前提,或者说前提错误,盲目的长期持有,其后果将十分严重,不能说是"价值投资"。

沃伦·巴菲特鼓励投资者买入股票后长期持有,但是有两点必须注意:一是这些企业必须是优秀的企业,属于超级明星般的企业;二是只有这些优秀的企业继续保持优秀状况时,才可以继续持有它们。所以,如果有人准备长期持有,就必须先从寻找超级明星般的企业做起。

有三条标尺可以衡量之:

首先,要避免商品型的企业。商品型企业的特点是其顾客群不是普通消费者,而是其他的企业。哪些企业是商品型企业?按照巴菲特的观察,至少有7种行业属于这种类型:纺织业、食品原料如玉米和稻米、钢铁业、天然气和石油公司、木材业以及造纸业等。

其次,要选择低成本、毛利率高的企业。光买入行业中的龙头企业,并不能永远保证其领先的地位,只有买入行业中低成本运营的企业才是长久之计。因为其低成本运营,没有谁能够击败它,那么它全面抢占市场只是时间上的问题。而且,这样的企业现金流一般都很充沛,基本上没有负债或很少负债。

其三，找出值得投资的优秀企业。 巴菲特最喜欢的是，其产品不会因为科技的进步而被淘汰。一家真正伟大的公司必须有一堵坚固持久的"城墙"，保护它的高投资回报。了解企业潜在经济状况的本质，是商品型还是消费独占形态的企业。

巴菲特发明了一种方法来检验一个企业是否存在消费独占性。他的问题是，"如果有几十亿资金和在全国50名顶尖经理中挑选的权利，能开创一个企业并且成功地与目标企业竞争吗？"如果答案是"不"，那么这个企业就具有某种类型的消费独占。比如，我们如果开创一家口香糖企业，能够与箭牌公司相抗衡吗？

现在，让我们来应用这些标尺，检视一下这两个上市公司是否符合超级明星般企业的标准。

先看中国石油，巴菲特曾经持有但最终又卖出的公司。中国石油是商品型企业吗？回答应该"是"。因为它的顾客群固然有部分是普通消费者，但主要还是以其他中下游企业为主。中国石油的毛利率比中国石化高得多，但是与2004年相比却逐年下降，到2007年下降的幅度已接近30%，这也充分反映了公司在国际油价背景下其成本不断攀升的严峻性。

中国石油无疑属行政垄断，并非是完全意义上的消费独占。显然，中国石油距离符合超级明星般企业的标准似乎还有一段距离。所以，这样的公司只要在其价值远远低于价格买进就行了，像巴菲特买进时只有1.6港元左右，如果要算市盈率则只有六七倍。而且作为周期性行业的公司，当时的景气度很低，是一个买进的好时机。基于这样的思考，巴菲特显然不可能进行长期持有，因为一旦其行业景气接近周期性高点，则势必悉数卖出，这一点十分清楚。因此，看起来长期持有股票需要具体分析，并非什么企业的股票都能够长期持有。

再看贵州茅台，一只备受争议的股票。但是无论如何，首先它肯定不是商品型企业；其次，它的产品毛利率很高，通常都在85%左右，成本很低；其三，它的产品独一无二，不可复制，确实有一堵坚固持久的"城墙"，以保护它的高投资回报，大致符合超级明星般企业的标准。而且，贵州茅台能够继续保持其优秀的状况吗？回答也应该是肯定的。当然，有人认为它总是有这样或那样一些问题，够不上"超级"，至多是"明星"而已。那么，如果我们能够确认贵州茅台至少是明星般的企业，我们应当怎么做？

如果按照本杰明·格雷厄姆的策略，那么就应该这么做：一旦股票价格到了公司的实际价值，就应该卖出股票，然后把利润重新投入一种被市场低估了价值的证券，因为他认为，如果持股的的时间越长，那么预期的年复利报酬率就越低。因此，如果有人采取格雷厄姆的策略也不能算错，这样的投资者仍然算得上"格雷厄姆学派"的人士。

但是，问题在于，巴菲特发现这种做法无法真正解决实质价值的问题。他更多的时候还是持有一些达到预期实质价值的股票，纵然把那些股票卖了，还要被课税，所以他认为格雷厄姆的处理方式欠妥。

查理·芒格倒是提出一种解决办法：只要投资者买入一家正在成长的优秀企业的股票，而且企业的管理层以股东的权益作为最大考量，那么就不必卖出这个股票，除非整体环境发生变化或者另有更好的投资目标。这种投资策略可以获得最佳报酬，因为投资者可以充分享受企业运用保留盈余，进而产生的复利报酬效果。

最终，巴菲特实践了这种策略。他放弃了格雷厄姆的方法，同时不再仅仅基于股票价格的考量而买入股票。他开始以企业的整体经营本质作为投资决策的依据，将目光锁定在那些能够创造出高资产报酬率的、具备消费独占的，同时管理层能够以股东权益为导向的超级明星企业。当然，价格仍然是巴菲特考虑是否买进以及预期可以达到投资报酬率的重要因素。不过，一旦买进股票，只要这个企业的经营本质没有发生剧烈的改变，他就会长期持有。

比如，在长期持有华盛顿邮报和盖可保险的几十年里，这两家企业每年都给巴菲特的公司伯克希尔带来17%以上的复利报酬率。纵然是这两家企业的股票价格有时严重超过格雷厄姆学派认定的实质价值，但是巴菲特依然持有这些股票。这就是巴菲特博采众长，发展了格雷厄姆的理论，并超越了他的老师的地方，也就是最具特色的巴菲特式的投资方法之一。

巴菲特说，也就是"这种投资方法——寻找超级明星股——给我们提供了走向真正成功的唯一机会"。因此，我们如果还认为巴菲特的方法更有效的话，那么，当像贵州茅台这样企业的股票在超出它的实质价值就需要将它抛出吗？答案不言自明。

在苍茫中传灯

▶冠军企业的要素与标准

> 这些公司的产品种类的长尾远比我们想象得要长；现在我们可以有效地开发这条长尾；一旦集合起来，所有利基产品可以创造一个可观的大市场。
>
> ——克里斯·安德森

首先明确两个概念。所谓的冠军企业，其实就是细分行业中的龙头公司，有人也称为"骆驼"公司。这些公司往往有着长达十年甚至更久的历史，它们没有炫目的商业模式，只有扎实的基本功，不是在朝阳产业跑马圈地，而是在细分市场里精耕细作，它们的品牌是依靠产品的口碑相传才慢慢为人所知。上市对它们而言，不是鲤鱼跳龙门，而是水到渠成的"自然之举"。

而所谓细分市场，简单来说就是在一个相对专业狭窄的领域，聚集了一批数量有限的客户。他们的消费需求、购买模式和合作方式非常相似。而企业通常需要花很长时间，才能赢得客户的信任。但这种关系一旦建立，就相当稳定。细分市场一般规模有限，容不下太多的竞争者。极端的情况下可能只有一家公司，形成垄断地位的行业寡头。竞争的重点在于公司相对于产业的规模，而非公司的绝对大小。

中国企业弱小特征的现实决定了许多企业的未来走向必须朝骆驼型公司发展。按照柯银斌等人在《冠军商道》一书中的观点，中国企业今天仍然处于"炼金时代"，但是最终必然走向"真金时代"，那时，中国各行各业的"产业终局"

终将形成，那些主要的企业将各就其位，各司其职。因此，炼金时代一些多元化经营的企业，比如希望集团、东方集团等，它们要么缩减业务范围，提高企业能力，要么两者同时进行，否则就难以持续成长。

过去，只有少量的冠军企业比如著名的格力电器、格兰仕等，它们在某个狭窄的业务范围内，在中国市场甚至全球市场占据第一的位置。近年来，随着中小板、创业板许多企业的上市，越来越多的冠军企业展现在我们面前，不能不引起我们高度关注。

如何界定冠军企业，即市场占有率第一的公司？有三个要素：

第一个要素是业务范围。企业经营的业务范围划分为多个层次，根据中国《国民经济行业分类》标准，从 A 到 T 的 20 个行业为一位数行业，比如 C 为制造业。在制造业中，又分 13 到 43 的 31 个两位数行业，其中 17 为纺织业，39 为电气机械及器材制造。在电气机械及器材制造业中，又分为 391 到 399 的 9 个三位数行业，其中 395 为家用电力器具制造。而在家用电力器具制造业，又分为 3951 到 3957 及 3959 的 8 个四位数行业，其中 3954 为家用厨房电器制造。比如像格力、中集就是四位数行业，并且是四位数行业中的第一位企业，而海尔、华为就是三位数行业。

第二个要素是市场地域范围。市场地域范围可分为当地市场、全国市场、多国市场以及全球市场四个层次。比如万向集团就是全球万向节市场的冠军企业。实际上，许多"骆驼公司"本身就是中国市场冠军，有的还是全球市场冠军。

第三个要素是时间期限。也就是说，从哪一年开始成为冠军；在哪个时间期限内一直是冠军。这实际上是冠军地位的巩固性问题，比如中集集团，从 1996 年开始成为全球集装箱冠军，一直保持至今。

"利基"是英语 niche 的中译，也就是"壁龛"。借用到商业领域，是指某个大市场中的细分市场，也就是利基市场。这个市场是独立存在的：有特定的产品、客户、需求和地域范围，并且只能容纳少数企业。美国《连线》杂志主编克里斯·安德森在他论著的《长尾理论》中认为，"大规模市场正在转化为数之不尽的利基市场，而且，这种趋势愈演愈烈。……无数的利基市场正崛起为一个广阔的新市场。"

安德森在调查亚马逊、易趣、谷歌等互联网企业后得出三个结论：这些公司的产品种类的长尾远比我们想象得要长；现在我们可以有效地开发这条长尾；一旦集合起来，所有利基产品可以创造一个可观的大市场。

长尾理论主要说明的是产品种类层面的利基，也就是产品视角的利基战略。利基战略就是以利基业务为起点的战略。利基业务是指在特定的市场中，与特定对手竞争，向某个特定客户提供的特定产品或服务。

它们的特点鲜明，可以概括为如下6项。

1. 产品范围狭窄：四位数行业以下

这是一个绝对标准。根据《国民经济行业分类》标准，代码为四位数的行业被称为"四位数行业"。在四位数行业内，进一步细分还可以细分到五位数、六位数行业。而产品角度的利基就是指细分四位数行业以后的五位数、六位数行业中的产品。比如服装和箱包制造是四位数行业，其中的纽扣、拉链就是五位数行业中的产品。

2. 市场容量：足够小但又足够大

从市场规模看，利基性市场首先是足够小，不会引起大企业的关注和兴趣，但同时又足够大，能够满足第一位企业的成长发展需要。当然这是一个相对标准。比如三一重工生产的混凝土输送泵及泵车等产品，全球市场规模为160多亿元人民币；圣雅伦生产的指甲钳产品，全球市场规模在60亿元人民币左右。一般而言，在中国市场，容量在100亿元人民币左右可以作为利基业务市场规模的衡量指标。

3. 技术特征：变革不太快，投资不大

主要是指产品生产技术。技术变革的速度不是太快，"创造性破坏"出现的周期较长，企业在研发上的投资不是太大，当然这也是一个相对指标。如果技术变革快，公司永远是变革者，那么将其作为利基业务也是可以的。制药业中的许多药品是利基性的，但如果其研发投资过大的话，就不适合作为利基业务。技术角度的这些特点并不是表明利基业务的技术创新不重要，恰恰相反，在上述特点的基础上，利基业务必须有不断的技术和产品创新，其中改进型创新居多，而革命型创新较少。

4. 竞争角度：大的看不上，小的做不来

总体来看，市场竞争不是太激烈，原因是：大公司或者看不上这个市场，或者看上但不会投入，或者有投入但不会全力投入，或者有相当的投入但也容忍竞争对手的存在；小公司或者由于决策人的能力所限看不到这个市场，或者看到了但由于缺乏战略眼光也不做，或者想做但由于缺乏实力做不好，或者已经做了但缺乏专注和执着无法继续做下去。利基业务的这种特点，一方面使进入者有成长的空间，另一方面又不会引来众多的模仿者，比如圣雅伦进入指甲钳市场后，还有其他多少公司跟进呢？

5. 需求特性：稳定且有一定的增长

需求稳定是基础。实际上人类对许多产品的需求是稳定的，例如日常生活所需的产品，工业所需的中间产品。如果需求在稳定的基础上有一定的增长，就更理想了。中间产品型的利基业务的需求往往取决于使用它的产品所对应的市场需求，而不能自身通过价格等营销因素所影响。但终端产品型利基业务的需求，则可以通过价格等营销因素来影响。

6. 地域角度：全球范围内的通用性

产品通用性有两种：一是时间维度的通用性，即需求稳定，这与人类的需求有关；二是空间维度的通用性，即全球都有客户，这与民族性基本无关。全球通用性产品主要有两类：一是工业所需的中间产品；二是个人或机构日常所需的产品。全球通用性产品很多，比如手机电池、拉链、集装箱、万向节等等。

以上 6 项标准为利基业务的选择和判断提供了一般性的方向和方法。当然，具体运用时必须结合企业的实际情况，取决于企业家的战略意图。

 在苍茫中传灯

▶ 伟大难在洞悉

> 伟大的股票永远是意外。这是毫无疑问的。如果有谁在买入沃尔玛的时候就知道他可以赚 500 倍，那么我觉得他是外星人。你永远不可能在事前知道谁是伟大的公司。
>
> ——彼得·林奇

有人要寻找伟大的公司？这是一个不错的想法。只是伟大的公司可能只有在事后才知道，因此未免让人沮丧。彼得·林奇很早就有这样的论断，"伟大的股票永远是意外。这是毫无疑问的。如果有谁在买入沃尔玛的时候就知道他可以赚 500 倍，那么我觉得他是外星人。你永远不可能在事前知道谁是伟大的公司。"

在现代商业史中，惠普公司的故事很有意思，非常值得我们研究。因为惠普公司曾经历过伟大的时刻，也经历过不那么伟大的时刻，可以诠释彼得·林奇的投资思想。

惠普在商业史上拥有一个非常有名的开端。1934 年，刚从斯坦福大学电气工程系毕业的戴维·普克和比尔·惠利去科罗拉多山脉进行了一次为期两周的垂钓野外露营。由于彼此对很多事情看法一致，他们结成了一对挚友。此后，比尔在斯坦福大学和麻省理工学院继续研究生学业，而戴维则在通用电气公司找到一份工作。受斯坦福大学教授及导师 Fred Terman 的鼓励和支持，二人决定开办公司并自己经营。1938 年，戴维夫妇迁居至加利福尼亚州帕罗奥多市艾迪森大街

376号,比尔就在这栋房子后面租了一间小屋。比尔和戴维用538美元作为流动资金,并利用业余时间在车库里开展工作。

比尔利用其研究课题负反馈研制成功了惠普第一台产品:阻容式声频振荡器(HP200A),这是一种用于测试音响设备的电子仪器。这款产品的价格为54.4美元。后来迪斯尼电影公司订购了8台振荡器(HP 200B)用于制作电影《幻想曲》。此后,惠普走上了成功的道路。

由于合伙企业的产品在工程界和科学界中大受欢迎,比尔和戴维与销售代理签约,以将其畅销产品向整个美国市场上投放。二战爆发后,美国政府对电子仪器的订单似雪片般越舞越多。惠普新产品不断增加,1943年,惠普因开发出信号发生仪及雷达干扰仪,从而进入微波技术领域。惠普因其成套系列的微波测试产品被公认为信号发生器行业的领先者。

在20世纪50年代,惠普进入了其增长和成熟期阶段,公司掌握了很多电子新兴技术,并了解到其成长的内部动因。但是50年代却是经济低迷的时期,由于订单数量下降,公司不得不解雇一些员工。戴维觉得这段经历令人非常痛苦,而如何成长和公司增长多少同样让人争论不休。

就在这时,惠普制定了公司发展目标,这一目标后来成为其独特管理哲学的基础。惠普自此走向一条全球化经营管理的道路。结果就是,从20世纪50年代到70年代,惠普可以说是世界上最有创造力的公司。在那段时间里,惠普生产了一大批极具里程碑式的产品,其中包括了原子钟、科学计算器等。一位非常著名的商业作家宣称,那个年代的惠普是"世界上最伟大的公司"。

20世纪70年代末,戴维·普克和比尔·惠利退休了。虽然惠普迅速发展了将近40年,可是他们的继任者却遭遇了越来越多的困扰。到1990年,惠普的销售额和利润都出现停滞的现象,惠普开始了强势回归的阶段,连惠普的员工也明显地感觉到公司迷失了方向。于是戴维·普克和比尔·惠利又被重新请回公司。到他们再次离开惠普时,公司又复活了,成为财富榜上发展最快的50家公司之一,似乎又成了"最伟大的公司"。

但是故事还没有结束。在接下来的15年里,惠普更换过许多首席执行官,有两任是公司内部产生的,第三任是雇用来的"超级巨星",可是他们中的任何

人都没有使惠普重振昔日的辉煌。

现在的惠普和戴维时期的惠普一样具有创造力吗？当然不是。但是至少现在的惠普同样成功。2007年，惠普成为史上第一个年收入突破1000亿美元的IT公司。2009年超过戴尔公司，成为世界上最大的计算机制造商，同时还是喷墨、大型激光打印机以及其他打印机市场中的领头羊。同时惠普还在IT服务商中排名第二，是世界上第六大软件公司，是美国"最环保"的大型公司。

惠普曾经迷失了前进的方向，并且经历了垂死挣扎。但是最近5年又转变为一个富有活力的成功公司。惠普的故事告诉我们，这个世界上没有一个理想的公司模型，也没有一套完美的永恒的成功理论。

未来惠普会怎样，我不知道。但是惠普确实曾经伟大过，也确实曾经不那么伟大过。苹果也曾经伟大了一阵子，可是最近似乎就不那么伟大了。雅芳过去曾经也很伟大，但后来却很悲惨，15年里股价从160美元跌到35美元。因此彼得·林奇先生告诫我们，当你听到"这是下一个伟大的公司"的时候，赶紧试着中断你的思维，不要听后面的话，因为后面的话将永远是激动人心的，下一个伟大的公司更是永远都没有成功过。下一个玩具反斗城没有成功，下一个家德宝没有成功，下一个施乐没有成功——施乐自己做得也不是很好，下一个麦当劳等等都失败了——要伟大实在不容易。

很显然，假设有人能够在洞悉像惠普那样伟大的基因，趁着它不那么伟大的时刻买进，一直持有到它很伟大的时刻将其卖出，那么肯定是一笔很好的投资。但是，假设有人趁着它很伟大的时刻买进，一直持有到它显得不那么伟大的时刻卖出，那么肯定是一笔很差的投资。难就难在我们不知道它什么时候会变得伟大或继续伟大下去。彼得·林奇说得对，你永远不可能在事前知道谁是伟大的公司。

◈ 大公司的难处

> 痴迷于"做大"的情结是美国经济衰落的症结。
>
> ——沃尔特·亚当斯、詹姆斯·布鲁斯

传统的一个观点可能会认为,具备大型组织结构的工业巨人能够大幅提高经济效率。而实际的情形却往往相反。公司的规模一旦庞大,在很大的程度上将导致组织的僵化、自负、特权阶级以及其他损害公司的不良问题。

在一本出版于1986年的《大组织情结》的著作里,其作者沃尔特·亚当斯和詹姆斯·布鲁斯指出,痴迷于"做大"的情结是美国经济衰落的症结。被摩根士丹利推崇为高于迈克尔·波特的战略家、企业"定位之父"杰克·特劳特先生经过长期的观察,根据大量的原始和分析资料,也得出与传统相反的结论。

1. **"大"不等于更有效率**。大公司的"大"很少能对公司产生促进作用,更常见的是破坏生产效率。沃尔特·亚当斯和詹姆斯·布鲁斯发现,相对于国内市场而言,最合适的工厂规模应该很小;在比最佳规模小得多的工厂里,生产效率低下的可能性更是惊人得小;在规模经济上的小小牺牲,会导致很大程度的分散。难怪大公司要用更小型的新式工厂取代大型综合制造基地,也许它们早已发现,员工无法解决由规模和复杂性引发的问题。

2. **大公司利润低**。加州大学教授理查德·罗曼尔特对于大的理解非常有趣,他在研究公司战略时发现,具有一定程度多样化但相对聚焦的公司往往比高度多样化的公司业绩好。公司多样化是为了降低风险,但更多的多样化是为了保持高增长而非规避风险。高度多样化的公司往往利润低,因为一个组织越复杂,越容

易在组织的非核心业务领域衍生出大量无效率无收益的业务。这样的业务往往又是公司高管的最爱,关闭它们会伤及自尊,并且为公司的花园除草也丝毫无益于个人的职业发展,因此只好让它留着,也算是帮助公司发展壮大。

3. 大公司不愿自我攻击。 如果公司既富有又成功,它们就更不想改变现状了。IBM没有想过从主机向小型计算机转型,通用汽车也没有想过从大型车向小型车转型。它们对有可能削弱自己主业的发明不以为然。很少能听到成功的大公司这样说,"那个概念更好,不如我们抛开原先的概念吧"。相反,他们往往很快指出新概念的瑕疵。他们没有考虑到,新事物被改进到一定程度时,就会成为"颠覆性技术",或打破均势的技术。市场的领导者必须学会用一个更好的概念攻击自己,如果他们不这样做,自会有人来攻击他们。

4. 大公司面临组织难题。 杰克·特劳特认为,对管理规模分析最佳的是人类学家罗宾·邓巴。这个人出现在马尔科姆·格拉维尔德的《引爆点》里。格拉维尔德从邓巴的著作中摘录出以下观点,指出规模过大的核心问题:组织规模越大,你就必须施行越复杂的等级制度、规则、规矩和正式的措施以控制忠诚度和凝聚力。在150人以下的规模下,可能以非正式的方式达到相同的目的,依靠个人忠诚度和人与人的直接接触,命令能被执行,不守规矩的行为也会受到约束。但在更大的组织里,这几乎是不可能的。

当面临的决策要么对公司更有利,要么对个人更有利时,人们在很多情况下会选择有利于个人或个人事业的决策。并且,巨大资源和大品牌也很少能够保证产生创新。更常见的是,成规和官僚主义成了开创性思维的障碍。

当然,这是美国公司存在的一些问题,估计中国公司也相去不远。看起来大公司的难处还真不少,因此"做大"公司确实不易。不过,如果从喜斯糖果、内布拉斯加家具店的一些案例来看,每个公司都一定要发展"壮大"吗?

第三章 企业思考

▶ 问道小公司

> 以长期的视角审视，小公司的盈利增长确实比大公司的盈利速度快，因此小公司的股票往往在市场上表现出色。

我在《价值投资的温床》一文（见第一章"投资策略"）中谈到，要寻找小公司，投资小公司。因为体量小的公司可能蕴含着光明的发展前景，而且它们往往处于企业生命周期的早中期阶段，所以更有可能快速增长。

在 A 股市场，小公司的市值一般在 100 亿以内，100 亿以上至 1000 亿以内可以算为中型公司。有些人并不认为小公司是好的投资标的，因为它们的盈利可能不稳定，商业模式未成熟，企业竞争力弱，管理不很到位，甚至财务报表都有造假的可能。这些可能都是事实，但不能由此否定对小盘股的投资。

实际上，有不少著名的投资者都对小公司即小盘股情有独钟。虽然他们有的不在中国本土，但是投资策略和理念却是放之四海而皆准的，让我们还是聆听一下他们对小公司的真知灼见，或许有所裨益。

查理·德瑞福斯，Royce Special Equity 基金和 Special Multi‐Cap 基金经理，被誉为"小盘股之王"。德瑞福斯 40 多年来一直钟情小盘股，因为他认为小盘股被别人关注与研究的概率远远小于大盘股，所以蕴含着更大的机会。在美国，小盘股主要是由市值低于 25 亿美元的公司组成，美国约有 4800 家这样的上市公司。近 10 年来，小盘股的表现始终远远好于大盘股。当然，小盘股也存在流动性较低和稳定性不高的难题。而且，小盘股股价经常被爆炒升高，随后又暴跌的现象也屡屡发生。但是，德瑞福斯是一个绝对的价值投资者，他的选股方法非常稳健。

他认为自己的投资风格就是"风险规避型",因此他把证券分析的每一步都建立在试图降低风险的基础上。

德瑞福斯只买那些股价相对内在价值出现很大折价的"便宜货",而且在找不到合适股票的时候,就宁愿持有现金。在买入股票的时候,他认为买入价不仅要相对便宜,还要绝对便宜,而且还要按照做实业的方式,以并购的角度考虑买入价格。当然,始终将眼光放在高安全边际的价值型小盘股上,意味着德瑞福斯同时也错过了很多投资热门股的机会,但也正是这种严格的投资纪律,使得他管理的基金在市场困难的熊市中仍跑赢了大盘。

德瑞福斯说,即便市场遍地都是机会的时候,自己还是保持着较为保守和冷静的操作,因为担心市场会再次探底,所以他采取的方式是逐步买入分摊成本,而且只有在下跌的交易日才较为集中地买入。德瑞福斯通常持有70—80只股票,平均持有期限是4—5年。他更加倾向保守的公司。因为小盘股是未被完全挖掘的机会,或者说不是很多人热炒的品种,所以被市场认可会需要一定时间,因此所谓的低效率属于正常情况。

杰夫·卡登和JB.泰勒,一个是瓦萨奇公司的CEO,一个是瓦萨奇小盘股成长基金经理。泰勒称,过去十多年来,小盘股一直有着丰厚的回报,从1999年12月至2014年5月,罗素2000指数(小型股指数)的回报超过标普500指数70%以上。从长远看,小公司的盈利增长普遍比大公司的盈利速度快。他们专注于长期高速增长的潜力型公司,目标公司是盈利超过15%的公司。

卡登说:"随着时间的推移,如果我们所持有的公司盈利增长每五年左右能翻一番,那么这种复合增长将会为我们的投资组合提供丰厚的回报。"泰勒补充说:"我们仍然关注公司质量的增长,相信未来会有长期的回报。"当然,小盘股一般比较贵。罗素2000指数中的公司,相当一部分的市销率超过了10倍。"市场越来越贵,我们必须接受这一点,而且我们还要在相当长的时间内都处于这个市场当中。"

昂贵的市场在未来数年后很可能不会带来巨额回报,但是泰勒认为,他们持有的小盘股公司,其盈利和增长率与整体的小盘股市场有很大的不同。他们最关心的是估值,其次才是公司的质量。他们总是力图发现有吸引力的商业模式和高增长的公司。

对于中小盘的高估值他们并不惊慌。泰勒说，好公司总能在市场中脱颖而出。但问题是一些公司可能需要几年时间的成长才能达到它们的估值。不过它们仍然是伟大的公司，能够在未来产生巨大的利润。但在某些时候，投资者可能更愿意购买盈利能力较低以及市盈率也相对较低的公司股票。所以在这个过程中总有可能出现一些波动，但这并不意味着股市即将崩盘。在互联网泡沫狂热期，不少股票随时要崩盘，是因为其内在的商业模式并不创造价值。

由上述三位著名的投资者的精彩论断中，可以归纳出以下一些观点：

1. 以长期的视角审视，小公司的盈利增长确实比大公司的盈利速度快，因此小公司的股票往往在市场上表现出色。巴菲特和查理·芒格也曾表示过，如果他们只有100万美元的话，那么首选的也将是小公司。实际上，早年巴菲特购买的那些股票里就有许多小公司。

2. 因为在美国股票市场通常以投资大公司为主，所以许多优秀的小公司会被忽略而无人问津，成为冷门股，从而造成了价值的严重低估，这也是德瑞福斯、卡登和泰勒投资业绩卓有成效的原因。

3. 但是在A股市场，小盘股经常被爆炒，股价往往虚高，这就决定了不能随时购买这些小盘股。只有在（1）公司遭遇市场极端下跌，（2）公司出现黑天鹅事件，（3）公司陷入暂时性困境时，才有可能出现深度价值，成为真正的便宜货，此时才是出手的良机。

4. 彼得·林奇曾经建议说，对于小公司，最好等到它们有利润之后再投资。在A股市场，许多小公司往往是利润赚得不多，股价却高高在上，完全透支了未来几年的经营业绩。如果买进这样的公司股票，谨防"戴维斯双杀"，因为它们确实需要几年时间的成长才能达到它们的估值。

5. 虽然现在许多A股市场的小公司或是隐形冠军企业，或是细分市场的领军企业，但仍要仔细研究这些小公司的商业模式、产业地位、企业竞争力、经济护城河、公司财务状况以及管理水平等，要以做实业的方式，以并购的角度考虑买入价格。遵循"不理解不熟悉不购买，在自己能力圈内行事"的原则。

6. 每个人的投资偏好和风格各不相同，我只倾向于保守低调的公司。这样

的公司其管理层诚信低调,业务简单明了,不盲目多元化,在自己的领域内深耕细作,适度增长,财务健康,不负债或少负债,现金流充沛,以股东利益为导向,CEO及高管大量持股等等。一旦以合算的价格买入,至少看三年,长期投资。

▶ 完胜小公司

> 事实上，大多数在 5 年或 10 年间表现最为优异的股票总是市值低于 40 亿元的股票。

巴菲特在 1999 年谈到小盘股投资的时候说，假如今天我还在运作 100 万美元或 1000 万美元的资本，那么我将会满仓投资……我不涉足的领域（小盘股）变得比涉足的（大盘股）领域更有吸引力。请注意，这其中第一是 100 万—1000 万美元的资本规模，第二是"满仓"投资，第三是更有吸引力。这三点构成了投资小盘股的基本前提。

特别是在 A 股市场，因为投资小盘股增值的潜力巨大，所以投资者趋之若鹜。但是，若要赢得收益，需要能够先于其他投资者发现这个行业和公司。不仅如此，实际上若要成功投资完胜小公司，还需要取决于投资者研究的具体因素。

这些因素可能包括：

1. 优秀的领导能力

即使是生产一件很不起眼的产品，比如纽扣、拉链、瓶盖或订书机等等，假如公司领导层具有优秀的领导能力，也能够做到极致。具有优秀的领导能力，其观念可能与潮流相悖，但是他们一定是对特定的产品或服务有着开明的想法或远见卓识。如果像史蒂夫·乔布斯或者比尔·盖茨那样的企业家，他们对自己提供的产品和服务一定都有着独到的见解。他们的理念在公司尚处很小规模的时候就自己提出来了，而不是事后诸葛亮。当然，并非每一个点子都会成功，这就取决于企业家卓尔不凡的见识。他们不仅要体现在想法上，而且还要将想法体现在市

场化上。

  投资者若要寻找一个卓越的领导者，需要仔细考察那些被认为未来有增长潜力领域的行业背景。这个点子必须具备时代性。就像快餐、手机等等都充分利用了当时的技术。一个真正的投资机会要求这个投资想法本身能够准确迎合顾客新的需求和渴望，并能最大限度地应用当时的技术。投资者若要识别优秀的管理者，若自己没有拥有一定的商业直觉，就需要不断的阅读和比较。

2. 巨大的增长潜力

  若市场需求有限，即使是最绝妙的想法也只能就此止步。若需求已经得到满足，未来的增长可能就有限。最成功的故事是那些提供具有广泛吸引力的产品和服务的公司，它们能够通过提供独一无二的产品和主导市场来实现显著的增长和利润。

  比如伟星新材，一家专业研发、生产、销售管材管件系列产品的制造公司。但是，伟星新材并非只是一家制造商，而且还是一家服务商。家居里水管破裂、接头漏水、墙面渗水非常麻烦，但是伟星新材的"星管家服务"，可以一站式解决伟星用户水管售后的问题，真正做到安全管到家，将其高品质的生活理念延伸到千家万户。"星管家服务"第一项是免费产品真伪鉴定；第二项是免费专业水压测试；第三项是免费拍摄管路图；第四项是告知业主安全事项；第五项是提供50年质保。自伟星新材上市以来截至2015年，其营业收入复合增长14.03%，净利润复合增长19.04%，股价复权后从最低到最高涨幅超过500%。净利润增长大于营业收入增长，表明其前景广阔，市场尚未饱和，增长潜力巨大。

3. 日益增多的曝光度

  投资一家有潜力的小公司的最佳时机是它尚未被公众发现的时候，那时其股价一定是最便宜的。当曝光度日益上升的时候，市场将开始聚焦，其股价也不断上涨。

  比如通策医疗，上市公司中专营口腔医疗和辅助生殖的连锁公司。2009年，通策医疗购买了一家壳资源上市的公司，其股东又是从事房地产的，然而却偏偏要深入口腔医疗服务领域，因此市场有所疑虑。那时，通策医疗兼并了几家医院，开设了几个门诊部。有的做得不错，有的也做得很差。做得最好的一家医院，其净利润占据了公司 80% 的份额。2010 年它的股价在 10 元左右，总市值在 15 亿元左右，每股收益 0.31 元，并不十分昂贵，在 A 股市场上也默默无闻，没有多少人关注。但是，接下来，通策医疗不断扩张口腔医院，与英国生殖辅助机构合作，如今通策医疗已经名满天下了。2015 年，其最高市值曾超过 170 亿元，股价曾越过百元大关。

4. 竞争优势

小公司也必须真正具有竞争优势，需要有有别于同行，并专注于提供客户需要的产品和服务。小公司的成长是出于优秀的管理、强劲的财务成果以及自身的竞争优势。拥有独一无二的产品或创造市场营销方式是至关重要的。

像巨星科技，一家世界第六大、亚洲第一大的手工具制造商。这家公司其实并非传统意义上的生产制造企业，渠道是其最大的优势。其运营模式为：国外大型零售商直接向公司下达订单，通常情况下，30%—40% 的订单由公司自行生产，60%—70% 的订单公司通过外协方式进行加工。目前外协厂商近 700 家，公司能根据客户定单，实时完成对产品从原料到加工、包装的监控，同时为确保采购质量，公司在整个产业链中的作用更像一个信息流与商品流的平台。公司的销售渠道覆盖全球，每天都有上万种的产品在全球两万家以上的大型建材五金超市、大型百货连锁超市、全球工业企业工具供应商、欧美专业汽配连锁超市销售，绕过国内外中间商直接面对大型连锁终端进行销售，从而获得比同行业企业更高的销售额和毛利率。截至 2015 年，上市 5 年巨星科技的市值从最低的 40 亿元左右上涨到超过 200 亿元，增长超过 4 倍。

最后，必须指出的是，公众持股量相对较少、并且总市值低于 40 亿元是较好的投资时机，而且公司未来也最有可能实现高增长。彼时，增长的周期刚刚开始，同时公司也年轻，其股票最有可能随着投资者兴趣和需求的增加而迅速上涨。事实上，大多数在 5 年或 10 年间表现最为优异的股票总是市值低于 40 亿元的股票。

在苍茫中传灯

▶ 基业难长青　衰落更具普遍性

> 事实告诉我们，这个世界既没有一个理想的公司模型，也没有一套完美的永恒的成功理论。

人的认识总有一个过程。几年前我很欣赏管理学家吉姆·柯林斯的《基业长青》，还为此写过文章。后来读了瑞士洛桑国际管理学院战略及国际管理教授菲尔·罗森维和GMO资产配置团队成员詹姆斯·蒙蒂尔等人的论著，才知道像柯林斯那样的企业"成功学"确实存在问题。

究其原因，一是企业样本问题，涉及"生存者偏差"；二是基业的确难以做到长青，衰落更具普遍性。柯林斯写过三本书，分别是《基业长青》、《从优秀到卓越》和《再造卓越》。《基业长青》研究的是18个基业长青公司的成功经验，揭示了公司保持长青的秘诀。《从优秀到卓越》则描绘了优秀公司实现向卓越公司跨越的宏伟蓝图。《基业长青》出版于1994年，《再造卓越》出版于2009年。从《基业长青》到《再造卓越》，时间跨度十五年，十五年足够让一个人的思想发生根本性的变化。

大概是柯林斯亲眼目睹了2008年贝尔斯登、雷曼兄弟以及美林证券等许多卓越公司的陨落事实，最终促成了《再造卓越》。柯林斯说，"我们开始关注问题的阴暗面了"。因为光环效应，越是卓越的企业越容易走向衰落，使得基业难以长青。

那么，当初《基业长青》中那些"高瞻远瞩"公司的研究是否就失去意义了呢？柯林斯在《再造卓越》导言中，阐述了研究成功与衰落的辩证关系，试图平衡两者之间各自的重要性。他认为，虽然在《基业长青》中研究的一些公司已经失去了昔日的辉煌，但并没有让他感到困惑。因为一家企业陷入低谷，并不意味着研究它在巅峰时期的表现就没有任何意义。仅仅研究成功的案例，对于自己全面了解情况是不利的，将两者之间进行对比，收获会更多。

但是我觉得，柯林斯无论如何"平衡"，也无法改变失败（或衰落）的概率总是大于成功的现实。柯林斯在《从优秀到卓越》中，总结出公司因为转型从而实现15年以上卓越表现的成功法则，而事实告诉我们，这个世界既没有一个理想的公司模型，也没有一套完美的永恒的成功理论。

因此，研究公司的失败或衰落意义非常重大。当然，谈论失败或衰落的姿态，确实让人感觉不到光明甚至有些压抑，这如同研究灾难一样不会让人振奋人心。柯林斯终于看到，现实中每个企业都是有自己的弱点的，不论它看起来有多么卓越，总有暴露"阿喀琉斯脚踵"的时候。过去获得成功很可能是因为撞大运的缘故。

柯林斯自己也说，企业不论积蓄了多少能量，依然很难摆脱衰落的命运，"世上并没有强者恒强这样的铁律"，每个企业都有可能走向衰落。过去的辉煌并不能确保未来的成功。搞垮一家公司总比搞好一家公司来得容易。即便是最强大的公司也有可能自我毁灭。有的可能从此一蹶不振，有的可能也会东山再起。但是大部分卓越公司的失败几乎都是咎由自取的。

一家公司即将失败的时候，从外表上看似乎坚不可摧，股价也蒸蒸日上，其实它已经病入膏肓，处于悬崖的边缘，随时可能轰然摔下。爬上一座高山可能需要十天，而掉下来也许只需十秒。

柯林斯在《再造卓越》中，把衰落的过程创造性地解析为五个阶段：狂妄自大、盲目扩张、漠视危机、寻找救命稻草、被人遗忘或濒临消亡。最典型的例子莫过于摩托罗拉。

1989年摩托罗拉被作为世界上最"高瞻远瞩"公司的典范，被柯林斯列入"基业长青"的公司，位于18家高瞻远瞩公司的前列。20世纪90年代中期，摩托罗拉经过多年的成功运营，年收入从10年前的50亿美元猛增到270亿美元。这使得摩托罗拉管理层的心态从谦逊转为傲慢。那时无线电话运营商的注意力正转

在苍茫中传灯

向数字技术,而摩托罗拉还在推出最小巧的翻盖手机,其实那是一款基于模拟技术的手机。

面对数字技术的威胁,摩托罗拉毫不在意,"有4300万模拟信号用户,这个市场错不了。"摩托罗拉的傲慢给了其竞争对手可乘之机,昔日将近占领50%的市场份额、世界手机市场的头号霸主不得走下神坛,到1999年,摩托罗拉手机的市场份额下降至只有可怜的17%,明显地步入了衰落之势。这是摩托罗拉衰落的第一阶段——狂妄自大。

早在20世纪80年代,摩托罗拉就着手发展铱星手机业务,打造一个低轨道卫星系统。1991年,摩托罗拉将铱星业务从公司中分离出去,使之成为一家独立的公司。摩托罗拉是铱星最大的股东。截至1996年底,摩托罗拉对铱星投资超过5.37亿美元,并为铱星公司贷款7.5亿美元,总金额超过利润的总和。1996年是铱星业务的计划实施阶段,需要的投资比之前要多得多,毕竟发射66颗卫星可不是便宜的试验。那时传统手机业务已覆盖全球,使得铱星业务的独特性大为下降。并且,铱星的通话有明显劣势:耳机价格高达3000美元,有砖头般大小,只有户外才能接收信号,每分钟通话价格3—7美元不等。1997年摩托罗拉在其年报中夸耀说,铱星将创造一个新的产业。然而仅仅过了一年,铱星公司就申请破产,欠下了15亿美元的贷款。摩托罗拉1999年的年报中也出现了创纪录的20多亿美元的成本支出,导致摩托罗拉迅速陷入第四阶段——寻找救命稻草。

此外,根据柯林斯的叙述,当网络经济泡沫即将破灭的时候,摩托罗拉还将赌注压在"利用无线宽带网络和互联网"上。公司承认:"和其他公司一样,我们在2000年也不合时宜地追逐着网络和经济的风潮。"公司力图将自己从一个以硬件为主的公司,转型为一个以软件为主的公司。公司耗资170亿美元收购了通用仪器公司,开始了激进的文化和战略转型,"公司的一切都进行了调整或改变",斥巨资开展"智慧演绎、无处不在"的商业战略。公司开展了对生物科技的研究;在4年之内三度重整无线网络业务。2003年从外部聘请了一位CEO,但不到4年他就辞职了。

摩托罗拉衰落的案例说明,洞悉企业怎样走向衰落,理解企业如何丧失卓越地位是何等重要。当然,搞懂公司为什么衰落要比搞懂公司为什么成功要难得多。

虽说"不幸的家庭各有各的不幸",而要细究各自不幸的原因则很难基本一致。如果说《基业长青》或许很适合 CEO,那么《再造卓越》倒是很适合投资者。

统计学教授乔治·伯克斯说,所有模型都是错误的,有些模型是有用的。确实如此。《再造卓越》中的"衰落模型"对解读卓越公司如何陷入衰落是有帮助的,因为它或许能够让投资者认识到一家企业如何一步步走上衰落和失败,从而及早抽身离开此类公司。

 在苍茫中传灯

▶ 不容易寻找的10倍速公司

> 华尔街搭建了一个滋生麻烦的温床，其唯一的目的就是促使企业的财务增长。而财务增长的欲望是让许多公司犯下错误的关键原因。
>
> ——杰克·特劳特

当我发表《基业难长青 衰落更具普遍性》一文后，有人告诉我，吉姆·科林斯其实还有一本新作，我才知道这本新作是《选择卓越》。这是一本研究在相同环境下，为什么结果却不同的书；是一本研究在动荡环境中，如何通过"选择"来创造伟大公司的管理著作。

作者要寻找的是"10倍速公司"。所谓的"10倍速公司"是作者自创的一个名词，指在一个给定的时期，与其行业指数相比，业绩胜出至少10倍的公司。

寻找"10倍速公司"，相当于寻找"10倍股"，对于许多投资者而言，这是一个梦寐以求的目标。科林斯说，如果你在1972年底投资一个10倍速公司的组合，投资额为1万美元，那么到2002年底，这笔投资的总额将会超过600万美元，32倍于普通股市场的表现。不要只想着一些烂行业，其中也不乏一些好公司，比如西南航空公司。如果你在1972年底投资于西南航空公司，投资额1万美元，那么到2002年底，这笔投资将会增至近1200万美元，63倍于普通股市场的回报率。可见10倍速公司的魅力确实不可抗拒。

但是如何才能找到这样的公司？就看你是否能够找到具有10倍速领导，20英里征程，先发射子弹、后发射炮弹，超越生死线等等特点的公司。这些都是科

林斯从7家10倍速样本公司中提炼出来的概念。实际上还是样本的问题。找出一些好公司或者坏公司，将其优点或者缺点概括出来，然后宣称找到了区分卓越公司和优秀公司的"永恒原则"，这是科林斯所说的一种历史比较分析法。

其实，我们对于这种方法不是很陌生。管理学大师汤姆·彼得斯也曾经采用过这种方法。他在《追求卓越》一书中就筛选出43家优良的样本公司，总结出八大属性，比如崇尚行动、贴近顾客、自主创新等等。但是仅仅过了几年，书中提到的43家卓越公司就有32家出现了严重的财务危机。

彼得·德鲁克曾批评过书中概括的八大原则太过简单。而科林斯自己采用这种方法，在《基业长青》和《从优秀到卓越》中所列举的那些卓越或优秀的样本公司，后来有许多也遭遇了极其严重的困难和危机。

科林斯说他的研究方法是"类似"的，而关于卓越的问题也是恒久不变的。不过，我看到的结果却不那么一致。

比如，在《基业长青》中，科林斯归纳出，那些高瞻远瞩公司的领导者更像一位造钟师。他们主要致力于建立一个组织，而不只是找对时机，用一种高瞻远瞩的产品构想打进市场，或利用一次优秀产品生命周期的成长曲线。他们将公司看成是个人的终极创造，更注重建立公司基本的价值、规范、制度和机制。而在《选择卓越》中，科林斯又归纳出，那些10倍速公司的领导者并不具备预测未来的远见能力。他们会观察有效的方法，并确定为什么这种方法有效，然后在这种已被验证的基础上开展工作。他们更注意纪律、更注重实证主义，更为多疑，而且极具建设性焦虑。

两者看起来好像都有道理，但是对于投资者而言，是选择高瞻远瞩公司的领导者，还是选择10倍速公司的领导者，或者选择二者合一的领导者？似乎没有答案。

再比如，在《基业长青》中，科林斯归纳出，那些高瞻远瞩公司部分的最佳行动来自实验、尝试错误和机会主义，说的正确一点，是靠机运。而在《选择卓越》中，科林斯用整整一章来谈运气问题，认为运气之说相当陈俗。他归纳出，那些10倍速公司并不比对比公司的运气更佳，两类公司都会遭遇运气事件——好的或坏的，且在给定时期内的数量大致相当。

他由此得出结论,认为运气并不是10倍速公司成功的原因,而是在于人,这个人就是10倍速公司的领导者。10倍速公司的领导者之所以能带领公司在不确定的环境中最终胜出,并做到优秀、优异,关键在于他们将好运气视为他们取得成功的促成因素(尽管其他人也都有好运气),并且他们从不将自己遭遇的挫折或失败归咎于坏运气。那么,究竟是需要机运,还是不需要机运?似乎后者说得更有道理一些。然而,投资者要得到正确的答案却不容易。

看起来如此选择就这样困难,焉谈如何选择卓越的公司?

不过,《选择卓越》这本书肯定不会一无所是。比如关于"20英里征程"这个概念就不错。科林斯假设有两家公司,都属于快速增长的新兴产业,都依靠颠覆性技术,它们的产品类别相似,顾客群相似,机遇和威胁也相似。在接下来的19年里,A公司将会实现25%的净收益年平均增长率,B公司将会实现45%的净收益年平均增长率。投资者该如何选择?

如果没有额外信息,大多数投资者都会选择B,而不会选择A。但是柯林斯认为,A公司将保持稳定,可控的增长;B公司的增长模式波动更大,也更不可控。这就好比有的人无论什么情形每天都前行20英里,最后顺利到达目的地;而有的人或一天急行40英里,或以后两三天因疲劳而休息,或由于其他原因而逗留。虽然最后也可能到达目的地,不过其中却有太多的变数。

但是,大多数人就是喜欢B公司,而不喜欢A公司。究其原因,**一是市场需要所谓的"高增长"**。美国营销战略大师杰克·特劳特曾经一针见血地指出,华尔街搭建了一个滋生麻烦的温床,其唯一的目的就是促使企业的财务增长,而财务增长的欲望是让许多公司犯下错误的关键原因。华尔街追求增长是为了他们更大的声望和更多的佣金。

被盛赞为巴菲特投资杰作的喜诗糖果,几十年来增长率仅为8%。按照这种逻辑,这样的公司一旦上市,一定不是人们喜欢的标的。

二是投资者相信只有投资"高增长"的公司才有可能获得高收益,其实这又是一个神话。因为投资高增长型股票而获得成功是十分困难的:首先,高增长不具持续性,它就像海市蜃楼般虚幻,很少有高增长型的企业会保持持续的高增长。其次,并不是所有的增长都会带来同样的效果,有的增长会创造价值,有的增长则是毁灭价值，而更多的是毁灭价值。

其三，即使是最吸引人的高增长，也可能不值得投资者在它们身上花太多的钱。

应该说，这个"20英里征程"的概念对于投资者还是有参考意义的。

在苍茫中传灯

◗ 高增长实际上是一个陷阱

> 不要浪费你的时间和精力去分析什么经济情势，去看每日股票的涨跌。你花的时间越多，你就越容易陷入思想的混乱并难以自拔。
>
> ——沃伦·巴菲特

高增长极富诱惑力，是一个让人浮想联翩的素材，然而，实际上它是一个陷阱，这个陷阱不但适用于某个公司或产业，还适用于国家。

第一，我们知道，一家公司如果每年增长15%，5年后它的利润将翻一番。但是公司经过连续数年的高增长后，情况往往很不稳定，也就是说，未来公司并不一定保持高增长的势头。而一旦高增长的劲头减缓或停滞不前，其股票价格将做出强烈反映，带来的结果往往是灾难性的，更不用说那些爆发性高增长突然停滞的公司股票。

高增长一般体现在销售增长上，而销售增长主要有四个来源：1.销售更多的产品或服务；2.提高价格；3.销售新产品或服务；4.收购其他公司。对于第一点，只要公司做得比竞争对手好，就可以从他们手里夺取更多的市场份额。第二点，提价需要强大的品牌效应或拥有垄断的地位才能长久。将这两点做好并非难事。第三点，如果没有更多的市场份额，也可以采取新的销售方式以扩大市场份额，但是存在一定风险，需要密切跟踪。最后一点，收购，必须引起我们高度重视，因为A股市场许多公司的爆发性高增长往往表现在这一点上。

许多收购历史记录表明，大多数收购并没有给股东带来真正的利益。即使是小的收购，相关业务在收购前很好，但也只有一半成功的机会。为什么呢？因为要弄懂一家公司往往是很困难的。即使是1998年沃伦·巴菲特收购GenRe保险公司也是如此。巴菲特比任何人更了解保险业，但是收购该公司之后其收益要比预想的糟得多。其次，除非采取连续收购其他公司的策略，否则一旦停止了收购，其后果也是很可怕的。比如驰宏锌锗这家公司，2005年净利润仅1.31亿元，2006年因收购昭通铅锌矿，当年净利润增厚至10.36亿元，2007年勉强保持在13.1亿元，2008年中期则只有2.04亿元，其股价也直线下跌，惨不忍睹。因此我们必须对只有收购才能增长的公司保持高度的警觉。如果我们不知道这家公司除去收购外的增长有多快，就不要去买它的股票，因为我们无法知道收购什么时候会停止。

第二，如果说我们可以不选择那些爆发性高增长的公司股票，我们却不能选择国家，就如同我们不能选择父母。以我国和巴西为例，我国从20世纪90年代早期开始，实际GDP增长率平均每年在9%以上，远远超过世界上的任何一个国家，几乎是美国增长率的三倍。而巴西每年的GDP增长率只有1.8%，处于发展中国家的最低水平，还不到我国的1/5。其中在1992—2003年的11年中，我国经济累计增长166%，而巴西只增长了22%。但是我国投资者从1992年起至2003年的股票投资收益率为世界最低，大约以每年10%的速度缩水，也就是说，1992年在我国投资1000美元到2003年末缩水为320美元。如果投资到巴西则超过15%的年收益率，也就是说，1992年在巴西投资1000美元到2003年将累积到4781美元。

经济的高增长并不能带来股票的高收益，这同样也适用在发达国家上，比如英国有着最高的GDP增长率，但股票收益率却很低。南非有着最低的GDP增长率，但股票收益率却排名第三。

因此，高增长对投资者而言其实是一个陷阱，这也就是巴菲特告诉我们不要担心经济情势的根本原因。巴菲特说过，"不要浪费你的时间和精力去分析什么经济情势，去看每日股票的涨跌。你花的时间越多，你就越容易陷入思想的混乱并难以自拔"。我们所要做的只有一项工作，那就是买入在任何经济情势中都能有机会获利的公司的股票。

在苍茫中传灯

▶ "高增长"是一种幻象

> 对收入增长率的预期,通常会导致目标落空、股票波动和会计上的胡作非为。
>
> ——罗尔·卢米斯

杰克·特劳特是我最崇敬的管理学家之一。特劳特是被摩根士丹利推崇为高于迈克尔·波特的营销战略家。特劳特于1969年以《定位:同质化时代的竞争之道》的论文首次提出了商业中的"定位"观念,1972年以《定位时代》论文开创了定位理论,1981年出版学术专著《定位》。1996年,他推出了定位论落定之作《新定位》。2001年,定位理论压倒菲利普·科特勒、迈克尔·波特,被美国营销协会评为"有史以来对美国营销影响最大的观念"。

我很感兴趣的是,作为营销战略家的特劳特是如何看待企业增长的问题。读过他的著作的人都知道,特劳特对华尔街所谓的"增长"嗤之以鼻。他认为华尔街的游戏规则,时常会导致一些糟糕的、有时甚至是无法挽回的事情的发生。也就是说,华尔街搭建了一个滋生麻烦的温床,其唯一的目的就是促使企业的财务增长。米尔顿·弗德里曼曾说,"我们没有迫切增长的必要,只有迫切增长的欲望。"增长的欲望是让许多公司犯下错误的关键原因。实际上,增长只是正确行事的副产品,其本身并不是一个有价值的目标。

有时候增长的欲望恰恰是损害企业行为的根源。CEO追求增长,是为了确保他们的任期更长和更高的薪酬;华尔街的经纪人追求增长,是为了他们更大的声望和更多的佣金。这种增长不是为了应对变化，而是为了提升股价。特劳特说，当你知道人们为了不必要的增长而做出有害的事情时，"这是对品牌的犯罪"。因为为了追求增长和壮大规模，使得很多大型企业苦苦奋斗。举例说，戴姆勒—克莱斯勒曾为此削减了26000个职位，美洲银行和第一银行合并后，努力降低居高不下的成本。这就是"来自华尔街的麻烦"。

《财富》杂志的著名编辑卡罗尔·卢米斯在她的一篇文章中论及增长时与特劳特不谋而合，她认为，"对收入增长率的预期，通常会导致目标落空、股票波动和会计上的胡作非为"。大型企业最普遍的目标是每股收益的年增长率为15%，若按此计算，企业大概会在5年后实现收入翻倍。这样的话，企业毫无疑问地就会成为股市明星，而企业的CEO就会无比荣耀。企业管理层就会让高级分析师跟进并推荐自己的股票，而华尔街需要业绩出色的企业衬托分析师的高明，并吸引更多的资金，两者之间的关系显得非常"暧昧"。

《财富》杂志曾分三个阶段审视过去40年中的150家企业，即1960—1980年、1970—1990年、1989—1999年，每个阶段只有三四家企业的收入增长达到15%或以上，大约二三十家的增长率在10%—15%之间，40—50家在5%—10%之间，二三十家在5%以下，还有20—30家是负增长。总的来看，大赢家和大输家的数量大致相当。40年中企业税后利润增长率恰好刚过8%。也就是说，任何年增长率达到15%的企业几乎是普通企业业绩的2倍。在这种情况下，难免有些企业开始在报表上做文章，以保持增长率的上升。

增长经常是不可能完成的目标背后的罪魁祸首，因此企业做"大"和"增长"具有相当的危险性。并且，当企业追求增长时，可能会有两方面的负面效应。一方面，企业会分心，从而错失差异化的概念，错失把它做得更大、更好的机会；另一方面，企业在追求"无止境的增长"时，会掉入品牌延伸的陷阱。企业往往没有意识到，超出自己最初身份的增长从长远看会带来损害：越想涵盖更多的产品，就越会失去聚焦，产品实施差异化也就越困难。

如果说15%或以上的增长是一种幻象，那么更高的增长更是昙花一现。"避免高增长、容易进入的行业。高增长行业是一个可怕的领域，因为每个人都想进入这个行业。"彼得·林奇如是说。实际上，低增长也可以成为良好的投资标的。

被盛赞为"伟大"的企业喜诗糖果的增长率是多少？从 1972 年以来，其净利润增长率大约是 8% 左右，这与《财富》杂志的研究数据刚好一致。企业应该保持适度的增长。聪明的投资者对于额外的"高增长"几乎都小心翼翼，就像戴维斯家族，他们只购买适度增长、价格适中的股票。

稳定增长是一个神话

> 公司的利润是不会平稳的,即使出现平稳也只是暂时的,波动才是不可避免的,而大多数情形下起主导作用的就是所谓的"周期"。

有人认为,有的公司可以做到"稳定"增长。虽然我也持有这样"稳定"增长的公司股票,但我却将信将疑。不仅如此,我可能更倾向于这样的看法,即所谓的稳定增长几乎就是一个神话,因为几乎没有一家公司可以做到。

让我们先来看5家美国的公司。这5家公司分别是沃尔格林、百威英博、高露洁、思科以及百事公司。我截取这5家公司1998—2007年10年间的盈利增长情况:

	1998	1999	2000	2001	2002	2003	2004	2005	2006	2007
沃尔格林	23%	16%	24%	14%	15%	15%	16%	16%	14%	17%
百威英博	5%	13%	11%	12%	11%	7%	8%	-18%	7%	8%
高露洁	13%	9%	12%	7%	7%	10%	-6%	2%	0	28%
思科公司	7%	12%	25%	32%	14%	14%	17%	7%	-12%	18%
百事公司	31%	1%	4%	22%	22%	8%	16%	-2%	37%	-2%

资料来源:麦肯锡公司

之所以选取这5家公司,是因为它们在美国所有大公司中盈利增长波动最低为10%的几家公司。其中只有沃尔格林1家的盈利增长率始终在14%—17%之间,

有 7 年增长几乎不变。沃尔格林几乎是唯一的例子。

麦肯锡公司的研究显示,其他的 4 家和其余的 500 家公司一样,没有一家可以维持 7 年这样稳定的盈利增加。事实上,只能找到少数几家有 4 年或以上的稳定的盈利增长。大多数盈利低波动公司与百威英博等 4 家相类似。百威英博的模式很常见:在 1999—2002 年间连续 4 年实现 12% 左右的"稳定"增长后,2003 年和 2004 年下降至 7%—8%,2005 年干脆下降至 –18%。根据麦肯锡公司的研究,在 500 家中,有 460 家公司在这一时期至少有一年的盈利是下滑的。

同样以十年的时间作为一个研究周期,再看看 A 股近年来几个耳熟能详的明星股,审视一下它们是否真的稳定增长了。

	1997	1998	1999	2000	2001	2002	2003	2004	2005	2006
贵州茅台	—	—	—	17%	31%	15%	56%	40%	36%	34%
五粮液	31%	64%	16%	18%	6%	−24%	15%	16%	18%	4%
张裕A	52%	30%	6%	51%	35%	−35%	36%	35%	53%	42%
山西汾酒	2%	−92%	−25%	323%	128%	−45%	166%	112%	48%	98%
云南白药	7%	17%	10%	48%	53%	24%	20%	50%	34%	20%

之所以选取这 5 家公司,是因为这 5 家是近年来的高富帅,许多人都认为它们能够穿越牛熊,但是却都忘记了它们也曾经历过那一段"悲伤史"。查看这 5 家公司,除了贵州茅台和云南白药没有出现负增长外,其他 3 家都不约而同地出现过负增长。五粮液和张裕 A 各出现过 1 次,与上面美股中"至少有一年的盈利是下滑的"的说法相当。而且,五粮液和张裕 A 的盈利在 2002 年都下降得很厉害,其幅度都超过了上述的美股。山西汾酒的盈利更是出现 3 次负增长,下降的幅度相当大。虽然贵州茅台和云南白药未曾经历过负增长,然而盈利也波动得十分剧烈,根本看不到有所谓的"稳定"增长的一面。

实际上,这几家公司的盈利与大多数公司相似,盈利总是不稳定的,即使是最稳定的公司,其利润也经常会剧增或剧减。在美国股市,曾经在大萧条时期的很长一段时间中,包括在 20 世纪 80 年代初期都出现过净利润突然消失的现象。

当时美国一些大公司担负的亏损超过了其他公司利润的总和，从而导致整个美国市场出现了净亏损。

因此，我们应当深切地认识到，稳定增长就是一个神话。公司的利润是不会平稳的，即使出现平稳也只是暂时的，波动才是不可避免的，而大多数情形下起主导作用的就是所谓的"周期"。这也就是本杰明·格雷厄姆认为，公司的利润为什么只有在取数年，至少7年的平均值时，才能提供有价值的信息的原因。

在苍茫中传灯

▶ 企业失败的头号杀手：劣等的战略

> 企业失败的头号杀手是策略受到误导，而非执行不力、领导无方或运气不佳。

被誉为"竞争战略之父"的迈克尔·波特教授在他的经典著作《竞争战略》一书中，曾提出定义企业战略的五种竞争力。这五种竞争力包括：新加入者的威胁、客户的议价能力、替代品或服务的威胁、供货商的议价能力以及既有竞争者。

这五种竞争力能够决定产业的获利能力，它们既影响产品的价格、成本与必要的投资，也决定了产业结构。企业如果要想拥有长期的获利能力，就必须先了解所处的产业结构，并塑造对企业有利的产业结构。

不过，GMO资产管理公司的詹姆斯·蒙蒂尔先生认为，由于这些力量的排列与组合是无穷无尽的，这就让它们在现实中的运用成为一个极度危险的雷区。但是，有两本著作或许可以解决这个问题。一本是布鲁斯·格林沃尔德和贾德·坎恩的《企业战略博弈：揭开竞争优势的面纱》（中译本由机械工业出版社出版），它可以帮助我们简化五种竞争力这个复杂的战略；一本是保罗·卡罗尔和梅振家的《亿万美元的教训课：从过去25年间最不能原谅的商业失败中你能学到些什么？》（中译本由中国轻工业出版社出版），它对战略决策的各种低劣属性进行了有益的探讨。

布鲁斯·格林沃尔德是哥伦比亚商学院教授、《价值投资：从格雷厄姆到巴菲特》一书的作者；贾德·坎恩则是蜂鸟投资管理公司营运长。他们在这本书中提出了一种全新的竞争理论——进入壁垒，这也是沃伦·巴菲特所说的"经济护城河"。

他们认为，创造战略机会的是进入壁垒，而不是差异化。如果不存在壁垒，那么这个领域的企业只能赚取"正常利润"，即收益等于资金成本。在这样的一个世界里，唯一需要关注的就是经营效率。不过这就是蒙蒂尔要寻找的卖空对象：1. 尚未意识到自己正处于一个无进入壁垒的行业；2. 还没有全力以赴地把自己打造成成本最低的制造商。

如果存在进入壁垒，那么壁垒内的企业必须能够做到潜在进入者做不到的事情。差异化可能可以使产品避免成为普通的商品，但并不能消除过度竞争型行业竞争激烈和盈利率低的特征。竞争的性质也许会改变，但对利润的破坏不会改变，因为问题不在于缺乏差异化，而是缺乏进入该行业的壁垒。壁垒内的企业一定享有潜在进入者所没有的竞争优势。一旦潜在进入者真正进入市场，那么它就成为在位者（incumbent）。因为只有在位者才享有竞争优势，所以在位者的战略规划必须以维持并利用这些优势为中心。同时，任何企业如果有勇气尝试打入有进入壁垒保护的市场，就必须制定相应的计划，使市场上的在位者们觉得容忍它们的代价要低于消灭它们的代价。

蒙蒂尔认为，布鲁斯·格林沃尔德和贾德·坎恩为我们提供了一个简单的三阶段模型，对企业竞争优势进行分析：

1. 明确企业所处的竞争环境。

2. 检验每个市场上现有的竞争优势：现有厂商是否能维持稳定的市场份额？他们是否能在较长期间内维持超常的收益？

3. 确定现有竞争优势的一切属性：现有厂商是否拥有专有技术或专有客户？他们是否受益于现有的规模经济管制壁垒？

尽管这个简单易行的模型告诉我们把进入壁垒当作认识企业战略的核心要素，但蒙蒂尔仍然担心实际的情况恐怕并非如此。因为在现实中，我们可能把更多的时间和精力浪费在那些以"未来愿景"为核心的"战略"上。

相比之下，《亿万美元的教训课》似乎更"精辟深邃"。这本书的作者保罗·卡罗尔是《华尔街日报》财经专栏作家，著有《蓝色巨人》。而另一作者梅振家，

则是《12步打造顶尖企业》的合著作者，曾在戴蒙德管理及技术顾问公司担任研究员。他们花了三年的时间，抽丝剥茧分析了近25年来世界上最大规模企业的倒闭案，从2500多件企业的案例中试图找出误导大家、且令企业一再失足的经营策略。

他们认为企业失败的头号杀手是策略受到误导，而非执行不力、领导无方或运气不佳。归纳起来有七种常见的战略失误。

虚无缥缈的协同效应。管理者对协同效应的依赖，或许有助于我们理解为什么会有那么多的收购与合并最终以失败告终。大量证据表明，协同效应的实现是极其困难的，但是人们却很容易高估协同度的可获得性。毕马威曾调查过，只有70%的企业通过并购增加了企业价值，只有35%的企业在并购之后实现了预期的协同效应。

漏洞百出的金融工程。作为财务金融模式，金融工程虽然合法，但却激进冒险。这种激进带来的诱惑力很容易让企业走上欺诈的道路。而一旦企业涉足金融工程，他们就无法止步，只能越来越激进，甚至跨越合法的界限，走上违法的不归路。

令人沮丧的席卷式行业扩张。很多试图席卷本行业、收购成百上千本地企业并把它们整合为地区性甚至全国性企业帝国的过程中，都遭遇严重的问题——最终均陷入欺诈丑闻，以至于不得不回到最初的战略。因此，要找到成功的席卷式扩张极其困难。

误判相近市场。尽管打入市场的思考也许永远不缺少诱惑力，但在更多的情况下，这种尝试的结果却是以泪洗脸。也就是说，75%进入所谓相近行业的企业，最终均以失败告终，保罗·卡罗尔和梅振家的这种说法实际上就是彼得·林奇所说的"多元恶化"。

不合时宜地固守旧业。这实际上就是保守主义偏差，最佳的示例就是柯达。尽管柯达知道数字化不可避免，但它却错误地以为，数字技术会"强化"它们原有的业务，并一如既往地加大对传统业务的投资。最终的结果是赔了夫人又折兵。

最后一种常见的战略失误涉及了成熟行业和衰退行业。处于这种境况的行业最终不得不面对收益递减的形势。这就有可能触发大规模的行业整合：一家企业试图通过吞并业内其他企业以缓解竞争压力。遗憾的是，这种策略往往加速了行业的没落。比如寻呼机企业就是一个典型事例。

如果把这本书看作《从优秀到卓越》的另一面,那么是最好不过的了。市场上有关成功企业的书有几千本,但却几乎没有一本可以让我们从那些失败和破产的公司吸取教训。不过,保罗·卡罗尔和梅振家的这一本却可以让我们看到一个个劣等的战略是如何把一笔笔的好生意最终演变成一笔笔的坏生意。

在苍茫中传灯

▶ 失败在于卓越

> 高增长或高收益同时意味着高死亡率,这就是战略悖论的精髓。对此投资者不可不察。

企业的失败都是因为战略的失败吗?显然不是。《战略的悖论》的作者迈克尔·雷纳告诉我们,恰恰相反,具有最大成功可能性的战略同时也具有最大的失败可能性,这就是"战略的悖论"。初看确实好像就是"悖论",细细一想,确实如此。

成功的对立面并非都是失败,而是平庸。那些成功的企业反而和失败的企业具有更多的共性,正是这些特性,在造就企业辉煌的同时,也为其失败埋下了隐患。战略几近完美,结果却是失败。这是雷纳的一大发现。

雷纳认为,索尼就是这样一个典型的案例。当索尼推出盒式录像机和迷你光盘两款产品时,索尼风头正劲,晶体收音机、随身听和 CD 播放器在市场上大受欢迎。索尼开发迷你光盘,取代了盒式磁带与 CD 光盘的竞争市场。新产品更小,更稳定,还能边放音乐边录音,可以完美替代随身听上的磁带。索尼那时拥有的哥伦比亚唱片公司能提供更加优质的音乐,从而创造出更多的利润。迷你光盘的营销策略充分反映出索尼利用丰富的资源,并借鉴以往产品营销的成功经验。

可是,正当迷你光盘大放光芒之际,不知怎的,一夜之间人人都有了大量廉价的计算机内存,有了速度极快的宽带网,可以免费下载所有自己喜爱的音乐。索尼想到并花费大量精力解决的难题一下子消失得无影无踪。消费者再也不需要磁带和光盘了。20 世纪 90 年代发生的巨大变革是所有人始料未及的，也是无法想象的。这场巨变将迷你光盘扼杀在襁褓之中。雷纳说："可能出错的地方都出错了。它们不得不出错，因为它们要扼杀这一构思奇妙、无懈可击的营销战略。在我看来，迷你光盘没有获得成功才是最令人百思不得其解的。"

索尼以前的战略没出过差错，但这次却意外失策了。雷纳说，不是战略不卓越，而是它太过卓越。回想一下，企业成功学的代表作之一《从优秀到卓越》，作者吉姆·柯林斯对 1435 家公司进行了为期 30 年（1965—1995 年）的研究。最终，柯林斯发现，只有其中 126 家，也就是 9% 的公司能够在 10 年或更长的期限内继续保持卓越。绝大部分公司最终都变成失败或平庸了。

你不可能将这些公司失败或平庸的原因都归结为战略失误，其实这些公司绝大部分都在为追求卓越而付出努力。只是，当这种努力背后那些完全合理的设想被证明是错误的时候，努力就失去意义。与索尼相似，它们的失败并不都是因为战略的错误，恰恰是因为伟大的战略却加上糟糕的运气。

战略理论可以最大化一个企业成功的可能性，也可以最大化其失败的可能性。战略悖论源于承诺和不确定性之间的冲突。最成功的战略基于当前所做出的于未来环境变化相适应的承诺，但是没有人知道未来环境会怎样，因为未来不可预测。于是，成功常常只是因为做出了被结果验证为正确的承诺（也就是好运气），而失败的战略却基于被结果验证为错误的承诺（也就是坏运气）。因此，区分成功与失败的主要因素事实上往往是运气。所以，那些否定或质疑企业成功学的人不是没有道理的。

企业高增长或高收益是投资者追求的永恒主题，但是通过对数千家公司竞争战略的分析表明，越是采取承诺强化型战略（commitment intensive strategy）的公司越能产生较高的收益，不过与此同时，这些公司的倒闭概率也相应增高。因为它们必须面对可能导致成功也可能导致失败的战略不确定性，进而做出战略承诺。当公司制定战略时，正是战略的不确定性使风险和收益保持了平衡。高增长或高收益同时意味着高死亡率，这就是战略悖论的精髓。对此投资者不可不察。

 在苍茫中传灯

▶ 对企业常见的三种错误假设不可不察

在企业分析过程中，会经常遭遇一些分析的错误，这些错误很常见并且似是而非，稍不注意就会发生误判。

企业研究一直是我的短板，因此近年来我显然有意加大了这方面的力度。前不久我读了《为什么雪球滚不大》一书的作者马修·奥尔森和德里克·贝弗有关企业研究的著作，受益匪浅。

这两位研究者挖掘了导致企业增长停滞的根源，为投资者研究企业持续增长的问题提供了一条思路。比如，在企业分析过程中，会经常遭遇一些分析的错误，这些错误很常见并且似是而非，稍不注意就会发生误判。以下是三种重复出现的错误假设。

第一种错误假设，行业增长率就是公司增长率的一种极限。 当公司在市场中处于垄断地位，占据较高的市场份额时，这种观点可能尤为强烈。一些研究表明，公司个体的增长率和行业整体增长率之间存在巨大的差异，但与此同时，保持高增长率的公司多数位于同样高速增长的行业，例如卫生保健行业和高科技行业。

麦肯锡公司在对保持高增长率的大型企业进行研究后发现，一方面，要想营业收入在连续多年保持接近或超过10%的增长率，通常企业所处行业的增长率必须高于整体经济的增长率；另一方面，更进一步的研究表明，在缺乏生机的大型市场内，企业依然可以通过关注增长较快的细分市场来获得较高的增长率。

马修·奥尔森和德里克·贝弗对增长战略的研究也显示，行业内的龙头企业

通过对市场的分解,找到了众多拥有高增长前景的机会。他们举例美铝公司通过对市场进行重重细分,发现自己在过半的细分市场内市场份额不到10%,因而对市场和销售战略进行了重大的调整和改变,从而在核心市场重新获得了较高的增长率。

第二种错误假设,运营和商业模式阻碍了对核心市场的再投资。 有的公司认为自己不再增长而准备放弃核心业务,其原因在于认为需要提高运营能力,甚至重构全新的商业模式。而如何进一步提高当前的市场能力,这个问题却让人望而却步,因此管理层会采取一种"防御式"的方法:放弃核心业务,转而探寻目前看来那些更易于开发的新市场。

要特别注意企业这种所谓的"防御式"方法,因为这种探寻通常只会带来令人失望的结果:企业意识到,当前的市场地位要比当初所设想的更容易被他人取代,而它当初更好的选择,就是不管会经受多少痛苦和困难,都应该进行切实的商业模式调整和转变,坚守核心市场。

马修·奥尔森和德里克·贝弗认为惠普公司就是一个"战斗到底"的例子,它学习借鉴了长期竞争对手的商业模式,以在个人电脑业务上重新获得发展。这其中的寓意告诉我们,一家企业的商业模式可以改变,但却不是其核心业务。过早放弃核心业务,冒险进入陌生的新领域寻找新的增长机会,是一项危险的战略假设。

第三种错误假设,"现金牛"业务对再投资率的要求降低。 这是一种容易出现的战略假设:对成熟业务的再投资率应该保持平稳甚至下滑,这样才有充足的现金流来开拓新的增长机遇或提高收益率。遗憾的是,事实上通过对各时期增长停滞案例的分析,所谓的成熟业务其实并不稳定,如果缺乏庞大且持续的再投资,它们极少能坚持较长的时间。因为利润丰厚的成熟业务通常就会存在激烈的竞争,而如果中断对产品研发、资本投入和广告宣传等方面的投入,将现金挪为它用,则会在很短的时间内造成持续多年的增长下滑。在这个方面,经理人要是按照波士顿矩阵的提示来减少对"现金牛"业务,即核心业务的再投资,那么将得不偿失。基于此,一家企业对核心业务的再投资率(即对产品研发、资本投入和广告宣传的总投入占营业收入的比率)应该保持历史水平或有所增

加。

　　错误的假设远远不止这三种,但这三种是最为常见的。尽管大量的研究和咨询建议都摆出了令人信服的证据,但管理层依然倾向于逃避核心业务中的挑战,而选择其他看起来更容易利用的机会。这一点不可不察。

第三章 企业思考

▶ 小心家族式经营中的陷阱

> 对于投资者来说，一个上市了的家族式公司肯定不是避风良港；公司那种对上市后的"放心"，往往会变成畏惧变化和挑战的"保守"。

研究失败要比研究成功有趣得多，因为通向失败的道路有千万条。最近我就看到本间的案例，这对我过去曾经迷信上市的家族式企业也算是一个警示。

本间，即日本本间(HONMA)高尔夫株式会社，成立于1958年，其创立者是本间兄弟。他们来自于酒井市的大地主家族，这个家族的实力与三井财团不相上下。当时，本间兄弟开设了第一家高尔夫练习场，并负责修理球杆，后来慢慢演变成生产和制造，使用HONMA球杆的选手在日本高尔夫球比赛中屡次获胜，因此口碑越来越好。

HONMA坚持纯手工打造，以精工细作为本，每一名工艺师都不断传承前辈的精湛手艺与创造力，特有的高技术含量的制造与研发赋予球杆极精确的运动性能，把高尔夫用品做到极致。它超越了一般程度上的机器生产模式。因为本间真正把高尔夫用品当作一种艺术品进行研发制造，极大地提高了产品附加值。所以产品价格远远超过同行业其他品牌，仅仅一个球杆就高达10万日元，而一套铁杆就高达40万日元。精湛的技术和光辉的形象使企业获得了巨额的利润，从而让其在高尔夫球具行业中确立起尊贵的地位，成为全球顶级高尔夫品牌之一，也成为日本民族工业的骄傲。1990年3月，公司销售额达到219亿日元，1995年8月在纳斯达克成功上市。

不过，20世纪90年代中期，日本泡沫经济开始崩溃，高尔夫会员券价格急

速下跌,高尔夫球场经营出现种种困难,整个高尔夫业界形势不乐观。本间为了保护品牌价值,一改过去的量贩式销售,将其转变为直营店销售,以此避免与其他品牌的价格竞争。为实施这一策略,从1996年开始,本间在全国各地购置地产,在酒井市设立物流中心,进行一系列的基础投资。

同时,为开拓海外市场,本间进军新加坡、中国香港和中国台湾。之后,本间以340亿日元的销售额打破创业以来的最高销售记录。有了这些可观的收入,公司又加速向马来西亚进军。在国内,本间依然积极拓展业务,例如投资50亿日元收购熊本县高尔夫球场经营权;投资140亿日元在和歌山县建成高尔夫球场,意欲不断通过拓展国内与国际市场,实现利润最大化。

然而,1997年由于经济进一步恶化,日本全国各地高尔夫球场接二连三破产倒闭。加上亚洲金融危机,本间在海外市场的销售额也不断下降,产品库存量也随之上升。本间拓展海内外市场所用的大量资金基本上来自银行贷款,仅仅短短两年的时间,本间总负债就超过450亿日元,远远超过其年度销售额,呈现出经营危机。

本间在海外市场的做法是设立直营店,并设立当地公司法人。而其他竞争者则是设立分厂,以降低生产成本,使高尔夫球杆的价格实现最低化。结果,其他品牌的木杆价格仅售4万—5万日元,即便是最贵的也只维持在7万—8万之间,而本间品牌大部分产品都在10万日元以上。在市场不景气、个人消费萎靡之时,本间逐渐丧失了竞争力。为了解决高库存问题,本间又不得不忍痛割爱,将其主力打造的高级球杆降价处理,陷入了同行业的价格战之中。即便如此,本间在2000年的销售额仍然减少了279亿日元。

屋漏偏逢连夜雨。正当本间销售额好不容易有所增长时,2001年10月,本间社长涉嫌直接参与韩国高尔夫球杆走私和偷漏税事件,被东京地方检察厅起诉,这是一起严重损害本间高尔夫品牌形象的事件。不久,本间又因为国内销售的双重价格问题受到公平交易委员会的警告。结果,社长被判有罪,其弟接任社长,家族内部成员之间围绕经营权争斗不已。投资金融机构对本间的经营体制已经丧失了信心,最终由银行独自制定包括裁员在内的新的经营方案。但是,这些似乎都没有成效。2004年,本间的销售额锐减至163亿日元,123家直营店也缩减为

70家。同时进行裁员，卖出了熊本县高尔夫球场。

2005年5月本间报告显示，本间拥有资金36亿日元，但负债却达到51亿日元，总赤字超过100亿日元，被认定为无力恢复正常经营。之后，本间的银行账户被冻结，与金融机构的关系进一步恶化，资金周转十分困难。最终，管理层通过民事再生法申请了企业破产保护。

对于那些钟爱日本历史和痴迷高尔夫球的人，本间的破产让他们难以接受，但那是一个无可争议的事实。韩国教授尹敬勋认为，本间没有充分利用自身技术优势、品牌形象来全力应对市场的变化。当整个高尔夫行业市场销售低迷时，高尔夫会员券等商品价格急剧下跌，价格低廉和场地宽阔的高尔夫球场反而在那时出现，高尔夫球迷队伍开始壮大，形成高尔夫大众化。本间的竞争对手们纷纷把工厂转移到中国等生产成本比较低的国家，以降低高尔夫球杆的生产成本，适应日益增长的高尔夫球迷的需要。而本间的高尔夫球杆仍由技术人员手工打造，工艺品般的高价把众多消费者拒之门外。

本间虽然是一家上市公司，但仍然保持家族式的经营模式，使公司成为私有化的产物。以家庭为中心的经营阵容很容易出问题：在家庭相对封闭的环境下，各种感情掺杂在一起，不能有效地互相监督，即使发现了违规行为，也只是睁一只眼闭一只眼，容易产生不法交易的问题。

本间首任社长是本间敬启，其兄弟四人都担任副社长和常务，其他的家庭成员也担任公司高管。本间敬启具有非凡的领导能力，意志坚决，说到做到，绝不妥协，可是家长式的作风却使家庭内部不和的问题暴露无遗。可以说，是本间敬启导致了公司的破产。很显然，由于家族式经营管理体制问题，公司内部很难实现经营上和决策上的透明，对问题的分析、解决问题和改善经营的建议，并不能被畅所欲言地进行沟通和交流。结果，在各种因素的综合作用下，本间最终无力应对市场的变化，导致企业破产，被中国公司鱼尾狮（MERLION）集团收购。

虽然本间被收购并且试图保持其原有品牌欲东山再起，但最终的结论仍然是：本间可谓世界顶尖企业，在成为公众公司后却依然保持家族式的经营模式，使公司成为私有化的产物，过于信赖自己品牌形象的保守观念是本间破产的主要原因。

本间不是个例，大名鼎鼎的"金刚组"也经历过深重的危机。最近的一次在

 在苍茫中传灯

2006年,那一年金刚组宣布清盘,资产由高松建设2005年11月创建的同名子公司"金刚组"接管。在A股市场,也有不少上了市的家族式公司,我们有理由怀疑这些公司是否真的脱胎换骨成为真正的公众公司。

对于投资者来说,一个上市了的家族式公司肯定不是避风良港:公司那种对上市后的"放心",往往会变成畏惧变化和挑战的"保守"。

如果说,管理好一个家庭比统治一个国家更难,那么,当家庭成为一个团体的时候,则是难上加难。看起来,投资者确实应该思考,是否只是为了获得亲属关系带来的心理上的安全感而采用家族式经营,反而回避为了取得高效经营而作出的努力——应当小心家族式经营中的陷阱。

学会"杀死企业"并"殡葬"之

> 对于一些有心人而言,认识到那些最完美的"卖空"对象,肯定有助于区别价值投资时机和价值陷阱。

在研究企业经营失败这个问题上,并不只是《亿万美元的教训课》一本书。达特茅斯学院塔克商学院悉尼·芬克斯坦教授(Sydney Finkelstein)的《成功之母》也是很不错的一本。作为管理大师的芬克斯坦教授并不像大多数管理书籍那样,把关注点放在成功上,而是从 50 多家著名企业的失败教训中,归纳出曾经辉煌腾达一时的高级主管因为做错了什么,而导致企业走向失败的深层原因。

芬克斯坦注意到,一些曾当选"最值得尊敬的公司",仅在三四年后,就陷入可怕的财务困难;一个刚荣登《商业周刊》、《福布斯》和《财富》杂志封面的 CEO,很快就陷入灾难性的购并案或其他一些困境之中。这些人原本相当精明,而且记录良好,但却会犯一些令人难以置信的低级错误。不仅如此,他们通常还会让低级错误的损害进一步扩大。

芬克斯坦将他们的共同特征进行了总结,归结为极度低劣管理者的七个通病:

1. 他们把自己与自己的企业看成经济秩序的主宰者,所有游戏规则都由他们制订,但却对经济秩序的变化和发展置若罔闻。

2. 他们认为自己代表了公司,将自己视为公司的同一体,把个人利益与企业利益完全混淆在一起。

3. 他们认为自己掌握了所有问题的答案,似乎总能解决所有问题,其应对挑战的反应速度和果断性令人瞠目结舌。

4.他们一定要确保每个人百分百地拥护自己,无情地铲除任何不能百分百效忠自己的人。

5.他们自以为是企业最完美的发言人,过度关注公司形象,并且花费大量时间去管理和提升公司形象。

6.他们往往低估重大的挑战,把发展过程中的固有障碍,当成是可以轻易消除或是克服的暂时性问题。

7.他们顽固坚持往昔的成功经验,总是毫不犹豫地操起曾让自己和公司取得成功和战略和战术。

就像莎士比亚的十四行诗里所写的,那花儿若染上卑劣的病毒,最贱的野草也比它高贵得多。但是,投资者并不会去注意这些低劣管理的本性,他们宁愿从公司财物报表或管理层嘴里挖出"很有价值"的线索,而管理层却永远不会坦诚他们的这些通病。

有两位著名的投资者很有意思,一位绞尽脑汁准备随时"杀死企业",另一位则挖空心思随时为公司"殡葬"。真可谓珠联璧合。

费尔霍姆(Fairholme)基金公司的布鲁斯·博考维茨(Bruce Berkowitz)的投资思想曾被金融界入选"东方证券精译求精系列"。在确认偏差这个问题上,GMO资产管理公司的詹姆斯·蒙蒂尔认为布鲁斯·博考维茨得出了与他几乎完全相同的结论。

博考维茨并没有去寻找可能支持投资决策的信息,而是选择了绞尽脑汁"杀死企业"的做法。他的做法是,在研究公司时,先检查现金流,然后再想办法"枪毙"这个公司。他花费大量时间,思考公司可能出现的种种错误——它是否会出现衰退或停滞,是否会让投资者付出沉重的代价,成为击倒投资者的子弹。博考维茨说,很多人一味追求一笔投资可以带来怎样的前景,而他却反其道而行之,他要看这项投资是否可以置他于死地。所以在投资分析的过程中,他先设计极端情景,看这家公司或者这种业务模式,是否能够被置之死地而后生。

博考维茨在接受《杰出投资者文摘》的采访中,提出了一系列"公司如何灭亡以及如何被杀死"的方法。公司自取灭亡的方式多种多样,或不能创造现金,或挥金如土,或过度负债,或过于依赖运气,或愚蠢之极,拒不承认自己的不足,或干脆会计造假等等。这样的公司都可以一一列入"被杀死"的黑名单之中。

尼克斯联合基金公司总裁詹姆斯·查诺斯（Jim Chanos），一位无可争议的做空大师，在 2005 年接受《价值投资者洞察》的采访中，把理想的做空对象归结为四大类，这四大类也可以作为投资者卖出条件的依据：

第一类是即将垮台的热门股，特别是由债务支撑起来的资产泡沫。一旦破灭，就是最有利可图的做空对象。

第二类是技术落后的公司。新技术和创新有助于推动人类进步和 GDP 的增长，但却会导致某些行业成为时代的弃儿。

第三类来自于涉嫌财务造假的公司。它们从含糊其辞的夸大收益到赤裸裸的欺诈，层出不穷，其会计报告与经济现实完全脱节。

第四类是消费时尚造就的热门企业。当投资者仅凭以前的一次性成功，就推断出无限未来的时候，就会出现这样的机会。这些类别之间虽然存在很大的重叠性，但却是最好的卖空机会。

查诺斯的谋生手段就是这样，深入挖掘一家公司财务报告中的各种细节，找出公司用来编造经营结果和扩大利润的财务花招。如果他认为一家公司将要遇到麻烦，就借入这家公司的股票，然后将其卖出；股价下跌后，他再买回这些问题股票，还给出借者，赚取其中的差价。换句话说，查诺斯有点像金融殡仪工作者——公司死亡，他就赚钱，即便是"时疫"爆发，他照样能变得富裕。因此，他被称为"公司殡葬员"。

在企业形形色色的失败中，同样的错误往往反复出现，前仆后继，但是分析师们却极少探讨之，而投资者从历史中汲取教训的能力也可怜得让人无法置信，这或许就是杰瑞米·格兰桑所说的，"我们在极短的时间里学到许多东西，在稍长一点的时间里学到一些东西，而在较长时间里则什么也学不到"的意思。不过，对于一些有心人而言，认识到那些最完美的"卖空"对象，肯定有助于区别价值投资时机和价值陷阱。

 在苍茫中传灯

▶ 经济危机中哪些产品和服务会受影响？

> 危机对那些生活必需品和不可或缺的服务业，要比对那些"可推迟消费的商品"和"可买可不买的商品"的影响小得多。

经济危机时，某些产品会受到怎样的影响？根据彼得·德鲁克之后最有影响力的管理大师、"隐形冠军之父"赫尔曼·西蒙的研究，危机首先袭击的是那些"可推迟消费的商品"和"可买可不买的商品"所属的行业。

所谓的"可推迟消费的商品"是指推迟对不急需的产品和服务的购买；所谓的"可买可不买的商品"是指对于那些感觉良好但不是迫切需要的东西。对这样的商品，要么完全放弃，要么选择便宜的方式，比如奢侈品、汽车备用配件和假期旅行等等。

但这仅仅是一般的经验法则。由于危机对不同的产业和公司的影响程度不同，因此投资者必须根据产业和公司的具体情况，而不是根据普遍的经济状况来分析。危机对那些生活必需品和不可或缺的服务业，要比对那些"可推迟消费的商品"和"可买可不买的商品"的影响小得多。

1. 耐用消费品。大多数的耐用消费品属于"可推迟消费的商品"，比如汽车、家用电器、计算机、家具、电子消费产品都是典型的例子。不过即便如此，不同的行业也体现出了差异，比如汽油价格昂贵和家庭预算紧缩，许多人选择公共交通或骑自行车出行，将导致对自行车以及相关服务的需求。DIY产品和家庭维修产品的情况也是如此。困难时期，人们对低成本维修的需求较高。

第三章 企业思考

2. 汽车。受危机打击最严重的部门之一。一些公司的销售额甚至下降了 1/3 还多,许多汽车制造商通过采取减少产量、降低成本等措施,做出了谨慎而迅速的反应,但是 40% 或更多的销售损失却不能通过降低成本的方式来补偿。

3. 快速消费品。日用品,如食品、饮料和洗衣粉企业受危机影响较小。医疗、公用事业和通信业也是如此。越是能够满足日常需求的产品,消费者就越离不开。糖果、巧克力和咸味小吃大受欢迎。甚至电影连锁机构也会从危机中获得利润,因为一个年轻人带女朋友去看电影要比去餐馆便宜。

4. 金融服务。危机使人们对个人安全的需求增加了。像健康保险、养老保险以及其他种类的保险在危机早期大幅增加,但是对安全的需求将被有限的财力所抵消。证券、信托基金等金融产品的复杂性和不透明性,将限制消费者的需求。银行和保险业需要付出更多的努力,以重振其业务。

5. 工业产品。和消费品一样,某些工业产品在特定的时期具有需求量,而有些产品则属于"推迟消费"的一类。比如一台机器坏了就要维修,而另一方面,一台陈旧却仍然完整的机器更换就可以推迟进行。因此市场对机器和工厂设备的需求就降低了。对于终端产品或"推迟消费"产品需求的下降反映在整个价值链中,导致衍生需求产品的制造商对销售的锐减束手无策。

6. 医疗卫生。虽然总会有人生病,但是卫生保健部门也会感到危机。在美国,不断增加的失业人口和减少的薪金减少了健康保险的资金来源,并降低了住院的预算和医生预约的几率。医院不得不推迟新的投资。没有包含在健康保险内的产品表现出较高的价格敏感度并且需求也下降,这些产品包括假牙、假肢、眼镜和美容。由于不同的国家和地区具有不同的医疗卫生体系,因此危机对这一行业的影响程度也有所不同。

7. 电信和信息技术。电信服务业受到的影响相对较小。危机初期,其数据通信甚至保持增长,然而随着危机进一步恶化,电话和数据通信将会出现疲软的征兆。硬件制造商(如手机、个人电脑)和商业软件供应商将遭受更大的冲击,毕竟这些产品都属于"推迟消费"类。

8. 化工。化工业作为汽车工业和电子产业的供应者,一方面受到严重的影响,另一方面,制药行业起到了稳定器的作用。总体而言,产品价格将降低,市场需

求将减少。新增产量,尤其在中国,造成基础化工产品更大的价格压力。一些产品以边际成本的价格出售。特殊化工产品的价格相对稳定,但最终也有可能下滑。

9. **旅游**。危机对假日旅行造成了很大的负面影响,人们更倾向于"把钱装在口袋里"。预约人数的减少,对短途旅行的青睐,以及最后一刻才预定的做法都让旅行社苦恼不堪。在危机中,旅游业削减产量是一种明智的做法。旅游业需要避免持续的价格下跌和随之产生的负边际效应。

10. **媒体**。由于消极的结构性和周期性趋势并存,媒体会遭受危机的严重影响。在结构上,像印刷和电视这样的传统媒体在互联网的影响下逐渐丧失其地位。传统印刷媒体的读者正在减少。其第二类收入来源——广告也正在萎缩,而广告也是一种"推迟消费的产品"。

11. **奢侈品**。一方面,富人还在继续购买奢侈品,另一方面,较富的人也只能在非危机时期才买得起奢侈品。总体而言,危机使富人的净资产大幅缩水。奢侈品业的不同部门受到的影响程度有所不同。像鞋或包这样的皮革产品要比珠宝更能抵抗危机。高档手表制造商朗格在缩减工时的同时,产品销路更好了。传统品牌的商品受危机的影响要小于在那些供应批发市场失去独占性的品牌,因为人们倾向于站得住的品牌和高质量的产品。

12. **折扣产品**。廉价商品总体上可能会在危机中获益这一事实,并不等于个体公司的生存机会会得到改善。现实可能正好相反。在这一市场中,比如低成本航空公司、旅游经营者以及小商贩有无数个边缘竞争者。当他们面对那些通过流水线生产达到极高效率的公司时,这些人无法在价格竞争中取胜。

零售服务业：在合适的地方长大

> 使沃尔玛获得成功的正是基于区域性规模经济的竞争优势，而这种竞争优势往往被忽略：几乎总是基于本质上是"地区性"的环境当中的。

如果你读过哥伦比亚大学商学院教授布鲁斯·格林沃尔德的《企业战略博弈：揭开竞争优势的面纱》，那么对零售行业的理解将更为深刻。因为格林沃尔德在其中列举沃尔玛的案例，让人看到了零售业竞争的本质。零售业，尤其是折扣零售业，并没有什么经营诀窍，或别人无法复制的专有技术。然而，沃尔玛却成功地占据了大多数它参与的竞争市场。因此它赖以成功的方法极具启示的意义。

按照格林沃尔德的观点，竞争优势的定义是"能够做潜在竞争者做不到的事"。它的一个重要特征是，几乎总是基于地区性的环境中。在本质上它是区域性与特殊的，而不是普遍和广泛的。在日益全球化的今天，市场选择上最为关键的战略要诀是区域性思维。在区域水平上取得市场统治地位，可能要比人们想象的更容易一些。而大多数服务的一个显著特征就是生产和消费上的区域性。

沃尔玛面对的竞争者数量极其庞大，这是一个具有"蚂蚁大军"特征的行业。不过随着公司的迅速发展，它渐渐地成为蚂蚁中的大象。为什么其他企业碌碌无为，而沃尔玛却能够异军突起？显然是它做了正确的事。在格林沃尔德看来，沃尔玛最有力地证明了以区域为着眼点的战略，能够使公司在原有市场和它扩张进入的相邻领域同时居于统治地位。

沃尔玛利润水平最好的时期结束于20世纪80年代中期。经营利润率在1985年达到7.8%的顶峰，之后便连续滑落至1997年的4.2%；真正高投资回报率的

年份结束于20世纪90年代初，此后税前投入资本收益率不断下跌，最后稳定在14%到20%的范围内。这个业绩虽然也很不错，但是并不算特别出色。

沃尔玛的成功体现在地理集中上。1985年是沃尔玛的黄金年代，那是利润水平的巅峰时期。当时它已经发展到22个州，拥有859家折扣店。它80%的商店都在阿肯色州及其周边。那时它在总体规模上要小于凯马特，但它在本地的经营规模却很大。沃尔玛充分利用了集中战略，这是它绝大部分超额利润的来源。而集中战略所获得的低成本，主要来源于公司经营的三项职能：

1. 物流成本花费更低。沃尔玛在入向物流，也就是将货物拉回仓库和送往分销中心的成本方面花费更低。它将店铺安置在仓库约5千米半径范围之内，它用自己的卡车将采购的商品拉回来，运到分销中心，然后再用其他卡车将货物送往商店。这套系统极有效率，使得沃尔玛在这方面相对行业平均水平的优势是销售收入的1.3%。

2. 广告花费更低。对于零售商而言，广告往往是地区性的。沃尔玛在本地销售额几乎是竞争对手的3倍，它每一美元销售收入的广告成本也就是它们的1/3，相当于60%以上的相对成本优势。

3. 管理与监督成本更低。从一开始，沃尔玛的高管们就频繁视察各家店铺。到1985年，公司共有12个地区副总裁，每人下辖7—8个地区经理。每周一，他们奔赴各自辖区，在接下来的4天时间里视察所负责的商店，交流的机会极为充分。

据估算，这三项职能给予经营利润率的优势加在一起，占到净销售收入的4%—5%。而沃尔玛公司的总体利润优势只有3%左右，这是由于沃尔玛制定了较低的价格来提高销量，因此从占销售收入比例上看，各项优势汇总会超过整体利润率。很显然，这时候沃尔玛的三项职能高效益源于区域性规模经济。

1985年以后，沃尔玛虽然继续增长，但它的利润水平却下降了。正如我们能看到的，当它离开自己根据地之后，在最好的情况下与竞争者打个平手。而当它扩张得太远时，情况就变糟了。对此，格林沃尔德唯一的解释是，这是因为它不再能够复制早年享有的竞争优势：区域性规模经济加上足够的客户忠诚度，使得竞争者难以进入它的地盘。

由此得出零售业的四个经营教训：

1. **效率总是重要的**。好的管理可以使工资成本和货物损耗大大低于行业水平。

2. **竞争优势——区域性规模经济与客户忠诚度的结合——更为重要**。即使好的管理也未能阻止 1985 年以后公司利润水平的下滑。

3. **竞争优势可以促进好的管理**。1985 年的沃尔玛就利用其区域性规模经济优势，将部分收益转给客户，并且进行非常节约化的经营。

4. **竞争优势需要保护**。当沃尔玛离开根据地向外扩张之后，本身就是一个错误：它毫无防范地让竞争者进入自己的腹地，结果在两个战场都遭受了损失。

使沃尔玛获得成功的正是基于区域性规模经济的竞争优势，而这种竞争优势往往被忽略：几乎总是基于本质上是"地区性"的环境当中的。它适用于整个零售业，但不仅仅局限于零售业，也适用于服务业，至少是那些在本地区内提供的服务。

知道这一点很重要，知道了竞争优势更多的来自区域性优势，即经营的区域性或者产品的单一性，我们至少能够知道那些盲目扩张、一味求大的企业多少要遭遇利润率的下降。

看看巴菲特的公司伯克希尔旗下的一些公司，如内布拉斯加家具店、威利家具店、喜诗糖果以及波仙珠宝店等，它们都是具有区域性优势的特征。几十年来它们虽然"足不出户"，但却在本地区获得统治性的地位，取得出众的业绩，被巴菲特深切热爱并长期持有。

零售业确实有时可能突然瞬间"窒息"而亡，不过却不要简单地忽略。从沃尔玛的成功案例来看，如果某个公司能够在合适的地方长大，也是一个不错的选择。

在苍茫中传灯

▶ 能够复制成功的连锁魅力

> 特许经营（连锁加盟）是人类有史以来最成功的营销观念，更将成为21世纪的主导商业模式。
>
> ——约翰·奈斯比特

自从沃尔玛总裁罗布森·沃尔顿一度取代比尔·盖茨成为世界首富之后，商业连锁经营的低成本高扩张的优势就备受市场瞩目。沃尔玛正是凭着可以复制的连锁经营模式，才获得了快速发展。

零售业或连锁业的最大动力就是迅速扩张，在扩张过程中，只要单店没有过度负债，保持持续增长，同时公司能够按照年度发展计划进行扩张，剩下的就是长期持有等着赚钱了。

1970年沃尔玛上市时只有38家分店。1975年扩张到104家分店，股价上涨了4倍。1980年当它扩张到276家分店时，股价上涨了20倍。到2007年6月，沃尔玛在全球拥有6800家分店时，股价上涨近1000倍。可见投资于零售业和餐饮业公司的股票回报率是惊人的，其增长速度不仅和高科技一样快，而且风险普遍要低得多。

国内的零售业和连锁业低成本高扩张的优势特征与沃尔玛一致。以苏宁电器为例，苏宁电器2004年上市时，在全国46个重要城市开设了84家连锁店，截止到2007年12月，苏宁电器已在全国152个地级以上城市拥有连锁店632家，股价最高时上涨了45倍，这就是能够复制成功的商业模式的无限魅力。

一个商业机构的成功往往来自于其能够复制的商业模式，零售业便是这里面的代表。如果这种商业模式能够复制成功，这就代表着其管理效率和内部运行的有效性，在不同区域扩张的时候会节省很多管理成本。因此没有一个投资者不喜欢这种商业模式，因为在这种商业模式中，意味着只要扩大网点就可以使得盈利增加。

在能够复制成功的模式中，除了地域的不同外，其他诸如管理、财务、销售以及生产都可以进行等同的移植，这样就使得这种规模的扩大会直接带来利润的增加。因此，彼得·林奇指出："在对各个行业起起落落的长期观察中，我发现，尽管投资于周期型公司股票和特殊情况下股价被低估的公司股票，你可能会取得2—5倍的投资回报率（假如一切顺利的话），但是投资于零售业和餐饮业公司的股票会有更高的回报率。零售业和餐饮业公司不仅增长速度和高科技一样快，而且风险普遍要低得多。"

在连锁企业或者零售企业中成功快速发展的例子很多，如麦当劳、肯德基、家乐福、星巴克、苏宁电器、国美电器等。连锁经营虽然是商业竞争的产物，但是连锁却是最具活力和发展潜力的经营模式。

为什么这种商业模式具有如此的魅力？

1. 标准化运营。所有连锁分店实行统一品牌形象、统一服务质量、统一运作标准、统一市场营销、统一信息管理的连锁化经营管理，为客户提供标准统一、质量保证的优质服务。标准化在一定程度上是专业化与简单化的体现，因为连锁的最大特征之一就是具备可复制性，而标准化是复制的必备前提。

2. 这种能够复制成功的商业模式一旦形成，具有相对规模优势，加上发展速度快，区域分布广，往往会使得这种商业模式的公司具有较强的议价能力。一般来说，连锁企业的议价能力能降低采购商品的价格，从而获得更大的利润空间。投资者容易理解这种模式的有效性，从而对股票价格形成良好的预期。

3. 在评估连锁企业或者零售企业公司价值的时候，已经扩张了的网点形成的渠道优势将会给予公司的估价一定的溢价。这种"一站式购物"，使得该商圈内的消费人群对这些连锁网点形成了非常强的依赖性。在一定意义上，消费人群对连锁企业的强依赖性，使连锁企业具有了调动和掌控消费者"跟随"的能力。

在苍茫中传灯

　　《大趋势》作者约翰·奈斯比特对连锁经营模式评价很高,他说:"特许经营(连锁加盟)是人类有史以来最成功的营销观念,更将成为21世纪的主导商业模式。"以苏宁电器为例,财经作家段传敏在其所著的《苏宁:连锁的力量》中写道,苏宁电器"按照写的做,按照做的写。意思是标准化制度适用于任何人、任何门店、任何作业情景,必须坚持制度大于权力的准则,即没有人拥有可以不按照标准操作的权力;另外,苏宁电器把连锁标准化作为一个动态的改善过程,推广个人的优秀经验,上升为工作小组的工作方法;再组织有标准化经验的专家、资深员工、企业领导层、特殊顾客参与工作小组方法的提炼、归纳、格式化草拟、论证、试点、推广;完成个人经验—群体经验—标准化作业程序的升华过程,从而改善其标准化体系,推进其作业质量的持续进步。"

　　尽管能够复制成功的商业模式会带来成功的投资,但也不是任何一种连续复制都能取得成功。按照林奇的说法,当我们耐心观察一家零售连锁店,看它首先在某一个地区获得成功后,然后开始向全国扩张,并且用事实证明在其他地区同样能够复制原来的成功后,这时候投资也不迟。

▶ 医疗服务公司奎克的商业模式：破坏性创新

> 奎克形成了自己的业务模式：低管理费用、低利润、雇员较少，他们将这种模式称为"星巴克正在经营着你们医生的办公室"。

医疗服务行业是一个很奇特的行业。大概没有人愿意没事的时候上医院，但如果有事了却还是必须上医院。与其他行业提供相对的优质服务相比，医疗服务行业在提供服务方面似乎落后于其他行业。大多数人在医院里的经历都不会开心，比如往往排队需要的时间很长，而医生就诊的时间却很短，这就是医疗服务行业的现状，而人们之所以对当今医疗系统逆来顺受，大都是因为他们没得选择。

因此患者及其家属往往会对医疗服务行业给出糟糕的评价。当然其中的原因有许多，比如，患者及其家属常常通过表面现象来评判医疗服务：病情是否好转；医生是否开了既便宜又有疗效的药品；医院的地板是否干净；医护人员是否热情周到等等。在其他行业，顾客很容易成为上帝，然而一旦到了医院，一切必须听从医院及医生。比如，当医生建议需要住院治疗，一般人都不敢拒绝；当医生开处方时，病人不能说只要这种药品而不要那种药品，也不能说少开两支或多开两支，更不能说这种药品的价格应该便宜一点等等。

最近看了一些有关医疗服务行业模式创新的资料，很有参考意义。

在美国有一家名叫奎克健康的公司（Quick Health），这是一家极具破坏性创新的公司。CEO 是戴夫·曼德尔肯，他认为，可以用一种方便的方式和支付得起的价格，向患者提供高质量的医疗服务。他的公司曾经进入沃尔玛、朗斯药业等连锁店，并在这些店内安排一名医生，这些店铺位于药房旁边。患者可以在任何

一天花49美元在其中看病。奎克不关心患者是否拥有医疗保险,即使拥有医疗保险,也要像没有医疗保险的人一样支付同样的价格。这种举措触动了消费者的神经,他们对这种模式产生了共鸣,认为国家的医疗系统本该如此。

为什么会有这样的认识?因为当患者到奎克公司的诊所,会看到像星巴克或麦当劳那样提供的价目表。因此患者可以选择49美元的项目,也可以选择29美元的项目,其报价都是公开的。相对而言,奎克提供的服务更加方便,等待的时间更短,价格更优惠,并且对患者非常友善。

他们的每个店铺都是一家家庭全科诊所,可以提供的服务包括对孩子和雇员进行基本的检查和体检,还包括进行如囊肿切除这样的小型手术;可以进行小规模的伤口缝合,但不提供脑手术或器官移植等大型手术;可以进行实验室测试、免疫接种,以及其他患者经常使用的医疗服务项目。然而价格却十分合理,比如对心脏健康情况进行一系列检测的费用仅99美元,而在医院里却需要支付179美元。曼德尔肯认为,如果以吸引人的价格向消费者提供一系列的预防性医疗服务,人们就会掏钱购买这些服务。

奎克首先要做的就是提供给消费者人人支付得起、人人可以方便获得的医疗保健服务。奎克认为,如果不能做到这一点,无论做什么都不会成功。奎克的目标客户是劳动者家庭。劳动者既没有时间,又不是很有钱,因此奎克必须保证他们马上接受治疗。

消费者喜欢这样的个性化服务。他们希望在接受治疗时能被看作是一个人,希望自己得到尊重,因为他们也是花钱来治疗的。而奎克提供的服务能够远远满足他们的要求。奎克是在2005年开业的,仅仅两年就接待了4.6万名患者。患者知道奎克能做什么,不能做什么。患者转入其他医院就诊的比例非常低,因为奎克可以治疗97%的患者,只有3%的患者会被建议到其他地方就诊,其中一半受的是外伤(此时奎克会通过救护车将他们送到医院的急诊室),另有一半是心理疾病(这是因为奎克没有开展相关项目)。

奎克形成了自己的业务模式:低管理费用、低利润、雇员较少,他们将这种模式称为"星巴克正在经营着你们医生的办公室"。他们还像经营一家风味冰激凌或者星巴克特许经营店一样,来制定其商业计划。他们的每个诊所每天只要接待25名左右的患者，就能达到盈亏平衡，在12—14个月内就能实现盈亏平衡。而消费者也对这样的模式表示满意。

奎克对所有消费者进行调查，要求他们填写顾客满意卡——可能很少人会在医生的办公室内看到这样的卡片。在总分5分的满意卡上，平均评分为4.5分。消费者会写下这样的话："这是第一次有医生能倾听我在说些什么。"很显然，奎克正在提供质量非常高的医疗服务。因此曼德尔肯认为，这是一个非常合理的商业模式，有着坚实的基础，也很有效。

奎克的目标客户群是那些没有医疗保险和主治医师的劳动者家庭，他们需要比一名执业护士所能提供的更多的医疗保健服务，而奎克的医生就是这些服务的提供者。这种策略可以让奎克提供更多的服务并提高平均收入。因为从经济的角度看，提供更多的服务是为了补偿雇用医生所带来的成本增加。

当然，奎克也同时提供低成本的处方药，他们采取了同药房的合作伙伴一起向患者提供打折药的办法。奎克对诊所的布局也有要求，比如让工作人员在病人面前洗手。他们安装了给、排水管道并接通自来水。奎克在每家诊所内，都设有两间供检查身体的房间和一块用来实验的区域，每个诊所大约有500平方英尺，里面安装了医疗级别的设备和检查身体用的桌子和椅子。

奎克致力于创建自己的品牌，希望人们信任他们的品牌。他们每周开业七天，但消费者不会总是在诊所内看到同一名医生，他们每次来可能都是由不同的医生来接待的。但通过技术手段，对医生的培训和品牌经验，消费者可以享受同样的就医经历，每次他们来看病，都能获得同样质量的治疗。奎克全心全意为消费者提供服务，评估并加强自己的服务，在服务评估的基础上为医生提供奖金。在奎克公司，医生平均每年可以赚15万美元左右，这是与那些设在药店内提供医疗保健服务的公司的另一个区别所在。

奎克以顾客为中心，因为他们知道支付账单的是病人，而不是保险公司。他们让雇员清楚地认识到他们是在为病人创造方便，而不是为自己创造方便。传统的医疗保健机构会在午饭时停止营业，而午饭的时候正是奎克公司的医生最忙碌的时候，他们在这个时间段之前或之后吃午饭。新诊所需要配有2.5名医生和2.5—3名医务助理，通常配有1名医生和1名医务助理，随着客流量的增加，会再增加 1 名医务助理。医生和医务助理不是主仆关系，他们的地位平等，都在为患者提供高质量的医疗保健服务。这意味着如果医务助理正在采血、登记或记录病人生命体征的时候，医生可能就要自己使用收银机了。

到 2007 年，奎克在非常有限的资金基础上进行扩张，最初的启动资金基本上都是奎克自己出的，开始时开了两家诊所。2006 年 1 月，奎克用筹措到的 55 万美元开了另外 6 家诊所，开一家诊所大概需要 10 万美元的资金。曼德尔肯认为，这种方式的效率非常高。到了 2006 年 5 月，奎克又筹措了 850 万美元的风险资本，他也邀请一些企业参与以扩大规模。最新一轮的扩张是开 20 家诊所，当诊所超过 100 家的时候，奎克认为应能获得正现金流并可以自我维持了。

曼德尔肯称奎克的这种做法为"破坏性创新"，它主要体现在以下 4 点：目标客户、解决方案、业务模式以及竞争状况。

1. 奎克寻找的不是这一行业中已经存在的客户，而是那些尚未出现的客户。他们提供的不是便宜 25% 的价格，而是给那些乘公共汽车上班的人可以看病的机会。奎克的目标顾客会感到自己没有机会享受传统医院所提供的服务，感到自己被当前的医疗保健系统所遗忘。

2. 奎克相信自己正在开创一项新的业务。他们并没有改变医生看病的方法，只是让医生做他们一直做的事，也没有打算改变医患之间的关系。而实际上，奎克正在医患之间建立起关系，提供给他们不同的就医质量和更方便的就医环境。

3. 奎克的商业模式专注于低成本、低价格费用，这就改变了医疗服务行业的运作模式，而不是改善了原有的模式。奎克效仿的是沃尔玛和好事多超市最初的策略：降低管理费用，将省下来的钱让利给顾客。

4. 竞争状况有所改变。公立医疗保健服务提供者的预算由当地政府以及排队等候的人数来决定，因此他们无法复制奎克的模式。而其他的医疗保健服务提供者则无法理解奎克如何能用 10 万美元开一家诊所，他们的 IT 部门甚至无法用这笔钱来构建一个电脑系统。传统的医疗保健行业在无法复制奎克的模式下，只能选择与奎克成为伙伴关系。

戴夫·曼德尔肯先生认为，这是解决这个国家医疗保健危机最有效的方法，因为在仅仅两年的时间里，奎克公司就为其消费者省下了 550 万美元。

可口可乐在一九九九：一个经典的运营错误的实例

> 在促使企业危机的危害增加的错误链中，总是包含着沟通和公共关系的大失败，但每家公司似乎总要等到亲身经历之后，才理解这个领域值得公司早早注意。
>
> ——小罗伯特·米特尔施泰特

可口可乐在1999年夏天的几个星期里十分痛苦。当时，欧洲因为出现了好几起食品安全事件引发了恐慌。坏事总是连续不断。就在比利时毒猪肉和毒鸡肉事件爆发不久，又有媒体报道一些学生因为喝了可口可乐后生病的新闻。

可口可乐的管理层起初否认这件事与他们有关，尽管有顾客抱怨说可口可乐有异味。随着其他食品恐慌事件的不断出现，比利时和欧盟很快做出反应，首先是警告消费者不要饮用可口可乐，继而是比利时所有商店禁售可口可乐公司的所有产品，再而是荷兰、德国和法国的部分地区也开始禁售可口可乐产品。

那时，有超过200个恶心、头疼和胃痛的病例被报道，但是可口可乐公司却称这些问题不可能是它的产品造成的，不过它会调查。最终事情被弄清楚了：那些生病的人都饮用了可口可乐公司在比利时安特卫普和法国敦刻尔克的生产厂灌装的饮料，而安特卫普的生产厂用了一些没有达标的二氧化碳，敦刻尔克生产厂的木质运货托板则被某种除菌剂污染，导致一些饮料罐的外部被污染。表面上看，这些问题在技术层面都不会严重到致病，除非消费者饮用时直接用手指或嘴唇沾到除菌剂并吃进肚子里，因此一些科学家对此声明称污染的量很小，不可能致病。

亚利桑那大学商学院院长、教授小罗伯特·米特尔施泰特长期致力于"多重

错误管理"的研究,他认定这是一个经典的运营错误。如果只有一个错误出现可能不会造成问题,但是因为它的错误一个接着一个出现,形成一个"错误链"后,公司的麻烦就来了。这个错误链是:供应商生产二氧化碳的方式不正确—供应商的质量控制失灵—可口可乐灌装厂二氧化碳质检失灵—供应商使用的木质托板被污染—公司没有像消费者和政府那样认识到问题的严重性—公司高层淡化公众对此问题的关注。

从公司的角度看,这个错误链可能很平常,但从公众的角度看却十分严重。于是公司总裁发表声明,深表抱歉。随后还承诺危机过后,要为比利时的每一个人买一瓶可口可乐。当总裁感到事态严峻,自己必须亲赴比利时的时候,已经是两周之后了。这又明显激怒了比利时的政府官员和消费者。虽然可口可乐在比利时的销量只占世界总销量的不到2%,但却损害了公司的品牌形象。当总裁亲赴欧洲解决事件后,公司恢复生产了。通过提供1.5升瓶装可乐的优待券,兑现了为比利时的每一个人买一瓶可乐的诺言。

一系列的错误造成公司召回1700万多箱可口可乐的后果,其子公司可口可乐企业由于这个事件损失了1亿美元以上。但是当可口可乐企业开始名为"恢复运营"的活动后,又被欧盟禁止了。欧盟认为公司向酒店和餐馆免费赠送或打折销售产品的方式,是一种为了提高市场竞争力的隐蔽手段,而不仅仅是为了"恢复运营"。1999年12月,公司董事会只好宣布接受总裁的辞职。

在这个案例中,一个小小的运营问题在管理层还没有意识到的时候,就迅速发展成了更大的问题。与许多公司相似,可口可乐公司先是不承认存在的问题,最终后悔采取这种姿态。米特尔施泰特认为,可口可乐公司完全符合错误的典型模式:

1. 没有遵循已有的程序。公司使用的二氧化碳显然没有经过标准操作程序的质量检测。

2. 公司内部与外部的看法存在分歧。事实上,技术层面并非是严重问题,但公司从技术角度的理解与消费者及政府的看法存在很大的差异。

3. 低估了政治因素。欧洲人对与食品有关的问题比美国人更敏感,这意味着如果不做出及时有效的回应,公司将面临厄运。

4. 承担责任方面的文化差异。全球许多的企业文化都会让最高执行领导在公众面前承担问题的责任，而在美国，很少看见某个人成为公司的替罪羊。可口可乐在问题出现后的两周里，公司没有一个重要人物出来担当这个角色。

5. 责任划分不明确。可口可乐公司和可口可乐企业实际上是两个实体。可口可乐企业是把可乐的浓缩液与当地供应的其他成分加以混合，将饮料装入容器再分销。但是大多数公众并不理解，也没有看到这个区别。

虽然后来可口可乐公司在欧洲恢复了元气，但所造成的损失仍然被人们当作危机处理的反面教材。米特尔施泰特认为，从多重错误的角度分析，如果公司的反应更快一些，并且让人更多地感到其诚意，那么结果一定有所不同，人们的评价也不会那样负面。如果公司总裁采取更果断的行动，承认公司的责任，并更早与当地政府合作，也许人们并不会失去对可口可乐的信心。用这种方式甚至还可能省下资金，尤其是当公司考虑到要花多大的代价才能在欧洲重建受损的名声时。

米特尔施泰特发现，在促使企业危机的危害增加的错误链中，总是包含着沟通和公共关系的大失败，但每家公司似乎总要等到亲身经历之后，才理解这个领域值得公司早早注意。信任问题是一个严肃而又具有战略意义的问题，因此，可口可乐公司的这个案例的最大教训是，企业承受不起一丁点道德的错误。

在苍茫中传灯

▶ 强生公司在一九八二：危机处理的正面案例

> 多年来，有许多公司也强调顾客至上的原则，并声称按这个信条行事，但几乎没有一家公司会像强生公司在泰诺事件中那样实践诺言。
>
> ——小罗伯特·米特尔施泰特

如果说可口可乐公司是危机处理的反面案例，那么强生公司则是危机处理的正面案例。有人认为似乎没有比可口可乐公司更好的处理方法，但是如果审视强生公司的这个案例，可能就不会做出如此的判断。事实上，强生公司发生的危机要比可口可乐公司深重得多。

1982年10月，在芝加哥地区有7个人死于氰化物中毒，而这个死亡事件都与强生公司旗下的麦克奈尔公司生产和销售的泰诺强效胶囊有关。强生公司闻讯后，反应十分迅速，立即在全国范围内召回3100多万包泰诺胶囊，成本超过1.25亿美元。虽然尚无证据说明这个问题超出芝加哥之外，但是强生公司认为安全是最重要的，并且希望不会使人们对公司承诺的顾客利益至上原则产生任何怀疑。

不仅如此，强生公司积极配合执法人员对事件展开调查。调查证实，出现问题的产品是在其他工厂生产的，结论是由外部的破坏而非强生内部的生产造成的。对消费者而言，迅速召回产品是一个令人印象深刻的承诺。强生的举措让消费者吃惊不已，并使股东受益匪浅。仅仅在一个月之内，强生公司宣布泰诺重回市场，使用新的抗干扰包装。凭着广告、促销等聪明的做法，泰诺一年内在止痛剂市场上获得了比以前更多的份额。

强生公司为什么能这样做？查看它的对顾客利益承诺的历史，可以追溯到20世纪30年代。那时一位名叫罗伯特·伍德·约翰逊的人就劝说其他的商业领袖，只有先考虑顾客的利益再考虑股东的利益，才能最好地为企业的利益服务。到40年代初，这个观点已成为强生公司的信条："我们相信自己的首要责任是为医生、护士、病人、母亲们、父亲们，以及其他所有使用我们产品和服务的人提供服务。为了满足他们的需求，我们所做的任何一件事都要保证高质量。"信条在谈到雇员和社区的责任后，又总结了对股东的责任："我们最后的责任是为了股东。业务必须要有可靠的利润……当我们按这些原则行事时，股东们就会获得一个不错的回报。"

专门研究多重错误管理的小罗伯特·米特尔施泰特教授指出，多年来，有许多公司也强调顾客至上的原则，并声称按这个信条行事，但几乎没有一家公司会像强生公司在泰诺事件中那样实践诺言。

强生公司事先很可能不会想到其产品出问题，然而一旦危机出现时，他们就按照公司的根本信条和原则行事。与可口可乐公司相比，强生公司迅速打破了他人造成的错误链，即使在多年以后仍然能够从当年的行动中获得人们的好感。如果不是那样的话，其结局就是第二个可口可乐公司了。强生公司的做法几乎可以成为可口可乐公司应对危机的一面镜子。

根据米特尔施泰特教授的归纳总结，这面镜子是：

1. **相信并看重信息**。泰诺事件一定是强生公司不愿意看到的，然而一旦发生，就要十分重视，并与权威机构合作调查。

2. **以顾客为中心**。立即召回产品，很好地展示了顾客至上的信条。

3. **接受顾客认为是泰诺导致了问题的看法，而不是声称不可能是它的产品造成的**。

4. **企业文化中的原则和规范使得强生公司容易做出正确的决定**。

5. **把沟通作为工具**。借助于新闻媒体和政府的支持，以最快的速度告诉公众在任何情况下都不要使用该产品，极为注重客观性和事情的重点所在。

6. 很快对问题进行了永久性的修复，并雄心勃勃地再次进入市场。

不仅如此，强生公司不但利用了泰诺事件的机会为顾客做补偿，而且把它当成一个催化剂来提升包装的安全性。这个事件的间接影响，以及强生公司使用抗干扰包装的决定，对整个社会也有益。一个负责任的公司就应该像强生公司那样，从来没有忘记自己对顾客的责任，如此才能够应对突如其来的危机。

百事可乐：一个缺乏经营聚焦的实例

> 经营的力量在于"专才"。

记得前几年有一篇文章，说的是《巴菲特会买百事吗？》。作者从四个方面分析百事可乐是否符合巴菲特的购买要求。

作者认为：1.百事可乐的现金流状况和盈利能力非常稳健；2.因为百事可乐比其最密切的竞争者可口可乐采用了更高的财务杠杆，从而创造了更高的股权回报率；3.因为因陀罗·努伊（Indra Nooyi）从2006年开始担任百事可乐的CEO，此前他已经在百事工作了很长时间。4.百事可乐的软饮料和零食不容易受技术变化的影响。

他的结论是："不管百事的股份是否真的会被巴菲特持有，我们已经了解到它确实具有许多巴菲特投资时会看重的特性：持续盈利，可控债务范围内的高股权回报率，以及一位经验丰富的CEO。"

这位作者似乎说得有理，我不想逐一评论，但他或许忽略了以下这些重要的事实。根据可口可乐和百事可乐两家公司发展的情形，到目前为止，可口可乐仍然是可口可乐，它只是一家饮料公司，而百事可乐却不单单是百事可乐。除了世界上最大的休闲食品公司菲多利公司外，百事可乐还拥有全美七大连锁快餐店中的三家：必胜客、塔可钟和肯德基。除了这三家大型连锁快餐店外，还有许多餐厅，其旗下的24000家餐厅一起构成了全球巨无霸的餐厅体系。所有这些餐厅消费的基本上都是百事公司的全系列饮料，比如，百事可乐、百事轻怡、中卡百事、斯莱斯、激浪、立顿茶、全动和七喜。

管理学家艾·里斯很早就注意到，百事可乐比可口可乐大多了。2004年，百事可乐公司的收入达285亿美元，而可口可乐公司的收入为162亿美元。然而比较其股票市值却让人吃惊。当年较大的百事可乐公司的市值440亿美元，而较小的可口可乐公司的市值却有930亿美元。9年以后，到2013年9月，其情形并未有多大的改观。2013年，百事可乐公司的股票市值为1197亿美元，而可口可乐公司却有1706亿美元。如此悬殊必有缘故。

百事可乐公司的问题在哪里？定位理论创始人艾·里斯先生认为就在于它没有"聚焦"。百事可乐是一家不计成本追求增长的公司。它的CEO曾这样说，我们绝不放弃15%的长期增长目标承诺。多年以来，百事可乐公司一直通过大量的收购以实现这个承诺。

20世纪80年代初，可口可乐公司也曾经收购过电影公司和葡萄酒公司，但它后来都一一出售了，使之成为一家纯粹的饮料公司。而百事可乐公司则似乎沉浸在没完没了的收购中乐此不疲。

现在来看看百事可乐旗下那些连锁快餐店。要是与麦当劳相比，又逊色于麦当劳。2004年，麦当劳大约有14000家餐厅，年收入74亿美元，百事可乐公司有24000家餐厅，年收入94亿美元。麦当劳的净利润是11亿美元，销售利润率15%，而百事可乐公司的净利率只有4亿美元，销售利润率仅4%。麦当劳的股票市值为310亿美元，必胜客、塔可钟和肯德基是多少？根据里斯先生的计算仅100亿美元（以其净利润占公司净利润的比例）。2012年，麦当劳的股票市值973亿美元，而百事可乐公司仅1197亿美元。高度聚焦的麦当劳直追聚焦缺失的百事可乐公司，并且距离越来越近。

市值只代表投资者愿意以某种价格买进或卖出股票的一个数字。如果投资者真正懂得聚集的力量，他们可能愿意开出更高的价格。或许可口可乐公司和麦当劳的股价就是这样。

里斯认为，百事可乐公司的连锁快餐业务是双重缺乏聚焦。第一重，百事可乐公司的连锁快餐品牌是一堆互相竞争的品牌，而麦当劳则经营单一品牌。第二重，这些快餐品牌都聚集在一家饮料公司旗下，而麦当劳没有这个问题。结果，百事可乐公司做连锁快餐不如麦当劳。同时又由于聚焦缺失，做饮料又不如可口可乐公司。这就是存在的现实。

如果认为百事可乐的 CEO 在百事工作了很长时间,就能构成买入条件,这就更加不对了。百事可乐公司最大的问题就是管理的问题。公司需要一个饮料专家来经营饮料业务,也需要一个休闲食品专家来经营乐事公司,更需要一个快餐专家来经营连锁快餐业务。CEO 有可能是其中一个领域的专家,却可能不是另外两个领域的专家。

经营的力量在于"专才"。对于百事可乐公司而言,它的目标是做企业的总经理;而对于可口可乐公司而言,它的目标是做饮料业务的总经理;对于麦当劳而言,它的目标是做连锁快餐业务的总经理。最终谁能胜出?不辨自明。至此,我认为,如果百事可乐公司真能被巴菲特所持有,说明百事可乐公司一定发生了什么事情。

▶ 维珍成功的另一种解释

> 维珍占领市场不是利用产品的相似性,而是通过研究顾客心理,精心创造维珍式的生活方式来吸引顾客。
>
> ——亚德里安·斯莱沃斯基

理查德·布兰森管理的维珍公司是最让我疑惑不解的公司,因为这家公司的业务极为庞杂,什么业务都想做而显得缺乏聚焦。在"维珍"这个品牌旗下竟然拥有200家私有公司,其业务跨越空运、服装、软性饮料、计算机游戏、电信运营、金融服务、唱片甚至包括安全套等各行各业。

早在1996年,定位理论的开创者之一阿尔·里斯在《聚焦:决定你企业的未来》中,就曾经预言维珍因为没有聚焦、品牌延伸而即将分崩离析。但是近20年过去了,维珍公司却仍然巍然屹立于世界企业之林,并未出现如里斯断言的结果。那么,是里斯的判断有误吗?

最近我阅读了畅销书作家亚德里安·斯莱沃斯基的著作,发现斯莱沃斯基以"需求创新"理论解释维珍成功的奥秘。他认为,维珍占领市场不是利用产品的相似性,而是通过研究顾客心理,精心创造维珍式的生活方式来吸引顾客。维珍认定,消费者之间的购买心态有着巨大的差异,这个差异就是情感。因此维珍建立了一个与顾客紧密相连的情感关系网,传递旅游、音乐、交友和服装等方面的信息,是年轻、充满活力的生活方式的象征。在得到顾客的热情支持后,它便继续扩展服务业务,向多元化方向发展。因此,维珍这个品牌不是依赖于产品或者服务，而是利用了顾客对个性生活的渴望。

　　这就是说，维珍创造了一种适用任何产品和服务的大众化的映像，从而为最终获利开辟了道路。比如，看上去航空与唱片似乎毫无关系，如果维珍唱片公司的品牌延伸仅仅来自对音乐的关注，那么进入航空业就显得突兀了。但是它的目的是传播新鲜的、活泼的精神和文化，这些信息将会传递给那些为传统航空公司低质服务和不透明价格所困扰的顾客。维珍航空并不会弱化维珍这个品牌，而是会提供高质量、迅捷的、符合维珍标准的服务来增强品牌的效应。例如，除了有传统航空提供的电影和餐饮服务外，维珍还提供机上按摩和酒吧服务。

　　维珍旗下其他的公司也一样，都是通过一个能为顾客接受的品牌形象，进而建立一个情感关系网。这个形象可以应用于任何产品和服务，从基金到软饮料，从酒店到假日旅行，再到移动电话。顾客对维珍品牌是如此信任，以至于当维珍公司将生意延伸到市场上的任何一部分时，他们都能够接受。维珍公司的战略是：站在顾客的立场上考虑问题，千方百计提高服务质量，满足顾客感情需求并且使他们产生归属感。

　　里斯在《聚焦》一书中也指出，品类中销量最大的品牌基本在顾客心里代表这个品类。也就是说，行业主导地位的基本优势就是在顾客心里拥有字眼。这就是"心智"定位，维珍似乎已经做到了这一点。唯一不同的是，按照定位理论，如果某个品牌已经拥有了品类名称，就应该缩小自己的业务范围进行聚焦，而维珍却一直利用品牌延伸自己的业务范围，进行"多元化"。

　　近年来，我阅读了特劳特—里斯的大量著作，基本上赞成定位理论，但是对于其"心智"一词却不甚理解。实际上，在心理学中，"心智"被定义为，人们对已知事物的沉淀和储存，通过生物反应而实现动因的一种能力总和。当众多消费者认可"维珍"这一品牌时，维珍在顾客心里也变成一个词或一个概念，从而获得了"心智"。我以为它与定位理论并无多大的矛盾。因此，维珍公司目前尚未"土崩瓦解"就可以得到解释。

　　以"心智"来解释维珍的某些失败也是可行的。2001年，维珍就在曾投资5000万美元与新加坡合作开发的移动电话项目中撤资，而这个项目启动还不到一年。究其原因，是因为维珍这个品牌在新加坡并没有植入消费者的心智中。据

统计，在新加坡，"维珍"这个品牌仅仅吸引不到5万名顾客。按照斯莱沃斯基的说法，整个消费品市场的竞争越来越激烈，产生的差异也越来越小，公司发展道路更是越来越窄。但是不论哪个行业，必定存在顾客未被满足的新的需求。找到这些顾客，解决他们的问题，就是创造新的发展机会的关键，这就是企业发展动力或是有竞争力的差异的来源。这样看来，公司聚焦或不聚焦似乎不是问题的关键，因为即使是非常聚焦的公司，若不进行需求创新，也可能后患无穷。

不过，在投资领域，有思想的投资者对多元化的公司一直都小心翼翼，甚至回避之。因为有太多的公司在进入自己不是擅长的专业领域而遭遇失败，这样的案例层出不穷，因此彼得·林奇才会得出多元化大都"多元恶化"的结论。很显然，绝大多数多元化公司并不会像维珍那样，长期聚焦于满足顾客的情感需求。或许维珍公司只是一个特殊的案例吧，但是却让我浮想联翩。

第三章 企业思考

▶ 约翰迪尔的故事：追求伟大不如追求长寿

> 如果我们想要成为一个伟大的企业，在经济形势最坏的年份里，回报率可以接近零，但是在正常的年份里，必须取得最佳的业绩。
> ——罗伯特·莱恩

我并不喜欢企业成功学。但是，既然总是有人讨论，我也来谈谈。

企业的巨大成功往往会与伟大紧密相关。"伟大"一词通常有两个含义：一是十分崇高卓越，一是超出寻常，令人钦佩敬仰。但我不知道有多少公司够得上其中一个或两个标准。这样的公司一定是凤毛麟角。既然如此，不如去寻找那些可能长寿的公司。

长寿公司可能不那么伟大，然而它们经历了长时间的考验，顽强地生存了下来。我们需要的是一个能够长期生存下来的公司，而不是仅仅伟大。这与我们的投资理念是一致的。

约翰迪尔就是这样的一家公司，它是世界领先的农业和林业领域先进产品和服务供应商，在农用工具中排名世界第一，被誉为"农机产品中的奔驰"。1837年，公司创始人约翰·迪尔研制出一种不粘泥土的钢犁，并由此起家创立了迪尔公司。170年来，迪尔公司通过与世界各地农民携手合作，不断成长壮大，同时把诚实、优质、守信、创新的传统传播到全球。

约翰迪尔公司的业务主要分为三个部分：农业与草坪设备、建筑与林业设备以及信贷。公司在用户帮助改善全球生活质量的同时，致力于帮助用户提高工作效率。凭借着对土地耕作者几十年如一日的坚实承诺，公司更是发展成代表价值

与永恒的主流文化标志。产品不断更新换代，但公司核心价值始终不变，仍在按照当年创立者所立下的价值观运转，始终在正确的时间为客户提供正确的产品。

有关约翰迪尔的诚实、优质、守信、创新的故事很多，研究起来一定卷帙浩繁。有一个故事最能代表约翰迪尔的经历，以及由当前的商业关系而产生承诺的例子。这个例子来自加拿大安大略省一个名叫阿特·范·甘普的人。

四十年前，年轻的甘普听说约翰迪尔要在他的家乡开设建筑设备经销店。甘普认为这是一个极好的商业机会，他要求与迪尔的区域经理见面。甘普告诉这名经理，他既身无分文，又没有经销建筑设备方面的经验，但是甘普依然获得了经销权。创业之初，甘普仅有28000美元的银行存款，公司为他的经销店提供了所需的设备，还为他提供了经费，以支付创业初期的很多费用。"他们帮助我开创了事业，"甘普说，"我将自己能做到的事情告诉了他们，他们一路为我做出了承诺。"

作为回报，甘普辛勤工作，与客户建立了良好的关系，试图填补卡特彼勒和其他公司没有顾及的缺口。他的生意一帆风顺，但是到20世纪80年代遭遇了严重的经济萧条。那时，他的经销店里价值数百万美元的设备无人问津，而迪尔却没有要求他支付利息。他说，如果公司要求他支付利息，他就会破产。当经济萧条结束时，他的生意再度兴旺。当公司开始在建筑领域建立经销商联盟时，甘普受邀加入，这使他的业务从单一的经销店转向扩展多个经销店。

安大略省的四家经销店合并后成立了一个设备服务公司，这个公司成为约翰迪尔在北美重大的经销公司之一。后来它拥有14个营业地点，甘普先生担任了服务公司的总裁及合伙人。2003年，其销售额突破了3亿美元。甘普说："我们大多数人都以小型经销商的身份起步，迪尔公司为我们提供了支持，并让我们看到了自己的潜力。一路走来，他们一直陪伴在我的身旁。我会告诉所有认识我的人，因为他们支持我所做的一切而使我热爱这家公司。"其实在迪尔公司，有许多人的经历与甘普相同。迪尔就是这样，为它的客户、经销商做出承诺。

长寿公司可能会变得伟大，但伟大公司不一定长寿。约翰迪尔公司当然追求伟大，但更注重长寿。它的现任总裁罗伯特·莱恩说，我们所做的一切都是为了生产伟大的产品，实现利润的增长和世界水平的资本回报率。但是我们的目标是取得优秀的业绩。所谓优秀的业绩就是持久的业绩。

约翰迪尔就是这样,它"决不把我的名字放在与我的名字不相称的产品上"。他深刻认识到,若没有信任,就不能取得持久的业绩。

农业设备制造业具有明显的周期性特点,因此公司的业绩并没有像它的产品和品牌一样实现稳定的增长。在一些年中,它取得好的业绩,而在另一些年中,它的业绩令人非常失望。在20世纪80年代农业萧条时期,约翰迪尔经历了裁员、股价下跌和收入减少等考验。1986年,迪尔53年以来首次发布亏损公告,亏损额为2.29亿美元。其每股股价与1980年的收盘价48美元相比下降了一半以上,为22.44美元。公司员工从1978年的59000名下降到1986年的37000名。那时公司并没有获得预期的发展,因此公司面临的问题成倍增加。

1998年,约翰迪尔的年利润首次上破10亿美元,但是仅仅一年后,由于农业再度陷入漫长而严峻萧条的环境中,其股票也与其他设备制造商股票一同下跌。公司为了生存,不得不进行收缩。

其实,约翰迪尔的业务经常会周期性地遭受损失。优秀的公司都要穿越周期,但在此期间股票可能低迷。如果有人那时买入它们的股票,一定不会认为它们伟大或优秀。但是约翰迪尔的投资者能够在股价下跌的时候购买股票,等到股价上升时再卖出,再等待更好的买入时机。约翰迪尔的员工学会了享受美好时光,直面困难时期,坦然接受设备生产领域的周期性变化。

那时,约翰迪尔被冗余的资产所拖累,这些资产不能为股东带来足够的回报,于是约翰迪尔出售了许多没有效益的资产。在21世纪初那个凄风苦雨的日子里,公司总裁莱恩坦诚公司的财务"欠佳"。莱恩在致他的领导团队的一封信中写道,在1991—2001年的十一年中,只有1997年和1998年的业绩接近他的标准。莱恩指出,如果我们想要成为一个伟大的企业,在经济形势最坏的年份里,回报率可以接近零,但是在正常的年份里,必须取得最佳的业绩。

考虑到不少企业的寿命不久长,因此长寿的企业就更显得弥足珍贵了。约翰迪尔经历了百余年的风雨却依然顽强地活着,而一些曾经伟大的公司却永远地消失了,这不能不让人深思。罗伯特·莱恩说:"我们不断前进,但是我们每次只前进5—7码"。如果我们的实力就是如此,那很好。既然如此,投资者又夫复何求?

在苍茫中传灯

魏格曼超市：巍然屹立八十年

> 去做别人没做过的事，为顾客提供他们当时不具备的选择。
>
> ——罗伯特·魏格曼

为什么在同一个环境下，有的企业成功了，有的企业却衰落了？这是一个令人深思的问题。或许有人将其归结于运气，但仅凭运气显然不足以解释其中的问题。就比如零售业。一直以来，零售业都属于惨淡经营、残酷竞争、低利润的行业，就是沃尔玛也不例外。但是却有一家连锁超市巍然屹立了八十多年，它就是魏格曼食品超市。

魏格曼是一家私人控股企业，成立于1930年，最初由约翰·魏格曼和沃尔特·魏格曼兄弟在纽约西北部罗切斯特发起。20世纪30年代，食品零售业充斥着商店合并、连锁扩张、零利润销售以及成本节约等趋势，为了获得更大的销量，各个商店不惜任何代价。而魏格曼一开始就与众不同——不愿跟随行业的主流。比如，首次采用配有制冷机的食品展示窗，首次利用水蒸气喷雾保持蔬果新鲜度。这些举措迅速引起人们的关注。

从1950年至1976年，魏格曼实现了缓慢而稳定的增长，这段时间由沃尔特的儿子罗伯特·魏格曼领导。罗伯特·魏格曼密切关注新出现的行业趋势，并努力赶在前面。他喜欢与竞争对手唱反调，称自己的销售哲学是"去做别人没做过的事，为顾客提供他们当时不具备的选择"。

有人曾经这样描述魏格曼超市：它真的跟其他商店，跟其他所有东西都不一样。每一家魏格曼商店的面积都达到 12000 平方米以上，相当于普通超市的 3 倍。一走进商店，就看到高高的屋顶、柔和的灯光，一列列新鲜的农产品向远处延伸，一边是一排排烘焙得喷香的面包，一边是陈列在冰柜里的半成品食物。确实，魏格曼大得超乎我们的想象。仅用于陈列普通食品的货架走廊就多达 26 道，还没算上展示农产品、肉类、鱼类、烘焙食品、熟食、速冻食品、预加工食品、奶酪、橄榄等各种产品的宽敞区域。其货品种类丰富得令人惊叹，那种感觉无法用语言形容。光是袋装蔬菜类食品就多达 9 种，水果的种类几乎齐全，有几十种寿司，9 种不同的蘑菇，14 种不同的橄榄，300 种不同的奶酪。

现任的 CEO 是丹尼·魏格曼，这是魏格曼家族的第三代领导人。魏格曼经营的道路并不平坦。2008 年经济危机时，在丹尼的领导下，魏格曼主动降价，为顾客提供了价值 1200 万美元的折扣。其实，经济衰退可以降低公司的成本，因为在此期间，商品和燃料价格一般会呈下降趋势。但是，"像现在这样的困难时期，我们少赚点钱是应该的。"丹尼·魏格曼如是说。至 2010 年底，魏格曼食品超市已经扩张到 77 家。魏格曼的魔力让人无法抗拒，2012 年，魏格曼收到 7000 多封连锁店未能覆盖的地区的来信，要求公司到那里开设分店。有行业分析师称，魏格曼正掀起食品销售行业的改革大潮，推动整个行业向"全品超市"方向发展。

著名的管理学家亚德里安·斯莱沃斯基总结了魏格曼形成魔力的六大行为方式：

1. 魏格曼能够减少或消除产品与服务中的不便、昂贵、令人不快和厌烦的种种问题。 比如，每一个去超市购物过的人都能体会到收银台前排队又慢又长的烦躁，而魏格曼设置了比同行门店更多的收银台。有人观察到，周日的下午，全部 26 个收银台中有 19 个在工作，每个收银台前排队的顾客数量不超过两人。即使是半夜，依然还有 6 个收银台在工作。罗伯特·魏格曼会亲自监测收银台前的排队情况，如果顾客等待的时间过长，他就会十分紧张。

2. 魏格曼懂得如何调动客户情感上的兴奋度，来强化卓越的产品性能。 每家超市都有宽大漂亮的食品加工区，在魏格曼，其世界级厨师会手把手地教顾客烹饪技法，当众展示烹饪诀窍和他们的拿手好菜。许多美食家对魏格曼赞不绝口，这还真是闻所未闻。店中随处可见介绍菜系搭配和正餐规划课程的标识、宣传品。

魏格曼的库存商品平均达 6 万种，比行业标准高出 42%。这使得顾客在这里可以充分发挥想象力和创造力，为家人做出花样百出的菜肴成为富有创造性乐趣的休闲娱乐方式，全家人都能够参与进来，充分享受魏格曼的购物之旅。

3. **魏格曼能够为每一位员工赋予创造需求的力量。**罗伯特·魏格曼在 1950 年担任总裁的第一天，就给所有人加薪。在过去 20 年中，魏格曼为 17500 多名全职和兼职员工支付了共计 5400 万美元的大学奖学金。对公司来说，派奶酪部的经理去伦敦、巴黎和意大利，花上十天的时间对奶酪生产商进行考察，这样的事再正常不过了。总体来说，魏格曼公司的人员成本要占到销售额的 15%—17%，而在其他大部分超市，这一比例是 12%。"在魏格曼，人才是我们最重要的资产。我们不会纸上谈兵，而是用实际行动证实。"因此，魏格曼总是高居"最佳雇主"榜单的前几名。

4. **魏格曼拥有足够的胆识，能够认真听取顾客的建议。**2008 年，魏格曼推出一个在线购物工具。顾客可以用它列出自己的购物清单，以便在购物时不会忘记需要购买的物品。顾客很喜欢这个工具，但没过多久，有些顾客抱怨说，他们碰到了软件故障；有些顾客则希望能够获得其他几项新功能。魏格曼认真听取顾客的意见，最终在一所大学的帮助下，对网站和在线购物工具进行了改进，增加了许多类似的功能。有人盛赞这个工具是"用过的最了不起的软件"。虽然倾听顾客的建议并不容易，但带来的回报却很神奇。

5. **魏格曼是孜孜不倦的实验者，永远保持对新趋势的敏感。**魏格曼是食品销售业的创新者，基本上每一次食品零售领域的重大技术进步都是从它开始的。魏格曼早在 20 世纪 70 年代早期便开始使用条形码。1999 年，开创了用于货品供给规划、预测和补充的零售商制造商联合项目。2002 年，发起了首个食品行业第三方质量认证项目。2007 年，加入首批试用射频识别（RFID）技术使用队伍，让食品更新鲜、更快速地到达客户手中。只要食品行业中出现令食品超市更富魔力的创新思想，魏格曼就会怀着开放的实验精神去做。

6. **魏格曼对自身的独特性倍加珍惜。**魏格曼认为，把事情做对，要比把事情做快更为重要。魏格曼不是上市公司，因此它不受制于很多上市公司面临的盈利增长的压力。魏格曼绝对禁止快速扩张，在这方面它表现出非凡的自我约束能力。

按照吉姆·柯林斯所说的，只保持日行20英里的速度。虽然各地顾客经常强烈要求魏格曼到当地开设分店，但魏格曼还是将新店开张的速度控制在每年2家。与其他超市相比，这样的扩张速度十分缓慢。即使要开张新店，如果没有完全做好员工的培训工作，魏格曼也绝不会允许新店开张。而一旦开张，顾客会觉得新店好像运营了很多年一样，一切都有条不紊。

根据《财富》中文网的一篇文章《魏格曼之道》的报道，仅仅到2005年，魏格曼在纽约、宾夕法尼亚、新泽西、弗吉尼亚等州才设有67家超市，2004年的总销售额达到34亿美元。其经营利润约为7.5%，相当于四大食品公司利润的2倍，甚至超过了天然食品销售商全食超市公司（Whole Foods）。魏格曼每平方英尺的销售额比业内9.29美元的平均值高出50%。

其实，经济环境对所有的企业都是一样的，但是优秀的管理者并不认为环境能够决定他们的结果。在他们看来，积极的行动或会改变环境的作用，从而把命运紧紧掌握在自己的手中。在这一方面，魏格曼是一个很好的案例。当然，魏格曼成功的原因肯定不止这些，但这些却是这家百年老店卓越的主要原因。

在苍茫中传灯

▶ 与众不同的投资公司爱德华·琼斯

> 这是一个通过高度统一的核心价值观和服务意识凝聚起来的高度自主的创业单位的联盟。
>
> ——彼得·德鲁克

爱德华·琼斯（Edward Jones）投资公司是全美金融服务业里最大、盈利最高的零售经纪商。早在1980年，彼得·德鲁克就为这家公司提供咨询。

当时的管理合伙人特德·琼斯（Ted Jones）读过德鲁克的大作《管理：使命、责任、实务》，他发现这本书在制定战略和管理员工方面具有很好的指导作用。"我们花了一年的时间来研读这本书的每一章内容，这本书讲到了与我们实际相关的一些东西，比如它讲到了人道主义、尊重员工等。我的意思是说，书中讲到了我们渴望去做的事情和我们自己的定位问题。"琼斯说，在他执掌整个公司期间，公司"渴望成为一家伟大的企业、一个伟大的组织。我们有幸遇到了德鲁克并拜读了他的著作，他所阐述的恰好是我们想要的公司模式。我们想把公司建成一个尊重每个员工的地方、一个需要每个员工做出巨大努力而又十分公平的地方，一个建立在每个员工特长之上的公司"。

在此后的岁月，德鲁克一直与爱德华·琼斯公司讨论他们提出的问题。有一次，特德·琼斯与德鲁克在"谁是公司的客户"这一问题产生分歧，分歧源于德鲁克向琼斯提出的问题："你如何为办事处选址？"琼斯卖弄小聪明："就像棒球运动员韦·威利·基勒所做的那样，我们会选择打击对手疏于防守的地方。"琼

斯解释说，他们将目标锁定在没有竞争者的城市，在这些城市里，爱德华·琼斯公司是城镇上唯一的股票经纪公司。

德鲁克追问："为什么要这样做？"琼斯回答说："因为在那些地方我们可以做得更好。"德鲁克追问："能做好多少？"他建议琼斯去了解一下实际情况。当琼斯了解了所有办事处的实际情况时，发现在有竞争者的地方，爱德华·琼斯公司的获利水平仍然比竞争者高出25%。琼斯注意到了市场的地理特征，将客户定位在生活在乡下的美国人，这些人没有其他方便的途径到股票市场上进行交易。但实际上，爱德华·琼斯公司的客户是那些想从事风险较低的投资活动，并需要个性化服务的投资者。德鲁克提出的问题，从根本上改变了爱德华·琼斯公司的价值观和对客户的认知。这场具有决定性意义的对话，最终为公司未来的成长战略奠定了基础。

从那以后，爱德华·琼斯公司悄然无声地建立了9000个办事处，成为世界上最大而且增长最快的零售经纪网络。用彼得·德鲁克的话来说就是："这是一个通过高度统一的核心价值观和服务意识凝聚起来的高度自主的创业单位的联盟。"此外，公司的权益回报率一直维持在30%左右，超出摩根士丹利、美林证券和A·G·爱德华兹在内的所有的主要竞争者。

爱德华·琼斯并不是一家典型的金融服务公司。在过去50年间，这家公司通过一种非常关注长线的、买入并持有的保守投资策略来为个人投资者服务，甚至对很小的投资者也能提供面对面的个性化服务。为了提供个性化服务，公司建立了一个分权式的创新型组织结构，这个组织结构的核心是由具有创业意识的投资代表所组成的经纪办事处。

公司成功的关键是找到合适的员工。这个员工被要求为"激情洋溢、充满自信、具有独立精神和追求理想信念"，但是又必须将"'不时尚'的方法运用到投资中去"。爱德华·琼斯公司每月收到15000份工作申请，但公司仅仅聘请其中的200人而已。

这个工作极具挑战性的地方在于，被授予经营自主权的同时，还必须贯彻执行公司的战略和原则。公司的另一管理合伙人约翰·巴克曼说："我们有画布和颜料，你必须使用我们的画布，否则你就不必留在这里；你最好使用我们的颜料，

否则你也不用留在这里。这意味着你不能擅自卷入那些高度投机或危险的金融产品中去。但是只要你使用了我们的画布和颜料,那么你就能绘出你自己的杰作。"

为了遵循这些原则,爱德华·琼斯公司没有从事廉价股票、期权、期货或其他任何投机型的投资。不像其他靠提高交易次数来赚取佣金的经纪公司,公司反对频繁交易。同样的,公司也不提供网上交易,因为他们不涉足自助性业务领域。它的证券分析师为投资者提供的投资组合和投资策略倾向于保守,他们对于上市公司的利润预测一般普遍低于市场的平均预期水平。公司还规定不得向投资者推荐4美元以下的股票(垃圾股)。公司向客户建议"长期投资的策略",因为他们相信"为了短期的收益,大做短线,会导致你最终失去客户"。他们的目标是:将客户的一生甚至下一代的家庭财产作为营销和管理的对象。公司总部只有40—50个证券分析师来为客户提供研究支持,这与我们了解的美林证券在总部有大约700多位研究员相差很大。

究其原因,是因为爱德华·琼斯将自身定位为零售类经纪型券商,他们的研究部门从市场上所有股票中筛选出有限的数目和种类,然后才进行跟踪分析。公司强调获得长期有价值客户,并没有只想到销售产品,赚取佣金,而是真正地关心客户,为他们服务。公司的一名经理这样说:"不要给客户谈钱,要给客户讲价值观;不要太追求销售技巧,而要追求服务理念;不要老想着赚钱,要把它当作生意来做——要有计划、要有知识、要讲道德、要努力工作!"当然,爱德华·琼斯的理念并不被市场普遍认同,北美的投资银行界对它的发展和营运模式争议很大。但是,事实胜于雄辩,在2000—2001年国际金融市场普遍走下坡路的形势下,爱德华·琼斯仍然获得了近30%的增长,并被美国的《财富》杂志评为一百个最佳雇佣公司的首位。这样的定位使得他们可以真正地以客户的利益为标准,而不受任何其他利益因素的干扰。而美林证券则不然,他们的研究部门要为大量的投行业务服务,无论是新股发行还是资产重组兼并,他们很难不受到来自券商自身或上市公司的利益制约,只要有其他的利益动因,就很难保证研究报告的真正公正、客观。所以,爱德华·琼斯的研究人员虽少,但是研究产品的质量和声誉却很高。2001年他们向投资者推荐的投资组合被《华尔街日报》评为最佳投资组合之首,其五年平均回报率为118.7%,而S&P500指数回报率为

96.6%。

爱德华·琼斯公司的组织结构极为扁平。用巴克曼的话说就是:"没有人需要向身边的任何人报告,否则他们要用肥皂洗嘴巴了!"在9000余家办事处中,每一家都是自己的利润中心。圣·路易斯总公司其实只是一个支持部门,提供全面的经营和市场营销及研究服务。每个办事处都通过自己的碟形卫星信号接收器与卫星网络连接,这不仅有利于将交易信息传输给公司总部,而且还可以提供长期不断的学习机会。投资代表得到毛佣金的40%,但是奖金制度是根据公司是否盈利制定的,盈利越多,奖金越高。

琼斯公司是美国唯一一家仍然采取合伙制的大型经纪公司,其他合伙制企业仅仅选择少数几个人成为合作伙伴来分享企业的利润。与之不同的是,在琼斯公司里每个人——从收发室的工人到经纪人都有机会成为有限责任的合伙人,这就促使员工和公司结成利益共同体。琼斯公司有305个一般合伙人和4636个有限责任合伙人。在保证投资代表的自主权及其他权力方面,琼斯公司的组织机构无疑是一种极好的方式。他们有决定如何经营业务的自由。例如,没有预算和绩效工资来约束他们。但投资代表需要明确地设定他们自己的目标,要认识到他们必须创造利润。公司也充分认识到这个分权型组织结构吸引的是那些具有强烈的成就欲和自励型的人,这就会出现一些破坏性的互相拆台的行为,而这在经纪行业是很正常的。但在琼斯公司,即使你是业绩很突出的人,越过这条底线也是不可容忍的。

在行业中,琼斯公司先进的培训项目也被认为是名列前茅的。2006年,琼斯公司名列《财富》最适合工作的百强企业排行榜的第16位,这是琼斯公司第七次上榜。根据《财富》的评语:"琼斯公司的伟大之处在于这家经纪公司从来就没有停止过对员工进行教育培训,它用工资额的2.5%作为培训费用。导师指导制度就是让新经纪人与有经验的老员工结对一年,而且许多员工还带薪上商学院的课程。"

这就是与众不同的爱德华·琼斯。

 在苍茫中传灯

▶ "管理的根本是创造自由的氛围"

自由是智慧之泉。

根据下面三家公司的管理现状,测试一下你的眼力,判断它们的前景。

公司A:8点钟上班,实行打卡制,迟到或早退1分钟扣款50元;统一着装,必须佩带胸卡;每年有组织地搞一次旅游、两次聚会、三次联欢、四次体育比赛,每个员工每年要提4项合理化建议。

公司B:9点钟上班,但不考勤,每人一个办公室,每个办公室可以根据个人的爱好进行布置;走廊的白墙上信手涂鸦不会有人制止;饮料和水果免费敞开供应;上班期间可以去理发、游泳。

公司C:想什么时候来就什么时候来,没有专门制服,爱穿什么就穿什么,把自家的狗和孩子带到办公室也可以,上班时间去度假也不扣工资。

我敢断定,大多数人会认为第一家公司会有更好的前景。

这是2005年8月,当时有一批国有企业的高管远赴哈佛商学院,接受为期3个月的培训。当他们在上《管理与企业未来》这门课程时,根据哈佛商学院最著名的案例教学法,教授发给他们这一份具有测试性质的案例。教授发完答题卡说,请根据各自管理经验做出判断。最后,有98%的高管认为第一家公司会有更好的前景。但是,当教授公布答案时,这些高管却瞠目结舌了。

公司A是广东金正电子有限公司。该公司1997年成立,是一家集科研、制造为一体的多元化高科技企业,曾在中国A股市场上市。2005年7月,因管理不善,

申请破产，生存期仅 9 年。

公司 B 是微软公司，1975 年创立，现在是全球最大的软件公司，美国最有价值的企业，股票市值在 2500 亿美元以上。

公司 C 是谷歌 (Google) 公司，1998 年创立，上市一年股价翻了 3 倍，超越了媒体巨人华纳，直逼百年老店可口可乐，唯一一家能够从微软挖走人才的公司。

据说那些高管回国后，许多人在回忆这一次经历时说，那一堂课接下来什么也没有听进去，因为心情都被搅乱了。后来翻了讲义才知道，教授是在讲《管理与企业未来》的第一章："自由是智慧之泉"。

在这一章里有这么一段：在知识经济时代，财富不过是在自由价值观普及的社会里，无数个人自由活动的副产品。在个人自由得到最大保障的社会，民众的智慧空前活跃，创新的东西也会被不断推出，财富作为副产品就会像火山爆发般喷涌出来。管理则没有这种功能。管理可以聚拢现有的智慧和力量，可以创造一时的强盛，但会使智慧之源枯竭，为强盛土崩瓦解埋下伏笔，而且无一例外地导致衰亡。

为什么实施"严格"管理的瞬间衰亡了，而管理"松散"的却反而生存下来并不断成长呢？这是一个很值得探究的问题。我们都知道，自由王国是人类社会发展的最高境界和终极目标，而人类社会的发展过程，就是每一个人都获得自由而全面发展的解放过程；反过来说，社会的每一进步，都标志着人的解放。而人的每次解放的成果，都会以制度的形式得到巩固和保存。制度对企业文化的养成当然重要，但是，一家优秀企业的持续成长，却绝不是仅仅有健全的制度就能够解决的。规则可以约束一个人使他成为一名合格的员工，但是只有思想的引导和精神的激发，才是他持续性的自由与健康发展的关键。

许多企业的文化手册里都提到"让员工与企业共同成长"这样一个观点。但是，这两者之间是一个什么关系？企业成长了，员工就一定能够得到成长吗？企业的成长依靠什么？如果没有员工的成长，企业是否会持续稳定成长？无论如何，我们应该确立这样一个观点：企业的成长，是员工成长的累积过程，或者说，先有员工的成长——自由与全面的发展，才有企业的成长。单纯的制度约束，可以培养守纪的战士，但却很少能够培养出主动进取、自我发展的领军人物。企业竞

争力的持续提高,不是看你的制度有多么严谨,而是看你的制度是否能够持续变革、创新与提升。而制度的提升,就涉及员工的自由与全面发展的问题。

所以,企业文化建设的一项重要任务,就是不断识别、激励、培育能够通过自我发展的员工,让他们对组织管理的依赖越来越低,自我管理的能力越来越强,并成为企业制度提升的先行者与标杆。著名历史学家吉本在《罗马帝国衰亡史》中提到,人类社会的改进有三条道路,其中之一就是"诗人或哲学家依靠个人的努力来教育自己的时代和国家",可能就是上面要表达的意思。

但是,从企业实践的现实看,大多数人只是依赖规则驱动,只有少数人靠自我的理想和价值驱动。而正是这些少数人,从精神和行为上拉动了企业的持续进步。如果一家企业从领导到员工全是一些循规蹈矩的人,那么,它最多能够成为一家不会死掉、但也无法长大的"侏儒型企业"。这一点在我们判断一家企业的品质时不可不察。

20世纪60—70年代,大通银行由戴维·洛克菲勒统治时期,整个银行充满了恐惧。经理们花了大部分时间开会,却没有做出任何决策和行动。经理们日常的心态是:"噢!又过了一天,还好,我没事。"即使在80年代末,那些高级经理也不愿意尝试新事物,因为"戴维可能不喜欢这样"。而同一时期,花旗银行虽然是"一个组织松散,靠着一种混乱的'创造力推动的企业'",但是它却是一家"适者生存的公司",能力高超的人会因为推动创新的构想获得褒奖。这种保存核心理念,追求进步的做法正是公司基业长青的基础。

1955年,美国学者西摩·圣约翰在的《星期六周报》上发表了"第五种自由"一文,在众所周知的"脱离贫困、无恐惧、宗教、言论"这四种自由之外,他提出了另外一种自由,那就是达到自己最佳水平的自由。简单地说,这个"第五种自由"就是每个人都有使自己的能力达到最高水平、成就达到顶峰的机会。

因此,在一家著名的广告公司里,当看到总裁办公桌上的座右铭写着"管理的根本是给员工创造自由的氛围,从而让他们呈现智慧"时,我相信我们就会明白为什么该公司的业务会占领全城的70%。

▶ 企业经营还是原来的CEO好

> 基业长青公司由自行培养的经理经营的比率远远超过那些非基业长青公司的6倍。

2005年7月21日，那天是星期三，沃伦·巴菲特收到了一份传真。那是一个巴菲特从没见过的"家伙"发来的，其中提到了一家巴菲特从没听说过的公司。发传真的人叫彼得·利格（Peter Liegl），他在印第安那的艾尔克哈特经营一家名为森林之河（Forest River）的公司。这是一家周末旅游汽车制造商，彼得·利格是总经理。

利格在传真中对巴菲特说，"这些好像是你比较感兴趣的东西"。这份传真虽然只有两页，但它逐一说明了森林之河完全符合伯克希尔·哈撒韦在年报上披露的收购标准。森林之河在2004年的销售额是16亿美元，拥有60家工厂和5400名雇员，在拖挂式休闲车制造业中持续并保持19%的市场份额，同时还将向船舶制造等其他业务拓展。这份传真让巴菲特十分动心，于是他马上要求对方提供更多的相关数据。第二天早上，巴菲特就拿到了这些数据，当天上午他就向利格提出了收购要约。一个星期后，巴菲特与利格握手成交。

几年前，利格的企业还很小，那时他曾把公司卖给了一家杠杆收购（LBO）机构。LBO接手后马上就对利格指手画脚，使得利格无法继续经营下去。不久，利格离开了公司。随着利格的离去，公司也陷入破产。最后，他们只好请回利格，让他重整山河，而利格也收回了这家公司。利格在巴菲特收购时61岁，但是，巴菲特认为他"绝对处于加速前进的状态"，"是一个杰出的企业家"。

实际上，收购森林之河与伯克希尔收购其他的公司并没有什么不同。收购那些经营良好的优秀公司，而且这些公司的管理者在公司被收购之后仍然愿意留下来继续为公司效力，这已成为巴菲特的常态。

巴菲特后来回顾这起收购案时，对《财富》杂志的记者说，"我的这种做法，是你们在商学院学不到的。"他清楚地记得，当利格提出的工资是10万美元时，巴菲特提出的要比那个水平高。因为巴菲特不希望任何为他工作的人对待遇不满。当然，巴菲特也认为像利格这样的人并不需要他，因为他们早已有足够的钱。巴菲特还说，如果他当时要求利格再建一个新工厂，开发新模式，或者更换经销公司，利格可能会直接让他滚蛋。"你们知道，他没有理由不让我滚蛋"。从那时起，利格把那家公司经营得相当棒，即使巴菲特说他从没去过艾尔克哈特，也从没去看过这家公司。

虽然巴菲特有点儿沾沾自喜，但是业界内人士并不这么看，他们批评巴菲特的决定"过于草率"。因为在此之前，森林之河曾从与联邦紧急应变管理总署签订的生产大量拖车的合同中大赚一笔，不过好景不长，联邦紧急应变管理总署在购买拖车不久之后将其中的大部分卖给二手市场，造成了森林之河和其他拖车生产商与联邦紧急应变管理总署之间的直面竞争。他们认为，巴菲特在24小时内就决定收购森林之河这家他从不了解的公司，"更像是一个冲动的日内交易者做的事"。尽管巴菲特没有公开他的收购价，但是一本名叫《休闲车资讯》的杂志却预测其价格应该超过8亿美元，刚好是森林之河销售额的一半多一点。相比起来，另一家公开上市的休闲车生产商霍尔当时出售价为销售额的0.7倍。有人推测，价格如此合适，难怪巴菲特会觉得收购森林之河是桩好买卖。

《福布斯》杂志首席投资策略师瓦罕·简吉恩指出，巴菲特热衷于收购拥有优秀管理层的公司，而又不想干预公司日常的经营，这是因为他更喜欢聚敛优秀的公司创造的财富，而后决定怎样进行资本再投资。巴菲特最担心的有三件事，一是担心永久性损失，二是担心是否是正确的投资，三是担心管理者是不是满意。至于其他的事，顺其自然就好。在确认前两件当前基本无虞的情况下，剩下的就是第三件了。因此，一个准备长期投资的人应该密切关注公司管理层的质量。顶尖的管理层是成功投资的保证。如果一家公司的管理层只会做赔本生意，或者退休不干,那就绝对不要去投资它。

　　伯克希尔早期的作法,是投资于有价证券。由于专注有价证券的投资,再加上买入的证券都有不错的表现,所以伯克希尔长期投资的增长率十分快速。但是,近年来伯克希尔的做法显然有所改变。巴菲特逐渐将重心由证券投资转为对企业经营权的收购。虽然将大部分资金用在收购上,使得伯克希尔在投资上的成长速度有所减缓,但却能够使伯克希尔在非保险事业的收益加速成长。

　　更重要的是,对伯克希尔而言,拥有很多未来大有可为的年轻经理人是很重要的优势。这些被收购企业的管理者都可以在伯克希尔集团中发光发热,这是巴菲特和查理·芒格最乐意见到的事。巴菲特深信,当产业的经济基础崩溃时,有才能的管理阶层或许能减缓衰退的速度。而伯克希尔也可以趁着这些附属性的收购,使集团内的人才充分发挥,以达事半功倍的效果,这是巴菲特和芒格努力的方向。

　　巴菲特对优秀管理者的渴求,将在他所讲的故事中展露无遗。巴菲特说,一个年长者推着购物车,与同在大卖场购物的年轻小伙子相撞。长者满怀歉意地说明,因老伴走丢,一心一意都在找她,所以一时不慎而闯祸。刚好这位初识者竟然也表示与妻子走散了,建议两人一起寻找,可能将更有效率。年长者点点头,询问这个新伙伴的太太长相如何。小伙子回答:"她是个金发美女!身材好到能让主教冲破教堂彩绘玻璃,而且她今天穿的是件白色紧身热裤。那你的太太呢?"这位年长者立刻脱口而出:"别管她了,我们找你的太太就好。"

　　巴菲特将优秀的管理者留在企业内继续效力,而巴菲特也绝不会干涉像利格这样优秀的管理者的任何经营行为,更重要的是几十年来也从未有一个人弃之而去,这是十分高明的经营策略。

　　管理学家吉姆·柯林斯与杰里·波勒斯在他们的重要著作《基业长青》一书中,为了研究"高瞻远瞩公司",也就是基业长青公司的特征,搜集了平均90多年历史公司的资料,实际数字将近10万页,参阅了将近100本书、3000多份文件,最终得出打破"12个迷思"。

　　其中的第九个"迷思":"公司应礼聘外来的CEO,才能刺激根本变革。"柯林斯与波勒斯写道,总结所有基业长青公司的历史,在它们共长达1700年的岁月中，只有4个CEO是外聘的，而且只有在两家公司出现过。基业长青公司由自行培养的经理经营的比率远远超过那些非基业长青公司的6倍。这一点刚好粉碎了自己人没有重大变革和新鲜构想的一般看法。柯林斯与波勒斯的结论是：想以聘请外贤担任最高经理人成为高瞻远瞩公司并保持这种地位，极为困难；同样重要的是，从内部提升经理人和刺激重大的进步绝对没有冲突。

《基业长青》这本书写于20世纪90年代，柯林斯与波勒斯为了寻求"高瞻远瞩公司"形成的原因，殚精竭虑、呕心沥血最终才得到这些来之不易的答案。没有礼聘外来的CEO与收购以后让原来的CEO继续留下来效力，其本质是一致的。但是巴菲特却早在20世纪70年代就采取了这种策略。

1972年1月，巴菲特通过伯克希尔旗下的蓝齿票据公司买下喜诗糖果公司以后，就留下它的经营者查克·哈金斯。当时巴菲特只出价2500万美元，但是在以后的11年里，喜诗上交给伯克希尔的税后现金收入达2.12亿美元。看起来在完成企业收购以后，让原来的CEO继续留下来效力完全符合商业之精神，因此，企业还是原来的CEO好。柯林斯与波勒斯说："个别的领导终究会凋零，但是一家高瞻远瞩公司却可以迅猛前进几个世纪，追求远超出任何领袖任期的使命，并表现其核心价值观。"

第三章 企业思考

▶ 比尔·蔡德的经营之道

重点不在于你得到的是什么,重点在于你将得到的如何运用。

——麦·韦斯特

　　威利(R.C. Willey)是美国犹他州最大的家具店。1954年,当现任公司总裁比尔·蔡德(Bill Child)从他的岳父手中接下这项生意时,那时公司的年营业额只有25万美元。从那时开始,比尔·蔡德就运用美国著名电影影星、有"三十年代的麦当娜"之称的麦·韦斯特(Mae West)的哲学。麦·韦斯特经常说:"重点不在于你得到的是什么,重点在于你将得到的如何运用。"

　　在比尔·蔡德的兄弟谢尔登(Sheldon)的协助下,到1995年伯克希尔收购威利家具店时,公司的营业额已经提高到2.57亿美元,这使得威利在犹他州的市场占有率超过50%以上。就像是布朗金家族的内布拉斯加家具店(NFM)一样,除了家具以外,威利也经营小家电、电子资讯与地毯等商品。这两家公司的营业额相当,只是内布拉斯加家具店的营业收入全部来自在奥玛哈唯一的一家总店,而威利却拥有好几家分店。

　　早在多年以前,就有人一直向沃伦·巴菲特提这家公司所拥有的竞争力。终于到了1995年,比尔·蔡德出于资产税负与分散风险的考虑,有意出售该公司股份。从那一刻开始,事情就变得再简单不过了,比尔·蔡德给了巴菲特一些数字,而巴菲特则回信表达他对价值的看法,于是他们很快就达成价格上的协议。到年中,整个并购案大功告成。

　　巴菲特通常对于零售业并不看好,因此他曾经错过了沃尔玛。这是因为零售

业的经营相当不易。在巴菲特的投资生涯中，他看到许多零售公司曾经拥有极高的成长率与股东权益报酬率，但是到最后，一些公司突然间表现急速下滑，很多甚至被迫以倒闭关门收场。比起一般制造业或服务业，这种"刹那间的永恒"在零售业屡见不鲜，部分原因是这些零售业者必须时时保持聪明警戒，因为其竞争对手随时准备复制他们的做法，然后超越他们。同时，消费者绝对不会第二次给那些新加入业者尝试的机会，一旦其业绩下滑，注定就会失败。

因此，相对于这种必须时时保持警戒的产业，还有一种被巴菲特称之为"只要聪明一时"的产业。比如，"如果我们在很早以前就懂得买下一家地方电视台，我们甚至可以把它交给懒惰而差劲的表弟来经营，电视台却仍然可以好好地经营个几十年。但是对零售公司来说，要是用人不当的话，那就等于买了一张准备倒闭关门的门票"。

不过，威利与内布拉斯加家具店这两家零售公司却拥有喜欢面对竞争挑战的经理人。他们在过去的几十年里表现相当优异，就像是伯克希尔旗下其他公司的经理人一样，可以独立自主地经营事业。由于零售业要求具备更高的管理水准和道德水准，因此在巴菲特看来，这些经理人就应该好像是在经营自己的事业一样。

现在，让我们来看看比尔·蔡德的经营之道。威利家具店有一个很奇怪的规矩，那就是，因为比尔·蔡德跟他经营团队的大部分人都是摩门教徒，因此他们的家具店星期天从来不开张。很显然，这种古怪的惯例实在不适合用在做生意上，因为对大部分的顾客来说，星期假日正是他们外出大肆采购的大好时机。不过尽管如此，比尔·蔡德还是坚守这项原则，而且将这家店从1954年他接手时的25万美元营业额，一路增长到1999年的3.42亿美元。

比尔·蔡德认为威利家具店应该也能够在犹他州以外的地区成功地开拓市场，因此1997年在爱达荷州的博伊西(Boise)设立了一家分店。当时巴菲特相当怀疑，这种星期天不营业的做法，能否在陌生的地区抵抗住每周七天不休息的对手强力的竞争。但是，由于这是比尔·蔡德负责经营的事情，所以尽管巴菲特对这点持保留态度，他还是尊重比尔·蔡德的商业判断与宗教信仰。

为了打消巴菲特的疑虑，比尔·蔡德甚至提出一个非常特别的建议，那就是，他愿意自己先花900万美元，以私人的名义买下土地，等建筑物盖好，确定营运良好之后，再以成本价卖给伯克希尔。而要是营运不如预期，那么伯克希尔公司可以不必付出一毛钱。虽然比尔·蔡德愿意独自承担庞大的损失，但是，很显然，巴菲特认为，如果伯克希尔想要获得投资的报酬，那么它也必须同时承担可能的风险。比尔·蔡德没有多说什么，只是表示，如果因为个人的宗教信仰而使得公司经营不善，那么他希望能够独自承担这个苦果。

这家分店后来顺利开张，立即造成当地的轰动，其销售状况远超过当初的预期。这家分店立即成为爱达荷地区最大的家具店，远远地将其他同业抛在脑后，而比尔·蔡德随即就将产权办理过户，另外包含一些地价已经高涨的土地。比尔·蔡德收下伯克希尔以成本价开出的支票，但是，对于两年来陆续投入的资金，他却婉拒收取任何一毛钱的利息。

巴菲特赞叹说，从来就没有一家公开上市公司的经理人会这样做，至少他个人从没有听说过。所以，不难想象，能够与这样的经理人共事，让巴菲特每天早晨上班时都雀跃不已是很正常的事。

这就是比尔·蔡德的经营之道。如果我们也能找到像比尔·蔡德这样的人来经营一个零售公司，那么我们又有什么可担心的呢？我想，在我们偌大的中国，类似于比尔·蔡德这样的人应该大有人在吧。

第四章

CHAPTER FOUR

投资修行

成长比成功更重要

在苍茫中传灯

📖 投资的艰难使命

> 要让普通的个人投资者充分发挥自身的优势，试图做得比专业投资者要好，实在是一项无比艰难的任务。即使是专业投资者，要想长期持续战胜市场同样也是一项无比艰难的使命。

20世纪最杰出的投资者彼得·林奇一直坚持个人投资者可以战胜专业投资者，理由是如果个人投资者善于利用自己的优势，比如利用有限的判断研究常识，保持对所熟悉的公司的关注，那么就有可能胜过许多专业投资者。

这种论断对于个人投资者而言，确实令人鼓舞。许多年前我也曾对此深信不疑，但是现在大量的事实表明，个人投资者击败专业投资者并不是一件轻而易举的事。问题出在哪里？我认为，彼得·林奇的论断实际上仅仅是一种假设。

首先，这种假设应该基于一家公司的业务和经营的环境是可以分析的，并且基本上是正确的分析。但是如果要达成这一目标，作为个人投资者又显然需要大量的关于企业分析的基本知识。如果这位个人投资者刚好又是一位价值投资者的话，那么他就应该构建一个企业研究的框架。他应该十分清楚，影响一家企业经济特许权的优势和持久性的有两个主要因素，一是其产业结构，价值投资者应该寻找出一家能够表现出高收益的行业。一是在行业内的特定企业不受其他企业的影响，并持久创造资本收益率的能力。对于许多个人投资者而言，这显然是一件无比艰难的事情，我自然也不例外。

其次，在这种假设中，个人投资者还需要有更高层次的个人品质，就像彼得·林奇所说的，好的品质应该包括耐心、自立、判断力、容忍痛苦、开放的胸襟、超脱、毅力、谦逊、灵活、愿意独立研究、愿意承认错误、超脱恐慌……能够在信息不完全的情况下做出决定……还有重要的一点，就是能够克服人性的弱点和经得住"肺腑感觉"的诱惑。

这一连串的优秀品质让人望而生畏，无论哪一项都不容易做到。自然，不排除有人或许无需努力，天生就具备这些优秀的品质。实际上，即使像彼得·林奇那样的专业投资者也未必能够达到他自己设定的理想标准，何况是普通的个人投资者？当然，彼得·林奇的理念是不断吸取经验教训、重新振作、争取下次做得更好。

其三，在这种假设中，个人投资者还必须具备不断提升自己综合运用定量和定性评价方法的能力。彼得·林奇认为，如果一个人迷恋定量分析，过分注重资产负债分析是不可能成功的，但是如果把投资纯粹看作艺术同样也没有效果。而另外有些人既忽略定量研究又玩弄市场，试图以此证明其有效性，最终往往导致更大的损失。

投资是一门科学，也是一门艺术，更是一件危险的事。彼得·林奇的意思是，"通过艺术思考，利用直觉和激情判断与右脑化学反应…… 感知（相信）一些选股诀窍……或预感。"这是一件多么玄妙的事啊。当然，林奇能够做到将艺术和科学完美地结合在一起，他说："我20年来一贯的选股方法是艺术和科学加上实地调查。"个人投资者有可能做到吗？

投资似乎很简单，但比看上去要难。看似门槛很低，实则很高。这是一项高风险的活动。一个成功的投资者往往是通过固守久经考验的原则和避免情绪控制偏差造成损失的方式，来提升他们的盈利概率的。他们在知识的获得和性格特征完善方面的付出比常人要多得多。

而普通的个人投资者在这一方面可能乏善可陈，甚至等于零。因此，要让他们充分发挥自身的优势，试图做得比专业投资者要好，实在是一项无比艰难的任务。即使是专业投资者，如果不能固守久经考验的原则和避免情绪控制造成的偏差，同样难以战胜市场。实证研究表明，大多数专业投资者要想长期持续战胜市场同样也是一项无比艰难的使命。

在苍茫中传灯

🔸 真正的元凶是大脑

> 潜藏在人类心灵深处的原始冲动,总是会在不经意之间,挣脱理性的缰绳,冲开文明的堤坝,形成幻想与癫狂。

我一直都对查尔斯·麦凯的《非同寻常的大众幻想与群众性癫狂》一书青睐有加。这是一本较早的关于大众心理的最重要的书,它以翔实的史料、生动的文笔,描述了发生在中世纪和近代欧洲的一些无比荒谬却又绝对真实的故事,其中包括著名的密西西比计划、荷兰郁金香狂潮和南海泡沫事件。

这本书被许多最伟大的权威人士视为无价之宝。它的崇高的声望来自投资大师伯纳德·巴鲁克,巴鲁克曾经促成了该书在1932年的再版发行,并亲自撰写了序言。著名的投资家约翰·坦普顿也对其推崇备至。《福布斯》的专栏作家们则盛赞它为"与投资业务有关的最重要的单行读本""每个投资人都要收藏的书""都必须阅读的作品"。

然而,根据著名的财经作家贾森·茨威格撰文披露,最新的研究揭开了查尔斯·麦凯不为人知的一段故事。数学家安德鲁·奥德里兹科(Andrew Odlyzko)曾在贝尔实验室从事密码破译工作。近十年来,他花了大量时间,研究一段被人遗忘的在股市疯狂时期的史实,而它的始作俑者之一竟然就是大名鼎鼎的查尔斯·麦凯。

这段史实说,1844年,英国铁路股票出现明显的泡沫,它仅仅距离查尔斯·麦凯发表其著作的三年。当时,即使对各种市场疯狂的历史事件如数家珍的查尔斯·麦凯也竟然对铁路股票的价格已经高得离谱、对未来增长的预期完全脱离现实的情况视而不见,依然鼓励英国投资者大量买入铁路股票。而查尔斯·麦凯本人面对铁路股票的陷阱,则"眼睛都不眨地就像傻瓜一样掉了进去"。

1845年10月2日,他竟然还写了这样的一段话:"那些提醒铁路股票存在危机的人,似乎有些言过其实。"面对市场的泡沫,查尔斯·麦凯的表现令人吃惊。有些人指出,"当下的铁路股票热潮"与他在书中描述的灾难性泡沫很相似,但查尔斯·麦凯却对他们嗤之以鼻,并下结论说:"根本没必要担心崩盘。"

这一次查尔斯·麦凯真是大错特错了。泡沫终于破裂了,英国的铁路股票从1845年开始下跌,直至1850年跌至谷底,价格缩水了三分之二,以今天的价值来算,相当于损失了1万亿美元。但是,查尔斯·麦凯却从未承认自己所犯下的惊人错误。

贾森·茨威格说,按查尔斯·麦凯的说法,判断市场有没有泡沫似乎很简单,只要仔细观察市场情绪过于乐观的各种迹象,就能在其变得疯狂时避开即将来临的大灾难。而实际上,发现泡沫并不像查尔斯·麦凯所说得那么简单,因为连他自己也没能在市场泡沫中独善其身。

贾森·茨威格借此告诫,一些权威人士信誓旦旦地宣称自己能在泡沫破灭前发现并躲避危机,投资者千万不要被他们的花言巧语所迷惑,因为"判断市场情绪从高涨转为疯狂并非一门精确的科学"。

不过,从神经经济学的角度看,这个令人不敢相信又不得不信的事实又是如此正常——它深刻地揭示出人类本性的另一个侧面:潜藏在人类心灵深处的原始冲动,总是会在不经意之间,挣脱理性的缰绳,冲开文明的堤坝,形成幻想与癫狂。

查尔斯·麦凯在这方面成为一个"典范"。不过,他的《非同寻常的大众幻想与群众性癫狂》这本书,并不因为它的作者"匪夷所思"而黯然失色。它告诉我们,真正的元凶是我们的大脑,人的生物学特性就是这样诱惑我们做出了错误的投资决定,而要彻底改变生理上的事实,确实显得艰难无比。

在苍茫中传灯

◆ 把大脑想象成蜘蛛网

> 思维和感情冲突时,后者会赢。这是我们大脑的神经中枢决定的。
>
> ——瑞塔·卡特

沃伦·巴菲特曾说,一个好的投资者必须能相对保持一个稳定情绪,因为这是投资获得成功的要素。从前对此常常很疑惑,因为不知道如何保持这个情绪,并使之稳定。近年来随着神经经济学的材料阅读多了,也开始逐渐明白了一些皮毛。

现代心理学之父威廉·詹姆斯(William James)大概是最早理解大脑是如何工作的人。他认为,大脑对情况的评估很快,以至于我们根本没有时间有意识地注意到自己应该如何体会。实际的情况是,大脑对身体进行勘察,并获取结果,比如皮肤出汗、心跳加速等,然后推断出与身体产生的这些物理现象相匹配的情感。

很难说情感是好还是坏,因为它既能够帮助我们,也能够阻碍我们。没有情感,我们就感觉不到风险;而有了情感,又无法控制风险引起的恐惧。

加州理工学院教授、心理学家科林·卡梅拉(Colin Camerer)对情感的影响进行研究。他认为,情感的影响要视经验的强度而定。强度低的时候,其影响可能只表现为一种顾问的角色;强度适中的时候,可以清醒意识到知觉和情感之间的冲突;当强度更大的时候,情感可能会非常激烈,最终会阻扰人们做出决定,人们常常在这时说自己"不受控制"。这就是瑞塔·卡特(Rita Carter)在《大脑的秘密档案》中所说的,当"思维和感情冲突时,后者会赢。这是我们大脑的神经中枢决定的。"

著名学者罗伊·鲍迈斯特曾经写了一本书《恶——在人类暴力与残酷之中》。在一个经典的研究案例中，他总结了他的调查，归纳出五个重要的观点：

1. 在情绪压力下，人们倾向于高风险高回报的选择，即使这些选择显而易见很不高明。这看上去是因为无法对事情进行彻底的思考引起的，而导致这种状态的正是情绪压力。

2. 当自尊受到威胁时，人们就会变得很沮丧，并且开始失去规范自己的能力。尤其是那些自负的人，他们常常在骄傲被打击时很快就沮丧起来，并且急于要证明自己了不起。这种急切的情绪压倒了他们在生活中处事时的正常理性。

3. 许多形式的利己主义行为都需要自我规范。当不能自我规范时，可能在许多方面都会弄巧成拙。比如，在延期的报酬和眼下的快感之间一般人会选择后者。自我规范所依赖的资源似乎是有限的，比如能力和精力，所以人们只能在有限的范围内规范自己。

4. 做选择和决定也要消耗这同一资源。当资源耗尽，比如说在做了一系列重要的决定后，人就变得很累，精疲力竭，其后的决定也许就会出现重大失误，或者非常愚蠢。

5. 归属感是人类动机的主要特征，当这个需要受到了阻碍，例如人与人之间的拒绝，人们就不知怎么停止合理的行为。拒绝越多，不理智或者弄巧成拙的行为就越来越常见。

依据鲍迈斯特的研究成果，将之运用于投资领域，那么市场许多怪异的行为都可以得到很好的解释。比如一位投资者或者基金经理曾经经历了一段业绩非常糟糕的时期，他可能就会采取集中于高风险高回报的项目，以期弥补以前的亏损。或者是他认为自尊受到了严重的挑战，他就有可能开始变得越来越目光短浅，其注意力也越来越集中于短期的收益上。英国全球产权策略专家詹姆斯·芒提尔在《行为金融学：洞察非理性的心理和市场》中说，几乎所有可以被归入心理学上的非理性元素大概都会大量出现。

如此看来，要控制情绪的波动绝非易事，同时也让人沮丧。就像芒提尔所说的，有了情感，我们无法控制自己；没有情感，我们又无法做出决定。因此看上去我

们注定要围着短期收益打转转,随大流。假如要抵抗这些诱惑,则要承受以后自我控制能力下降的折磨,情况可能会非常不妙。正如皮特·贝弗林在《探索智慧:从达尔文到芒格》中所指出的那样,这是人体解剖结构限制了我们的行为。

但是过去我们或许对他们责备得太多。举一个相似的例子,在我的记忆里,我的父亲在很长的时间里对亲戚中整日酗酒的人深恶痛绝,后来他的好友告诉他:"你几乎不可能阻止他酗酒,因为这种人早已慢性酒精中毒了。"从那以后,父亲的态度明显改变了。但是在投资领域要获得成功,又必须控制情绪。假如不能控制情绪,就无法取得成功。从这个意义上说,这也是许多只学习财务或者数学,或者仅仅是高智商的人无法获得成功的原因。

如此,正确理解大脑如何工作就变得十分重要。芒提尔倒是想出了一个有趣的解决方案,这个方案让我们看到了大脑行为的可塑性。他认为,大脑的模式并非是固定的。要理解这一点,最容易的方法就是把大脑想象成一张蜘蛛网。这张蜘蛛网中的某些丝要比其他的厚实一些。大脑使用某根丝的次数越多,那根丝就变得越厚实。而那根丝越厚实,大脑使用它的次数就会越多。因此,如果我们养成了良好的大脑习惯,它们就会逗留不去。看起来我们似乎可以通过学习达成,但却并不容易。

我们可以成为成功的投资者

通过独立而积极思考，经过艰苦磨砺，不断提升自身素质，我们并非不能具备十个成功的投资者的条件。

沃伦·巴菲特认为，要成为一个成功的投资者，必须具有10个条件：

1. 必须能够控制自己的贪念，不急功近利，不过度在意金钱；
2. 必须要有耐性，能够等到最佳的时机；
3. 必须能够独立思考，无需与别人商量；
4. 必须具有以知识为后盾的安全感和自信心；
5. 接受无法知道所有事件的事实，不会不懂装懂；
6. 具有弹性，不会以超值的价格购买股票。

如果说以上6个条件通过投资者长期的锤炼有可能做到，那么以下4个条件据说只有巴菲特才具有。

7. 具有10—15年理论与实务的基础，其中包括受到最伟大的理财大师教导多年的经历；
8. 具有投资的天分；
9. 具有绝对坦诚的优秀品德；
10. 能够避免外界的干扰。

实事求是地说，要具备前6个条件已属不易，再看到后4个条件则不免让人沮丧。

关于第7个条件，(1)如果从巴菲特11岁，也就是他在1941年开始买卖股

票算起,到 1956 年回到家乡奥马哈创立合伙人公司为止,巴菲特刚好有 15 年的理论与实务基础。其中最重要的是在大学毕业后不久,直接受教于本杰明·格雷厄姆门下,并且加盟格雷厄姆—纽曼公司,对格雷厄姆的投资理念耳濡目染,这是极不寻常的人生经历。(2) 在我们所接触到的投资者当中,的确有许多人可能从未上过大学;即便上过大学,可能也从未进入财经投资专业学习;即便进入财经投资专业,也未必能够遇到本杰明·格雷厄姆那样伟大的理财大师,而且还有幸地受他教导、指点多年。

关于第 8 个条件,依据中国几十年的教育体系以及教育理念的引导,我们偏偏缺乏的就是投资理财的教育,也缺少投资理财的氛围。我们,包括我们的孩子很难想象会在 8 岁的时候就像巴菲特那样开始阅读证券书籍,也很难想象会在 11 岁的时候会像巴菲特那样购买股票,我们似乎缺少投资的天分。

关于第 9 个条件,我们似乎也不具有绝对坦诚的优秀品德。请注意"绝对"两字!巴菲特在伯克希尔公司的年报中,敢于公开公司的盈利能力及其管理状况的优劣。巴菲特曾在年报中列举自己所犯的错误,称为"二十五年中的第一个失误"。巴菲特坦言自己的失误,其中包括因为他处理失误而丧失的机会。这种绝对坦诚的品德,不是每个人都能做到的。

关于第 10 个条件,巴菲特最善于避免外界的干扰,有极为强烈的自我控制能力。比如在面对外界猛烈批评的时候,他坚持不投身疯狂的网络热潮。当其他人都放弃了价值投资的时候,巴菲特依然岿然不动。《巴伦周刊》为此把他做成了封面人物,标题是"沃伦,你哪儿出错了?"当然,事后这又进一步证明了巴菲特的无比智慧,《巴伦周刊》则变成了完美的反面教材。

如此说来,我们岂不是都没有成功的机会吗?不是这样的。

关于第 7 个条件,虽然我们没有像巴菲特那样在 11 岁时就会买卖股票,有着 15 年的理论与实务基础,也没有有幸地得到像格雷厄姆那样的理财大师多年教导的经历,但是这并不妨碍我们的投资。

我们可以通过疯狂的学习,成为学习的机器,以求得打下理论与实务的基础。从查理·芒格"思维栅格"的角度上看,学历史或学文学的人做投资可能比学金融或学投资的更好。事实上,绝大多数管理财富的人虽然拥有 MBA 学位和高智商,读过很多书，具有丰富的财经和投资知识，但也不见得他们做起投资来就非常出色。否则如果是那样的话，那么所有的财富应该全部归于他们才是，然而实际上并非如此。

关于第 8 个条件，虽然我们可能没有投资天分，但是如果我们一开始就学会与成功的人为伍，做正确的事，把事情做正确，尽可能地不犯重大的过错，或许能够弥补得上没有投资天分这个缺陷，而且这也是通向成功的捷径之一。不然，无论你奔跑得多么迅疾，因为是在错误的道路上，终将无济于事。

关于第 9 个条件，经营者肯定要坦诚，而投资者也必须学会坦诚。投资者的坦诚在于他真心地为投资的企业着想，把企业的发展当作自己的事，这样才能使经营者与投资者密切合作，赢得经营者的信赖。当然，投资者的坦诚是回报给那些具有高尚品格的经营者的，这样才能够创造出良好的投资商誉和投资环境。而实际上，做到这一个条件并不是非常难的，因为既然能够投资这个企业，它一定有让你看得上的地方。

关于第 10 个条件，投资者只有确立以自己的投资策略为中心，沿着自己的发展逻辑走下去，保持自己的风格，与市场拉开一定距离，克服自身的缺点，控制住贪婪的欲望，才可以稳定根基。不但不会被市场变化的矛盾所冲击，而且能够利用那些矛盾所隐含的有利因素，增强自己的实力，这是使自己保持足够冷静，不随公众起舞的唯一出路，这条路就是完全可以按照自己的理性决策行动。

因此，通过独立而积极思考，经过艰苦磨砺，不断提升自身素质，我们并非不能具备十个成功的投资者的条件。

如何成长为价值投资者

> 价值投资对投资者智力的要求不高,它的要求并不是天才的级别。这一点与沃伦·巴菲特的看法并无不同,只是价值投资对常识和良好的判断力却有比较高的要求,而培养这些本领则依赖于一个精确的思维框架。

从前,看到先锋集团的创始人约翰·伯格说价值投资是"次优"的投资哲学时,总是疑惑不解。后来才知道,原来伯格这句话是针对那些缺乏必须的训练来进行价值投资的人而言的,对于那些人,伯格的讽刺是再适用不过的了。当然,对于另一些拥有价值投资知识的人来说,没有比价值投资更优的方法。

针对那些缺乏必须的训练来进行价值投资的人,价值投资研究领域的著名学者、波士顿大学的法学和商学教授劳伦斯·柯明汉姆在《什么是价值投资》一书里提出了解决方案。柯明汉姆认为,价值投资确实充满挑战性,比如其中确定公司的质量进行估算难度特别大。

但总的看来,价值投资对投资者智力的要求不高,它的要求并不是天才的级别。这一点与沃伦·巴菲特的看法并无不同,只是价值投资对常识和良好的判断力却有比较高的要求,而培养这些本领则依赖于一个精确的思维框架。实践者们需要对这个框架进行调整并加以整合,来满足自己的特定要求。

价值投资多少带有几分好奇的意味。它的热爱者们往往对理念问题感兴趣。他们热衷于阅读商业分析和投资方面的各种书籍,并认为这至关重要,因为他们觉得没有单独一本书能够提供关于某一特定主题的所有知识。而一些顶级的价值投资者也热衷于发表著作来展示他们的成果,比如本杰明·格雷厄姆、菲利普·费雪和约翰·威廉姆斯,他们都曾经出书来阐释他们的交易。其他人则仿效沃伦·巴菲特,通过给投资者写信,来详细解释他们的投资哲学。因此,他们实际上具备双重身份,既是投资经理,又是金融作家。按照约翰·伯格所说的,解释和生动地描述伟大的思想,阐述高尚的理想的语言和书籍,是像他那样"传教士"武器库内最重要的武器。

反复阅读高质量的投资方面的书籍和随笔,能够拓展投资者的视野。柯明汉姆认为,除了上述那些投资者和作家的著作以外,关于价值投资方面值得一读的书籍还有罗伯特·哈格斯特朗(著有《沃伦·巴菲特之路》《从牛顿、达尔文到巴菲特:投资格栅理论》等)、珍妮特·洛(著有《价值投资胜经——本杰明·格雷厄姆经典投资战略》《价值投资——本杰明·格雷厄姆传奇》等),蒂莫西·维克(著有《不战而胜——价值投资法》《巴菲特怎样选择成长股》)和马丁·惠特曼(著有《攻守兼备:积极与保守的投资者》《回归基本面:寻找具投资价值的股票》)的著作。

随着读者投资知识和经验的积累,价值投资将越来越清晰地作为一种投资的基本哲学出现。通过清晰、明确、富有逻辑性的方法来学习价值投资的原理,能够帮助投资者建立一种思想框架和思维框架,而这种思维框架将更多地成为一种个人哲学,而不仅仅是投资分析的工具箱。分析工具确实很重要,但一种投资哲学的智力基础永远是其最显著的特征。

价值投资者思想开朗。柯明汉姆认为,价值投资者不是技工,不仅仅教人们如何操作。他们知道如何选择合适的分析工具来进行投资。当然,这需要有对历史、商业、会计的丰富知识,良好的判断力,基本的心理学知识,以及针对特定商业领域的特殊知识,比如针对保险行业的精算知识,针对时尚产品行业的消费者偏好的知识,以及针对媒介公司的观众信息偏好的知识等等。

在苍茫中传灯

❥ 价值投资是一种人格特质

> 价值型消费者确实会寻找低价买进的机会，或去找价格较低的替代品，但是我们千万不要将这些行为视为贪小便宜。相反地，他们反映的是不愿意为商品支付超过公平价值的思想。

不少人都以为价值投资只是一种方法而已，却没有想到它也是一种人格特质，这是一种是由经验、知识与渴望投资获利所形成的心理状态。一个单纯的价值投资者必定是单纯的价值搜寻者，表现在消费观念上，不论是晚餐、服装，还是房子、新车，都不会支付超额的价格。

《巴菲特怎样选择成长股》的作者提摩西·维克曾经从日常生活的角度，列举了价值投资者与非价值投资者的区别：

价值投资者会去租一盘 3 美元的录像带，却不会跑到电影院去买一张 7.5 美元的电影票；

价值投资者会等待丰田或福特新车折价促销时换车，却不会在大家都想要买时多付 2000 美元；

价值投资者会购买一盒 3.5 美元无品牌的麦片，却不会买一盒 4.99 美元的品牌麦片；

价值投资者会在春天时以 5 折买进冬衣，却不会在冬天时跟着大家一样冲到商店高价抢进；

价值投资者不会购买标价 30 美元的班尼填充玩具，却会买进一样同样让小孩高兴的一般玩具。

第四章 投资修行

沃伦·巴菲特在这方面是出了名的,以至于有人戏谑说,"有些坏人很有钱"。安迪·基尔帕特里克在她所著的《投资圣经——巴菲特的真实故事》中曾讲了这样几个巴菲特的故事。

巴菲特的女儿苏珊说:"有一天,妈妈去商场,说'咱们给他买一套新西服吧,……他穿了 30 年的那套衣服我们都看烦了。所以,我们就给他买了一件驼绒的运动夹克,一件蓝色的运动夹克,仅仅是为了让他有两件新衣服。但是,他让我把衣服退掉。他说,'我有一件驼绒的运动夹克和一件蓝色运动夹克了',他说话的语气非常严肃,我不得不把衣服退掉。最后,我拿起一套衣服就出去了。他不知道,我甚至连衣服上面的价格标签都没看一眼。"

巴菲特的合伙人、《华盛顿邮报》的凯瑟琳·格雷厄姆曾经这样说起他的商业老师:"他这个人非常节俭。有一次,我们在一家机场,我向他借一枚硬币打个电话。他为了把 25 美分的硬币换成零钱走出了好远。'沃伦'我大声叫道,'25 美分的硬币也行呀,'他有点羞怯地把钱递给了我。"

她还回忆起了另一件事:"我正坐在弗吉尼亚的家里,读着本杰明·格雷厄姆为初学者写的书,还有一篇由迈瑞尔、林奇、皮尔斯、芬纳尔或史密斯的人写的一篇《怎样阅读一篇财务报告》的文章。有人告诉我说,我要尽快地读完本杰明·格雷厄姆的书,因为沃伦不愿意由于把书从奥马哈公共图书馆借出的时间太长而缴纳一笔数额很小的罚金。"

这些消费观念与投资有关联吗?的确有关。价值型消费者确实会寻找低价买进的机会,或去找价格较低的替代品,但是我们千万不要将这些行为视为贪小便宜。相反地,他们反映的是不愿意为商品支付超过公平价值的思想。同样地,反映在投资领域也是相通的:以低价买进好股票,比高价买进同样的股票要实惠得多。

因此,我以为,没有或不能具备这种人格特质的人,就有可能搞不好价值投资。

在苍茫中传灯

真正的价值投资者不知道什么叫恐惧

> 很早以前,当我明白拥有某种性情可以使人成功时,我就努力强化这一性情。就金融业来说,性情的重要性远远超过智商,做这一行,你不需要是个天才,但确实需要具备合适的性情。
>
> ——查理·芒格

真正的价值投资者不知道什么叫恐惧,这是因为价值投资蕴涵着真正的大智慧,它可以让人从不恐惧,可以让人泰山崩于前而色不变。他们通常不会被市场环境所左右,这与普通的投资者有天壤之别。

投资并不需要很高的智商,但确实需要一种性情,那就是能够做到从容自若。恐惧将摧毁一切,但却摧毁不了真正的价值投资者,究其原因,是因为他们通常都有一种独特的性情。这种性情可以让他们忘却恐惧,正如沃伦·巴菲特所说的"投资者最重要的特质,不是智力,而是性格",他的伙伴查理·芒格对此也深有同感:"很早以前,当我明白拥有某种性情可以使人成功时,我就努力强化这一性情。就金融业来说,性情的重要性远远超过智商,做这一行,你不需要是个天才,但确实需要具备合适的性情。"

1987年10月19日这一天,道琼斯跌了508点,或者说22.6%,成了美股历史上第一个黑色星期一,整个市场陷入极度恐慌,疯狂的抛售发展成了大崩溃。当有人告诉巴菲特时,巴菲特只是淡淡地说,那是市场涨得太高的缘故。这就是一种胜似闲庭信步的大无畏的气概。如果没有这种性情,一切都将无从说起。因为不论你有多少的投资经验,也不论你有怎样的学富五车,如果克服不了恐惧,那么什么都没用。

价值投资者也有沮丧的时候，那就是当他们到处寻找优质低价股票，都因为价格高居不下而作罢。当然，他们也总能很快找到乐观的理由，那就是对高估的市场说不。所以价值投资者喜欢市场出现恐慌情绪，因为现在市场的恐惧将带来便宜的价格，所以他们在别人恐惧的时候总是兴高采烈，好像跟真的到了女儿国一样。彼得·林奇说："每当股市大跌，我对未来忧虑之时，我就会回忆过去历史上发生过40次股市大跌这一事实，来安抚自己那颗有些恐惧的心。我告诉自己，股市大跌其实是好事，让我们又有一次好机会，以很低的价格买入那些很优秀的公司股票。"

价值投资者也有不利的地方，他们一般都知道自己没有走捷径的本领，因此只能在自己选择的那条充满荆棘的路上走下去，而且要走得太长太长，还要走得很寂寞、很孤独。但是他们都相信他们最后都将走向成功，而事实上走在最前面的那些人已经成功了。

一个人的骨髓里如果浸润了酒精，那么他一定对酒不恐惧；同样的，一个人的骨髓里如果浸润了价值投资，那么他也一定对极端下跌的市场不恐惧。价值投资者也有真正恐惧的时候，什么时候恐惧？那就是在市场人声鼎沸、欢歌笑语的时候才会极度恐惧。

因此，真正的价值投资者的性情一定与别人有所不同，只因为他们的骨髓里早已浸润了价值投资的大智慧。

在苍茫中传灯

◆ "别人悟出的道理最精彩"

> 巴菲特和芒格从前人那里确实学到了很多，但是更重要的是，他们能够把这些知识融会贯通，融入自己深刻的理解之中，并非只是毫无主见地盲从。

有人说，你们只会重复那些说过了无数次的所谓的价值投资理论，难道没有自己的观点吗？我们以为，就是这些被重复了无数次的价值投资理论，我们还似乎没有学会，为什么不能一而再、再而三地重复呢？而且，放着那么精彩的道理，我们有必要再去苦思自己的想法吗？

事实上，成功的投资者往往是最善于学习的。以沃伦·巴菲特为例，在巴菲特的一生中，他曾经尝试了多种不同的方法。比如他曾经长期亲手绘制过股票走势图，但是最后他却抛弃了技术方法。巴菲特最终深信，他之所以成功，是他从别人那里学到了非常多的东西，最重要的是向本杰明·格雷厄姆学习，向菲利普·费雪学习，并且与查理·芒格长期同事。请注意，这三个人思想的综合被认为是现代历史上最优秀的金融思想。

所以，巴菲特说："我学习是靠自己读书，我不认为我有什么新颖的想法。当然，我谈论自己阅读格雷厄姆书籍的体会，我也读过菲利普·费雪的著作，所以，从阅读中我得出了自己的很多想法。你可以从别人那里学东西，那么你就不必有太多自己的想法。你只需要运用自己了解得最好的那部分就行了。"

当然，即便学习了，也并不意味就能成功，但是假如不学习，情形会更糟。巴菲特也有失败的记录，但是巴菲特如果失败，我们认为其意义更重大，因为这就等于告诉我们，以巴菲特丰富的商业经验、无比的智慧，尚有不能解决的问题而招致失败，我们又何必再去尝试？

有一点是非常明确的，那就是，成功的投资并非是绝无错误的同义词。相反，成功来自做对的事情比做错的事情多。巴菲特的方法并无不妥，这种方法的成功在于尽可能地少做错事——这种事情非常多而且复杂，比如预测经济、预测市场以及预测股价，并尽可能把事情做对——这种事情非常少而且简单，比如确定公司价值，以低于内在价值的价格买入。

正因为我们努力地、勤奋地学习，我们才会趋向理性，而理性的思考则是成功的先决条件。推动巴菲特投资策略的力量就是理性地分配资金。理性——在做出选择时理性思考——是巴菲特最推崇的品质。理性的同义词或许是"不可能"，但是在证券市场的确需要一种严密的推理过程。巴菲特的成功就是因为他给这个推理过程定位——从不偏离这个道路。

在经过半个世纪市场的风云变幻后，巴菲特找到了自己的位置：让投资战略充满理性，并与之相适应，而只有理性，我们才会感受到投资的快乐，这一点对所有的人都有意义。"我们的态度，"巴菲特说，"适应我们的个性，并和我们希望过的生活方式相适应。"

这种和谐在巴菲特的态度中很容易找到。他总是快乐和积极向上的，他对每天的工作感到真正的兴奋。"我希望生活中拥有的东西都在这儿了，"他说，"我热爱每一天。我的意思是，在这儿跳踢踏舞，并和我喜欢的人一起工作。""世界上没有比管理伯克希尔更有趣的工作了，而我能在这儿是多么幸运。"

巴菲特和芒格从前人那里确实学到了很多，但是更重要的是，他们能够把这些知识融会贯通，融入自己深刻的理解之中，并非只是毫无主见地盲从。

芒格说得好，他"相信一定要掌握别人悟出的道理最精彩的部分。我不相信仅靠自己坐下来，就梦想出一切观点。没有人是那么聪明的"。许多人或是怀着与芒格相同的想法，才会越过万水千山，不辞劳苦，如潮水般涌入伯克希尔所在地奥马哈，仅仅是为了参加一个股东大会，去聆听两个七八十岁的老人已经重复了无数遍、而且听起来似乎很简单的投资道理。

奥美广告创办人大卫·欧吉维曾说："如果我们雇用比我们矮小的人，那么

我们会变成一群侏儒;相反地,如果我们能找到一群比我们更高大的人,我们就是一群巨人。"同样地,如果我们不能不断地学习到最有用的知识,那么我们会变成一群侏儒;相反地,如果我们能够真正学习到最精彩的道理,我们就有可能站在巨人的肩膀上。

现在,你觉得我们还需不需要重复了无数次的精彩道理?还需要有什么新颖的想法吗?

从芒格的角度解读巴菲特的成功之道

> 许多 IQ 很高的人却是糟糕的投资者,原因是他们的品性缺陷。我认为优秀的品性比大脑更重要。你必须严格控制那些非理性的情绪,你需要镇定、自律,对损失与不幸淡然处之,同样地也不能被狂喜冲昏头脑。
>
> ——查理·芒格

面对沃伦·巴菲特令人咋舌的投资纪录,不少人总是先以惊诧、羡慕的目光视之,然后将这一切归功于巴菲特的才能或运气,对此查理·芒格有不同的看法。

芒格,伯克希尔公司董事会副主席,就是与巴菲特一起坐在伯克希尔股东大会主席台上回答股东提问的人。1948 年以优异的成绩毕业于哈佛大学法学院,先当律师,后投资。当芒格遇到巴菲特时,芒格 34 岁,巴菲特才 29 岁,两人一见如故并惺惺相惜,以后成为巴菲特近 50 年的最佳黄金搭挡。两人珠联璧合导演了一连串经典的投资案例,开创了"伯克希尔金融帝国"的宏伟事业。

由于芒格长期与巴菲特一起工作,所以最了解、理解巴菲特的人莫过于芒格。芒格认为巴菲特成功的原因归结起来有两点:第一,学习;第二,品性。

先看学习。巴菲特的确是天才,但是这个天才完全来自于勤奋。芒格认为巴菲特的成功是多种因素合力的结果,但是具有决定性的因素是持续的学习。他在 2007 年威斯科年度股东大会上指出:"沃伦是这个世界上最佳的持续学习机器。乌龟最终战胜兔子是持续努力的结果,一旦你停止了学习,整个世界将从你身旁呼啸而过。沃伦很幸运,直到今天,即便是早已过了退休的年龄,他仍可以有效地学习,持续地改善其技巧。沃伦的投资技巧在 65 岁后更是百尺竿头更上一层。

作为一直从旁默默关注的我,可以肯定地说,如果沃伦停留在其早期的认识水平上,这个纪录也就不过如此了。"

巴菲特的代言人罗伯特2004年到中国演讲时,也提到巴菲特是如何做到天才中的天才这样一个水平时说:"他现在已经有74岁高龄,是如何保持自己的天才水平呢?第一种方法是每天要锻炼身体。第二是打桥牌。每周会花12个小时在家里的电脑上网打桥牌。巴菲特喜欢玩的游戏不是那种要碰运气的游戏,而是喜欢需要一定的技能和计算一些数字和概率的游戏。第三是大量阅读。他每天阅读的数量达到5本书。"

巴菲特自己也非常强调学习,认为不学习,就无从知道许多必要的知识。巴菲特19岁时曾经读过本杰明·格雷厄姆的《聪明的投资者》,当他读完这本书后,他就决定去找格雷厄姆,并且拜格雷厄姆为师,成为格雷厄姆最优秀的学生。从那以后,他的投资水平明显提高,技艺不断完善,加上持续的学习,终于成就一代大师的崇高地位。无怪乎他只看了中国石油两年的财务报表,就决定投入巨资买下其股票,这与他深厚的知识功底绝对是密不可分的。

第二,投资时情商比智商更重要,这已被无数的事实所证明。投资决非是智商140击败智商120的游戏。芒格说:"令人咋舌的投资纪录很难实现,但绝非不可能,也不是金字塔顶尖的人才能做到。我认为投资管理界高端30%—40%的人都有这个潜力。""许多IQ很高的人却是糟糕的投资者,原因是他们的品性缺陷。我认为优秀的品性比大脑更重要。你必须严格控制那些非理性的情绪,你需要镇定、自律,对损失与不幸淡然处之,同样地也不能被狂喜冲昏头脑。"

芒格认为,很多时候当别人逐渐丧失理智时,成为一个理性的投资者的重要性不言而喻。"我们不会把450亿美元随便撂在那儿,但你必须能判断出那个高科技股票直蹿云霄的癫狂时刻并控制自己远离。你挣不到任何钱,但却可能幸免于灭顶之灾。"

相比之下,巴菲特能够非常自如地控制非理性的情绪,永远不会去做非理性的事情,也不会被一时胜利冲昏头脑,这使得他一次又一次成功地避开金融风暴。他的沉着、冷静、自制、独立思考的品性,令其对股市的涨跌根本置之不理而游刃有余,即使20世纪80年代美国股市崩盘的那一天他也无暇关注股市。

对冲基金 Sellers Capital Fund 创始人马克·塞勒尔在哈佛大学做题为"你为什么不能成为巴菲特?"演讲时指出,伟大投资者的共同特征必须具有 7 个特质,其中居然有 6 个特质涉及到品性,比如第一个特质:"在他人恐慌时果断买入股票、而在他人盲目乐观时卖掉股票的能力。每个人都认为自己能做到这一点,但是当 1987 年 10 月 19 日这天到来的时候(历史上著名的'黑色星期一'),市场彻底崩溃,几乎没人有胆量再买入股票。而在 1999 年(次年即是纳斯达克大崩盘),市场几乎每天都在上扬,你不会允许自己卖掉股票,因为你担心会落后于他人。绝大多数管理财富的人都有 MBA 学位和高智商,读过很多书。到 1999 年底,这些人也都确信股票被估值过高,但他们不能允许自己把钱撤离赌台,其原因正是巴菲特所说的'制度性强制力'。"可见品性对投资者的重要性。

巴菲特自己一直对不断高涨的股市深具戒备之心,他能够及时嗅出危险的气息。巴菲特曾经在 2008 年谈到 A 股已经有 45% 的股票市盈率超过 100 倍时说:"我建议要谨慎,任何时候,任何东西,当有巨幅上涨的时候,人们就会被表象所迷惑,人们就会认为他们才干了两年就赚那么多的钱。我不知道中国股市明后年是不是还会涨,但我知道价格越高越要加倍小心,不能掉以轻心,要更谨慎。"

苏格拉底曾说:"未曾经历考验的生命不配活着。"正因为巴菲特具有优秀的品质,正直诚实、坚韧不拔、积极乐观,又能够不断磨炼自己的品格,持续不断地学习,才使得他不断放射出理性的光芒。

 在苍茫中传灯

他们都以独特的方式获得成功

> 看看出色的投资者的投资生涯，他们的成功道路不尽相同，还有一些往往是对立的，但是每个人都以其独特的方式而获得巨大的成功。
>
> ——罗伊·纽伯格

"世有非常之功，必待非常之人。"成功的捷径是与成功者为伍，这是沃伦·巴菲特的名言，也是罗伊·纽伯格的忠告。要想投资成功很简单，那就是：首先向成功的投资者学投资，而且要向尽可能多的杰出投资专家学投资，然后才形成自己的投资哲学及其独特的投资方式。

纽伯格认为，巴菲特是一个"一旦决策终生不改"的人，他买了某种股票后就一直拿在手里不卖。他是纽伯格周围最杰出的投资者。但是，巴菲特强调，他的一切都归功于他的老师本杰明·格雷厄姆。有一次，纽伯格在一个艺术馆的开幕式上遇见巴菲特，纽伯格对巴菲特说："我知道本杰明·格雷厄姆对你有多重要，但是你已经青出于蓝而胜于蓝了。"20世纪90年代中期，《福布斯》有篇文章说巴菲特正处在事业巅峰，随时可能走下坡路。纽伯格不知道这是否正确，如果是，也并不意味着巴菲特就会从此变成穷光蛋。"即使瘦死的骆驼也比马大，最巍峨的山通常都有两面山坡支撑着，"纽伯格这样说。

纽伯格信奉本杰明·格雷厄姆的理论，他很仔细地读过格雷厄姆的经典名著《证券分析》。不过，与格雷厄姆不同的是，纽伯格不相信如果一只股票上涨，比如涨了50%，并且达到适当价位后，就一定要卖掉它。纽伯格认为格雷厄姆并没有靠他自己提出的纪律赚到大钱，他靠的是1948年政府职员保险（GEICO）的

股票赚钱的。纽伯格举例说，年轻的巴菲特也曾买过政府职员保险的股票，投资了1万美元，但后来巴菲特以50%的利润卖掉了。25年以后，巴菲特又买进这只股票，然后长期持有，大发其财。

纽伯格认为沃伦·巴菲特和彼得·林奇是现代历史上最伟大的投资者。这两个人和乔治·索罗斯一起，是纽伯格能用"天才"来形容的投资者。彼得·林奇把一个很小规模的基金发展成140亿美元的大基金。他拥有1500只股票却能对每只股票了如指掌，创造了比其他基金多得多的利润。如果非要让纽伯格选出一位完美无瑕、全面发展的投资者的话，那就是彼得·林奇。

林奇的性格非常好。他在华尔街上做的是无比艰巨的繁重工作，但是他知道何时要停下来关注他的家人。后来他觉得与家人相处的时间太少了，而且繁重的工作迟早会摧毁他的健康，于是他宣布退休。因此，纽伯格无比敬重彼得·林奇。

世界上只有少数的几个人能称得上"杰出的投资者"，纽伯格认为，乔治·索罗斯就是其中的一个。索罗斯是一位超级国际投资专家，除了股票和证券外，还操纵着数百亿美元的期货和外汇。索罗斯的有些选择不一定是最安全的投资项目，它们比50年前更具投机性。但是，纽伯格对索罗斯的聪慧头脑充满极大的信心。他相信，索罗斯也是一位伟大的人物，他非常慷慨大方。许多年来，索罗斯一直默默无闻地支持许多慈善机构，很少声张，并且在教育、文化、科学等方面做出重大的贡献。纽伯格说："这是其他同辈们所望尘莫及，也无法超越的。"

吉米·罗杰斯"年富力强，聪明绝顶"。1970年，曾经给纽伯格做了9个月的助手，后来纽伯格把护卫共同基金的15%给他投资。这个人做事常常与众不同，后来他突然投奔索罗斯，立即成为量子基金的第二号人物。他和索罗斯一起，通过卖空雅芳股票赚了很多钱。当罗杰斯离开索罗斯时，他拿到了1400万美元。此后，罗杰斯在哥伦比亚大学教书、上电视、骑摩托车，环游世界，变得很出名，现在他已经成为国际投资的权威。

总之，纽伯格说，看看出色的投资者的投资生涯，他们的成功道路不尽相同，还有一些往往是对立的，但是每个人都以其独特的方式而获得巨大的成功。本杰明·格雷厄姆通过了解掌握基本价值而获得成功。沃伦·巴菲特则进一步发挥他从哥伦比亚大学的老师格雷厄姆那里学来的知识和经验而获得成功。乔治·索罗

斯则是把国际金融与深刻的哲学结合起来而获得成功。吉米·罗杰斯则靠发现国防工业的股票并为乔治·索罗斯出谋划策而获得成功。

这些出色的投资人都以其独特的方式获得巨大的成功,他们根本没有必要简单地去复制谁。他们要发展的是不同于他人的投资哲学,以及自己独特的投资个性。这就如同文学创作中的典型性。所谓典型性,是指作家对来自生活的素材按照自己的审美感和审美理想予以选择、集中、加工、创造,使之成为艺术形象和艺术典型的过程。其基本原则之一是事情发生的个性化和人物鲜明的个性化。这就是说,展现在读者面前的"这件事"绝非"那件事","这个人"绝非是"那个人",每个人物皆有自己鲜明的个性,而这个"鲜明的个性"正是我们所极力追求的。

每年只赢一点点

> 我不断发现,那些出人头地的人并不是最聪明的,有时甚至不是最勤奋的,可他们如同学习的机器。他们每晚上床睡觉时已经比当天起床时更聪明了些。这么做是有帮助的。当你给自己设定了长远的目标时,这种做法的帮助就特别大。
>
> ——查理·芒格

有一天我和几个人谈大师们的投资业绩,他们很不以为然,说一年中只要逮住两个涨停,不就可以战胜那些大师吗?

这些大师的投资业绩是:约翰·坦普顿的坦普顿基金50年中平均收益14%,约翰·奈夫的温莎基金31年中平均收益13.8%,查尔士·布兰帝的全球权益基金23年中平均收益16.16%,乔治·索罗斯可以算得上最好了,然而他的基金平均收益也才28.6%。巴菲特在哥伦比亚大学商学院演讲时列举的几个人,比如约翰·梅内德·凯恩斯的切斯特基金18年中平均收益13.2%,比尔·鲁安的红杉基金25年中平均收益19.6%,娄·辛普森的政府就业保险公司17年年平均收益24.7%,即使是大名鼎鼎的沃伦·巴菲特也不过20%。

这其中最"差"的要算约翰·梅内德·凯恩斯了。凯恩斯在长达18年里获得了累计932%的收益,这意味着如果我们在1928年将1万美元交给凯恩斯管理,到1945年"连本带利"就可以取回9万多美元。而检视我们的许多投资者,他们有许多"涨停",却难以做到这一点。累积财富要靠复利,爱因斯坦说的"世界上最强大的力量是复利"在此得到生动的演绎。其实这是最简单不过的道理,

但许多人并未明白。据说凯恩斯逝世时留下的个人遗产大约 50 万英镑。不要小看这个数字，50 万英镑大致相当于现在的 1000 多万美元，于是凯恩斯遂成为有史以来最富有的经济学家之一。

从表象上说，一年中逮住两个涨停似乎很容易，其实却很难。对于投资者，最大的挑战在于"旱涝保收"，目标在于绝对收益，而不是相对收益。不是去年赚了 20%，今年却输了 30%。

许多人并不比那些大师更聪明，然而却总是梦想超越他们，我不知道他们凭什么。实际上，只要能够做到每年赢那么一点点，即使是 1%，其变化也会导致多年以后巨大的累计收益。但现实却经常表明，有时即使想赢这个 1% 也不容易，因为金融市场的特征就是收益的不稳定。

既然如此，对于大多数，包括像我这样的投资者，丢掉幻想，降低目标吧。比小溪多一点点就成了大河，比大河多一点点就成了大江，比大江多一点点就成了大海。一个人的失败是因为他比别人仅仅少了一点点，而一个人的成功也是因为他比别人仅仅多了一点点。

查理·芒格先生也有类似的话。他说见到了不计其数的人获得成功，而这些人或许天资不是最佳，但是他们每天睡觉的时候要比早上起床的时候进步一些——看起来只要每年赢一点点，就可能不同凡响了。

❯ 不能成为"伟大的投资者"又何妨?

> 如果没有大量阅读,你不可能成为一个广泛意义上真正出色的投资人。
>
> ——查理·芒格

夏夜,月光如水,墙角有几盆名贵的兰花静静地开放,香飘满院。几个朋友围绕在一起在谈论着投资的话题……

如果按照对冲基金 Sellers Capital Fund 创始人马克·塞勒尔的说法,许多准备有志成为"伟大的投资者"的人难免沮丧。因为塞勒尔在哈佛那次著名的演讲中早已宣称:"你们几乎已经没有机会成为一个伟大的投资者了。"即使有可能,也"只有非常、非常低的可能性,比如 2%,甚至更少"。最多只是"比一般投资者拥有更多优势"而已,比如在某几个点上超越平均水平。除非脑子在十一二岁的时候就有某种"特质",否则"不可能永远以 20% 的复合回报率让财富增值"。

而这些特质就是伟大投资者的共同特征:在他人恐慌时果断买入股票、而在他人盲目乐观时卖掉股票的能力;极度着迷于投资游戏,并有极强的获胜欲;从过去所犯错误中吸取教训的强烈意愿;基于常识的与生俱来的风险嗅觉;对于自己的想法怀有绝对的信心,即使是在面对批评的时候;左右脑都很好用,而不仅仅是开动左脑;在大起大落之中却丝毫不改投资思路的能力。

因为这七个特质几乎都和一个人与生俱来的性情有关,所以要从后天学习到这些特质"几乎不可能"。塞勒尔指出,虽然这种潜力经过锻炼可以获得,但是无法从头建立,因为这与你脑组织的结构以及孩童时期的经历密切相关。

"与你脑组织的结构以及孩童时期的经历密切相关?"我联想到不久前我看到《当大脑遇上金钱》的作者贾森·茨威格的一篇文章,他叙述了这样一件有趣的事。

贾森·茨威格为了了解他的基金和大脑活动对他行为的影响,自告奋勇地在一个基因成像实验室充当人类的"小白鼠",接受了大量的DNA分析和大脑扫描。报告结果让他大吃一惊。

在影响大脑中负责风险和回报决策回路的5种基因中,茨威格都存在有与不良投资决策相关联的对位基因。比如FAAH基因。在欧洲血统的人群中,大约25%的人携带这种基因的385A对位基因。这种基因往往会抑制他们大脑的恐惧回路,加剧大脑对赚钱前景的反应。他是其中的一员。又比如DRD2基因。大约20%的白种人,即使他们并不懂赌博技巧,也会携带一种会让他们对赌博作出较激烈反应的对位基因。他也是其中的一员。

其中一项测试是这样的:茨威格躺进造影仪的舱里,看到一张底朝下的卡片,然后试着估计它的高度与一张5美元的钞票相比是大还是小。如果猜测正确率足够高的话,就可以得到10美元。当他猜对时,大脑纹状体的反应强度是一般人所得试验结果的2倍左右。这表明,像他这样的人往往渴望立刻赚到钱。医生告诉他,控制这种对回报的冲动反应在生活的很多方面都非常重要,比如在投资方面,没有耐心常常会降低回报。

总的来看,茨威格的遗传标志和大脑活动特征似乎生来注定要招来投资灾难。不过,令他欣慰的是,当实验室对他在现实世界财务决策的反应情况进行测试后,结果却不同。这个问题是选择早些得到较少的利润,还是晚些得到较多的利润?许多人不喜欢等待,会选择今天就拿到50美元,而不是一年后拿到100美元。茨威格选择了后者。医生看到这个结果后开玩笑,说他简直"像禅宗一样富有耐心"。

茨威格叙述说,他从小在一个农场长大,他的父母对历史很了解,培养了他用长远眼光来看待暂时的变化,不要冲动,三思而行。他自己通过研究格雷厄姆、巴菲特等人的著作和经历,学会了不要盲从他人,并记住未来的回报取决于今天的价格。虽然他的"基因"使得他的大脑倾向于迅速赚钱,但他的实际行为却并非如此。他会持有某项投资长达数年乃至数十年，并且对熊市并不恐慌，反而是牛市会让他感到不舒服。现在他终于知道了，这些习惯并非他天生就有的，是多年来他一直在跟他的"基因"作斗争的结果。

确实，在我们每个人的内心世界，天性和后天教育之间永远在相互较量。但在恐慌时刻，"环境压力可能会在相当程度上让你由基因决定的内在倾向暴露出来"。这个时候，坚持让自律控制基因的冲动比以往任何时候都难，但也比以往任何时候更重要。

在茨威格的眼里，一个人的冒险偏好度或许只有20%从遗传上说可能是先天决定的，其他则来源于一个人的成长过程、经历、教育和训练。茨威格十分强调一个人的成长过程和后天教育，而不同于塞勒尔那个让人几乎绝望的观点。

看看查理·芒格是怎么说的。芒格曾经介绍他的切身经验时这样说，他相信巴菲特和他从优秀的商业杂志中学到的比其他任何地方学到的都要多。只要很快地翻阅一期又一期的杂志，就可以得到各种各样的商业经验。如果能在潜意识里养成一种习惯，把读到的东西和所证明的基本概念联系起来，渐渐地就会累积起一些有关投资的智慧。

"如果没有大量阅读，你不可能成为一个广泛意义上真正出色的投资人。"因此在每年的伯克希尔股东大会上，芒格都会推荐一些阅读材料，覆盖面很广。芒格还教给我们方法，必须对自己为什么要搜集这些信息有一个概念。不要用培根学科学的方法来看年报，那样做的话只是在搜集无穷无尽的数据，要很久以后才能明白这些数据的含义。"你必须在开始之前就想好要了解哪些事实，然后去判断所看到的数据是否符合基本概念。"

再看看塞思·卡拉曼，大概只有卡拉曼宣称他具有价值投资的"遗传基因"。"我有价值投资的基因"，卡拉曼如是说。当市场开始下跌时，很多人惊慌失措反应过度。"我可以坦然应对，而很多人要处于和人类本性的斗争折磨中。"

投资是经济学和心理学的交集，因此"投资需要学习经济学和心理学"。这是卡拉曼教导商学院学生的内容。"经济学中关于公司业务估值的问题，不是非常难。而与心理学所关联的，比如你要买多少？现在的市场价格是否可以买入？你是否需要等待一个更低的价格？如果市场看起来像世界末日，你又该如何？这

些问题相对来讲更难一些。"贪婪会击溃投资者本身。"价值投资者必须要有耐心，有纪律，但我真的觉得你更需要的是不可太贪。"原因是，那些因为贪婪而使用大杠杆操纵的人，往往最终会受到市场打击。

北京金石致远资产管理公司的CEO杨天南既是投资家，又是教育家，他在儿童财商教育方面成绩斐然。2010年4月，他开始对儿子阿威一边进行财商教育，一边进行投资实践，那时阿威才8岁。截止2012年4月底，阿威自己的财商教育账户已经两周年了。在过去的24个月里，其账户累计回报达63.2%（+63.2%）。这个真实的投资账户成绩几乎胜出了能在所有金融机构找到的任何基金产品，也胜出了大盘。

不管是查理·芒格，还是塞思·卡拉曼，或杨天南，他们都深信，投资者可以从后天教育中获得成功，否则的话，他们也不要花那么多的心思来教导学生了。这也直接验证了贾森·茨威格的观点。

当然，在投资方面能够获得巨大成功的人毕竟是极少数，一个"伟大的投资者"必定有与众不同的地方。据说巴菲特可以一天读五本书。有一个人拿着书稿请巴菲特审阅，岂料巴菲特一个晚上就审阅完毕，第二天就向那个作者指出书稿中存在的问题，这着实让那个人惊讶了一番。

面对着飞驰而去的世界，可能只有很少的人能够像巴菲特或芒格那样日复一日、年复一年地持续学习下去，所以普通的人当然无法成为"伟大的投资者"。但是为什么一定要成为"伟大的投资者"或复制巴菲特呢？我从未听说有哪一个人誓言要当爱因斯坦第二或托尔斯泰第二，为什么在投资领域就有人要一定当巴菲特第二？投资大概不会比科学或文学来得更容易。

实际上，不能成为"伟大的投资者"也不是什么大不了的事，即使能够做到"杰出"也十分不错。阻断成为"伟大的投资者"的梦想将让人不悦，但是投资的目的是什么？根据巴菲特最简洁的说法就是，投资是放弃今天的消费，为了在以后的日子里能够有能力更多的消费。既然如此，夫复何求？每个人都是一个独立的"自我"，只有这样，这个世界才会显得丰富多彩而有声有色。就像花朵一样，能够散发出兰花似的幽香固然很好，但如果能够散发出茉莉花似的清香也不错。

学意不泥迹　成为独特的自己

> 学习的精髓在于学其意而不泥其迹，不是亦步亦趋，而是善于汲取他人的思想、经验和教训。失败往往源自机械克隆与简单拷贝。对于每个人而言，最重要的是成为独特的自己。

学我者生，似我则死。尤其在投资领域，任何一种方法都有它的困难和缺陷。即使学习像本杰明·格雷厄姆、菲利普·费雪和约翰·内夫那样的大师级人物，也不能全盘接受他们的投资方法，更应该考虑到他们方法的难点和局限。

假如你要学习格雷厄姆

格雷厄姆是价值投资之父，他曾提议说，要购买市盈率低于市场平均三分之二的股票或高股息股票或高股本比率股票。尤其是流动资产净值的方法，在投资实践中，切实可行的机会基本上很难遇上，因为市场处于较高估值水平的时间很长，不大可能使用这三种投资方法中的任何一种。巴菲特对此也曾说过："我猜测过去适合采用格雷厄姆方法大的时间段是1973—1974年，那个时候你可以很容易地运用这种方法。"

这种流动资产净值方法实际上就是捡起扔在地上的雪茄烟蒂吸一口的方法。雪茄烟蒂虽然只是一小截，但是捡起来能吸一两口，而且还免费。雪茄烟蒂指相当低廉的股票，但往往是那些处于困境中的企业。这样的企业一个问题接着一个问题产生，一个问题还没有得到解决，另一个问题又紧接着产生。这样的投资，

如果运气好可能会赚到钱，运气不好就打了水漂。最终巴菲特放弃了这种方法，但是他仍然坚持了格雷厄姆方法中的一些基本原则，比如内在价值、安全边际、区分投资与投机、区分明智投机与不明智投机、正确对待市场波动等等。

假如你要学习费雪

费雪非常重视内幕消息，这个内幕指的是对公司的考察。但是，获取公司的内幕消息不但耗时，而且需要具有一定的战略、财务和其他管理的知识，若不能做到这一点，即使与公司高管约见，也无法提出合适的问题。

实际上，要对一家公司进行卓有成效的考察，投资者需要具备一定的品质。费雪说："仅仅与他们交谈是不够的，重要的是在他们了解的每一点上，均能唤起他们的兴趣和信心，让他们乐意告诉他们所知道的东西。"如果你是一个投资经理，访谈高管则比较容易。但如果你仅仅投资几万元，估计就很难获得与那些高管交谈的机会。

费雪坚持股票分析的难度，因此他建议投资者专注自身兴趣或技能的领域，并且还要聘请专家处理选股问题。费雪自己总结道："我的错误在于突出了超出自身经验范围的技能，并投资属于完全不同的活动领域、没有相关背景知识、自认为完全理解的陌生行业。"在这里，我们已经看不到"投资很简单"之类的话了。这是一个投资"成长股"的风行时代，作为成长股投资之父的费雪尚且曾经如此艰难，何况普通的投资者？

假如你要学习内夫

内夫是低市盈率投资的大师级人物。有人可能认为投资低市盈率的股票既没有风险又可以赚钱，但是，内夫的投资方法对公司的分析要求很高。他认为会计、财务、战略和经济知识是必不可少的，对公司进行详尽调查也是必须的，因为若不如此，则难以确定公司的盈利增长预测。

如果按照内夫的标准——低于平均市盈率水平40%—60%，结合高收益和良好总收益/市盈率——进行投资的话，许多公司将会排除在外，尤其是那些高成长的股票。内夫恰恰对所谓的成长股十分警惕。他认为这类公司风险太大,因为他无法分辨这是真正有价值或低估值的成长股,还是被市场短期内捧高的"成长股"。他将这种投资视为"在危险的水域垂钓"。

但是,如果我们全盘接受内夫的投资方法,又可能面临长时间的业绩不佳甚至颗粒无收,就好像最近几年在 A 股市场投资银行股的人。此外,内夫认为他的这种投资风格只适合至少具有 5 年投资视野的人。他还同时要求投资者具备勇气、毅力、坚韧和耐心,需要多年的历练,需要想象力,以及从自身和他人的错误中吸取教训的天赋和学习能力。这些也不容易做到。

学习的精髓在于学其意而不泥其迹,不是亦步亦趋,而是善于汲取他人的思想、经验和教训。失败往往源自机械克隆与简单拷贝。对于每个人而言,最重要的是成为独特的自己。因此,无需成为格雷厄姆第二或费雪第二。

▶ 学谁都不易

> 投资者应该更专注于自身有特殊兴趣或技能的领域，也就是"能力圈"问题。
>
> ——菲利普·费雪

乌龟最终能够战胜兔子是持续努力的结果，因此聪明的投资者大都愿意有效地学习，从而改善其投资技巧。但是有一个问题：向谁学，学什么。

有的人说，向彼得·林奇学，他的方法容易；有的人说，向约翰·内夫学，他的方法简单。当然可以肯定的一点是，有更多的人更愿意向沃伦·巴菲特学。不过，事实上无论向谁学，其实都不易。

如果向彼得·林奇学，那么就应该彻底了解公司业务及其管理状况，而这需要投入大量的时间和精力。除了必要的知识外，还需要有高层次的个人品质。彼得·林奇认为，这是最重要的问题。在他看来，好的品质应该包括耐心、自立、判断力、容忍痛苦、开放的胸襟、超脱、毅力、谦逊、灵活、愿意独立研究、愿意承认错误、超脱恐慌……能够在信息不完全或不完善的情况下做出决定也是很重要的，因为华尔街的事情不可能是明确的，往往是当人们意识到获利机会时已经为时已晚，所以要求有完整的信息支持的科学思维方法在这里行不通。最后，还有很重要的一点，就是能够克服人性的弱点和经得住"肺腑感觉"的诱惑。

想想看，这一连串的优秀品质，有多少人能够宣称自己已经完全具备了？我想即便是彼得·林奇本人，也可能达不到他自己设定的理想标准。当然，我们可以通过不断的努力，使自己尚不完善的品质得以日趋完善。至于彼得·林奇自己，他的理念是不断吸取教训，重新振作，争取下次做得更好。

如果向约翰·内夫学，那么对分析也同样有很高的要求，像会计、财务、战略以及经济知识这些是必不可少的，而且还必须对公司进行详细的调查，以确定可靠的盈利增长预测——半信半疑的态度对约翰·内夫的投资方法是无效的，仅仅假装采取精明的低市盈率投资是毫无用处的。与此同时，同样需要勇气、毅力、坚韧、耐心以及经历多年的磨练。

或许这些优秀品质可以有意识地培养出来，但是，头脑清醒、历史领悟、一致性、判断力以及批判性反省，可能就不是通过努力可以获得的。学习约翰·内夫的投资方法，还可能直接导致长时间的业绩不佳。

温莎基金就曾经历过这种可怕的情况：20世纪70年代早期，当时大多数投资者步调一致地放弃了价值型股票，把大量资金投入到"漂亮50"增长型股票，致使价值型股票很长时间在低谷徘徊，让人似乎永远看不到有出头之日。约翰·内夫不喜欢"增长型"股票，他认为这类股票风险太大，因为他无法分辨真正有价值的增长型股票和那些被市场暂时的热情捧高了的股票。实际上，约翰·内夫的这种投资方法可能只适合那些至少具有5年以上投资视野的投资者。只有具备了像他那样所需的性格特征，或许才有可能获得丰厚的投资回报。

如果向菲利普·费雪学，其难度也不会比上述的两人容易多少。比如，获取内幕消息就是一个非常耗时的过程，与此同时，同样需要一定的战略、财务和其他管理学科的知识，以便能够与公司高管交谈，并提出合适的问题。这就要求投资人的个性品质相当高，正如菲利普·费雪所说："仅仅与他们交谈是不够的，重要的是在他们了解的每一点上，均能唤起他们的兴趣和信心，让他们乐意告诉你他们所知道的东西。成功的投资者往往是天生对经商感兴趣的人。"

费雪坚持认为，股票分析必须恰当地实施并充分认可分析结果，否则它根本不值得去做。"就增长型股票选择而言，正确分析的回报非常大，判断错误的代价也非常大，这就不难理解为什么很难基于肤浅的知识选择增长型股票。"

由于投资者的工作正在变得非常专业化和复杂化，而每个人投资操作想法背后的逻辑并不比医生、律师或者汽车修理工更强，因此，菲利普·费雪强烈建议，投资者应该更专注于自身有特殊兴趣或技能的领域，也就是"能力圈"问题。

学谁都不易，看起来这确实难免产生悲观的情绪，因为哪怕是只要学习其中一位大师的投资方法，都需要我们付出极大的心智，从而去获得对市场、行业以及公司的充分了解与理解。更让人沮丧的是，即使我们付出了这些大师所要求的努力，也不一定就能够确保做得比市场平均更好。

不过，让人值得欣慰的是，努力学习，拥有足够的决心、经验和知识这些优秀的品质，或许不像大师们所取得的业绩那样令人印象深刻，但足以使努力获得良好的回报。

▶ 投资观点无所适从的时候想林奇

> 应该努力独立思考,不要听从任何专家的建议,当然也包括我的建议。
>
> ——彼得·林奇

书读多了,难免有时会晕头转向,无所适从。

举例来说,早先读彼得·林奇的书时,他建议我们应该购买与我们所从事的工作相关的股票,例如医生应该买医药股,石油专家应该买石油股,因为在某一行业拥有优势的人总是比没有优势的人胜算更大。

不久读了财经作家贾森·茨威格的书后,又发现他的观点与彼得·林奇完全相反。茨威格的理由是,我们的人力资本已经使我们处于行业的风险之中,因此犯不着再将金融资本也暴露在同样的风险之下。这着实让我困惑了好一阵子。类似这样的例子有很多。后来又读了著名的财经作家约翰·罗斯查尔德的书,才知道原来困惑的并非我一个人。

罗斯查尔德叙述他早年为了投资而读书的经历。当他读杰拉尔德·勒伯的《投资存亡战》时,勒伯说,最大的安全是将所有的鸡蛋放在一个篮子里并看护好,然后勒伯列举了一个又一个的例子作为无法反驳的证据。他认为许多投资者试图将资金四处分散多样化投资,如果一项投资上涨,而别的投资下跌,那么结果只能是持平。读到这里,罗斯查尔德立即觉得自己从前的失败似乎就是这个原因,因此他准备以后就采取勒伯的建议,将所有的资金都集中在一个篮子里。

随后,罗斯查尔德又读了安德鲁·托拜厄斯写的《资金角度》,里面又说应

该要"多样化"，并说这是一个"铁定"的原则。这样一来，又与勒伯的观点来了一个180度的大转弯。同样地，托拜厄斯也列举了一个又一个的例子作为无法反驳的证据，强调有的人就是因为将毕生的储蓄都投到一项糟糕的投资上，然后又因为意外灾难引发了破产。这又使得罗斯查尔德觉得勒伯"一个篮子"的理论不仅有勇无谋，而且还类似于自杀性行为。因此他又准备采取托拜厄斯的建议，把资金分散到各个篮子里了。

类似于这样南辕北辙的观点还有许多。比如，有的人说，要耐心，不要恐慌；而有的人则说，要紧张，密切关注。有的人说，要灵活，迅速改变方向；有的人则说，要坚定，保持稳定方向。有的人说，永远不要卖得太早；有的人则说，无论何时卖都不算太快。有的人说，让盈利继续下去；有的人则说，要尽快拿走盈利。有的人说，做长线投资，短线很难预料；有的人则说，做短线投资，长线很难预料。有的人说，在专家持乐观态度时买进；有的人则说，在专家持乐观态度时卖出。有的人说，要多研究，无知一定会亏损；有的人则说，不要研究，因为一点点的了解非常危险。有的人说，普通投资者永远处于劣势；有的人则说，普通投资者有很多内在的优势。各种相互矛盾的观点不一而足。

难道就没有一条一致相同的意见吗？有。罗斯查尔德先生说，他只找到一条：普通投资者总是错误的。而我却至今尚未找到。

罗斯查尔德之所以能够找到，是因为他读的书比我多，而我没有找到，是因为我读的书比他少。罗斯查尔德也列举了一个又一个的例子作为无法反驳的证据。例如，勒伯宣称普通投资者是没有希望的。托拜厄斯宣布大多数人都是在一项股票交易中最后进入的人，而正是这95%的人让5%的人致富，这说明大多数人总是错误的。英国作家查尔斯·麦凯则以整整一本书——《非同寻常的大众幻想与全民疯狂》来证明大多数人永远都被误导。即使是本杰明·格雷厄姆本来准备推广他的投资体系，但他忽然意识到"流行性的出现正好是标志着这个体系不再良好运转的准确时刻"而作罢。

那么，我们应该相信谁？最终罗斯查尔德先生找到一位名叫基瑞尔·索科洛夫《在街上聪明投资》的通讯文章。索科洛夫提出从畅销投资书中赚钱的方法：接受建议并反其道而行之。这就有点沃伦·巴菲特"当他人贪婪时胆怯，当他人胆怯时贪婪"或约翰·邓普顿"在别人沮丧地卖出时买进,在别人疯狂地买进时卖出"的意味了。当然,这也是索科洛夫自己的说法。实际上,在行动时真正想要实施"反其道而行之"的方法并不容易奏效。

如此这般,似乎所有的建议都是浮云。看起来还是彼得·林奇最有先见之明,因为他很早的时候就告诉我们,应该努力独立思考,不要听从任何专家的建议,当然也包括他的建议。这是他的第一投资准则,但我却常常把它忘记,那么晕头转向而无所适从就在所难免了。

虽然我没有找到类似于罗斯查尔德的发现,但是彼得·林奇这个建议,或许是我读了这么多书后发现的最好的一条。

塑造杰出投资者的基本要素

> 许多思考者之所以无法与《福布斯》400强中的人物相提并论,主要的原因是:像其他人一样用同样的方法处理同样的事情无法在竞争中取胜。
>
> ——马丁·弗德里森

杰出的投资者都有其相似的烙印,都有其杰出的基本要素,这个基本要素就是远离公众,坚持自己的思维逻辑,从不考虑公众的意见,做与众不同的事。马丁·弗德里森,一位著名的分析和评论家,曾经这样说过:"许多思考者之所以无法与《福布斯》400强中的人物相提并论,主要的原因是:像其他人一样用同样的方法处理同样的事情无法在竞争中取胜。"

第二次世界大战刚刚爆发时,年轻的约翰·邓普顿曾将他的全部资产投资到股票市场上。当时,由于战争带来的恐慌笼罩着整个美国,舆论普遍认为股票市场将承受着巨大的压力而进一步下滑,因而投资者纷纷看空股票市场而离场。但是邓普顿并不这样认为,他确信战争将改变美国对经济萧条的恐慌,并带来全球经济产出的巨大增长,促进就业率的提高,刺激美国财富以几十年来未曾出现的速度进行积累。于是邓普顿在当地银行尽最大可能贷款,然后买进一家商业公司100美元的股票。

对此,《金钱的主人》与《新金融大师》的作者约翰·特雷恩这样描述:当邓普顿走出股票经纪公司大门时,已持有104家上市公司的股票。虽然其中34家后来破产了,然而对邓普顿来说,当他用全部积蓄投资于股票之时,股市的下跌并没有什么大不了。他坚信美国制造业这个大火桶必将带来股市的繁荣。他是对的。4年之后，邓普顿出售了他所购买的全部股票，当初花去的10400美元，到出售时他的资产在40000美元以上。

柯克·科考莱恩（Kirk Kerkorian），著名的公司收购者。早年时就曾从经销商那里购买报废的汽车,然后往往只需清洗一下引擎,就把车出售了。在这过程中,每辆车他能够赚取5—10美元。当英国皇家空军紧缩预算时，他以每架7000—10000美元的价格购买DC—3型飞机，把它转为民用，再以每架60000美元的价格出售。1947年，科克莱恩买下了拉斯维加斯一个小型的租赁航线公司，并命名为"国际航线"，提供不定期航线服务。1965年，他将这个公司上市。1968年，科克莱恩将公司的股票转卖给穿越美国（Trans America）公司，这一笔赚了8500万美元，并一跃成为穿越美国最大的股东。

1962年，科克莱恩以96万美元的价格在拉斯维加斯购得80英亩的土地。借助这片土地，他先后收取了400万美元的租金，并于1968年卖出，赚取了500万美元的收益。这被美国《财富》杂志认为是拉斯维加斯历史上最成功的一次土地买卖。

著名的基金经理约翰·内夫，十几岁时，白天做高尔夫球童，晚上则投递报纸。在叔叔的杂货店工作时，他对产品价格的每日变动十分留意。很长时间里，内夫一直寄宿在简陋的基督教青年会，以便能够将收入的一半存入银行。他内心始终渴望着积累财富，曾在一家自动唱机公司做运输员的同时，又做了一份推销百科全书的兼职工作。

当他接手温莎基金时，尽管房地产经纪人一再警告，他仍然买了一幢位于低洼地带的房子。内夫后来写道，我把这种警告看成是要我详细考察的建议。毫无疑问，内夫精确地计算了房屋的用处及其潜在增值能力足以弥补洪水可能给房屋带来的损失。他在这幢房子里住了21年，并且没有任何"值得遗憾的损失"。

劳伦斯·迪什（Laurence Tisch），在23岁那一年说服父母，将新泽西一个破旧的娱乐场租下来，然后整修一新重新投入使用，并最终以头两年的盈利完全买断了这家娱乐场。20世纪80年代晚期石油产业衰退时，迪什以500万美元的平均价格购买石油钻塔，然后耐心等待原油价格的回升。当经济周期再次达到顶峰

在苍茫中传灯

时,同一个油井给迪什带来了2500万美元的利润回报。

邓普顿、科考莱恩、内夫、迪什,当然也包括沃伦·巴菲特在内的一大批杰出的投资者,他们在积累财富方面所表现出来的坚定与自信,使他们显著地有别于普通的投资者,他们都拥有敏锐地寻找增加财富机会的最重要的能力。

虽然他们具有各自不同的家庭和社会背景,但当人们研究他们的经历,可以发现他们共同的成功特征。有一句成功的名言这样说,积极的人在每一次忧患中都看到一个机会,而消极的人则在每个机会都看到某种忧患。我想他们正是那些"积极的人"的生动写照。

▶ 真正的投资者需要三个性情

> 除非你能够看见自己的股票下跌 50% 仍然不会惊慌，否则就不要进入市场。事实上，只要你对自己持有股票的公司感觉良好，你应该对价格下跌感到高兴，因为这是一种能够使你的股票获利的方式。
>
> ——沃伦·巴菲特

本杰明·格雷厄姆或许比心理学家更了解市场情绪的危险性。他认为真正的投资者应该从性情方面进行区别，而不仅仅技巧。投机者往往很忧虑、急躁、不理性，因此他们最大的敌人是他们自己。他们可能在数学、财务或金融方面出类拔萃，但是如果他们无法控制自己的情绪，一样无法从投资中获利。因此格雷厄姆指出，一个成功的投资者经常是那种冷静，耐心和具有理性性情的人。对此《巴菲特的新主张》一书的作者罗伯特·海格卓姆作出进一步阐释。

1. 真正的投资者能保持冷静。他们知道股价受到各种合理和不合理因素的影响，会剧烈地上下波动。当他们持有的股票价格下跌的时候，他们的反应很镇定，绝不会惊慌失措。因为他们知道，只要公司仍然保持吸引他们第一次买入公司股票时的质量，价格肯定是会回升的。在这一点上，巴菲特一直坚持：除非你能够看见自己的股票下跌 50% 仍然不会惊慌，否则就不要进入市场。事实上，只要你对自己持有股票的公司感觉良好，你应该对价格下跌感到高兴，因为这是一种能够使你的股票获利的方式。

真正的投资者的性情最出色的还在于，当市场处于另一个极端时，他们面对整个市场整体影响的时候，也能保持冷静。当一只股票、一个行业或一个基金突

然受到公众瞩目时，一般的投资者都会不做思考地冲进去。但是麻烦在于，当每个人都认为这样做是正确的，那么就没有人可以获利。在1999年的《财富》杂志上，巴菲特谈到影响大量牛市投资者的"不容错过的行动"因素时警告：真正的投资者不会担心错过这种行动，他们担心的是未经准备就采取这种行动。

2. 真正的投资者是有耐心的。他们不会卷入公众的热情之中，他们会等待合适的机会加入。他们说"是"的次数不是那么经常。巴菲特回忆，他早年在格雷厄姆—纽曼公司工作的时候，大多数情况下，在格雷厄姆分析了那些可能购买的一只股票之后，都拒绝了他的推荐。巴菲特说，格雷厄姆不会轻易购买一只股票，除非各种情况都对他有利。巴菲特在这段经历中学会了说"不"的能力。对一个投资者来说，拥有说"不"的能力是一个极大的优势。

巴菲特相信，今天的投资者都不是为了等待为数不多的特别优秀的公司，而是觉得必须购买很多的股票，而这些股票往往是很普通的股票。为了强调格雷厄姆的教育，巴菲特经常用打卡进行比喻：假定一张卡上只有20个孔，每作出一项决策，就在卡上打一个孔，在余下的时间里，他就少了一个孔。如果投资者能受到这样的控制，他们就会耐心地等待好的投资机会出现。

3. 真正的投资者能保持理性。他们在一个思维清楚的基础上走向市场和世界。他们既不过于悲观，也不过于乐观，相反，他们能够一直保持逻辑性和理性。

巴菲特发现一种很奇怪的现象：很多人习惯上不喜欢对他们有利的市场，却喜欢对他们不利的市场。当市场上涨时，他们就觉得乐观，而当市场下跌时，他们就觉得悲观。当他们把这种情绪变成行动的时候，他们往往会选择在低价卖出，在高价买进，但是很显然，这不是利润最大化的策略。

在巴菲特看来，当其他人都感到悲观时，真正的投资者应当感到高兴，因为他看到事情的真相：这是以低价买进真正优秀公司的最好时机。巴菲特说，悲观情绪是"引发价格下挫的最主要因素，我们希望在这种环境下进行交易。不是因为我们喜欢悲观情绪，而是因为我们喜欢这种情绪带来的价格。乐观情绪是理性购买者的敌人"。

1979年，道指工业平均数稍稍低于账面价值，股票平均收益率为13%，债券利息率在9%—10%之间浮动，但是大多数退休经理人还是优先选择了债券。

巴菲特为此在《福布斯》杂志写了一篇题为《你在股市上花大价钱买了个愉快协议》的文章，对这种不合逻辑的选择进行解释：也许投资组合经理人觉得最近形势不明朗，因此最好还是不要进行证券买卖。巴菲特说，这种心理必须承认"未来形势永远都不会明朗"，而且"你为愉快协议支付了大价钱"。

投资者的乐观或悲观都反映了他对未来的想法，而预测未来的结果最多只是"机警"的。因为乐观或悲观的情绪是以情感为基础而不是以分析研究为基础，那么这种预测就是完全是愚蠢的。

巴菲特从未预测过市场何时会上涨，何时会下跌，相反，他一直关注的是市场的情绪变化，并据此采取行动。那就是他著名的那句话：在别人贪婪时恐惧，而在别人恐惧时贪婪。

在苍茫中传灯

投资需要钝感力

> 在投资领域，能够灵活和敏锐固然很好，但是并非只有灵活和敏锐是才能。能够"夜夜安枕"、不为市场波动而动摇的钝感力，才是在股票市场生存最重要的才能。

如果没有朋友的介绍，我不知道还有《钝感力》这本书，因为我很少涉及与《钝感力》有关的领域。这本书的作者是渡边淳一，他是日本当代著名作家，但是他的小说我一本也没有读过。可就是这本书，却让我兴味盎然。

所谓的"钝感"，是与敏感相对的；所谓的"钝感力"，是指迟钝的能力。渡边淳一从医学的角度出发，认为不要对日常生活太过敏感，保持钝感力要比敏感重要得多。

钝感力可以使自身内心达到一种平衡，从而与他人和社会和谐相处。相比于激进、张扬和刚强，具有深厚钝感力的人更容易在竞争激烈、错综复杂的现代社会中生存，从而取得成功。因此，钝感力是一种独特的人生智慧。

在这本书中，渡边淳一从爱情、婚姻、事业、人生、家庭等方面表现了钝感力的重要作用，但是他并未涉及投资这个话题。当然，他不可能面面俱到。不过其中的道理却是一致的。现在，让我从投资这一层面体会钝感力的重大意义。

总的来看，大多数人对投资都太过敏感，太过勤勉，基金经理可能更甚。他们以小时为限，调整投资组合，持续不断地监控所持有的投资组合，并常常以令人吃惊的频率迅速改变手中持有的股票，对市场每一瞬间设定的价格做出快速反应。他们耗费的成本是如此之高，以致消耗掉了任何增加的收益。他们完全被剧烈波动的股价所牵制，因乐观而买进，因悲观而卖出，亏损5%就可能立马滚蛋。于是，赢则大喜，输则大悲，夜夜不能成寐。

彼得·林奇是我最崇敬的投资家之一，曾经担任富达公司麦哲伦基金经理职务十三年。在此期间，他创造了投资年回报29%的出色业绩。彼得·林奇以勤勉专注、竭尽全力而著称。那时，他四处奔波，前后研究并买卖过15000只股票。每一两天就会拜访一家上市公司，每年超过400家。林奇工作中总是感觉"很累，压力大"，连家人也不常见面。46岁退休时满头白发而面容苍老，退休前只休过两次长假。有一点很显然，在投资的马拉松长跑中，特别是在激烈的基金管理行业里，像林奇这样的勤勉注定是很难长久坚持下去的。

更有甚者，一些大名鼎鼎的投资家，比如杰西·利维摩尔，他曾经用他的投机方法获得巨大的成功，最后却以同样的方法导致失败，并因为穷困而自杀。

杰西·利维摩尔相当"勤奋"，对投机极端痴迷。我也拜读过他的书，曾经十分震撼下面这段话："记不清有多少个夜晚，我在床上辗转反侧，反省自己为什么没有预见一段行情的到来。第二天一大早醒来，心里想出一个新点子。我几乎等不及天亮……"

渡边淳一认为，在众多的钝感力中，核心代表是"睡得好"，这是一切活动和健康的基础。睡眠能力弱的人，绝对无望胜过睡眠能力强的人。无论多么顽强的人，都会因为得不到睡眠而精神瓦解，乃至最终发疯。所以，杰西·利维摩尔的结局可想而知。

与之相反，另有一些投资者却能够做到内心平静而"夜夜安枕"。他们一般都很"保守"，保守到似乎很"迟钝"，但是他们中不少人都健康长寿，是投资界中的常青树。他们因为自身浑厚的钝感力，在八九十岁甚至百岁时仍然活跃在投资一线。他们的名字可以列出一长串：菲利普·费雪、罗伊·纽伯格、约翰·邓普顿、沃尔特·施洛斯、欧文·卡恩、菲利普·凯睿、沃尔特·摩根……包括巴菲特和查理·芒格先生。

健康的身体一定充满了钝感力，因为它拥有顽强的适应能力。为什么这些人可以做到"夜夜安枕"？因为他们聚焦于企业的层面；拥有良好的性格，毫不焦躁地持有看好的股票；在自己的能力圈中做投资；等待好的投资机会出现，一旦

出现，倾全力集中投资。同时，他们大都参悟到了人生和财富的终极问题，极度热爱自己的生活和梦想。他们擅长于独立思考、逆向思维和长线投资，始终热衷于脑力锻炼和身体锻炼的协调。

菲利普·费雪的儿子肯尼斯回忆他的父亲，说菲利普·费雪与大多数在商业上取得成功的人相比，从来没有连续很长时间地刻苦或者疯狂工作。肯尼斯说，那时，菲利普·费雪已经到了退休年龄，但仍然在继续工作，他"有规律地睡眠，有时在下午，他会趴在办公桌上睡着"。

有人说，晚年的生活不适合柔弱的人。其实这句话也同样适用于投资。人性中的许多弱点，比如过度自信、锚固偏见、亏损厌恶、羊群效应、选择性记忆等等，都可以使一个人变得柔弱。柔弱者多敏感，甚至神经质，而敏感又与脆弱紧密相联。只有钝感力才显示出强韧，直至反脆弱。

在投资领域，能够灵活和敏锐固然很好，但是并非只有灵活和敏锐是才能。能够"夜夜安枕"、不为市场波动而动摇的钝感力，才是在股票市场生存最重要的才能。

"这一次与过去不同？"

> 能够把感情和理智调整得那么适当，命运不能把他玩弄于指掌之间，那样的人是有福的。
>
> ——莎士比亚

投资市场上，经常会有人说，这一次可能与过去不同了。不过，我宁可相信"这一次与过去相同"，也不相信"这一次与过去不同"。确实有"与过去不同"的案例，但却不是一般人所能知道的，因为它需要大智慧。

第一个例子，与本杰明·格雷厄姆有关。1951年春天，道琼斯指数约为250点。格雷厄姆教授在哥伦比亚大学商学院对他的学生说，道指从1896年诞生时起，在每一整年里都有一段时间低于200点——教授观察到道指每年都会跌破200点的规律已经存在了55年——几乎每次相同。那一年，巴菲特即将毕业，格雷厄姆建议他将其投资事业推迟到道指跌破200点之后。但是，巴菲特拒绝了。道指那一年始终没有下跌到200点以下，从那以后再也没有。在格雷厄姆提供建议时，"我有大约1万美元"，巴菲特后来对《华盛顿日报》说，"假如我当时听从了老师的建议，那么现在我也许还是只有1万美元。"

第二个例子，几年以后的1958年，道指上涨了39%，股票股息收益率首次下降到低于债券收益。明智的投资者不会认为这样的变化会一直持续下去，相反，这是做空的大好机会。有经验的专业人士小心翼翼，但是乐观主义者却下对了注。这一次又真的"与过去不同了"。因为从具有半个世纪历史的安全观点看，似乎一个新的估值基准无可辩驳地诞生了。假如有投资者等待股息收益和债券收益的

关系回到一个合理的范围内,那么他们到现在依然没有等到。纽约加百利资本集团的执行合伙人 J. 埃兹拉·默金(J.Ezra Merkin)指出,一旦股息收益开始小于债券收益,过去的关系就再也没有成立过。那一年巴菲特的合伙人公司赢利上升了 41%。

第一个案例的问题在于,谁有巴菲特的智慧和勇气,认定可以安全地无视该规则,而说"这一次与过去不同了"?我肯定没有。第二个案例正如 J. 埃兹拉·默金所说的,认识到没有永恒不变的规则不难,但是知道规则什么时候不再适用却很难。规律一旦被打破,就不能再证明其是正确的。

詹姆斯·奥肖西斯在《华尔街股市投资经典》中指出,人们总是愿意现在与从前不同。而事实上,自艾萨克·牛顿在 1720 年南海公司泡沫中遭受重大损失以来,股市真正的变化实在并没有多少。股票的价格仍然由人来决定,而一旦人们的判断受到恐惧、怀疑、无知以及所有人类情绪的影响,那么股票价格的错位就将持续下去。

股票的名称会与过去不同,行业的兴衰也会与过去不同,各种投资风格更会与过去不同,但决定一只股票是否是良好投资对象的基本因素却不会与过去不同。历史已经证明,将投资置于长期的视野中,那些相信"这一次与过去不同"的人,大多付出了惨重的代价。只要人们喜欢随大流的本性没有改变,不惧独自前行的逆向投资者就会有大量的投资机会。莎士比亚在《哈姆雷特》第三幕第二场中,借哈姆雷特的口说:"能够把感情和理智调整得那么适当,命运不能把他玩弄于指掌之间,那样的人是有福的。"这也是投资的真谛。

一个保持开放心态的投资实例

> 在投资领域，保持一个开放的心态尤其重要，因为它将比那些把自己完全锁定在特定种类的投资者更容易获得成功，而封闭和固执有时则是灾难。

今天我们大家都津津乐道喜斯糖果为巴菲特的公司伯克希尔创造了丰厚的利润，因为25年中喜斯糖果为伯克希尔贡献了13亿美元的税前收入，仅仅在2007年，喜斯糖果就实现了3.83亿美元的销售额，其中利润为8200万美元。但是，当初巴菲特却曾拒买过喜斯糖果公司。

喜斯糖果公司创办于1921年，位于加利福尼亚，最早由查理·喜斯和他的母亲玛丽·喜斯经营。1949年查理去世时，公司已经拥有78家商店和2个工厂。在接下来的20年中，喜斯公司由查理的两个儿子经营，兄弟俩将商店开到了附近的几个州，商店数量增长到150家。

但是1971年对于生产高档糖果的喜斯糖果公司却不是一个好年景。那时，越战的炮火依然在蔓延，消费者信心低落，而通货膨胀却高企，尼克松总统刚刚宣布对工资和价格进行管制。由于生意萧条，加上做兄长的已经去世，做弟弟的想改行做其他生意，于是这个家族正在考虑出售这家经营了长达半个世纪的老店。

有人问巴菲特有没有兴趣收购喜斯糖果店，巴菲特的第一个反应是没兴趣。因为那时他还没有为伯克希尔收购过纺织、保险和印刷以外领域的公司，这不符合他的投资理念。"我认为我们还不想进入糖果行业"，他对那个中间人说。

但当他看过相关的数据后又改变了主意。这家糖果公司的创始人查理·喜斯

专门销售的是由他母亲的祖传秘方制成的盒装巧克力，在当地有一群忠实的拥趸。它的店铺古色古香，以黑白为主题色，喜斯糖果公司曾骄傲地宣称，这种造型源于"玛丽·喜斯的家庭厨房"。

伯克希尔的子公司蓝筹印花公司的CEO拉姆西也认为喜斯糖果是一个好公司，他将报告送到巴菲特手中。巴菲特对那些厨房之类的说法更没兴趣，他最关心的是数据。尽管又是战争，又是通货膨胀和价格管制，但喜斯糖果依然实现了强劲的销售和丰厚的利润。1972年1月，在同查理·芒格磋商之后，巴菲特最终同意了这桩收购，出价为2500万美元。这个价格仅仅是这家巧克力生产商税前收入的6倍，比它3000万美元的总销售额还少一些。这确实是一桩便宜的生意。

"芒格和我通过很多不同的途径赚钱"，巴菲特后来回顾说，"其中一些是我们30年或40年前想不到的。"因此，他建议我们应该保持一个开放的心态："你不能指望一套既定的路线图，但是你可以有一套思路。"

正是这种开放的心态，引发了伯克希尔历史上最重要的事件之一——进入糖果行业。所谓"开放的心态"，指的是抛除偏见的思维、不与人为敌的心理、乐观的视角以及接受和理解他人的姿态。约翰·邓普顿也认为打造一个好的投资组合，关键是要保持对于不同类型投资的开放心态，因为"没有一种投资项目总是好的"。

在投资领域，保持一个开放的心态尤其重要，因为它将比那些把自己完全锁定在特定种类的投资者更容易获得成功，而封闭和固执有时则是灾难。假如巴菲特只固守"纺织、保险和印刷"一类投资品种，那么将肯定错过喜斯这桩好生意。

难怪多年以后，巴菲特还一再指出其中的重大意义，若不是查理·芒格，他可能就没有力量摆脱格雷厄姆的局限观点。他说："如果我只听格雷厄姆的，就不会像今天这么富有。"

你和杰里米·西格尔笔下的大卫有多像？

> 投机者的心理会对其成功产生重大不利的影响。因为投机者在价格高点时是最乐观的，而在价格低点时是最沮丧的。
>
> ——本杰明·格雷厄姆

在《股市长线法宝》第四版一书中，杰里米·西格尔教授特地增加补充了一个极其重要的章节，即第19章"行为金融学和投资心理学"。针对股市中的"行为金融学"与"投资心理学"，西格尔教授给我们"杜撰"了一个类似于"非同寻常的大众幻想与群众性的癫狂"的精彩故事。

这个故事原来采用纯对话形式，为了阅读方便起见，我以叙事方式将其改写。在这个故事中，大卫是一个投资者，心理障碍阻碍了他的成功。西格尔提请读者在阅读的过程中，注意我们自身的行为是否与大卫相似。如果有的话，那么体味他的故事，就有可能有助于我们成为一个更加成功的投资者。

大卫为什么总是投资决策失误？

故事叙述开始于1999年的秋天，当时网络泡沫将近顶峰。1999年10月，大卫的投资组合中只有飞利浦·莫里斯、宝洁以及埃克森石油这类保守的股票，那时这些股票不能给他带来任何盈利。大卫的朋友都买了网络股，正在赚大钱。因此，大卫准备做出一些"重要的"投资决策。

大卫的股票经纪人与他探讨了网络股的前景问题。这位经纪人告诉大卫，我

们正进入一个由信息革命所推动的新经济时代，这次信息革命将彻底改变我们的商业模式。而大卫所持有的都是旧经济时代的股票，它们的辉煌已经成为过去式了，所以要投资于未来有增长潜力的股票，而网络股就代表了未来的发展趋势。大卫知道这些网络股波动较大，但是他将密切关注它们。他告诉他的妻子詹妮弗，投资网络股他是不会赔钱的。

2000年3月，纳斯达克指数已经超越5000点，大卫的股票比去年10月升值了60%。大卫告诉妻子，所有人都认为这种上升的势头还将继续。股市中的兴奋情绪正在扩散，成为办公室里讨论的热点。由于市场上的信息层出不穷，佣金又不是很高，大卫觉得必须调整他的投资组合，所以他的买卖频率比以前高了许多。大卫得意洋洋地对妻子说，看看我现在做得多好啊！到了4月，网络股开始崩盘了，大卫刚好在损失掉全部收益之前卖出了网络股。这一次他并没有从这些股票上获得多少收益，不过幸运的是也没有什么损失。

2000年7月，大卫已不再持有那些网络股了，现在他持有的是北电网络、太阳微系统、思科、甲骨文以及易安信等股票。这时的大卫坚信他的做法是正确的，因为过去那些网络公司并没有什么盈利，但是他所持有股票的公司则是网络的"枢纽"。

大卫的经纪人告诉他一个"重要的原理"：19世纪50年代加州淘金热时期，最大的赢家并不是金矿开采商，而是向矿工出售补给品——凿斧、靴子、平锅以及传动装置的商人。以此类推，大部分网络公司即将破产，而为网络公司提供中间业务——路由器、软件、光纤电缆——的供应商就成为最大的赢家。看看它们过去5年的增长率——从未出现这么高的增长率。

虽然这些股票被严重高估，市盈率达到上百倍，但是大卫理所当然地认为，现在的经济形势跟以前不同了，很多传统的价值评估已经不再适用了。大卫说，我不是及时从网络股中解套出来了吗？然而接下来的几个月，像噩梦一般，大卫的股票大约损失了20%。仅仅在2个月之前，北电网络还是80多美元，到了11月却只值40多美元，太阳微系统则由65美元跌到40美元。大卫不相信这些股票竟然如此"低价"，于是追加一些现金再次"低价"买进。

但是事实并未如同大卫所想的那么美好。2001年8月，大卫75%的退休金都在股市中蒸发了。事实证明，他的这些"投资组合"完全没用，反而让大卫损失了一大笔钱。所有的专家都认为这些股票会反弹，而实际上它们在持续下跌。

妻子埋怨大卫说，过去你一直关注股市，研究所有的报告，信息好像很灵通，但是你的决策从未正确过。你总是在接近高点时买入，在接近低点时卖出。你持有的股票总是亏损，而卖出的股票反而盈利。

大卫安慰妻子说，我承认我的投资决策总是错误的，但是从现在开始，我要放弃所有的股票而坚定地投资债券了。现在，妻子詹妮弗完全不相信他的鬼话，建议他去咨询投资顾问，因为投资顾问可以从心理学角度帮助投资者了解失败的原因，进而纠正人们的错误行为。

用行为金融学分析为何投资总是失败

2001年8月，大卫决定去咨询投资顾问。虽然他过去从未听说投资还需要心理学知识，不过他觉得咨询一下也没有什么坏处。以下是投资顾问对大卫所做的投资心理分析。

大卫原先手中持有的保守型股票都没有涨，但是他的朋友因为买了网络股都赚了很多钱。那时，人们对这些股票极其狂热，每个人都断言网络引起的革命，可以改变目前的商业模式。

投资顾问告诉大卫，如果所有人都对股市信心百倍时，则应该特别谨慎。因为股价不仅仅建立在经济价值的基础上，而且同样受到心理因素的影响。耶鲁大学经济学家罗伯特·希勒曾强调，流行风尚和社会动态在资产价格的决定中扮演着重要的角色，正是这些因素引起了股价的超长波动。

虽然开始大卫也曾对网络股产生怀疑，但是当他看到其他人对此深信不疑时，他便打消了疑虑。当那么多的人都在追捧这些股票，他也觉得其中一定有利可图，如果再不买入这些股票，则可能会错过机会。

投资顾问继续分析道，看看"其他人"对一个人的决策影响有多大，往往就是"其他人"妨碍了我们做出更好的判断。心理学家一直认为排除众议，独立做

出自己的判断是非常困难的。互联网和科技股泡沫是社会压力影响股价的一个极好例证。办公室里的闲谈、新闻头条和分析师的预测，这些都会催生投资这些股票的狂热。

心理学家将这种从众的倾向叫做"群居本能"——个体总希望他的想法与流行观念一致。类似于网络股这样的泡沫已经出现过很多次了。查尔斯·麦凯早在1852年就在他的《非同寻常的大众幻想与群众性癫狂》一书中列出了一系列金融泡沫。在这些金融泡沫发生时，投机者不断被上涨的价格所诱惑，最终形成了购买狂潮。

大卫承认，历史上这种情况时有发生，但他还是坚信"这次情况不一样"。投资顾问说，大卫的想法与大多数人相似。投资者的从众倾向是金融史中一个不变的特点。虽然有时候"群众"的选择也是正确的，但是从众的结果往往会让许多人误入歧途。

由于大量的信息冲击着市场，大卫需要不断调整投资组合，才能跟得上信息的步伐，所以他的股票交易特别频繁。实际上，频繁交易除了带来额外的焦虑和更低的收益率外，什么作用都没有。

投资顾问说，有两位经济学家在2000年发表了一篇题为《交易危及您的财富》的文章，我还要加上一句：交易也危及您的健康。这两位经济学家研究了几万个交易者的交易记录，发现那些交易最活跃的交易者的收益率要比那些不经常交易的交易者收益率低7.1%。因此，认为频繁交易能够领先其他人一步，显然是不可能的。问题在于大多数人对于他们自己的能力过于自信。

产生自负有很多原因。首先，存在一种"自我归因偏差"的现象，这种偏差导致人们在事情有所好转时归功于自己的才能。大卫在2000年3月就向妻子炫耀自己买了网络股有多明智，最初的成功让他变得过于自信。其次，是"选择性偏差"，就是人们倾向于在看似相同的事件中，最大限度地找出它们的相似之处。当我们看到一些似曾相识的事物，会形成一种典型性启发式的观点来帮助我们认识这些事物。而实际上，我们看到的相似之处往往是错误的，因此得出的结论也被误导了。

大卫看到投资时事通讯上说每当这样那样的情况发生时，市场就会如何发展，并暗示这样的情形一定还会重现。但是当大卫试着采用这些建议时，却从未成功过。比如大卫的经纪人就把那些公司比作1850年淘金热中的设备供应商。当时这是一个很有"见地"的类比，然而事实上的情形却大相径庭。

有趣的是，作为专家的经纪人竟然与大卫一样自负。所谓的专家在经过训练以后，往往会用特定的方式来分析这个世界，然后找到一些正面的、而非自相矛盾的证据来宣扬他们的观点。分析师回避坏消息的倾向在网络股上更为明显。即使坏消息铺天盖地，很多分析师还是坚持那些公司的发展趋势，直到这些股票的价格跌幅高达80%—90%时，他们才开始给这些股票降级！

为什么大卫的投资组合中有那么多的股票亏损呢？这是因为许多投资者在买进股票后不断计算它的涨幅或跌幅，按照股票的买入价衡量他们的投资业绩。这个买入价就是"基准点"，也就是"心理账户"，用这个基准点来衡量，损失一定数量的钱给个体带来的不安，要远远大于获得同样数量的钱带来的喜悦，这种行为叫做"损失厌恶"。

另外，许多投资者持有或卖出股票的决定，在很大程度上是受该股票目前走势的影响。因为"心理账户"的作用，无论股票是盈利还是损失，都会影响到持有或卖出的决策。当多数股票处于亏损状态时，人们更倾向把单个损失加起来考虑，因此避免损失也就成为许多投资者主要的目标。

大卫不想在损失时卖出股票的一个主要原因是自尊心在作祟。一笔投资既有资金的投入，也有情感的投入，这就使得投资者难以客观对待资产进行评估。于是就出现这样的情形，当大卫以微利卖出网络股时的感觉还不错，但随后买入的科技股却从来没有盈利过。而当前景十分惨淡时，他不但不放弃，反而买进更多的股票铤而走险，期望反弹来"轧平"头寸。所以说，一个人要承认投资决策失误是多么困难的事。但是要成为一个成功的投资者，就必须这样做，别无选择。

大卫又觉得当初他买入的股票很"便宜"，有些甚至比其最高点低50%以上。其实这是很模糊的想法，因为投资顾问不知道大卫跟什么比较，是相对于过去的价格便宜还是相对于它未来预期价格便宜？这只股票过去80美元，现在虽然40美元，但是大卫却从未考虑40美元或许还是太贵。

这证明了行为金融学中的另一个发现——"锚定",也就是投资者用一个暗示的数字来做出判断的倾向。其实判断股票"适当"的价格是一项很复杂的事,绝对不能以最近的价格作为"锚"(anchor)来判断现在的成交价格。

如何成为成功的长期投资者

如何克服这些行为陷阱,成为一个成功的长期投资者呢?要成为一个成功的长期投资者,必须制定相应的规则和激励措施才能保证投资走向正轨,这也叫做"预先承诺"。可以制定一个资产分配原则并坚持下来。如果有足够的相关知识,就可以自己制定原则,尽量不要在事后再对自己的分配原则评头论足。

当我们仔细观察市场每天的起伏时,会发现基本面因素带来的收益变化,远远没有我们想象的那么快。谨记这一点,一个严格的投资策略往往是一个成功的策略。投资者在买进股票后,可能很长一段时间内,其资产价格会降到当初的买入价以下,但是从长期来看,股价总是向上的,因此应该耐心地等待一段时间再来核算投资组合,那么损失的可能性就会降低。

许多研究表明,在 20 年甚至更长的时期内,一个多样化的股票投资组合在剔除通货膨胀因素后,不仅收益较高,而且比政府债券更安全。但是,投资者过多地关注短期收益导致股票风险趋高,所以必须有更高的溢价,才能吸引投资者投资股票。相反,如果投资者没有对其资产组合进行频繁核算的话,股权风险溢价可能会显著降低。如果投资者每 10 年才对其投资组合进行一次核算,那么 2% 的股权溢价就足以吸引投资者投资股票了。如果延长到 30 年,溢价就接近 1%。如果溢价降到如此低的水平,股票价格就会显著提高。

我们可以关注我们的股票,但是不要轻易改变长期策略,除非有重大证据表明某个股票与其基本面相联系的价格已经被明显高估,就像科技股在泡沫顶点时的情形一样。

大卫还希望找到一种能够利用其他投资者的行为弱点而从中获得超额收益的途径,其实,这种途径就是与其他投资者保持相反的投资方式。一个对主流观点持有不同意见的投资者就被称为逆向投资者。

"逆向投资战略"这个名称出自汉弗莱·尼尔的《逆向思维的艺术》。尼尔在书中宣称:"当所有人的想法都一样时,可能所有人都错了。"逆向投资者主要关注的是投资情绪等方面的心理因素,也就是说,大部分投资者在股价较高时过度乐观而在股价较低时过度悲观。当然,这也不是一个全新的概念。早在70多年前,本杰明·格雷厄姆就指出:"投机者的心理会对其成功产生重大不利的影响。因为投机者在价格高点时是最乐观的,而在价格低点时是最沮丧的。"

如何才能知道投资者何时太过乐观或悲观呢?在美国,有一家名为投资者情报局的公司发布了一些长期适用的投资者情绪指标。该指标按照市场未来走向判断的不同,把它们分为看涨情绪、看跌情绪和中性情绪。投资顾问研究了情绪指数后发现,当情绪指数较高时,随后的市场收益率就较低,而当情绪指数较低时,随后的收益率就较高。

逆向投资者相信乐观和悲观情绪的交替可以对整个市场产生影响,同样也会影响到单个股票。因此,购买失宠的股票反而可能是一个盈利的策略,因为一些短期内业绩较差的股票在长期内往往有不俗的表现。

投资顾问最后告诉大卫,在投资上取得成功所需要获得的知识,要比在工作以及人际关系上取得成功需要的知识更加深奥。华尔街一句古老的格言很有道理:在股市中正确定位是需要付出很大代价的。

在苍茫中传灯

▶ 中学生炒股水平也不差——圣阿格尼斯学校的投资课

———————•———————

股票投资赔钱只需很短时间，但是赚钱却要花很长时间。

——彼得·林奇

最近重读彼得·林奇的著作，看到圣阿格尼斯学校的投资课，这才知道什么才是真正的素质教育。

林奇在他的著作中，曾经展示了这样的一个实例。位于美国马萨诸塞州阿灵顿的圣阿格尼斯学校，是一所百年老校，从幼儿园到八年级一应俱全，相当于我们的"九年一贯制"学校。负责实施"素质教育"的老师是已经从教了25年的琼·莫里西女士。其"研究性学习"的课程是模拟选股。

莫里西老师每年都把全班学生分组，每4人一组，每组拥有25万美元的虚拟资金，然后各小组进行选股比赛，看哪个小组业绩最好。于是这些七年级，也就是初一的学生就来了劲，他们都给自己所在的小组起了非常响亮的名字，有叫"金手指"的、有叫"股神"的、有叫"股林女侠"的、有叫"赚钱机器"的，甚至还有个小组就叫"林奇帮"。每个小组选出一只最喜欢的股票，然后各个小组的选股集合在一起，汇总到剪贴簿里，这样一个模拟投资组合就形成了。

这些学生选出了一个由14只股票组成的投资组合，有棒球卡厂商、食品厂商、玩具、运动鞋、迪士尼、麦当劳、沃尔玛、IBM以及银行。其中许多公司的业务简单易懂，只要用蜡笔就可以描述清楚。为了了解这些股票的公司基本面，在老师的指导下，学生们学会了阅读财经报纸，比如《投资者财经日报》，找出一些具有潜在投资吸引力的公司名单，然后逐个进行研究，分析公司盈利能力，比较不同公司的相对优劣。然后他们坐在一起，开会讨论，给每一只股票画了漂亮的插图，来分析和解释选择这家公司股票的理由，最后决定选择哪些股票。林奇评论说，其实学生们的这套选股程序与许多基金经理们差不多，而事实上许多基金经理对这套程序并不比孩子们熟练多少。

当圣阿格尼斯学校模拟选股小组将他们的优异业绩送到林奇的办公室后，林奇大为惊奇。因为这些学生在两年内取得了70%的收益率，远远超过了同期标准普尔500指数26%的收益率水平，超过99%的基金经理的业绩。于是林奇邀请师生们到富达基金高级经理餐厅共进午餐。

在午餐会上，莫里西老师介绍了她的做法。她首先试着向学生们强调这样的投资组合原则：要求每个组合中至少应该分散投资于10家公司，而且其中一两家要能提供相当不错的分红。不过，学生们决定选择一只股票之前，必须能够清楚解释说明这家公司的业务是怎么回事。如果他们不能向全班同学说明这家公司提供什么服务或是生产什么产品，他们就不能买入这只股票。只买自己了解的公司股票，不懂不做，这是他们的一个基本选股原则。

比如，彭太克公司，这是一家生产彩色笔和记号笔的厂家，学生们十分了解这家公司。他们最喜欢用的是彭太克生产的一种两用笔，一端是可以用来写字的水笔，另一端是用来做标记的荧光笔。这种笔非常受欢迎，有的孩子甚至还用它来标注自己选择的股票。学生们决定深入研究分析这家公司。当时其股价只有5美元，他们还发现这家公司没有长期债务。同学们从其在本校学生中受欢迎的程度推测，公司产品很可能在全国所有学校里都会非常畅销。学生还注意到，与吉列相比，彭太克还不那么出名，没有吸引大家的注意。后来学生们特意送给林奇一只彭太克牌子的笔，建议他认真研究一下这家优秀的公司。不过，林奇并未采纳孩子们的建议，结果错过这只几乎翻了一倍的好股票。

针对专业投资者对学生们的投资业绩可能提出的批评和置疑，林奇先生做了解答。比如那只是模拟投资而非真实投资的说法。林奇说，那些基金经理们应该感到庆幸，幸亏孩子们并没有真的进行投资，否则的话，孩子们的业绩远远超过基金经理们，肯定会把他们的饭碗抢了，数十亿的美元也许离开基金转给这些孩子们进行管理了。再比如任何人都能选出这些股票的说法。林奇说，果真如此，

为什么事实上并不是任何人都选了这些股票呢?等等。

不过,我觉得这些问题都无关紧要,关键的问题在于,圣阿格尼斯学校通过真正的素质教育,使得学生受用一生,影响巨大。莫里西老师说:"最让我们吃惊的是,1957年雄狮食品公司首次发行股票时,在北卡罗来纳州的索尔兹伯里市,有88位居民各自投资1000美元买了10股。这些股票现在市值已经增加到了1400万美元。你相信吗?那88个人全成了千万富翁。这件事给孩子们留下了深刻的印象。过了一年后,很多与股票相关的事情他们都忘了,但他们都一直记得雄狮食品股票把1000美元变成1400万美元的故事。"

当然,在学生们模拟投资组合中也有失败的选股,那就是IBM,它是专业基金经理人20年间一直青睐的大公司股票。这是孩子们试图模仿华尔街的基金经理们的结果,估计这个教训会让他们刻骨铭心。在学生们参观了富达基金回去之后,林奇先生应邀到他们学校发表演讲,并参观他们的教室,这在我们中国的中小学绝对无法想象。

后来,林奇根据学生们的选股心得和投资策略,提炼出一些投资格言,比如:好公司经常每年提高分红;股票投资赔钱只需很短时间,但是赚钱却要花很长时间;股票投资并非赌博,但前提是你购买股票的依据是你认为公司经营很不错,而不是因为股价很不错;你能从股市上赚大钱,但也能在股市上赔大钱;买入任何一家公司股票之前,一定要先做好研究;你应该分散投资于几种不同的股票,因为在每5只你买的股票之中,可能会有1只表现非常好,有1只表现非常糟,另外3种表现一般;不要对1只股票固执己见,要保持一个开放的心胸;不要随便挑只股票就算了,你得先研究再投资;成长股才能让你赚大钱;长期而言,买小公司股票更赚钱;不要只图股价便宜,买股票的前提应该是你十分了解这家公司。

彼得·林奇认为这些都是我们应该牢记在心的,即使在洗澡时也要念念不忘,因为牢记这些格言能够防止犯下投资错误。

这就是圣阿格尼斯学校的投资课——一个真正的素质教育的案例。

附录一

我的投资实践总结（2008—2015）

2008 年：只有价值投资才是不可战胜的

发表于 2009-01-03 09:33

2008 年的熊市必将让许多人刻骨铭心，一生难忘，因为这是百年一遇的熊市。但是对于价值投资者来说，我深信其重要的意义将超过净值的缩水或亏损，因为熊市将教会价值投资者在今后的岁月中如何正确地运用价值投资的原则与策略，包括我自己在内。

当价值投资者备受质疑、甚至指责时，我深信那绝对不是价值投资的错，而是由于我们在运用价值投资时，在认识上出了差错。但是这种错误并非是致命的，没有什么了不起。

由于认识的不同，价值投资者通常对投资策略的探求需要一个过程，即便沃伦·巴菲特也是如此。实际上，巴菲特早期的成功主要来自于套利技巧、短期交易以及清算等方式，对购买价格低于账面价值的公司充满兴趣。但是当巴菲特接受查理·芒格的建议，买入喜斯糖果时，则标志着巴菲特买入优势企业的开始，但是这时距离巴菲特学习本杰明·格雷厄姆的方法已近 20 年。

1988 年巴菲特买入可口可乐时，是以其 13 倍的市盈率来交易的，而市场也是以以前市盈率的 10 倍进行交易的，这就意味着巴菲特坚信对可口可乐的交易

是在预期该公司未来的收益基础上获得巨大折扣的交易，最后证明他的做法十分正确。在20世纪90年代，由于巴菲特有太多的资金可供其支配，寻找优势企业已相当不易，巴菲特更加注重安全性，尤其在90年代后期，由于互联网公司的狂热，巴菲特则进入债券、白银、固定收入证券以及外汇领域的投资，去回避投资互联网公司的巨大风险。所以芒格说，巴菲特的投资技巧在65岁后更是百尺竿头更上一层。芒格又说，如果巴菲特只停留在其早期的认识水平上，这个纪录也就不过如此了。

尽管巴菲特每个时期的投资风格有所不同，但是坚持一定程度的安全性始终贯穿他的投资主线，这一点正是我们所要着重学习的。因此，对照巴菲特的投资历程，我们这些初学者又有什么可羞愧的？重要的是，在经过了艰难曲折之后，在进一步加深对价值投资理解以后，能够提高对价值投资新的认识，在正确的时间做正确的事，复杂的事简单做，尽量少犯错误。

学习价值投资好在哪里？好在可以绝缘于市场的情绪旋风之外，好在可以利用那些基于感情而不基于逻辑分析的投资者的非理性行为。

价值投资的精髓是什么？就是把买股票当做买企业，或者说是视股票如同企业，以具有宽大的安全边际的价格买入，不做差价，长期持有，与企业一道成长，从而获得该企业真实的获利能力和经营业绩相对应的收益。这并非很难理解和应用。但是看似简单的问题，由于人性，实际上会变得很复杂。

说它复杂，是因为一部分价值投资者进入市场时，其人性的弱点也暴露无遗。不然，日常中我们所听到的怎么都是"涨了多少"或"跌了多少"的提问，而很少听到"公司的价值是多少，准备多少价格买，有多大的安全边际"等。即使是完全遵循巴菲特的投资方法，也不能保证就能盈利，因为与投资密切相关的还有：如何不被市场的情绪所迷惑，是否独立思考，有没有坚定的信念和勇气等。这一些独立于投资方法、投资策略以及投资技巧的品质，又往往决定了投资成败的关键所在。所以，一个人终其一生，是要跟"自己"斗，而不是跟市场斗、跟别人斗。市场可能永远无法击败"自己"，但是"自己"却常常击败自己。因此，当我们说"战胜市场"这句话时，毋宁说是战胜了"自己"。

一个投资者的品质相当关键，像巴菲特，他很知足，热爱他所做的一切，诸如与人打交道，研读大量的公司年报以及报刊杂志。作为一名职业投资人，他既讲原则，又不乏灵活性，同时深具耐心、信心与勇气。他经常列出他的失败和错误，但从不辩解。他乐于自我解嘲，并且客观地赞美他的同事。作为一个伟大的公司研究者，他总是有备而来，满载而归。这些优秀的品质值得我们一生仿效。

因此，在我看来，真正的价值投资者肯定是由特殊材料构成的，彼得·林奇是这样，约翰·聂夫也是这样，成功的投资家都是这样，惟其如此，价值投资才是不可战胜的。

最后，我真诚地希望在2009年里，所有的投资者都能够视熊市为一笔巨大的财富，百尺竿头更上一层。

 在苍茫中传灯

2009：桑麻日已长，我土日已广

发表于 2009-12-28 08:45

对我而言，光芒四射的 2009 年注定将成为我记忆中难以磨灭的一年。因为在这一年中，我的田园里满眼秋色，硕果累累，就像陶渊明在他的诗歌中所描述的那样："桑麻日已长，我土日已广。"

2009 年，我的股票收益率确实在 75% 左右，但是我以为这并非就是所谓的"丰硕"，它并不值得称道，就像中国价值投资实践者李剑所说的，这样的收益不是太好但也不算太差。更重要的在于，我自己都觉得对价值投资的理解又提高了一步，我的许多博文可以大致证明这一点。当然，所有的这一些又可以直接归功于我不停的阅读与学习。

2009 年，我阅读过的重要的投资著作不下 30 部。虽然是囫囵吞枣，但是对于我这个非财经投资专业出身的门外汉而言，却显得无比珍贵。它使得我能够穿越时空，直接与那些大师"对话"，从而直接聆听到他们的谆谆教诲。如果没有阅读到这些著作，也就无以进一步理解价值投资，当然也就没有我的这些文章了。

对于我，过去许多不能解决的难题，后来几乎都从这些著作里找到了。如果还有许多无法解决的问题，那也只是因为我还没有阅读到另外一些重要的著作，或者是暂时不能领会而已。

当对冲基金 Sellers Capital Fund 创始人马克·塞勒尔说，大量阅读书籍、杂志、报纸并不会赋予你高过他人的强劲优势，只能让你不落在别人后面时，我很释然。我确实没有高过他人的强劲优势，但是，我想如果我还能做到"不落在别人的后面"，我就无比喜悦了。

我从未奢望成为沃伦·巴菲特或者查理·芒格，实际上，我只希望学到他们的一点皮毛就感到很幸运了。我的终极目的是，使自己的精神能够突破重重的牢

笼，以获得田野上的自由空气，而不至于轻易地被绑架。因此，我仍然需要不停地阅读，一旦停止了阅读，则可能无异于行尸走肉了。所以对于我，不是阅读得太多的问题，而是阅读得太少的问题。

举一个例子来说，当我阅读一些名博，比如 sosme、豹豹等人的博客时，我就常常看不懂。因为看不懂，干脆就不去看，如果勉强去看，走火入魔了反而不好。然而看得懂这些博客的却大有人在，这就让我不得不佩服了，这也充分验证了自己不过只是菜鸟的水平而已。既然如此，我还有什么理由不加快阅读速度以免"落在别人的后面"呢？

回想12年前，我刚进入股市的时候，在其后的足足5年里，从我所接触的所有投资者中，没有一个人能够告诉我应该如何正确投资，如何正确对待市场。被告知最多的就是，股票涨了就应该买，而跌了就应该卖，当然其后果也是显而易见的，涨的时候赚的不多，而跌的时候却输得不少——连一只菜鸟也不如。

2002年，有一本书改变了我的投资轨迹。这本书就是《投资策略——沃伦·巴菲特的成功奥秘》，作者是丹尼尔·希尔，由新疆大学出版社出版。我的感受如同我在一篇文章中所写的，这本书让我大开眼界，世间居然还有如此精妙的"圣经"，足以让我来到那一片"新天新地"。

在学习实践价值投资的头几年中，因为无法领会其中精髓，我也曾遭遇过挫折。当然，估计今后挫折仍然会发生。不过总体来看，我的投资水平明显提高，成效显著，因此我看到了价值投资的有效性，这也是我之所以愿意继续努力不辍阅读的原因，这也是我愿意满怀热情继续撰写博文的原因。成功的事情要重复做，而失败或错误的事情则要少做或者不做，现在已成为我的准则之一。

巴菲特非常疑惑，价值投资并不难懂，也不会教你亏钱，但是为什么许多人就是不愿意去做。如果不知道价值投资还尚可，如果知道了又不去做，实在难以理解。对此我深有同感。价值投资是什么？简言之就是购买优质的便宜货，如同我们上街购买正宗商品，越便宜越好一样。总不见得有人在购买商品，比如电器、食品时，因为价格越涨就越高兴，所以买得就越多？又有人总是担心，如果大家都学习了价值投资，那怎么办呢？如果出现了这种情况，那么就会出现如同本杰明·格雷厄姆所说的，收益率肯定会降低，但是价值投资却依然不会失效。而实

际上希望所有的人都学习价值投资,这是不可能的。

哪些人可以算得上价值投资者?只要能够以商业的精神,也就是以做生意的眼光购买股票的人,都可以算得上价值投资者,而价值投资的文章就是写给这些人看的。中国凌通价值投资网创立者董宝珍更是把价值投资又提高了一个层次。他认为,价值投资的实质是人生境界和人生态度,学习价值投资就是在学习做人。对此我十分赞同。因此,不要指望一个赌徒去学习价值投资。对他们讲价值投资,如同不能给一条鱼讲在陆地上行走的感觉一样。

2009年,我总共写了130多篇文章,这些文章涉及了我所知道的许多方面的问题,但是对于市场问题却极少涉及,这是因为评论市场并非我的长项。我只知道把握好价格与价值的关系,就可以大致看清当前的市场了。比如对于2009年年底的股价水平,我认为基本上没有被严重高估,但是也绝对不便宜,有些股票如创业板实际上正处于一种危险之中。因此,我应该做的就是继续持有原先买进的股票,然而却绝对不能再买进其他的股票,除非它们严重低估。

关于投资与投机,这应该是我涉及最多的话题。我不反对真正意义上的投机,因为真正意义上的投机大体上接近于价值投资,他们同样讲求策略、时机与纪律,绝不同于赌博。但是我总觉得通过股票价差投机并不适合大多数人,因为对于大多数人而言,代价太大。投机只适合那些经验丰富并且有相当能力的少数人。一般的投资者,包括我自己在内,选择在较低价位买进后就长久地趴着不动,可能收益会更好些。本杰明·格雷厄姆认为,一个谨慎的投资者可以获得成功,只要他们在股票实际价值有保障的价格下购买,并且在市场进入严重投机的阶段减少股票持有量,就可以做到。

130多篇的文章,确实能够使得"我土日已广"了。但是由于水平有限,有时时间仓促,思考不周,自然是良莠不齐,谬误不少,难免贻笑大方。但是有写总比没写的好,写出来了让人家批评,本身就是一件好事。不过幸运的是,我的许多可爱的博友们并不介意我的水平和谬误,他们有时善意地批评指正,让我十分感动。我在凌通价值投资网结交的朋友们,比如雨花石、阿童木、想想再行动等,更是不遗余力地介绍我的文章,在此都致以最衷心的感谢!

祝大家在新的一年里万事如意,心想事成!

2010：东风随春归，发我枝上花

发表于 2010-12-23 08:23

2010年即将很快过去，2011年即将很快到来，又是难忘的一年，但却似曾相识。

记得在2010年9月份时曾写过一篇文章，表达了我对市场的看法，至今我依然保持这种看法。那就是，2010年的A股市场极类似于20世纪90年代后期的科技股行情。当时市场的一个显著特点是，估值出奇地宽阔，不同股票的估价高的极高，低的极低。并且高估最厉害的股票一直是表现最好的，而低估最厉害的股票则一直是表现最差的。于是，在那个时期，有两位最著名的投资者在惨遭巨亏之后分别结束了自己的投资生涯。一位是对冲基金老虎基金管理人朱利安·罗伯逊，因为拒绝投资科技股而关门，一位是曾任索罗斯助理、杜肯资本管理公司创始人斯坦利·德鲁肯米勒，因为积极投资科技股而亏损。那时，股市大起大落，几乎所有的投资者不管采取什么投资方法，似乎都难以挥洒自如。

共同基金先锋集团创始人约翰·伯格曾说价值投资是"次优"的投资哲学，虽然这句话是针对那些缺乏必须的训练进行价值投资的人而言的，但是对于许多价值投资者来说，似乎也是如此。正如传奇价值投资者、Baupost基金管理公司总裁塞思·卡拉曼所说的，历史上价值投资者在大部分时间都是跑输的，他们只会在一年中例如百分之一或二的时间内跑赢，所以2008年和2009年年他们跑输并没有特别意外。另一位投资者美国金融专家詹姆斯·奥肖内西在科技股上涨、价值股不动以后，最终只好退出了他自己成立的基金。因此，后来他在所著的《华尔街股市投资经典》一书中提出了一个解决方案：最好的投资策略是"价值型、成长型与市场走势结合起来的复合策略"。

但是无论如何，我对价值投资的方法深信不疑，因为价值投资永不过时。努

在苍茫中传灯

力以相对于潜在价值大打折扣的价格,买进优质资产或企业,完全符合商业精神,并无什么不妥之处。按照卡拉曼的说法,便宜的东西有时之所以存在,是因为金融市场缺乏效率的缘故。当然,有许多投资者缺乏利用这些市场的无效所必需的耐心和自律。

价值投资可能在不同的时段或跑赢市场,或跑输市场,其原因在于投资者的情绪在不停地变化。但是如果要降低风险,那么就应该进行细致的基本面分析,严格评估风险与回报的配比情况,尽力为我们每一个持仓创造安全边际。同时还要专注于事件驱动型投资,持续监控我们的仓位,以承担有限的风险追求优异的回报。当大象赫然出现时,就应该奋力出击,而当市场没有吸引力时,就应该持有现金。当许多投资者对某个价值被低估的领域的厌恶程度达到极点之时,就是价值投资者买进的最好之日。

对于股票买卖,我一向没有什么作为,不过依据卡拉曼的投资哲学,2010年来也只是在7、8月间买进了两个公司的股票,一是通策医疗,一是巨星科技。

关于通策医疗,目前已确立了以地区总院+分院的二级发展模式。有人研究,医疗服务生命周期曲线中蛰伏期较长,成长期先发优势明显,如果在企业达到可复制阶段前夕(临界点)投资将享有可观的回报。这个临界点到来的次序是,专科连锁→高端医疗→大型综合性医院→健康管理业务。这个行业成长性良好,现金流健康,但投资标的稀缺。通策医疗目前拥有13家医疗机构,而杭州口腔医院更是重中之重,是公司利润的主要来源。杭州口腔医院现有椅位300余张,在职员工近600名,年门诊量近50万次,位居全国口腔医院前五位。受益于政策的推动,公司外延式扩张的动能得到增强,业绩呈现出加速增长的势头。2010年11月,通策医疗收购昆明口腔医院,预示着这种外延式扩张的重大突破,它不仅扩大了公司业务规模,而且表明公司医院集团化的经营模式迈出新的一步。这是一个很显著的驱动型事件,它极大地增厚了公司的内在价值。

关于巨星科技,它是亚洲最大的手工具出口型企业。近年来,巨星科技跨越了中国手工具行业在国际市场上靠价格取胜的低层次竞争平台,在激烈的市场竞争中逐渐站稳脚跟,并与国际手工具巨头相抗衡,在国际市场竞争中立于不败之地。巨星科技之所以能够做到这些,源于其不断地进行科技创新。经过十多年的努力，巨星科技在国内已拥有控股子公司11家，其手工具销售额从1993年的1600多万元发展到2008年的20亿元。巨星科技企业核心价值在于掌控销售渠道，其各个产品可以通过这个渠道源源不断得流向世界各地，但是营销成本却不会增加。这样的经营模式，就是中国制造的成本优势与世界巨大的市场需求的无缝对接。它能够持续优化产品设计、保障供应链流畅运作、严格质量管理。其抗风险能力较强，不同于一般简单的工具制造商，因此有人称之为机械板块的消费股。而与此同时，通过技术研发的累积，企业本身也发生质变，产品质量正往世界一流上挺进。

美国著名的棒球运动员劳伦斯·皮特说："放眼望去，一切景象都再次觉得似曾相识。"但是不会轻易改变的是我们自己。李白在《落日忆山中》写道："东风随春归，发我枝上花。"相信价值投资随着时光的发酵只会越做越好，不会越来越差。

值此新年来临之际，顺祝支持并关怀我的博客的朋友们心想事成，万事如意！

在苍茫中传灯

2011：江南莲花开，红花覆碧水

发表于 2011-12-20 19:15

2011年，尤其是下半年以来，随着投资者对严重经济危机的恐惧不断增强，恐慌性卖盘不断地涌出，在这种情形下，股票价格自然是下跌后再下跌，我的股票资产同样遭遇重创，浮亏了21.01%。不过，趁着市场剧烈混乱、股价大幅下跌的同时，到目前为止，我又增加了35%以上的仓位。

当市场发生极端情况时，人性中的动物精神会表现得淋漓尽致。看过《动物世界》的人都知道，动物在遭遇危险时，第一反应就是一哄而上，四处逃命，而当发现猎物时，又总是蜂拥而上，你争我夺。古斯塔夫·勒庞的名著《乌合之众：大众心理研究》虽然写于1895年，但是今天依然常读常新。

股票市场就是由数以千万计的人对一些事件同时做出的反应，由这么多的人组成的市场就是一个群体。读过勒庞的书都知道，市场本身就是一个具有多重性格的复合体，其特点是难以捉摸——时而狂躁不安，时而绝望压抑，时而又萎靡不振。即便是图表、指标或技术分析，也不过是在描述着市场的情感状态罢了。而群体在其中却注定要经受"理性个性的丧失以及情感和思维沿不同方向的发散"。群体最显著的特征是，个体一旦被改造成群体的一员，他们就会"拥有共同的思维,使得他们的情感、思维和行为模式,完全不同于他们孤立状态下的情感、思维和行为模式"。按照勒庞的说法，其结果就是"在文明的秩序上倒退若干轮"。

由于人性中动物精神的一再呈现，因此亚当·史密斯在《金钱游戏》中一针见血地指出："群体（或者说公众）行为和市场行为大多属于投机行为——从特征历史上看，群体的行为基本都是错的。"投资大师伯纳德·巴鲁克很早就意识到"群众永远是错的"，他曾这样说，有两件事对心脏不利，一是跑步上楼，一是顺着人群奔跑。群众往往集体走向疯狂：当牛角持续上顶时，由于突然某个事件的折断，很多人会裸泳；而当熊爪不断下抓时，很多人会悲观失望，以为韶光永远不再。

巴鲁克之所以能够在大崩盘前抛出，是因为他比本杰明·格雷厄姆更加深刻地认识到人性，虽然格雷厄姆在基本面分析要远远超过他。对冲基金经理、Baupost基金管理公司总裁塞思·卡拉曼接受采访曾说，价值投资具有"遗传基因"。当市场开始下跌时，很多人惊慌失措反应过度，但是他可以坦然应对，而很多人却处于和人类本性的斗争折磨中。投资是经济学和心理学的交集。"投资需要学习经济学和心理学。"卡拉曼经常这样告诫商学院学生。

实际上，感知风险与实际风险往往是逆相关的，也就是说，市场今天看上去越危险，明天就越有望产生越丰厚的回报。恐惧一直是培育未来牛市的最佳养料。价值投资者正是因为清楚地认识到这一点，才使得他们当中的许多人"基业长青"。然而，在极端市场中，价值投资却往往容易遭遇质疑，这是因为很多人的短视所致。他们确实也观察到连价值投资者也发生损失了，但他们却忘记了投资本身就是一种长期的行为。如果把投资的时段拉长，价值投资的优势就能够得到充分的呈现。

价值投资是什么？就是以低于内在价值的价格买入资产，确切地说，就是"以五角买入一元"。价格由最恐慌的卖方所决定，而价值则是由现金流以及资产所决定，与卖方无关。对于价值投资者而言，唯一的困难是不知道价格会下跌到多低，因此必须准备好承受下跌。为承受下跌，价值投资必须要求尽可能宽阔的"安全边际"，安全边际是一种价值的缓冲。

"华尔街教父"格雷厄姆指出："价值低估的证券是受到多种因素才被低估，其中最常见的情况是，投资前景既非一片光明，也非漆黑一片。如果购买价格足够低，即使公司盈利稍微下降，也不妨碍投资者取得满意的回报。这样，安全边际的存在也就达到了其目的。"

足够的安全边际很难寻找，投资者平时也难以判断股票的价格是否低于内在价值，不过在极端的市场就容易得多。因此，价值投资策略需要逆向投资原则。在市场极端下跌争相抛售时，许多质地优良的公司股票也随之冰摧玉碎，这时就是出手的时机。下跌的时间越长，可以从容买入的机会也就越多。当然。事情并非如此简单，只有当分析证明公司确实存在良好的获利前景时，才值得出手。也

并非只是简单地购买便宜股,按照耶鲁"财神爷"大卫·史文森的说法,真正的价值是通过购买价格低于公允价值的资产,而非简单的购买便宜股获得。购买价格低于公允价值资产的理念具有前瞻性,因为它考虑了风险调整后的预期现金流。

价值投资确实很难,如同史文森所说的,投资者必须具备非凡的技能、过人的智力和旺盛的精力,否则,等待他们的可能只是失败。此外,价值投资往往不受主流投资所青睐,利用这些机会需要信念和勇气。虽然约翰·伯格曾说价值投资只是"次优"的策略,但它仍然是成功投资中最可靠的策略。价值投资永不过时,更不会像有人所说的"破产",这是因为总是有人愿意视股票为企业,总是有人愿意"以五角买入一元"……价值投资确实很难,但是"难"并不意味着不适合,如同简单不等于容易。

关于中国市场是否适合价值投资的问题,段永平先生说得好:"如果有人认为中国还不适合(价值投资),那说明他还不懂投资。因为它早晚是会适合的,都一样的。全世界买的人都是一个理由,就是只要给它足够长的时间,它体现出来的是一个价值。"

我曾经读过南朝萧衍的《夏歌》:"江南莲花开,红花覆碧水。色同心复同,藕异心无异。"萧衍为我们描绘了一个夏之良辰美景:夏天来了,碧水之上,莲花盛开,其光灼灼,其色夭夭。对我而言,价值投资就是那朵最璀璨的莲花,我深信不疑。

2012：回归

发表于 2013-01-02 12:55

2012年终于完美谢幕了。回顾整个2012年，市场悲观的情绪似乎演绎到极致，动物精神纵横肆虐，恐慌性卖盘不断涌出，上证指数重返10余年前的点位。于是市场一片惊呼。

但是许多人或许并不知道，日本的股市也曾经历了26年的原地踏步之旅，在此期间，投资者一分钱都没有赚到，而在另外一个时间跨度长达18年的周期中，投资者不仅没有赚到一分钱，反而损失了78%的本金。美国股市则经历了两个投资者颗粒无收的18年——从1929年开始的18年以及从1965年开始的18年。巴菲特说过，在过去两百年美国的历史中，曾经出现了15个金融危机，在19世纪有6个衰退，当时称衰退，现在叫恐慌。恐慌会不时地发生，但关键的问题是，恐慌不等于一个没有止境的无底洞，每个世纪里都有一些不景气的年头，但好年份多于坏年份。熊市时需要乐观，真正的"悲观"应该发生在牛市之时。因为大牛市到了极致就会发生逆转，迅速演变成大熊市。同样的，大熊市到了极致，也会发生逆转，迅速演变成大牛市。

为什么会发生如此深重的危机？根本原因是过去极度的投机。正所谓两年狂欢，换来了五年梦碎。市场没有新鲜事，总是在周而复始地进行着。牢记这一些非常重要，因为历史是会不断重复的，忘记了这些则会处于危险境地。

当市场极端下跌之际，价格是由最恐慌的卖方决定的，而价值则是由现金流和资产决定的，与卖方无关。在这个时候，需要摆脱大众极端情绪的影响而采取与之相反的行动。唯一的困难就是不知道价格会跌到那里。如果试图采取这种投资策略，则必须做好承受价格进一步下跌的准备。

我在2012年的投资收益是+27.71%，但这是在很少的时间里取得的。许多

在苍茫中传灯

人很奇怪我为什么会在 2011 年亏损，而能在 2012 年盈利。用波士顿资产投资管理公司 GMO 的联合创办人杰瑞米·格兰桑的话说，就是有着强烈的价值偏好的人往往会受到"诅咒"：总是行动得太早。由于太早买入，只好眼睁睁地看着它们便宜以后更便宜。

当时情况就是这样，几只股票在我买进后跟随着市场剧烈地下跌，虽然我加大了投资的力度，然而投资越加大，亏损的也就越多，于是就出现了雪崩式的浮亏。不过，这些股票在 2012 年极端恶劣的环境中反而停止下跌了。不仅如此，其中几只股票的市场表现良好，呈现了价值回归的趋势。我一向很少持有市场表现很好的股票，因为表现很好的股票一旦演变成表现很差的股票时，其收益很容易被荡涤一空。2012 年 7 月，我在接受雪球访谈时，曾谈到应该集中精力买入失宠的公司。"集中精力买失宠"不是我的发明，菲利普·费雪很早就提出过，许多著名的价值投资者也身体力行过。但是由于人性的原因，实施起来殊为不易。

这是类似于"均值回复"的问题。可以说，均值回归在 2012 年中得到了淋漓尽致的体现。均值回归代表了金融市场上的某种"万有引力定律"，这表示收益通常会很神奇地回到某种均值水平。一个重要的问题是，投资者为了获得长期超额收益，是不是一定要投资于股票市场某几个业绩比较好的板块呢？不是，因为没有一个持久的系统性偏差会支持某个特定的板块。即使时间长，均值回归也会使得每个板块风水轮流转，只不过每个板块持续的时间不一样而已。所以，当许多人说某某股票或板块可以"穿越牛熊"的时候，显然忘记均值回归这个基本原理。因此我们就有了经常观看列车驶入悬崖的惊心动魄的画面。

就像苹果会落到地面一样，股票市场中疯狂的板块最终会落到均值水平——今年涨多了意味着明年可能要跌，反之亦然。与此同时，即使是获得最好的收益，最终也会落到正常的水平——今天的好收成意味着明年可能是坏收成。

均值回归有时可能在很长的时间后才会发生作用，但它是一个历史客观存在的原则，即使再聪明的投资者，一旦忽略它，就可能带来很大的风险，因为它将持续存在。许多著名的投资者比如约翰·博格、彼得·林奇以及杰瑞米·格兰桑等，他们总是将投资押在均值回归的定律上。

在此有必要重温杰瑞米·格兰桑关于价值投资的精彩论断。根据格兰桑的观点，最成功的价值投资者都是最勇敢的投资者。价值投资的巨大优势就体现在，当你拥有的便宜股票的价格出现下跌时，股价越跌，吸引力越大。这与动量股票刚好相反，那些股票如果下跌就会失去动量评级，因此毫无吸引力可言。只是对价值型股票实施逐级摊薄，需要承受许多压力。格兰桑观察到，至少在过去的60年里，那些能很好掌控这个问题、能够买入更多下跌股票的投资者，他们都以最出色的业绩和商业上的成功脱颖而出。对这些人而言，每次市场的大幅下跌都意味着绝佳机会的出现：如1972—1974年间和2000—2002年间出现的50%的跌幅。1972年和2000年的价值投资者也能够以自1945年以来相对总体市场的最大折扣买入价值型股票。对那些继续下跌的价值型股票实施逐级摊薄买入，最终能够极大地提高原本就已经非常强劲的回报。拥有最低市净率的股票是那些被市场认为拥有最招人厌恶资产的股票，因为市场先生并不总是像一名完全的白痴。当然，市净率和市盈率都是风险指标。买入这些股票或向下摊薄都要遵循一个选股的基本原则，即不仅要在压路机面前拾取硬币，而且要在压路机面前拾取1000元的支票。只是必须记住，它绝对不是免费的午餐。

2012年以来"逆向投资"似乎很有市场，不过我相当怀疑能有多少人准备实行之。举例说，投资于资金正在流出的领域显然很愚蠢，投资于某个股票后不涨反跌显然更愚蠢，这些都是不受欢迎的行为。在某些人看来，投资这些东西是很冒风险的。因为大多数投资者的安全感来自于随大流，他们不可能认为这样的东西会存在丰厚的机会。

关于逆向投资，塞思·卡拉曼根据他几十年的投资经验，教导我们一定要注意三点：第一，"逆向投资"很有挑战性，千万不要盲目地认为逆向是很重要的。绝对不要赌所有不受市场追捧的领域都能咸鱼翻身，因为通常某种投资领域不受市场追捧是有充分原因的，投资者必须认识到这个领域可能没有机会东山再起了。第二，估计其他投资者的心理很重要：当前的趋势已经持续了多久？这股趋势的推动力量是什么？可能持续多久？因为太早出手就等于犯错，所以，逆向投资者学会揣度卖方的心理是非常明智的。第三，在降低风险方面，价值评估是极其重要的。投资者决不能误以为某一证券的价格下跌了，它就变成了便宜货。判断价格是否被低估的唯一方法，是将其价格与其潜在价值相比较。逆向投资者倾向于

在疯狂的下跌中大量买进非常便宜的资产，这样的话，就能期待丰厚利润的价值实现期的到来。

2012年我读了不少有关企业研究和管理的书，其中有一本很有趣，那就是国际组织心理分析研究学会创始人曼弗雷德·弗里斯的《至高无上的囚徒》。曼弗雷德既是组织行为学者，又是精神分析师，有管理思想界的"弗洛伊德"之称。他很喜欢通过某种临床的方式发现一些企业家的秘密。在他看来,企业家作为"创造性破坏者"往往都是十分复杂的人，他们的"动机、欲望和愿望经常不一致，自己深感困惑；经常顶着巨大的压力；经常用看似不理性、冲动的行为让人感到不安"。他们控制欲强、猜疑心重、渴望别人的仰慕、诿过他人、主动进攻以及人格分裂。

曼弗雷德并非要贬低企业家这个人群，而是要揭示为什么具有"病态"人格的人群才能成为创业者。在创业初期，这样的组织似乎有着奇怪的效率，但是随着公司的发展，复杂性不可避免，任人唯亲、不接受批评、不接受标准的制度和流程、信息不能共享，这时就站到公司发展的对立面上去了。"让公司站稳脚跟的企业家，随着公司的发展和成熟，无意识地将公司推向毁灭的境地。"尽管曼弗雷德花大量的篇幅讨论了企业家们的精神阴暗面，但他毫不否认企业家对社会的贡献。了解企业家的内心特质和行为模式有用吗？很有用。对于合作者来说大有裨益——股东或许可以看清企业所处的发展阶段，经理人则更能更好地与企业家相处，使企业不至于折戟沉沙。

以上就是我在2012年的最大体会。顺祝大家新年快乐！

2013："我们还是迂回前行"

发表于 2013-12-31 17:14

2013年即将过去了，每年这个时候都要写点什么，虽然没有新意，但这次也不能例外。

一、短期投机风潮经常取代长期投资

2013年以来的股票市场与过去没有什么不同，那就是一些股票疯狂上升而一些股票不断下沉，巨大的反差使得动物精神毕露无遗：贪婪与恐惧同时显现，混乱与清醒交替进行。市场显得那样有效，高估最厉害的股票似乎表现得永远很好，低估最厉害的股票似乎永远表现得很差，股票越来越与其代表的企业脱钩。价值投资的方法似乎再一次宣告"滑铁卢"，从而沦为市场嘲笑的对象。

约翰·伯格在他的新书《投资还是投机》中开篇就指出，在他漫长的投资生涯里，他目睹了传统审慎的长期投资是如何被激进的短期投机风潮所取代的。股票价格通常是转瞬而逝和虚幻的，而均值回归是金融市场的铁律。当我们眼睁睁地看着一节节"列车"争先恐后地呼啸着驶入悬崖后，不会有什么好心情。投资者通常的顽症是"钱烧口袋漏，一有就不留"。到了夜晚12时，灰姑娘的南瓜马车自然是会消失的。本杰明·格雷厄姆说得对，对于"投资品"，只有当投资者以哲学家斯宾诺莎所说的"居安思危"的态度去挑选它们时，才有可能做出稳健的选择。我深信，只要你的买入的价格不是过高，那么你的下跌风险就很有限；假如你用打折的价格买下来，那么你就有了实实在在的安全边际。

二、不要让一项投资置自己于死地

我在2013年的股票收益率是22.74%，在这个跌宕起伏的投资环境里，我已

经很满意了,因为它是在一个低风险的投资组合中取得的。我赞成这样的说法,若是以高风险的组合取得20%的收益,毋宁以低风险的组合取得15%的收益。

衡量一项投资是否稳健,并不能仅仅强调公司的前景和收入,更在于这项投资是否可能置自己于死地。我的这个投资组合变动很少,依然以细分市场的隐形冠军企业为主,既称不上"新经济",也算不上高科技。其中既有手工具,又有纽扣;既有管道,又有内饰;既有医院,又有中药,还有叉车和银行。这个组合谈不上有多完美,会产生多大的"想象力",如果在鸡尾酒会上一定羞于出口,但我欣赏逆向投资的基本原则:任何时候都要去竞争少的,也就是人少的地方寻求机会。这是许多大师级投资者比如霍华德·马克斯、彼得·林奇、约翰·邓普顿的致胜秘诀。

投资的本质是回归中值或零和游戏。塞思·卡拉曼说,当下跑赢大盘的品种,不可能永远保持高位。若某个板块跑赢大盘的时间相对较长,这样的表现一定是从未来"借"来的,将来"还"的方式要么是在未来长期跑输大盘,要么是通过暴跌实现。但是人的天性使人们很难去接受最近表现很差的品种,而这正是长期投资成功的关键。

三、牢记复利的力量与复亏的残酷

在大多数情况下,市场总是让人感觉危机四伏,也就是说不确定和不稳定是常态的,但是要解决这个问题,需要良好的策略和心态。股票的上涨或下跌会让大多数人高兴或不高兴,其实上涨并不等于公司的经营就好,下跌也并不等于公司的经营就差。无论是高兴或不高兴,归根结底还是价格。若投资者果真视股票为公司,以价值为导向,就不该出现高兴或不高兴的情绪。最终,当你十分清楚你所投资的公司正在全力以赴的时候,你的内心将非常平静。

有一点必须永远牢记,那就是复利的巨大力量和复亏的残酷性。复利是那么的生机勃勃:若每次赚5%,只要14.5次,资产翻倍。若每次赚6%,只要12次,资产翻倍。若每次赚7%,只要10.5次,资产翻倍。若每次赚8%,只要9次,资产翻倍。若每次赚9%,只要8.5次,资产翻倍。若每次赚10%,只要7.5次,资产翻倍。若2次盈利50%,资产是原来的2.25倍。而复亏却是那么的凄惨悲哀:

若每次亏 5%，只要 13.5 次，资产腰斩。若每次亏 6%，只要 11 次，那么资产腰斩。若每次亏 7%，只要 9.5 次，资产腰斩。若每次亏 8%，只要 8.5 次，资产腰斩。若每次亏 9%，只要 7.5 次，资产腰斩。若每次亏 10%，只要 6.5 次，资产腰斩。若 2 次亏损 50%，资产仅是原来的 0.25 倍。

四、价值投资并非只是买入优质股票

价值投资的方法并非只是买入优质企业的股票然后长期持有这一种。巴菲特在他的《格雷厄姆和多德村的超级投资者》演讲中让我们看到，价值投资的方法并不相同：有的投资者持有令人费解的"粉单股票"（注：指那些选择不在美国证券交易所或 NASDAQ 挂牌上市、或者不满足挂牌上市条件的股票，也被称为垃圾股）；有的投资者专注于大市值股票；有的投资者进行全球投资；有的投资者集中精力于某一市场比如房地产或能源；有些人运用计算机筛选程序，去发掘从统计学角度来说便宜的公司；有些人则评估"私募市场价值"——业界愿意支付的整体公司的购买价；有些人是激进的股东维权者，积极活动要改变公司；而有些人则寻找已具备价格催化因素，并能部分或全部实现的低价股票，例如公司分立、资产出售、重要的股份回购计划或者新的管理团队。

尽管有这样或那样的不同，但是有一点大致是相同的，那就是，承认股票价格与商业价值间的差异、遵从安全利润率的原则，以及实施逆向投资的策略。很难说哪种方法最优，例如，若要使用购买被低估的优质股票的方法，则必须考虑这种方法可能无法经常使用。许多人并没有特别的耐心等待更低的价格，以获取更大的安全边际。即使真的能够等待到极富吸引力的价格，又没有特别的耐心等待价值的回归。就算这两者都做到了，却有可能出错而被市场迎头痛击。

五、有一种策略叫做"什么也不做"

我们总是不断地寻找既符合自己偏好又能够理解的廉价投资，但是深度价值却只有在市场极端下跌或极端事件发生时才会出现。当没有极富吸引力的投资机会时，应该现金为王。按照塞思·卡拉曼的说法，持有现金是什么都不做、直至

在苍茫中传灯

极富吸引力的投资机会出现的安全投资之道。它提供了虽然很有限但是正的收益率、本金的彻底安全以及完全即时的流动性。在没有更好的投资选择的情况下，微小的正回报并且几乎不存在风险的现金，并不是一个很糟糕的投资对象。之所以采取这种做法，不是因为投资者做了一个由上而下的资产配置决策决定持有现金，而是基于从下而上寻找廉价投资得出的结果。

不过，持有现金说起来容易，做起来很难。知道在没有更好的投资机会的情况下应该持有现金是一回事，真正将这种想法付诸于实施又是另一回事。当别人都因为投机而大赚特赚的时候，一般人很难无动于衷。塞思·卡拉曼发现，推动投机的不是投机的诱惑，而是想做一些什么的愿望。

什么也不做也是一种策略：什么都不做，意味着寻找潜在的投资，并排除那些不满足标准的投资。困难的是，什么都不做看起来就像无事可做，而这会让人觉得不舒服、没有作为、没有想象力、没有激情，并且可能在一段时间内的投资表现落后于大市。

六、最终获胜的是最受鄙视的股票

有"价值"本身就意味着成长，而没有成长则无所谓有价值。但是考虑到经济或行业周期等作用，即使是最优秀的企业，也会出现盈利增速减缓，甚至负增长的情形。这本来是很正常的事，但是股市的目的似乎就是要促使企业的财务增长。

实际上，赚取非正常利润的企业往往会承受巨大的竞争压力，从而容易丧失其盈利能力，并且犯下错误。增长只是事情做对后的结果，本身不应成为刻意追求的目标。著名学者尤金·法码与肯尼斯·弗伦奇发现，收益率在达到年均40%的临界值时，将出现强烈的均值回归趋势。他们还发现："盈利率偏离均值越远，均值回归的速度就越快。而且在盈利率低于均值时，回归的速度较快。"因此，如果一定要预测未来的话，至少应该以理智为出发点，而不是幻想。不过，高预期增长率的股票通常具有较高的历史增长率，低预期增长率股票的历史增长率也较低。市场往往擅长于以历史增长率推导未来增长率，这是一种"代表性"心理缺陷——以外表而不是现实判断事物。所以，有人只要看到快速增长的企业就会得出结论：这是高增长的企业，那是低增长的企业。于是，最受羡慕的股票是那些以往在市场和财务上有上佳表现且价格较高的股票，而最受鄙视的股票是那些以往业绩较差且价格相对较低的股票。

然而，实证表明，最终获胜的是最受鄙视的股票，而不是最受羡慕的股票。难怪塞思·卡拉曼会说，未来的机会在最受唾弃的股票里！

七、不要随意放弃自己的投资理念

借用巴菲特的话，绝大部分投资者宁愿以普通的方式失败，也不想尝试以不寻常的方法成功。投资确实不简单。在一个艰难的环境里，放弃自己的理念很容易。不过联系"多巴胺"进行思考也并不奇怪。多巴胺是身体内自然生长的一种化学物质，并通过多种方式影响大脑的运行。多巴胺在熊市中，尤其在账户余额每日或每周逐级下降时，会刺激大脑做出战斗或逃跑的选择。因此，如果投资者不能保持纪律性，并在市场动荡时保持头脑冷静，那么将很难有效地应用价值投资的方法。有趣的是，有人一边在扬弃价值投资，一边却在谈论价值投资。于是"价值投资"成为投资行业中被滥用程度最高的术语，甚至于各种各样的策略都冒用了价值投资之名。

塞思·卡拉曼曾认定有几种"价值骗子"，或许可以帮助我们剥去他们的伪装：1.只会吹牛；2.破坏价值投资中的保守规则；3.使用夸张的企业评估；4.对证券支付过高的价格；5.没有为自己的客户提供安全边际。其实，投资不需要伪装或冒进，有时只需要诸葛亮般的坚贞与淡定："我正在城楼观山景，耳听得城外乱纷纷。旌旗招展空翻影，却原来是司马发来的兵……"

八、问题在于读书不多而想得太多

与往常一样，2013年我又读了不少书。有些人总是认为读书无用，我不这么看。实际上，在股票市场能否长久地生存，与投资者的本身竞争力有莫大的关系。我很奇怪有些人会谈论企业的竞争力，却极少谈论个人的竞争力。个人竞争力的

表现之一就是大量的阅读。市场竞争异常激烈，若投资者没有优势，那么可能难以跑赢平均水平。当然，阅读得多，也并不意味着就能做好投资，但是没有阅读却可能一事无成。杨绛先生说得好："你的问题主要在于读书不多而想得太多。"

以下介绍几本书。

《聚焦：决定你企业的未来》，这是一本定位理论发展过程中非常重要的著作。它以大量数据和实践案例，说明聚焦为何对企业和品牌至关重要。作者艾·里斯指出，只要存在竞争，就没有任何企业能100%地赢得某个市场，所以必须聚焦。自出版以来，书中所列举的正反例子都得到实践的验证。这是一本理解如何构筑护城河的好书。

《隐形冠军：谁是最优秀的公司》，作者是德国作家赫尔曼·西蒙。这是一本研究能够"潜滋暗长"的企业的重要著作。这些企业在国内或国际市场上占据绝大部分份额，但社会知名度很低。不过他们会向毛竹一样，关键时刻能够一破冲天。他们保持对狭窄市场的专注，然后通过地域的扩张来实现增长，不搞多元化。

《价值：公司金融的四大基石》，作者介绍了四种常常被忽视的公司金融原则，即"四大基石"：价值核心原则、价值守恒原则、期望值跑步机原则、最佳所有者原则，并通过一些实际案例来阐述这些原则的具体应用情况，让我们理解了什么才是破坏价值创造的战略、财务和经营决策，什么才是创造持久公司价值的决策。

《安东尼·波顿的成功投资》，安东尼·波顿素以逆向投资而著称，投资策略几乎无懈可击，但却在中国投资中败北。价值投资者在国际范围内投资是很正常的，这在《格雷厄姆假如活着》一书中已有很好的论述，关键的问题还是在于企业的管理者。因此巴菲特将人的因素作为竞争的首要优势是很有道理的。

《马丁·惠特曼的价值投资方法》，惠特曼是"秃鹫"投资的代表。秃鹫者，其爪锋利专以腐肉为食。惠特曼也是这样，专注于企业的破产重组，在企业的破烂堆里挖金子。惠特曼的文字难涩，又独创了许多概念，因此要读懂他的书并非易事。若能结合他的另一本《攻守兼备》以及《秃鹫投资者》中有关他的章节一起阅读就容易得多。

《约翰·邓普顿的投资之道》，邓普顿以挖掘廉价股票和逆向投资而闻名。早先有一本《邓普顿教你逆向投资》，讲述的是邓普顿投资生涯中可圈可点的成功业绩,这一本"成功之道"则更具体地描述了邓普顿整个投资生涯的发展轨迹,揭示了邓普顿的投资理念与方法至今仍影响深远的原因所在。

《对冲基金风云录II悲剧英雄》,一本可以与《拯救华尔街:长期资本管理公司的崛起与陨落》和《从800万到200亿:朱利安·罗伯逊和他的老虎基金》相媲美的书。巴顿·比格斯不愧是大手笔,他塑造了乔·希尔和米奇·科恩两个对冲基金经理的形象,将虚构与写实的手法巧妙结合,向我们展示了一个真实而残酷的对冲基金世界,让人掩卷沉思。

最后让我以《查泰莱夫人的情人》的开头作为本文的结束语:"我们身处一个悲剧性的时代,但我们不愿凄凉。浩荡灾难席卷而来,我们站在废墟上,重新建立小小的栖息地,养育小小的希望。这是一项艰苦卓绝的工程,没有通向未来的平坦大道,可我们还是迂回前行,或者翻越高山峻岭。因为我们总得继续生活,不管天地如何变迁。"

2014：异彩与衰朽

发表于 2015-01-12 08:51

有人以为我是一个职业投资者，其实我只是一个业余投资者。因为没有为他人理财，所以并不存在投资业绩之压力。但是，由于我的许多资金来源于我的家庭，我必然对他们有所交代。我一直认为，投资能够获得家庭的有力支持，绝对是一种优势。如果连家庭也反对你的投资，说明你的投资一定是哪儿出了问题。当我视我的投资组合为一个"家庭投资基金"时，这份"年度报告"就被赋予另一种含义了。所以，它的第一读者理应是我的家人。

截止2014年12月31日，我的投资浮盈为39.23%，这是在没有使用财务杠杆的情况下取得的。目前持有8个股票，这些股票持有的时间或长达6年或短至半年，基本上是一个低估值低风险的投资组合，平均市盈率在21倍左右。如果扣除通策医疗,则市盈率下降为15倍左右。这个组合变化很小,分布于银行、管道、叉车、医院、中药、纽扣以及汽车内饰等子行业。2014年全年只卖出一个，只买进一个，因此保持着很低的换手率。囿于文章篇幅，我只能概述其中的几家公司。

1.伟星新材。我并不喜欢买进同一集团旗下的公司，但伟星新材却是一个例外。伟星新材与伟星股份同属伟星集团。这个集团有四个公司，其中伟星新材和伟星股份已上市，形成了"伟星系"。伟星新材是国内最早、规模最大的塑料管道生产商之一，是国内PPR管道行业的技术先驱与领军企业，垄断了华东市场。公司的给水管道系统、地暖系统、同层排水系统、城市排污排水系统、地源热泵系统被广泛应用于居民住宅、商业建筑、市政工程、工矿企业，是鸟巢、水立方、世博会等国家重点项目的供应商。伟星新材不是单纯的制造商，同时还是零售商和服务商。目前伟星新材拥有30多家销售公司和办事处，1000多家一级经销商，20000家营销网点遍布全国各地。伟星新材的"星管家"为消费者提供了一个安全的用水环境，通过推广，争取提升整个行业的服务水平。除提供免费试压服务外，还免费上门为客户鉴别产品真伪、施工完毕后提供完整的管路排布图，为日后检修提供保障等服务。

市场总是认为，伟星新材的产品是建材，因此其增长性需要依靠房地产的繁荣才有可能得以持续，这完全是线性思维。他们大概忽略了仅城市内涝，未来城乡地下水网大规模的建设，就可以使得伟星新材的前景有无限之广阔。自伟星新材2010年3月上市以来，截止2013年，其营业收入复合增长14.65%，净利润复合增长16.76%，完全超出市场预期。伟星新材的毛利率一直维持在37%左右，2010—2012年的净资产收益率徘徊在13%，2013年提升到17%，而其负债率仅15%左右，经营十分稳健。我在2013年11月买进时，出价相当于其市值的43亿元，而今已超过60亿元。

2. 招商银行。我一直坚持把金融股纳入我的股票组合。银行是万业之母，并不像保险、证券等那样靠天吃饭。银行的产品是金钱，很难想象哪个人不需要金钱。我一直以为，一个长期投资组合若缺少银行股，可能就不是完整的组合。招商银行排行中国第六大银行，是中国最早的零售银行，有低资金成本之优势，经营相当稳健。不过，银行股最让人厌烦的地方是，每当金融危机时，它总是首当其冲。银行股一般以市净率估价。2007年，招商银行最高每股46.33元，相当于市净率的8.56倍，而2014年8月份时仅0.96倍。这是什么概念呢？2005年，中国建设银行引入美国银行作为战略投资者，出价是1.15倍市净率。当时有些人斥建设银行为"卖国贼"，几年过去了，只是不知道那些"爱国者"做何义举？最近几年，银行股包括招商银行真正成为市场的"弃儿"，因为投资者恐惧不良信贷和地方债务，恐惧金融海啸。

招商银行的经营发生了很坏的变化吗？没有。唯一变化的只是投资者的情绪。实际上，自2008年以来，截止2013年，招商银行的净利润从211亿元上升到517亿元，六年翻了145%，复合增长16.1%。招商银行一直保持充分的预期损失抵补能力，2013年不良贷款率为0.83%，不良贷款余额183.32亿元，不良贷款覆盖率266%，资本充足率11.14%，并且总资产首次站上4万亿元的级别。重要指标良好，整体风险可控，并未如许多人想象中的那么岌岌可危。

我在2008年底买进招商银行时,其市值为1600亿元,虽然而今已超过3500亿元,但是觉得仍然没有反映出其内在价值。近年来,招商银行每年分红都在每股0.60元以上,就让它的股价不要上涨吧,每年获得9%以上的收益率不是问题,比存银行要合算得多。

3. 安徽合力。我很少买国企股,但是安徽合力可能是个例外。安徽合力是叉车等产品的领先生产商,处于国内第一、全球第八的行业位置,市场占有率24%。不过,与国际巨头相比,经营规模仍有一定差距。叉车属工程机械行业,但近年来由于仓储物流业的快速增长,驱动叉车的强劲需求,合力产品的认同度又高,因此合力能够快速增长。为此,我不会把叉车简单地视为叉车,而是视为物流装备。

2013年国内叉车销量32.86万台,增长13.8%;合力叉车销量7.35万台,增长16%,增速高于行业水平。合力管理层不赶时髦不追风,以产品、质量和效益说话,形成了稳健的经营风格,值得信赖。在过去10年中,截止2013年,合力创造了营业收入复合增长17%,净利润复合增长15%优秀业绩。2013年,合力的经营性现金流量余额高达6.63亿元,在主营增加5.66亿元的情况下,存货仅增加4030万元,应收账款仅增加6194万元。2011年7月,巨星科技收购与合力共占半壁江山的杭州叉车。当时预测杭叉2011年每股收益1.095元,巨星科技出资2.49亿元,以每股13.98元的价格控股20%。这意味着巨星科技以杭叉每股收益的12.76倍买进。而合力2013年的每股收益0.98元,当年合力的股价一直处于10元以下,6—8月的时候甚至处于7、8元之间。当时如果以每股8元的价格买进,则意味着只有每股收益的8.16倍;就算以每股9元的价格买进,也只有9.18倍,比巨星科技的出价不知道要合算多少。不久前,安徽省已明确提出引入战略投资者参与国企改革,提升公司经营效率,因此合力又具有国企改革之预期。

4. 桂林三金。医药股在一个股票组合中不可或缺。我一直认为,中药最具民族性;中药品牌最具独特性;中药市场前景广阔,又具可持续性;同时又最能体现行业细分的专注性。药品成千上万,而中药制药通常只在某一领域内深耕细作。像桂林三金,在咽喉口腔用药和泌尿系统用药方面,就形成了很强的竞争优势,其核心产品西瓜霜系列、三金片已成为全国同类中药的第一品牌。西瓜霜系列以OTC为主,可以直接在超市货架上购买,类似消费品。慢性咽炎通常很难根治,只能靠药物缓解症状,因此需要不断用药,而西瓜霜就是一个选择。三金片则以处方药市场为主,在临床泌尿系统感染中成药领域极具领先优势,目前已入选国家基药目录。在临床治疗严禁滥用抗生素类药物后,三金片可大显身手。其他的如眩晕宁、脑脉泰等品种正在培育之中。

过去8年,截止2013年年底,桂林三金营业收入复合增长7.75%,净利润复合增长10.06%,属于适度增长的那种。不过许多人对此不感兴趣,他们只青睐所谓的高增长,因此桂林三金的市场表现平淡。2013年显然是个转折点。这一年,桂林三金实现了上市后最好的增速水平:营业收入14.5亿元,增长11%,其中三金片贡献约6亿元,西瓜霜贡献约5亿元;净利润4.2亿元,增长率却高达27%。桂林三金一向稳健,低负债,现金流充沛,主业鲜明。2012年底我刚买进时,市值为70亿元,而今已超过百亿元。

结束语

金融市场具有惊人的均值回归的力量。几年前,我曾经写过一篇《再过一千年也不会改变的话》的文章。在那篇文章里,我以塞思·卡拉曼的一节旁听课为例,影射有人坚决不买银行股。其实根本不是我有多高明,而是像塞思·卡拉曼那样的大师级投资者早已洞见了其中真谛:投资者一般都趋向于跟随市场趋势走,喜欢对最近表现出众的证券下注。他们通常憎恶最近表现不佳的证券。那些表现不佳的市场板块和资产类别通常都会遭遇资金流出,而资金流出则进一步恶化下跌的趋势。但是从历史的经验来看,不受市场追捧的证券在一段时间的表现不佳之后,通常会立即成为业绩冠军;而那些表现很好的证券在一段时间的出色表现之后,则几乎总会堕入深渊。这些本来都是很容易预见的因素,但是人类的天性使得大部分投资者难以从中获益,因为大部分投资者只记得最近表现良好的证券。

这就是本杰明·格雷厄姆引用贺拉斯诗句"现在已然衰朽者,将来可能重放异彩。现在备受青睐者,将来却可能日渐衰朽"的深刻含义。

2015：春暖花开君尚在

发表于 2015-12-31 15:19

2015年的股票市场很神奇，因此我的收益也很神奇，竟然能够获得了104.09%的投资收益。这也是我最近八年来最神奇的回报，神奇到让我都不想公开。

虽然貌似神奇，但是我首先仍然要归功于过去七年中的不断买进，使得持股的成本相对较低廉。其次要归功于在市场高涨时神奇的撤退。其三还要归功于在市场暴跌后神奇的出击。其四是神奇地拒绝使用财务杠杆进行融资。听起来确实很神奇，而背后基本上都是价值在驱动。

我的这个投资组合是在过去七年熊市中不断创建而成的。其中招商银行买于2008年底，伟星股份买于2009年，通策医疗和巨星科技买于2010年，桂林三金和丽鹏股份买于2011年，伟星新材买于2012年，安徽合力和宁波华翔买于2013年，等等。除了后来巨星科技和丽鹏股份被剔除后，其余8只股票一同华丽地进入2014年下半年以来的牛市。

买入这些股票基本上都遵循"一年只买一两个股票"的投资方略，并且从未一次性重仓，许多股票买入的时间都延续时间较长。在极端熊市里构建投资组合的好处是，基本上无需考虑估值问题，因为所有的股票几乎都被严重低估了。因为低估，所有买进的股票都是物有所值或物超所值的便宜货。

当牛市演进至狂飙时，当所有的人都轻而易举地获得巨额收益时，肯定就是兑现利润、现金回笼之日。2015年5月26日，当上证继续飙升时，动物精神毕露无遗，这意味着极不寻常的事件将要发生，于是我卖出了4只股票。6月9日，当上证冲击至5100点以上时，我又继续减持了2只股票。考虑到招商银行的估值优势，所以继续持有。彼时因为通策医疗和伟星股份停牌，无法减持，另当别论。

这一切仍然是基于对市场昂扬情绪和公司内在价值的角度来考虑，并非说明我有多么高明。其中包含了卖出三原则：股票价格与公司的内在价值严重错位、股息收益率明显下降，以及股票价格看起来不再便宜。

6月15日，惨烈的股灾1.0正式来临，接下来就是狂风暴雨，惊涛骇浪，多少财富在顷刻之间就灰飞烟灭。上证连续剧跌了30%以上，股票也剧跌了50%以上，有的甚至下跌70%以上，市场呈现出极端恐惧的悲观情绪，高度杠杆化终于露出了其狰狞面孔的一面。

巴菲特最有名的口头禅是，他人恐惧我贪婪。他人的极端恐惧，则意味着重大的机会可能来到。于是从7月7日开始，我买进了爱尔眼科、伟星新材等股票，但仍然保持了20%左右的现金。当8月第二次股灾继续去杠杆时，我又继续买进一些。

回顾2015年的整个投资过程，基本上可以算是持盈守成，毫发未损，躲过了罕见的股灾，这是不幸中的万幸。截至2015年年底，我的投资组合中持有伟星股份、伟星新材、通策医疗、爱尔眼科和绿景控股。

虽然利用杠杆买进股票能够扩大盈利，这是简单的道理，但我不会用。关于这一点，请看巴菲特的2005年《致股东的信》中的一段话："我们对于伯克希尔为了并购或经营的目的而发生任何大量的债务根本不感兴趣……如果我们在资产负债表中加入适当的财务杠杆能够安全地增加盈利，但成千上万的投资者将其很大一部分资本净值投资到伯克希尔股票之上，公司的一个重大灾难就会成为这些投资者们个人的一个重大灾难。"事实上，高度杠杆化使得无数"大户"被消灭、无数私募被清盘。这直接验证了大师的忠告："再长一串让人动心的数额乘上一个零，结果也只能是零。"

本杰明·格雷厄姆指出，个人投资者应该始终如一地做一个投资者，而不应当成为一个投机者。也就是说，他应当能够证明每一次买入和每一次付出的价格，都经过了理智客观的论证，他将从中赚到更多钱，这一点使他感到满足。

有时候赚多赚少并不重要，重要的是能够在证券市场活得长久，活到春暖花开，这才是真正的神奇。但是也有人说，历史给人类最大的教训是忘记了历史的教训。观察2015年以来的整个市场，所言不虚。实际上，历史的经验和教训最值得总结，并且应该永远铭记在心。

1. 只做少数派，不做多数派

多数派通常会全身心地追逐市场巨额回报，他们要求自己不管是市场强势还是低迷都要做到出色，他们非常容易受到市场的诱惑，做与众相同的事，走一条简单的路而不是寻找最佳路径，追涨杀跌，短期内也会获得可观的收益。而少数派只寻求价值，只关注价值，进行购买行为的时候会寻找一个安全边际，尽量以便宜的价格买好公司，只求适度的回报，知道复利的神奇力量，逆向思考，独立特行，远离市场，做与众不同的事。

2. 只做"不知道派"，不做"知道派"

正如霍华德·马克斯所说，"知道派"似乎什么都知道，他们知道市场未来走向，知道经济运行脉络，知道投资的本质，知道如何把握市场趋势。而"不知道派"似乎什么也不知道，但是却知道要把风险控制置于首位，还知道投资需要一贯性，最后还知道预测并不是关键所在。因为世界非常难以预测，预测极不可靠。他们不知道未来会怎样，但是知道现在处于什么位置。

3. 只做理性派，不做情绪派

如果一个人非常容易情绪化，不能控制自己的情绪，那么就有可能买在顶部，而卖在底部。市场顶部的时候通常情绪乐观高涨，股价也随之飙升；市场底部的时候通常情绪悲观沮丧，股价也随之萎靡。情绪化严重的人，极其容易在极端的情形下做错误的事情，做与正确相反的事。而一个成功的投资者通常都不会情绪化，他们理性，能够控制自己的情绪，不受市场情绪左右，在极端的情形下做正确的事情。

4. 只做保守派，不做激进派

激进派往往信心暴满，自负异常，认为可以做到自己一切想做的事，于是频繁交易，决策频出。而保守派知道自己是有缺陷的，智力不足，甚至情感残缺，因此他们从不展示自己的聪明才智，没有征战股市的欲望和行为，也没有太多的技术和战术，清楚并固守自己的能力范围。通常一年只会作出几个有限的决策，主张在一个小范围之内专注某些公司，在充分认知之后做一个根本的、大的决策，此后就像一只呆鸟似的等待结果。

我的思考：七年坚守，只等花开

初稿发表于 2015-5-19，修改于 2016-9-2

据说有一种蝉，在地下蛰伏的时间会长达十七年，然后才化羽破土而出，求得一夏之光明。但是，为了等待一个汹涌澎湃的牛市，却不一定需要花费那么长久的时间。

实证研究，一般情况下，从一个牛市的结束，再到另一个牛市的开始，大致需要六至八年。牛市时，股票价值通常都高估得吓人，因此实在不值得买。只有熊市时，股票价值才会严重低估，因此最值得买。买股票就应该在最没有人买的时候买，因为那时最便宜。卖股票就应该在最有人买的时候卖，因为那时最合算。其实这是最简单的道理，最符合基本的常识。然而因为人性的缺陷，使得大部分人选择在熊市时放弃，而在牛市时参与。逆向思维在此得到淋漓尽致的呈现：做与众相同的事情，一般只会得到与众相同的结果。只有做与众不同的事情，才有可能得到与众不同的结果。

买在血流成河之时，卖在群情激昂之日。熊市时，最需要做的是将现金转换为股票，做一个股票的净买家。当然，其前提必须是所投资的标的有足够的便宜，其股价至少下跌70%甚至90%以上。牛市时，最需要做的是将股票转换为现金，做一个股票的净卖家。必须注意的是，买进时应该遵循逐步买进的策略，这个过程可能长达数月甚至几年。卖出时也应该遵循逐步卖出的策略，这个过程同样需要数月甚至一年。一旦我们持有时，就必须选择坚守。只要所选择的公司品质优良，就应该无惧市场的波动。它可能几年不涨，但是公司如果一直实施优厚的分红，获得高于银行利率的收益率，其效果同样惊人。而一旦我们卖出时，就必须选择等待。这样的等待将会十分痛苦，因为放弃了投机等于毁灭了人类的天性，无异于与人性为敌，所以很少有人能够真正做到。

投资最难是坚守，只要坚守有一定的回报，我就会十分满意。纵观最近七年，我的投资回报分别是：2008年-24.26%，2009年74.82%，2010年31.92%，2011年-21.01%，2012年27.69%，2013年22.74%，2014年39.23%。其中5年正收益，2年负收益，7年累计总收益300%，年复合增长不过17.05%。但是到了2015年，期间虽然历经了股灾1.0和股灾2.0，全年收益仍然是104.09%。那么8年累计总收益就是614.3%，年复合增长25.47%，仅仅一年所创造出来的回报就使得整个组合总收益翻了一倍，年复合增长增加了8个百分点。这就是"等到花开"的无穷魅力。

当然，与那些每年动辄就获得200%或300%收益的人相比，不值得一谈，因为他们追求的是相对表现。但是对我而言，追求的永远是绝对表现。价值投资者，尤其是个人投资者，应该追求的是绝对表现，而不是短期内投资的相对表现。

基金或机构需要追求相对表现，他们一般不愿也没有能力忍受长期不佳的业绩表现，因此他们会投资当前流行的证券。如果不这样做，他们的短期业绩将会面临危险，客户将会流失。而价值投资者，特别是个人投资者，只需关心是否实现了自己的投资目标，而不是把自己的投资回报与整个市场或者其他投资者相比有怎样的表现。他们通过买入低估的证券，然后当价格越来越体现价值的时候卖出，以获得出色的绝对回报，这才是他们唯一关心的事情。一般来说，以绝对表现为中心的投资者通常眼光看得更远。

著名的价值投资者彼得·林奇发现，在20世纪80年代股市兴旺的5年中，股票年均涨幅26.3%，遵守纪律坚持计划的投资者能够获得几倍或更多的收益，但这些收益绝大部分来自于40天。若你在这40天中离开了股市，以图避开市场回调，那么你只能得到4.3%的收益。所以，我要做的只能就是，七年坚守，只等花开。

附录二

我的投资实战案例

坚守伟星股份 7 年获利 3 倍的经验与反思

伟星股份是我持有时间最长的股票之一,从 2009 年至 2015 年,前后共七年。伟星股份是亚洲最大的纽扣生产厂商,世界上最大的纽扣生产企业之一,在国际以及国内市场上处于垄断地位,全球市场占有率接近 20%,其纽扣价格可以决定世界纽扣市场的价格。伟星股份所处的行业是服饰及家用纺织品辅料行业,属于非周期性消费品子行业。

投资历程

2009 年我买进伟星股份的平均价格是 11.5 元左右,对应伟星股份的市值 23 亿元。伟星股份于 2004 年 6 月上市。如果从它披露的 2003 年财报算起,到 2009 年总共有 7 年。

在这 7 年中,伟星股份的营业收入从 2.62 亿元增长至 13.95 亿元;年均增长 26.97%;净利润从 0.2 亿元增长至 1.72 亿元,年均增长 35.97%。其他的重要指标完美,净资产收益率维持在 18% 左右,毛利率从 30.2% 提升至 36.45%,净利率更是从 7.74% 提升至 12.5%,而资产负债率则从 54.46% 下降至 32.72%。以此判断,伟星股份是优秀的成长股毋庸置疑。

在给伟星股份估值的时候,我只给予未来现金流 10 年 7% 的增长率,这是基于所有的公司在未来都会均值回归的判断。而实际上,从 2009 年以来到 2015 年,伟星股份的年均复合增长率也刚好与此相符。这应该是惊人的巧合。如果在 2009 年以 7% 的增长率给伟星股份估值,以 9% 的折现率进行折现的话,那么当时伟星股份的内在价值不会少于 33 亿元。而我买进时的市值在 23 亿元左右,折价超过 40%。之所以产生这样的大幅折价,与 2008 年的市场恐慌密切相关,毕竟当时投资者尚未从恐慌的阴影中走出来。

2010 年,伟星股份的营业收入 18.29 亿元,增长 31.12%;净利润 2.56 亿元,增长 48.47%。各项重要指标继续完美。由于增长强劲,表现在股价上达到了 31.49 元,市值 65.18 亿元。但因为当年度伟星股份的每股收益为 1.24 元,市盈率只有 25 倍多,并不昂贵。

2011 年,伟星股份的营业收入 19.34 亿元,虽然只增长了 5.71%,但是净利润却下降了 23.39%,只有 1.96 亿元。市场对此极其敏感,导致其股价在一年中持续走低,从年初的最高 27.48 元,市盈率 35 倍,市值 71.17 亿元,一直到年底的最低 11.31 元,市值缩减至 29.29 亿元,市盈率仅 14 倍,跌幅超过 58%。

2012 年,伟星股份仍然没有呈现好转的迹象,但增长率降幅已经明显收窄。当年度其营业收入 18.56 亿,下降 4.03%,净利润 1.69 亿元,下降 13.84%。由于市场极为看中增长率,因此股价继续下跌,跌幅最大超过 31%,最低时股价仅 7.73 元,市盈率不到 12 倍,市值 20 亿元,相比于其总资产还少了 3 个亿。那时伟星股份的净资产是 6.37 元,这意味着其市净率仅 1.21 倍。我认为无论如何伟星股份都相当便宜了,于是开始逐步大量买进。

到了 2013 年,伟星股份结束了长达两年的衰退,风暴终于过去了。当年虽然营业收入下降了 4.51%,为 17.72 亿元,但净利润增长却上升 23.81%,重新回到 2 亿元内。净资产收益率 12.46%,接近 2011 年的 12.77%。毛利率 38.94%,刷新了之前的水平。净利率接近 12%,越过 2011 年和 2012 年的 10.37% 和 9.29%。其市场表现虽有反复,然而到年终收盘时,股价 10.27 元,市值 26.6 亿元,与最低市值相比,大涨了 33%。

2014 年,伟星股份经营业绩明显好转,营业收入 18.49 亿元,不仅站上 18 亿元的大关,而且还创出新高。净利润 2.36 亿元,接近 2010 年的最高水平。这一年，伟星股份实施十股送三股的方案，到年终收盘时，市值上涨至 33.49 亿元，相比于 2013 年又上涨了 25.9%。

进入 2015 年，一切皆是欣欣向荣，市场情绪高昂，在股指不断走高的同时，伟星股份的市值也不断膨胀。到年底时，伟星股份的股价创出了历史新高，达到了 20.69 元，市值超过 84 亿元，相比于最低市值 20 亿，涨幅在 320% 以上，年均复合增长 19.65%，这还不包括它的大量分红。而我自己在伟星股份这一项投资上的回报也超过 300%，对此我十分满意。

经验和教训

1. 如果对公司估值相对准确，相对于股票定价折价超过 40% 以上，基本上就是一笔好生意，如此就容易形成宽阔的安全边际。但是，这并不意味着其股价就不会继续下跌。假如其股价继续下跌，则应该越跌越买，因为其越来越便宜，而绝对不应该在那时卖出，逃之夭夭，那样的话并不符合逻辑。

2. 当一家公司的市场表现最好时，在排除了重组、并购、转型等主题外，通常大都是业绩驱动。然而，业绩增长并不是没有止境的，一旦业绩放缓或倒退，戴维斯双杀就会表现得淋漓尽致，这就是投资成长股的缺陷。"双杀"是指杀收益率和杀市盈率。我在伟星股份上的错误，就在于 2010 年其市值越过 60 亿元大关后，减持的力度不足，导致了后来的浮亏。

3. 伟星股份的纽扣拉链业务具有弱周期的行业特征，但在 2009 年以前从来就没有表现出来。由于没有表现出来，致使我产生了误判，认为这个所谓的"弱周期"并不会产生。而当其业绩事实上已经发生逆转时，我认为这不过只是暂时性的——当然只是"暂时性"的——被假象蒙蔽了双眼，但是股价却下跌了接近 60%。

4. 伟星股份是赫尔曼·西蒙所说的隐形冠军企业，服装辅助行业的引领者；管理层忠厚诚信，值得信赖；财务健康，负债很少，高分红；把不起眼的纽扣做到了极致，其业务在上市公司中独一无二。这些就是使得我能够坚持长期投资的根本原因。

5. 巴菲特说，对于股票，如果你不能持有十年，那么连一分钟也不要持有。但是我持有伟星股份只有八年，这是因为：

①公司发生了变化。伟星股份在2015年宣布进军卫星导航行业，这是明显的多元化。一家从事纽扣、拉链业务的公司要进入高科技行业，其结果难以想象，因为多元化极其容易形成"多元恶化"。

②当伟星股份的市值高达70亿元之后，其背后一定是市场情绪演绎驱动的结果，因为其估值并不足以支撑那样的市值。

6. 在熊市里投资，买到便宜货并非难事，关键的问题在于投资者能够持有多长时间。彼时，由于市场情绪的驱使，股价大多会低估了再低估，最终导致亏损。如果投资者对公司没有深入研究，又不熟悉其基本面，那么一般很难坚持下来。这时候，我认为最好的办法还是把自己当做公司的真正股东——其实你已经就是股东了。唯有如此，你才能坚守，直到价值回归的那一天。

7. 在熊市里投资，你可能几年都不会产生良好的回报。而且不仅没有回报，你可能还会产生亏损。对此要好做充分的思想准备。实际上，如果能够找到像伟星股份这样的公司，假如买进的股价足够低廉，每年有5%以上的分红，就是一笔很不错的生意了。如果你将5%的股息进行再投资,那么就会成为你的"熊市保护伞"和牛市中的"收益加速器"。股利的再投资是长期股票投资获利的关键因素。

8. 在熊市里投资，可能有几年你的回报都不是很好，比如七年的复合收益只有15%左右，但是假如你能够坚守到牛市的到来，比如到2015年上半年，那么届时你的复合收益将可能达到25%以上。这就是我去年写的一篇文章"七年坚守，只等花开"的意思，因为能够最终造成超额收益的就是那么几天。坚守从来都不易，而一旦有超额收益时，一定要懂得去采摘。"花开堪折直须折，莫待无花空折枝"，这句诗同样适用于投资。当然不是让你每天都去折花，每天都能折的花，即使有，恐怕也不是什么好花。

9. 大多数人认为，熊市里应该空仓，等牛市到来时才投资。我以为这种方法并不足取，这是因为如果你在熊市里不投资，也就失去了低廉的筹码。而你要在牛市里才投资，通常筹码又都太昂贵了。况且市场并不会明确地告诉你"牛市已经来了"这样的话。

事实上，要想获得收益，就必须面对可能的亏损，这也是查尔斯·埃利斯所说的"当打雷闪电时，你必须在场"的意思。如果你不准备在场，那么你就可能无法享受到灿烂的雨后彩虹。

投资通策医疗 6 年获利 11 倍的经验与启示

相比于伟星股份，我在通策医疗上的投资前后仅 6 年。

在 2010 年，投资医疗服务公司，几乎是一个大胆的实践，因为那时投资者对于这个领域相对陌生。我对通策医疗投资的灵感来自"臭名昭著"的莆系医疗。

有一天，我在东方财富网读到一篇文章，详细介绍了莆系医疗"四大家族"的情况。由于我长期与医护人员密切接触，加上身处莆系医疗的发源地，这又使得我能够近距离地观察莆系医疗。

投资前提

在通读了通策医疗的年报后，我意识到，首先，中国国内的口腔医疗服务行业处于快速增长和发展状态。随着国民生活水平的不断提高，人民的口腔保健意识也日益加强，社会对口腔医疗服务的需求也越来越巨大。

其次，口腔医疗兼容了健康和美丽的概念，具有很好的市场概念和运作空间。无论是从人口的数量、口腔疾病的普遍性，还是从牙医的市场需求状况、口腔产业和其他产业的联系、合作、互补性等方面考虑，不管是现在还是将来，随着人们经济生活、文化消费水平的提高，以及对口腔健康的认识，我国的口腔医疗产业都是一个快速发展、具有巨大潜力的市场。

其三，国家允许口腔医疗保健机构引入多元化经营主体的政策先后出台，口腔医疗保健机构从单一的公有制向多元化转变，未来口腔医疗保健机构应该是以国有、民营等多种结构的经营主体并存。今后，口腔医疗保健机构既有公有制的非营利性的口腔专科医院、综合医院的口腔专科，也有其他成份的口腔医疗机构。

以上三点构成了投资通策医疗的基本前提。

投资历程

通策医疗的前身是上市公司北京中燕。2007 年，通策医疗将杭州口腔医院

100%的股权注入北京中燕，完成了资产重组。当年新建了3家口腔医院，即杭州古翠口腔门诊部、杭州东河口腔门诊部和衢州口腔医院，并收购了4家口腔医院，即宁波口腔医院70%产权、沧州口腔医院70%产权和北京京朝口腔医院91.6%股权。

2008年，通策医疗有3家口腔医院开业，即杭州口腔医院东河门诊部、杭州口腔医院古翠门诊部和嘉兴通策口腔门诊部。当年，杭州口腔医院正式成为浙江中医药大学的附属医院，实现了双方的强强联合。

2009年有2家口腔医院开业，即杭州口腔医院义乌门诊部和杭州口腔医院大学路院区。

在2010年的年报中，通策医疗已经十分明确，将公司定位于大型医院投资管理集团，在做大做强口腔医疗服务主业的基础上，一直在积极寻求其他专科领域和综合性医院的收购机会。同时继续坚持外延式扩张、内生性增长的发展战略，加快对国内医疗服务行业的并购和整合。

我在2010年6月份买进通策医疗的时候，均价9.30元，对应的公司市值约15亿元，市盈率30倍。2010年，随着口腔医疗保健市场规模的日益扩大，口腔护理观念的升级，通策医疗经营业绩保持了相当高的增长幅度，超出预期。营业收入2.42亿元，增长28.19%；净利润0.49亿元，增长121.81%；每股收益0.31元。

这一年，通策医疗参与昆明市口腔医院的改制，成功收购其58.59%的股权。这次收购不但扩大了公司的规模，稳定公司发展业务，同时对公司继续打造医院集团化的经营模式，对外大力拓展口腔行业市场起到了积极的作用。年底时，通策医疗股价上涨至19.98元，市值31.97亿元，市盈率64倍。

2011年，通策医疗的营业收入3.15亿元，增长29.78%；净利润0.70亿元，增长42.51%；每股收益0.44元。当年度，公司重点在宁波地区加强布局，在原有的营业网点的基础上，通过租赁方式新增5000多平方米的物业，用于宁波地区口腔医疗的营业网点。

这一年，通策医疗拥有9家医院和公司，即杭州口腔医院、宁波口腔医院、沧州口腔医院、黄石现代口腔医院、衢州口腔医院、北京通策京朝口腔医院、昆明市口腔医院、杭州通策口腔医院管理有限公司和杭州通策义齿制造有限公司。

与昆明市妇幼保健医院就辅助生殖项目签署合作协议，进军妇幼医疗领域。到年终时，通策医疗的收盘于21.08元，市值33.72亿元，市盈率48.9倍。

2012年，通策医疗营业收入3.79亿元，增长19.95%；净利润0.91亿元，增长30.05%；每股收益0.57元。当年度，通策医疗进军辅助生殖领域并布局。与波恩（BournHall）签订了提供服务和授权合同书，引进国际领先辅助技术。与昆明市妇幼保健医院合作建设生殖中心。

辅助生殖是一个快速发展的医疗服务市场。据估算，试管婴儿潜在市场需求年390万例，为当时手术量(20万例)的20倍。我国不孕不育发病率高达10%，且有逐年增加的趋势，而我国对辅助生殖实施资质实行严格的牌照控制，因此，通策医疗的试管婴儿牌照属于稀缺资源。这在无形中又增厚了公司的价值。年终时，通策医疗收盘于20.63元，市值33亿元，但是市盈率与2010年和2011年相比却下降至36倍。

2013年，通策医疗的营业收入4.63亿元，增长22.19%；净利润1亿元，增长10.30%，每股收益0.63元。当年旗下公司昆明希望路分院及诸暨口腔医院开张营业，扩大了经营网点。与波恩公司共同组建杭州波恩生殖技术管理有限公司，并控股70.00%。与合伙人共同投资设立诸暨口腔医院，控股50%。与昆明市妇幼保健院共同出资设立昆妇幼生殖医院，控股99.90%。

这些合作或新建的行为都在表明，通策医疗在努力做好、做实口腔医疗服务的同时，进军辅助生殖医疗服务领域，将公司打造成全球规模最大、服务人群最多、最具投资价值的牙科与IVF医疗集团。到年终时，通策医疗的股价站上32.02元，市值51亿元，市盈率50.82倍。

2014年，通策医疗营业收入5.84亿元，增长26.08%；净利润为1.10亿元，增长9.66%；每股收益0.69元。公司继续打造医院集团化的经营模式，对外积极加大拓宽医疗市场的步伐，在郑州、南京、海宁、上虞、舟山、绍兴、湖州、新昌等地合作、新建口腔医院，扩展经营网点，设立了9家医院和机构，即郑州口腔医院投资有限公司、舟山通策口腔医院、绍兴上虞口腔医院、海宁口腔医院、绍兴越城口腔医院、三叶儿童口腔连锁管理有限公司、杭州口腔医院湖州分院、杭州口腔医院嵊新分院和南京牙科医院。其扩张的速度堪称历年之最，呈现出遍地开花的景象。到年底收盘时，公司股价为47.98元，市值再刷新高，达到了76.77亿元，近70倍市盈率。

进入2015年，通策医疗的营业收入7.62亿元，增长30.59%；净利润1.92亿元，增长74.79%；每股收益1.23元（未摊薄前）。当年度，杭州口腔医院新总院及昆明市妇幼保健生殖医学医院先后正式投入运营。设立杭州萧山通策杭口口腔医院、上海三叶儿童口腔医院投资管理有限公司和宁波北仑通策口腔医院。增资北京通策京朝口腔医院及迁址建设新院。收购浙江通策健康管理服务有限公司股权。继续扩展公司的经营网点。

这一年，因为通策医疗自身价值的不断增厚，加上市场极其乐观情绪的驱动，在5月22日那天，将股价推到了每股110.36元的顶峰，如此市值达到了176.58亿元，市盈率接近90倍。如果以2009年15亿元的市值来对比，从那时算起到2015年，6年涨幅为1173.33%，也就是6年11倍，这不能不说是一个奇迹。

经验与启示

1. 通策医疗是从困境股华丽转身为成长股的。查看2006年至2010年财报，自2006年通策医疗入主北京中燕后，到2010年，其营业收入分别为0.23亿元、0.91亿元、1.39亿元、1.89亿元和2.43亿元，5年复合增长60.24%；净利润分别为0.01亿元、0.10亿元、0.15亿元、0.22亿元和0.49亿元，5年复合增长117.79%。表现在股价上，2007年，最高时每股16.44元，市盈率274倍，最低时每股9.51元，市盈率158倍；2008年，最高时每股16元，市盈率160倍，最低时每股4.04元，40.4倍市盈率；2009年，最高时每股10.53元，101.14倍市盈率，最低时每股5.26元，市盈率37.57倍。以此观察，通策医疗从来就没有便宜过，但是它能享受长期高估的原因就在于其能够持续稳定高速的增长，这可能是最好的解释。

2. 在不便宜的情况下，如何给其估值就是一个问题。若以市盈率来进行估值，那么可能以30—40倍市盈率比较合适。假如以30倍市盈率买进一只股票，我们做这样的推断，可能存在三种情形：

①若年均增长20%，则5年以后市盈率将下降到12.23倍；

②若年均增长25%，则5年以后市盈率将下降到9.68倍；

③若年均增长30%，则5年以后市盈率将下降到0.26倍。

如此看来，买进的前提将取决于增长率，能够持续的高速增长就是最大的安全边际，否则将面临戴维斯双杀。

通策医疗从2010年至2015年，营业收入年均增长20.97%；净利润年均增长25.54%，属于第二种情形。这就是说，6年后30倍市盈率将下降至不足10倍市盈率。如此，安全边际将被彻底拓宽，长期投资的基础得到了巩固。

3. 以未来现金流折现进行估值，如果以通策医疗2009年的现金流进行估值，可能存在三种假设的情景：

①假如未来5年，每年增长20%，然后以9%的折现率进行折现，那么其内在价值将是14.76亿元左右。

②假设未来5年，每年增长25%，然后以9%的折现率进行折现，那么其内在价值将是17.83亿元左右。

③假设未来5年，每年增长30%，然后以9%的折现率进行折现，那么其内在价值将是21.43亿元左右。

虽然估值是很主观的事情，但仍然需要证伪。检视一下，2010年至2015年通策医疗的增长率为25%，那么第二种情景显然就有了依据。也就是说，以不足15亿元市值买进通策医疗相对于其将近18亿元的内在价值折价20%。通常情况下，买进成长股只能"合理"、买进价值股才要"低估"。若能以此买到"低估"，无疑就是一笔好生意。

4. 如果要坚持长期投资，就必须忽略短期的价格波动。股票价格往往在短期内无效，但是在长期视野下却有效，因为公司的经营成果终将反应到价格上来。通策医疗的市值曾经在2010年至2012年三年时间里一直围绕30亿左右上下波动，彼时若不能坚守，肯定也就享受不到后来价值回归的快乐。

长期投资的本质一是公司具有广阔的市场空间，二是公司正处于成长期，并且成长具有一定的确定性，因此长期投资是策略的一种必然的结果，并非只是为了长期投资而长期投资。

罗伯特·哈格斯特朗在他的《沃伦·巴菲特的投资组合》一书中，阐释了巴菲特集中投资的核心概念：选择少数几种可以在长期拉锯战中产生高于平均收益的股票，将你的大部分资本集中在这些股票上，不管股市短期跌升，坚持持股，稳中取胜。这个核心概念永远是我们行动的指南针。

5. 如果要坚持长期投资，就必须评判所持有的公司是否是一门回报很好的生意。医疗服务属于朝阳产业，前景广阔，市场需求旺盛，增长持续向好，经营稳定，现金流充沛，受经济周期波动的影响较小，有望穿越熊市周期，所以值得重点关注。

研究显示，与美国市场对比，如果达到美国市场的水平，医疗健康服务有100倍的提升空间。其中，医疗连锁经营最具投资性，其显著的特点是内生外延强烈。尤其是其不断复制扩张，类似连锁零售业，又像孵化器，但是门槛要比零售业高得多。

医院具备重资产和轻资产双重属性性质。任何资本在毫无准备的情况下试图进入这个领域，短期内期望突破性的进展都不是一件容易的事情。从成长速度和空间审视，连锁专科医院的优越性明显要高于综合性，价值更高，通策医疗基本上具备以上特征，因此是一项很好的生意。

6. 2015年5月，通策医疗跃上了每股110.36元的高峰，市值达到了176.58亿元。这意味着未来5年，它必须年均增长50%，才能与之相匹配，但是这个概率的可能性很小。既然如此，那么它就是属于严重高估了。再考虑市场情绪的因素，卖出就非常有必要了。

通策医疗在股灾前夕因为重大资产重组而停牌，使得它躲过两次风暴。直到2015年11月份才复牌，并公布了重大资产重组预案，拟发行股份收购海骏科技100%股权，拟注入上市公司的资产为"海骏医疗云平台"及其支持的三条业务线，即"隐秀品牌牙齿正畸业务"、"三叶儿童口腔"及"生殖健康"等，合计对价50.5亿元。至2016年，由于市场对此不认账，证监会又无法通过而作罢，但是其市场形象业已严重受损，市值下跌了40%以上，这是后话。

在苍茫中传灯

坚守巨星科技5年获利170%的经验与教训

投资不容易，长期投资更不容易。

在我之前写的伟星股份和通策医疗的回顾性文章里，我们看到，伟星股份是一个先胜后败再胜的案例，通策医疗则是一个先胜再而胜的案例。

应该说，通策医疗虽然是一个成功的典范，但其中有运气的成份。反而像伟星股份这样几乎失败的案例，更具借鉴的意义。我对巨星科技的投资前后五年，与伟星股份相似，也是一个几乎失败的案例。

在2011年和2012年市场表现上，巨星科技和伟星股份都曾经历了两年漫长的下跌过程，两者的跌幅都高达60%以上。在此情况下，一位投资者假使不能视股票为企业，以企业为导向，坚守股票，最终可能就是毫无所得或者亏损累累。

当然，在投资领域，即便你长期坚守也不一定能够赢利。但是，如果不能长期坚守，则赢利的概率更小。投资就是这样复杂。

投资背景

巨星科技是全球第六大、亚洲第一大手工具生产商，专业从事中高档手工具、电动工具等五金产品生产，是国内规模最大、技术水平最高和渠道优势最强的龙头企业。

巨星科技的产品主要出口至海外市场。在2011—2013年，公司98.36%的营业收入来自于海外市场，以北美市场为主，约占70%，其余多为欧洲市场，占比为19.8%。公司产品由于质量较好，能满足海外市场消费者的多方面需求，市场占有率稳步提高，出口额约占全行业出口额的22.7%。

巨星科技的主要客户为家得宝、沃尔玛等全球家居建材连锁及超市连锁。产品型号上万种，每年开发新产品近千种，强大的研发能力及优秀的供应链管理能力，使其能够满足客户的一站式采购需求。

投资历程

巨星科技于2010年7月在深交所中小板上市,发行价每股29元,总股本2.54亿股。当年度其营业收入18.82亿元,增长20.34%;净利润2.68亿元,增长24.5%;每股收益1.24元。相对于其发行价仅23.39倍市盈率,对应其市值73.66亿元。

巨星科技上市后,很快就跌破了发行价,最低时仅24.6元,对应市值62.48亿元。我在巨星科技跌破发行价后少量买进,对应市值约68亿元。其之所以跌破发行价,是因为当时市场低迷所致。不过,至年底收盘时,该股股价却达到42.6元的顶峰,市盈率34.35倍,相对于发行价上涨超过46%,市值108亿元。

2011年,巨星科技营业收入21.60亿元,增长14.76%;净利润2.75亿元,仅增长2.58%。当年度,巨星科技实施了10股送10股的分配方案,摊薄后每股收益0.54元。公司解释是因为受国内原材料价格上涨、劳动力成本上升、人民币汇率波动和美国经济增长放缓,欧洲国家经济紧缩的影响,故而其增长率下降得惊人。至年底,该股收盘价仅9.3元,市值47亿元,跌幅高达43.65%。而我的股票市值在回撤了37%后,又再缩水了30%。

2012年,巨星科技营业收入23.06亿元,增长6.74%;净利润2.82亿元,增长2.44%。每股收益为0.56元。增长率与2011年相当,继续维持"现状",这与整个世界经济持续萎靡不振密切相关。当年度,巨星科技最低股价仅8.02元,对应市值41亿元。至年度结束时,该股股价收盘在9.87元,对应市值50亿元。因为整整两年漫长的股价低迷,让我能够从容买进,最终使得我的持股成本降至10元以下,对应市值48亿元左右,我的投资回报基本持平。

2013年,全球经济普遍回暖,巨星科技的业绩也强劲复苏。当年度,公司营业收入26.46亿元,增长14.77%;净利润4.29亿元,增长51.83%。在沉寂了两年之后,东方的曙光终于出现。巨星科技在股价走高至每股15元上方后,又实施了第二次10股送10股的分配方案。除权后,该股最低股价6.66元,对应

市值67亿元。至年底时，该股收盘价为8.14元，对应市值82亿元。与2012年相比，我的投资回报上涨了64%。

2014年，巨星科技营业收入28.66亿元，增长8.3%；净利润4.86亿元，增长18.78%，继续保持良好的态势。9月时，巨星科技的股价走高至12.8元左右，市值将近130亿元，我选择全部卖出。

至此，我对巨星科技前后总共五年的投资，投资回报率在170%左右，年均收益34%。考虑那时正身处熊市，有如此的回报我已经十分满意了。

经验和教训

1.同样的，如果要长期投资一家公司，就必须审视它是否好生意。巨星科技的生意或者说其主要的竞争优势如下：

①巨星科技每年研发成功并最终投入销售的新产品有400多项，使得每年新产品销售占到主营业务收入的70%左右。这基本与全球第一的工具制造商Stanly Works在手工具产品上的开发强度处于同一数量级。

②巨星科技的客户不是中间商，而是直接的零售商，且这些零售商几乎都是世界知名建材、百货连锁超市。巨星科技是他们在亚洲最大的或唯一的供应商，具备规模优势，议价能力较强。

③巨星科技一直专注于品牌、供应链等核心资源整合、新产品研发以及销售渠道的拓展，而将部分低端产品以及高端产品的非核心零件分别以外协和外购完成。其产品的1/3由子公司生产，2/3由全国各地的600多家外协厂商生产，具有轻资产运营的特点。

④巨星科技在手工具行业独辟蹊径，采用精品店扩张模式。2010年，公司在杭州万象城开出第一家SHEFFIELD精品店，其后，杭州解百SHEFFIELD精品店开业，SHEFFIELD入驻杭州大厦和银泰西湖店，SHFFIELD杭州第五家精品店在杭州银泰庆春店开张。

2.从上述情况看，巨星科技似乎从事的是笔好生意，但是一家公司能否创造收益还要取决于三个因素：市场空间、公司产能和营销战略。对于巨星科技，产能不是问题,故可忽略之,重要的是市场空间和营销战略。

①据相关研究数据表明,全球工具五金市场总容量达800亿美元之多,年增速达3%—4%。在巨星科技的产品类别中,手工具的全球市场容量约350亿美元,手持式电动工具约为480亿美元,全球市场空间广阔,并保持着3%—4%的年均增速。美国五金工具市场在全球工具五金市场中需求占比60%以上。2008年美国五金市场规模达到500亿美元,手工具市场规模达到120亿美元。根据美国HIRI当时预测,美国房屋修缮市场年均复合增速将达到4.7%。若是如此增速,那么就不应该对巨星科技的成长性寄予厚望。然而,当时我对此信息并未高度重视。

②巨星科技刚上市时,国内市场几乎一片空白,其国内销售收入不足1%,2009年国内销售不到200万元。通过精品店和五金连锁超市形式,并结合代理与网上商城模式,主打"钢盾"工具品牌,全面发展内销业务。作为全球第六大工具生产商,2008年巨星科技手工工具市场份额仅有3.93%,在全球市场份额仍然非常小。2009年公司收入仅2.3亿美元,仅相当于欧文工业工具的1/6,即使跟第5名库珀工业相比,也不到其收入的50%。市场似乎也有很大的提升空间,但是需要公司加大市场开拓的力度。

3. 手工具虽然有消费品的属性,但是也有较强的行业周期。审视巨星科技的经营层面,可以看到,如果全球经济疲软,需求疲软,则五金工具市场增长就会乏力。而一旦全球经济回暖,需求回升,则五金工具市场增长就会强劲。

行业可分为三类:

①若是增长型行业,则与经济周期基本无关,它能够穿越周期。这些产业收入增长的速率相对于经济周期的变动来说,并未出现同步影响,因为它们主要依靠技术的进步、新产品推出及更优质的服务,从而使其经常呈现出增长状态。巨星科技显然不属于这一类。

②若是防御型行业,则因为其产业的产品需求相对稳定,不受经济周期处于衰退阶段的影响。有时候,当经济衰退时,防御型行业反而会有实际增加。因为需求对其产品的收入弹性较小,所以这些公司的收入相对稳定。巨星科技显然也不属于这一类。

③若是周期型行业，则与经济周期直接相关。当经济处于上升时期，这些行业会紧随其扩张；当经济衰退时，这些行业也相应跌落。巨星科技所生产的手工具属于耐用品行业，它是必须依赖于需求的收入弹性的行业，因此应该属于周期性行业。

若要长期投资，行业研究就十分重要，但是我在巨星科技上显然研究不到位。

4. 为何我会在2010年巨星科技跌破发行价时买进？实际上，巨星科技以29元的发行价IPO，本身就隐含着未来五年20%增长率。再检视其上市前三年即2007年至2009年的增长数据：营业收入从14.53亿元增长到15.64亿元，增长了2.48%；净利润从0.65亿元增长到2.15亿元，增长了48.99%。除非这个增长率有很大的水分，否则20%以上的增长似乎就有了充分的依据。但是事实证明，从2010—2014年，巨星科技的增长率仅仅在12%左右，可见当时就是一个误判。

虽然在其跌破发行价时买进看起来很正确，但事后证明同样是错误的。由于对巨星科技的增长率发生了误判，导致我在2010年巨星科技跌破发行时选择买进，市值超过百亿时选择持有。于是，当公司在2011年和2012年极低增长率出现时，戴维斯双杀就得以确立了。

华尔街教父本杰明·格雷厄姆曾经告诫我们：不要买新股，要对新股发行保持警惕。可是我竟然忘记了。虽然只是少量买进，但是沉沦两年也绝非好事。这个教训极为深刻。

格雷厄姆还说，买的永远没有卖的精，发行者选择最好的市场时机，由最精于推销的证券公司销售，这对普通投资者不是好信号。通常情况下，新股在一年或两年后，基本上都会原形毕露。那时再买进，应该是一个比较好的选择。不过从巨星科技以后，我不再买进新股，并且在估值上更加趋于保守甚至苛刻。

5. 为何我会在2014年9月选择卖出巨星科技？主要有两个原因：

第一个原因是公司控股人的大幅减持。我对控股人的减持动作十分警惕。控股人减持的理由有许多，如果是小幅减持则尚可接受，如果是大幅减持则无法接受。道理很简单，如果公司果真能够赚钱，那么减持就毫无必要。并且，作为外部投资者，我们无法得知公司内部究竟发生了什么事。在此情况下，只能选择离开。

第二个原因还是估值问题。2014年9月，巨星科技市值将近130亿，这意味着未来五年它必须以年均17%的增速发展才能与之相匹配。鉴于2010—2014年的增速，未来欲以年均17%的增速发展，我表示怀疑。

我深信这样的一种说法，历史的数据与未来的数据在公司基本面没有改变的情况下，基本上将保持一致。检视一下2015年的数据，2015年巨星科技的营业收入31.76亿元，增长10.83%，净利润4.8亿元，增长-1.23%。2016年中期巨星科技的营业收入15.69亿元，净利润2.4亿元，增速依然是一个未知数。

2015年上半年，巨星科技的市值曾经高达275亿元。有人对我说，如果我继续持有巨星科技的话，那么我六年的投资收益率将是472%。

对此，我的回答是：第一，我没有办法能够预测它走得那么高，并且将它卖在高点。第二，投资必须始终坚持自己的原则，不应当随意偏离了自己的投资原则。

— 附录三 —

雪球访谈

姚斌：集中精力买入失宠的公司

发表于 2012-7-19

（对于访谈，我是第一次，由于在短时间内要回答的问题实在太多，像我这样打字速度慢、思维较迟钝的人，实在是勉为其难。因此只好重新整理一遍，可能与原文有很大出入，敬请谅解。）

问：看你的投资基本都是不太热闹的股票，人弃你取的公司。

答：我喜欢被人冷落的公司，热闹的地方不要去。事实上这样的公司因为无人问津，价值才会呈现，而价值投资的核心应该集中精力寻找失宠的公司。

问：您会投资高科技企业吗？为什么投或不投？

答：我不会投资高科技公司，原因是我看不懂，在这个领域没有任何优势。并且，我以为高科技企业给人的印象是，在面对永无止境的科技变革的时候，它就像在泥石流上求生，它必须永远保持在泥石流的上面流动，稍微一停顿下来，就会遭遇灭顶之灾的命运。而事实上，能够避免灭顶之灾并保持"基业长青"的公司可谓凤毛麟角。

问：您觉得医疗商业和医疗器械的前景如何？

答：医疗器械我不知道，但如果是医疗服务我很感兴趣，这个行业的前景大有可为。目前市场上就有这样的公司，比如爱尔眼科、通策医疗、马应龙等等，只是其中的一些公司有的价格已经不低了，因此应该谨慎投资。

问：如何应对买入冷门价值股，股价仍然不断下跌的局面？这种承受的想法会随着浮亏而动摇吗？有什么资金分配的感悟？

答：我喜欢在无人的猎场打猎。市场上冷门股很多，但不意味着都可以买进，一定要选择自己看得懂的、熟悉的公司。冷门股通常出现在市场极端下跌或公司出现暂时性麻烦的时候。

投资这种公司需要极具耐心，因为你不知道它什么时候会"戴维斯双击"，它有可能会被冷落一年，甚至两三年。因此对它们必须有极强的价值感，否则当它继续下跌的时候，最后可能会放弃。

关于资金的分配，我认为经常保持20%—30%的现金是非常有必要的，否则无法应付可能出现的极端事件。比如有的股票下跌了50%，你可能觉得它的价值严重低估了，于是你开始买入，但是由于"市场先生"继续发威，有可能继续下跌了20%，这时候如果没有现金那将是非常难受的事情。

问：现在消费、医疗股票整体PE感觉比较高，是否可以投资？

答：并不是所有股票的PE都比较高。如果是热门股坚决回避，但如果仍然是冷门股，则应该可以投资。

问：详细说说你如何去挖掘有潜力的公司吧。

答：真正能够做到挖掘有潜力的公司并不是一件容易的事。首先应该看懂这样的公司，这是能力圈的问题。其次应当长年追踪观察。有潜力而未能表现出潜力的公司，一定有某种事件让它无法表现出来。

这里举一个例子通策医疗。这是一家购买了壳资源上市的公司，其股东又是从事房地产的，然而却偏偏要深入到口腔医疗服务领域，因此投资者有所疑虑。他们兼并了几家医院，开设了几个门诊部。有的做得不错，有的做得很差。做得最好的一家医院，其净利润占据了公司 80% 的份额。医院是非常传统的行业，然而却能够持续很长时间。医院重在管理。如果能够服务周到、收费合理，那么前景可期。那时通策医疗的价格在 11、12 元左右，2010 年它的每股盈利 0.31 元。后来它上涨到 14 多元，然后又下跌到 8 元。看上去它的市盈率可不低，因此我在 9 元开始购买，但却不敢重仓。我买入的价格大概是当年 28 倍的市盈率，2011 年则下降至 20 倍。

我的实际想法是，只要它的另一家医院的盈利能够直追盈利最好的那家医院，价值就能够得到呈现。至于它后来的举措，进入云南昆明、与英国医疗机构合作，更是增厚了公司的内在价值，这里就不多说了。"挖掘有潜力的公司"讲起来多少有点赌博的意味，如果我能做得好，也只能说我的运气不错而已。

问：有没有什么先行指标去判断企业未来盈利成长性？

答：可以按照格雷厄姆的方法，将过去 7 年或 10 年的盈利状况数据连接起来考察，一般可以做出一个判断，当然时间越长越好。

问：持续下跌的过程中情绪应该如何调整？

答：价值投资实际上是一种信仰。一般的投资者对价格太关注，而对价值又太漠视。实际上，股价下跌了，并不意味公司做得很差，同样的，股价上升了，也并不意味公司做得很好。然而一般人却无法抗拒价格的诱惑。

事实上，如果你真正视股票为企业，你的情绪大概也不会随着股价的上升或下跌而波动了。因此要永远记住价值，价值，还是价值，而不仅仅是价格。只有心中具有强烈的价值感，才能抵抗恐惧的情绪。

问：价值投资是企业的发展重要，还是企业的市值重要？银行业绩一直在增长，市值一直在下降，假如几年前买了银行，等于看对了企业看错了市场，这是不是价值投资的尴尬？

答：如果价值投资者尴尬了，我怀疑他可能不是真正的价值投资者。银行股是典型的失宠公司。关于这一点，最近上海信璞投资合伙人王璟wjmonk先生写了一封十分精彩的《致信璞员工的信》，他在信中这样写道："你们今天亲眼看到银行业的大明星被粉丝们抛弃的壮观场面。如果你在几年前告诉某人能以1倍净资产买招商银行的股票，那人肯定说你疯了，要不就是有特权。但今天，招行股票在净资产附近的卖盘似乎是无穷无尽。要知道，2011年招行的净资产收益率是25%，即使将来跌一半，也有12.5%。作为中国最好的零售银行，1倍多点的PB怎么看也是有点过分了。……招行过去几天剧烈的股价变化只能用专业投资者的情绪变化来解释。他们变心了。"

问：面对现在市况，最重要的工作是什么？

答：一个很好的问题。霍华德·马克斯强调不要把事情做错，而不是把事情做对。我的理解是，当市场极端下跌之时，万千投资者逃离之日，此时采取的策略应该积极进取，而不是小心谨慎。不要在应该积极进取时变成了小心谨慎，而在应该小心谨慎时却变成了积极进取。那样的话就把事情做错了。

问：我们都在学习价值投资，我身边很多朋友也开始认可这种方法。我的问题是随着价值投资的参与者越来越多，或者说这部分人的资金量占比越来越多，作为一个个人投资者要通过什么方法保持自己的优势呢？

答：我学习价值投资差不多已经10年，到目前还没有看到有价值投资者加入到我的身边，"价值投资从未蔚然成风"这句话可不是随便说说的。因此，如果真的学习价值投资的话，你本身已经具备了优势。如果你要保持自己的优势，应该不断地、有效地学习。

贾森·茨威格认为成功投资需要依赖的四个支柱：对金融理论的掌握、有关金融史的实用知识、对金融心理学的领悟，以及对金融业运作方式的理解，这是"小的思维格栅"。查理·芒格基于包含一些看起来毫无关系的学科如物理学、生物学、社会科学、心理学、哲学和文学的原理，则是"大的思维格栅"。

只有掌握更多的知识，才能形成投资的全新思维方式，才能进而形成自己的优势。不过,看起来这也实在太难了,我也做不到。所以说,价值投资看似简单,却不容易。

问:投资中,您碰到的最大的挫折是什么?从中收获了什么?

答:投资要不犯错误的话,那就是神了。我的股票不是做得很好,比如今年就有一只股票创了新低,害得那些跟随我买进股票的"童鞋"大吃苦头。当然,投资是自负其责的事,但我还是为之难过。这也是我现在不愿意谈股票的原因。我的最大的收获是,通过10年来从无间断的学习,囫囵吞枣地苦读了几百本书,我终于能够独立投资了。

我不是一个聪颖的人,金融投资也不是我的专业,因此我需要大量的阅读。也只有大量的阅读,才能改善我的人生。这个人生并非只有赚钱,它还包含了志趣、理想以及其他的一些东西。

问:医药股中片仔癀的市值将来能超过1000亿吗?

答:我一向对未来持不可知的态度,因此并不知道它未来的市值究竟能值多少。

问:"顶尖的管理层是成功投资的保证。"这句话很在理,但你认可的优秀的管理者有哪些特质,以及应该从哪些方面来判断管理层的品质(特别是无法面对面对管理者进行考察的时候)?

答:判断一个管理者是否"优秀",我以为是一个很"主观"的事情。就如同判断一个人,你可能会认为那个人很"优秀",而对于另外一个人可能会觉得很糟糕。如果说判断一个人需要较长的一个时间段,那么,考察一个管理层是否优秀,也同样需要一定的时间。当然,很多的时候,我们判断时,可能靠直觉就可以了。不过,就是直觉可能也不会告诉我们什么。

还记得巴菲特和芒格的一个故事吗?巴菲特曾经拥有一家公司的股份,于是巴菲特决定拜访那家公司的CEO。当巴菲特与那个家伙共进午餐后,得出的结论是:这个人是混球!巴菲特跟芒格先生说了此事,于是他们悉数将其股票抛出。

但是数年以后，这只股票上涨了好几倍。据说，从此以后，巴菲特便很少拜访公司了。

问：最近与博友就银行股的投资价值进行了较为深入的讨论，博友认为：无论国内国外，其实银行股很难看懂，其内在价值无法判断，起伏很大。既然无法判断，明智的选择就是避开银行股，即使可能有暴利。博友认为银行股根本就不具备安全边际，您怎样看这个问题？

答：先把银行股有没有安全边际放在一边，因为 wjmonk 先生已经解说了这个问题，对此我深信不疑。

我从投资成本的角度来问一个问题，如果一个生意让你去做，6年就可以收回成本，你愿不愿意去做？银行股现在就是，如果你把整个银行买下来，6年就可以收回成本，而且这还是静止盈利状态，是考虑增长率为零的情况下。就算有一年它的盈利全部拿去填了死帐，也不过是多一年收回成本而已，但是这样的概率有多少？

结束语

每个价值投资者都有自己的独到之处，因此价值投资者并不需要我提出什么建议。还是段永平先生说得好："我觉得价值投资者不需要我建议，如果他不是价值投资者，我的建议也没有什么用，其实也不需要。"

后 记

几年前，就有不少人劝我早日出书，但是那时我以为时机尚未成熟，故一拖再拖直至今日。

2015年年底，原《证券市场红周刊》杂志社的副主编、自媒体乐趣投资的创始人江涛女士一再鼓励我。经过认真思考，我才决定编辑原来的文章，汇集成册。

对于投资，我并没有新思想，这是因为其中的一些话可能已经被重复一万遍以上了。好在投资也不需要什么新思想。如果我有什么新思想，也不过是站在巨人的肩膀上灵光一现而已。

价值投资难就难在知易行难，所以我们必须时常"念经"。实际上，只要我们一如既往地像磐石一般坚守住这些准则，做正确的事情，应该可以达成自己的目标。

巴菲特和他的搭档查理·芒格先生都十分强调阅读的重要性。查理·芒格先生说，在投资这个浩瀚的领域中，"如果你认为你不用整天读东西也能成为好的投资者，那我无法同意"。芒格先生是对的，投资的关键确实是洞察世事的兴衰，弄清情绪的潮流。

多年来，我阅读了大量经典之作，为此我曾写过一篇《推荐100本投资阅读清单》，我的全部思想皆来自于此，文章中的许多地方都引用到。其中最为重要的经典是：《证券分析》和《聪明的投资者》（本杰明·格雷厄姆）、《怎样选择成长股》（菲利普·费雪）、《巴菲特致股东信》、《安全边际》（塞思·卡拉曼）、《投资最重要的事》（霍华德·马克斯）、《战胜华尔街》和《彼得·林奇的成功投资》（彼得·林奇）、《聪明投资者的最初50年》和《博格长赢投资之道》（约翰·伯格）、《什

么是价值投资》(劳伦斯·柯明汉姆)、《价值投资:通往理性投资之路》(詹姆斯·蒙蒂尔)、《约翰·聂夫的成功投资》(约翰·聂夫)、《逆向投资策略》(戴维·德瑞曼)等等。

在成书的过程中,我要感谢我的朋友们,若没有他们长期的鼓励和厚爱,我可能就无法写出那么多的文章,更不可能汇集成册。

我要感谢江涛女士,若没有她的鼓励和帮助,我可能就不会出书了。

感谢但斌、杨天南和邹志峰诸先生,他们都是投资界中杰出的人物,在百忙之中抽空为我作序。

感谢释老毛、梁军儒、陈绍霞、张延昆(佐罗)、张居营(闲来一坐S话投资)诸先生,他们对我的书倾力推荐。

感谢王锦山同学在百忙之中为我这本书进行编辑,他是一个大四的学生,为我这本书付出了辛勤的劳动。

专注证券图书出版15年

国内专业的证券图书出版商

我们不只是卖书，也不仅仅是出版！
欢迎搜索关注"舵手图书"定制出版、投资者教育……
更多增值服务等着您。

更多增值技术资料请扫描微信二维码
添加舵手图书微信订阅号

舵手证券图书天猫店铺：https://bjwyts.tmall.com